ERIC ROBERTSON DODDS
DIE GRIECHEN UND DAS IRRATIONALE

ERIC ROBERTSON DODDS

DIE GRIECHEN
UND DAS IRRATIONALE

WISSENSCHAFTLICHE BUCHGESELLSCHAFT
DARMSTADT

This translation (of the 5th printing 1966) is published by arrangement with
The University of California Press Berkeley (California).

Titel der amerikanischen Originalausgabe: The Greeks and the Irrational.
By E. R. Dodds. University of California Press. Berkeley and Los Angeles. 1966.
(Originally published as Volume Twenty-five of the Sather Classical Lectures.)

Aus dem Englischen übersetzt von Hermann-Josef Dirksen

Die Deutsche Bibliothek – CIP-Einheitsaufnahme

Dodds, Eric R.:
Die Griechen und das Irrationale / Eric Robertson
Dodds. [Aus dem Engl. übers. von Hermann-Josef
Dirksen]. – 2., unveränd. Aufl. – Darmstadt:
Wiss. Buchges., 1991
Einheitssacht.: The Greeks and the irrational
<dt.>
ISBN 3-534-04342-1

Bestellnummer 04342-1

Das Werk ist in allen seinen Teilen urheberrechtlich geschützt.
Jede Verwertung ist ohne Zustimmung des Verlages unzulässig.
Das gilt insbesondere für Vervielfältigungen,
Übersetzungen, Mikroverfilmungen und die Einspeicherung in
und Verarbeitung durch elektronische Systeme.

2., unveränderte Auflage 1991
© der amerikanischen Ausgabe: The Regents of the University of California, 1951
© der deutschen Übersetzung: Wissenschaftliche Buchgesellschaft, Darmstadt, 1970
Gedruckt auf säurefreiem und alterungsbeständigem Werkdruckpapier
Satz: Fotosatz Janß, Pfungstadt
Druck und Einband: Wissenschaftliche Buchgesellschaft, Darmstadt
Schrift: Linotype Garamond, 9/11
Printed in Germany

ISBN 3-534-04342-1

Gilbert Murray gewidmet

τροφεῖα

INHALTSVERZEICHNIS

Vorwort IX

I. Die Rechtfertigung des Agamemnon 1

II. Von der Schamkultur zur Schuldkultur 17

III. Die Segnungen des Wahnsinns 38

IV. Traumform und Kulturform 55

V. Die griechischen Schamanen und der Ursprung des Puritanismus 72

VI. Rationalismus und Reaktion im Zeitalter der griechischen Klassik 92

VII. Platon, die irrationale Seele und das ererbte Konglomerat 107

VIII. Die Furcht vor der Freiheit 123

Anhang I. Mänaden 141

Anhang II. Theurgie 150

    I. Der Begründer der Theurgie 150

   II. Theurgie in der neuplatonischen Schule 152

  III. Eine Séance im Iseum 156

  IV. Der Modus operandi: τελεστική 158

   V. Der Modus operandi: Mediumistische Trance 163

Anmerkungen:

Erstes Kapitel 169

Zweites Kapitel 176

Drittes Kapitel 188

Viertes Kapitel 205

Fünftes Kapitel 216

Sechstes Kapitel 236

Siebentes Kapitel 245

Achtes Kapitel 255

Anhang I 268

Anhang II 272

Index 283

VORWORT

Dieses Buch geht auf eine Vorlesungsreihe zurück, die ich im Herbst 1949 in Berkeley halten durfte. Sie wird im vorliegenden Buch im wesentlichen so wiedergegeben, wie sie damals zusammengestellt worden ist, nur ein wenig abgerundeter als ursprünglich. Unter ihren ersten Zuhörern befanden sich zahlreiche Anthropologen und andere Gelehrte, die keine besonderen Kenntnisse des alten Griechenlands hatten, und es ist meine Hoffnung, daß die Vorlesungen in der jetzigen Form einen entsprechenden Leserkreis finden werden. Deshalb habe ich alle Zitate aus dem Griechischen, die im Text vorkommen, sinngemäß übersetzt, und die wichtigeren von den griechischen Ausdrücken, die keine genaue Entsprechung im Englischen finden, habe ich in Umschrift wiedergegeben. Ebenso wurde soweit wie möglich davon Abstand genommen, den Text durch das Anführen kontroverser Argumente zu Einzelfragen zu belasten, die für einen Leser, der die gegensätzlichen Standpunkte gar nicht kennt, von geringem Interesse sind, sowie Unterbrechungen des Hauptthemas zuzulassen, indem man den zahlreichen Nebenproblemen nachgeht, die den Fachgelehrten verlocken. Eine Auswahl solcher Themen kann man in den Anmerkungen finden. Dort habe ich versucht, kurz die Gründe für die im Text entwickelten Ansichten aufzuzeigen; wo es möglich war, durch Hinweis auf alte Quellen oder moderne Erörterungen und, wenn nötig, durch Beweisführung.

Den nicht mit dem klassischen Altertum vertrauten Leser möchte ich davor warnen, dieses Buch als eine Geschichte der griechischen Religion oder gar des griechischen religiösen Denkens oder Empfindens zu gebrauchen. Er wird sich getäuscht sehen, wenn er es tut. Diese Studie befaßt sich mit den einander ablösenden Deutungsversuchen, welche der griechische Geist einer besonderen Art menschlicher Erfahrung hat widerfahren lassen – einer Erfahrung, an welcher der Rationalismus des neunzehnten Jahrhunderts wenig interessiert war, deren Bedeutung für die jeweilige Kultur aber heute weitgehend anerkannt wird. Die hier zusammengetragenen Beobachtungen beleuchten eine wichtige und verhältnismäßig unbekannte Seite der altgriechischen Geisteswelt. Man darf allerdings einen Ausschnitt nicht fälschlich für das Ganze nehmen.

Meinen Fachkollegen bin ich vielleicht eine Erklärung dafür schuldig, daß ich an mehreren Stellen von neueren anthropologischen und psychologischen Beobachtungen und Theorien Gebrauch mache. In einer Welt des Spezialistentums werden solche Anleihen bei fernerstehenden Disziplinen gewöhnlich mit Besorgnis und oft mit unverhohlener Mißbilligung seitens der Fachleute beobachtet. Das weiß ich. Ich rechne auch damit, vor allem darauf hingewiesen zu werden, daß „die Griechen keine Primitiven waren"; und ferner, daß in diesen relativ jungen Wissenschaften die Wahrheiten von heute dazu neigen, die abgelegten Irrtümer von morgen zu werden. Beide Feststellungen sind richtig. Aber um auf die erste zu antworten, mag es vielleicht genügen, die Meinung von Lévy-Bruhl anzuführen, daß „in jedem menschlichen Geist, wie weit seine intellektuelle Entwicklung auch fortgeschritten sein mag, ein unausrottbarer Rest primitiver Denkweise vorhanden bleibt"; oder, wenn nichtklassische Anthropologen Verdacht erregen, sei Nilsson zitiert, daß „primitive Mentalität eine recht gute Beschreibung ist für das geistige Verhalten der meisten Menschen unserer Tage, ausgenommen ihre technische bzw. bewußt intellektuelle Tätigkeit". Warum sollten wir den alten Griechen eine Immunität gegen „primitive" Denkformen zuerkennen, die wir sonst in keiner unserer direkten Beobachtung zugänglichen Gesellschaft finden?

Zum zweiten Punkt gestehe ich gerne, daß viele der Theorien, auf die ich mich bezogen habe, vorläufig und unsicher sind. Doch wenn wir versuchen, ein gewisses Verständnis des griechischen Geistes zu erreichen, und nicht zufrieden sind, das äußere Verhalten zu beschreiben oder eine Liste aufgezeichneter „Glaubensbekenntnisse" aufzuzählen, müssen wir jeden Lichtstrahl benützen, den wir erhaschen können; und ein unsicheres Licht ist besser als keines. Tylors Animismus, Mannhardts Vegetationszauber, Frazers Jahresgeister, Codringtons Mana, alle haben in ihrer Zeit geholfen, dunkle Stellen in der Überlieferung zu erhellen. Sie haben auch manche voreilige Vermutung gefördert. Die Vermutungen kann man getrost der Zeit und der Kritik | überlassen; die Erhellung bleibt. Ich erkenne hierbei die Berechtigung an, bei der Anwendung von Verallgemeinerungen nichtklassischer Forschungsergebnisse auf die Griechen Vorsicht walten zu lassen; nicht aber für den Rückzug der klassischen Altertumswissenschaft in eine selbstgewählte Isolation. Noch weniger Berechtigung haben die Altertumswissenschaftler, weiterhin mit veralteten anthropologischen Begriffen zu arbeiten — was viele von ihnen tun —, indem sie die Tatsache übersehen, daß diese Disziplinen in den letzten dreißig Jahren neue Richtungen eingeschlagen haben, wie etwa die vielversprechende neue Zusammenarbeit von Sozialanthropologie und Sozialpsychologie. Und wenn sich auch die Wahrheit unserem Zugriff entzieht, so sind die Irrtümer von morgen noch denen von gestern vorzuziehen; denn in den Wissenschaften ist Irrtum nur ein anderer Name für die immer größere Annäherung an die Wahrheit.

Es verbleibt mir noch, all denen meine Dankbarkeit auszudrücken, die beim Zustandekommen dieses Buches geholfen haben: an erster Stelle der

University of California, die mir den Anlaß zum Schreiben gab; dann Ludwig Edelstein, W. K. C. Guthrie, I. M. Linforth und A. D. Nock, die das ganze Manuskript bzw. einen Teil desselben gelesen haben und wertvolle Anregungen gaben; und schließlich Harold A. Small, W. H. Alexander und anderen bei der University of California Press, die sich große und unverdrossene Mühe machten, den Text für die Drucklegung vorzubereiten. Ich darf auch Professor Nock und dem Council of Roman Society für die Erlaubnis danken, zwei Artikel als Anhänge abzudrucken, die in der Harvard Theological Review und im Journal of Roman Studies erschienen sind; und dem Council of the Hellenic Society für die Erlaubnis, einige Seiten eines Artikels hier aufnehmen zu dürfen, der im Journal of Hellenic Studies veröffentlicht worden ist.

Oxford, August 1950

E. R. D.

Erstes Kapitel

DIE RECHTFERTIGUNG DES AGAMEMNON

Die Tiefen des Gefühls, die dunkleren, blinderen Schichten des Charakters, sind die einzigen Orte in der Welt, wo wir die Wirklichkeit im Entstehen fassen können.

William James

Vor einigen Jahren betrachtete ich im Britischen Museum die Parthenonskulpturen, als ein junger Mann auf mich zukam und mit bekümmerter Miene sagte: „Ich weiß, es ist schrecklich, aber ich muß gestehen, daß mich dieses griechische Zeug überhaupt nicht bewegt." Ich sagte ihm, das sei sehr interessant; ob er mir denn nicht die Gründe angeben könne, weshalb ihn das so gar nicht berühre. Er überlegte einige Augenblicke, dann sagte er: „Nun, das ist alles so schrecklich rational; falls Sie wissen, was ich damit meine." Ich glaube, ich wußte es. Der junge Mann sagte nur, was pointierter von Roger Fry[1] und anderen schon gesagt worden war. Für eine Generation, deren Empfindungsvermögen sich an afrikanischer oder aztekischer Kunst gebildet hat und an den Werken eines Modigliani und Henry Moore, mag die griechische Kunst, und die griechische Kultur im allgemeinen, des Wissens um das Geheimnisvolle zu entbehren scheinen sowie der Fähigkeit, zu den tieferen, weniger bewußten Schichten menschlicher Erfahrung vorzudringen.

Diese kurze Unterhaltung blieb mir im Gedächtnis und ließ mich nachdenken. Waren die Griechen tatsächlich so völlig blind für die Bedeutung nichtrationaler Faktoren in der Erfahrung und im Verhalten des Menschen, wie es gemeinhin von ihren Verteidigern sowohl wie von ihren Kritikern angenommen wird? Das ist die Frage, aus welcher dieses Buch entstanden ist. Um sie erschöpfend zu beantworten, müßte man natürlich einen Überblick über die gesamten kulturellen Leistungen des alten Griechenlands geben. Was ich versuchen will, ist viel bescheidener. Ich will | lediglich versuchen, etwas Licht in dieses Problem zu bringen, indem ich erneut gewisse wichtige Aspekte der griechischen religiösen Erfahrung überprüfe. Ich hoffe, daß das Ergebnis von einigem Interesse ist nicht nur für die klassischen Philologen, sondern auch für manchen Anthropologen und Sozialpsychologen, ja für jeden, der sich damit befaßt, die Ursprünge menschlichen Verhaltens zu verstehen. Ich

---

[1] Anmerkungen zum ersten Kapitel s. S. 169 ff.

werde deswegen versuchen, die Darstellung soweit wie möglich in einer Ausdrucksweise vorzulegen, die auch dem Nichtfachmann verständlich ist.

Ich will mit der Betrachtung eines besonderen Aspekts der homerischen Religion beginnen. Für einige klassische Philologen scheinen die homerischen Epen schlecht geeignet zu sein, um darin nach irgendeiner Art religiöser Erfahrung zu suchen. „In Wahrheit", sagt Prof. Mazon in einem kürzlich erschienenen Buch, „hat es nie eine Dichtung gegeben, die weniger religiös war als die ›Ilias‹."[2] Das mag man für etwas zu weitgehend halten; aber hier spiegelt sich eine weithin anerkannte Meinung wider. Nach G. Murrays Ansicht war die sogenannte homerische Religion „überhaupt keine echte Religion". Er meint, „die eigentliche Verehrung der Griechen hat sich vor dem vierten Jahrhundert fast niemals jenen strahlenden olympischen Gestalten zugewandt"[3]. Ähnliche Beobachtungen macht C. M. Bowra. „Dieses völlig anthropomorphe System hat *natürlich* keinerlei Beziehung zu echter Religion oder Sittlichkeit. Diese Götter sind eine wunderbare, heitere Erfindung der Dichter."[4]

Natürlich ist das richtig, wenn der Ausdruck „echte Religion" dasjenige bezeichnen soll, was aufgeklärte Europäer oder Amerikaner unserer Tage für wirkliche Religion halten. Aber wenn man die Bedeutung des Wortes in dieser Weise einengt, läuft man dann nicht Gefahr, gewisse Erfahrungsformen zu unterschätzen oder gar völlig zu übersehen, die wir zwar nicht mehr in religiösem Sinne deuten würden, die aber gleichwohl in ihrer Zeit eine recht tiefe religiöse Bedeutung gehabt haben mögen? Nun ist es nicht meine Absicht, in diesem Kapitel mit den hervorragenden Wissenschaftlern, die ich gerade zitiert habe, über Terminologie zu streiten. Ich möchte vielmehr die Aufmerksamkeit des Lesers auf eine bei Homer anzutreffende Art von Erfahrung lenken, die schon auf den *ersten Blick* eine religiöse zu sein scheint, und ihre psychischen Voraussetzungen untersuchen.

Wir wollen mit der Erfahrung von der Verlockung oder Verblendung durch die Götter *(áte)* beginnen, die Agamemnon dazu verführt hat, sich selbst für den Verlust seiner Geliebten zu entschädigen, indem er die des Achill raubte. „Nicht ich", erklärt er später, „nicht ich war der Grund für die Tat, sondern Zeus und mein Schicksal und die Erinys, die im Dunkeln wandelt: Sie haben in der Versammlung die wilde *áte* in meinen Sinn gesenkt, an jenem Tage, da ich eigenmächtig Achills Beute ihm entriß. Doch was konnte ich tun? Die Gottheit wird immer ihr Ziel erreichen."[5] Voreilige moderne Leser haben Agamemnons Worte manchmal mißdeutet als schwache Entschuldigung oder als Versuch, der Verantwortlichkeit zu entrinnen. Nicht so die Leser, glaube ich, die den Text sorgfältig lesen. Eine Flucht vor der Verantwortung — im juristischen Sinne — bedeuten die Worte gewiß nicht. Denn am Ende seiner Rede bietet Agamemnon gerade auf dieser Basis eine

Entschädigung an: „Aber da ich von *áte* verblendet war und Zeus den Verstand mir genommen hatte, will ich mich versöhnen und überreiche Entschädigung leisten."[6] Wenn er aus eigenem Willensentschluß gehandelt hätte, würde er nicht so leicht seinen Fehler eingestehen können; unter den jetzigen Umständen wird er für sein Vorgehen Buße zahlen. Juristisch gesehen wäre seine Lage in beiden Fällen gleich; denn das frühe griechische Recht kümmerte sich nicht um die Absicht, nur die Tat interessierte. Agamemnon sucht auch nicht unredlich nach moralischer Entlastung: Der von ihm Benachteiligte vertritt in diesem Zusammenhang dieselbe Ansicht. „Vater Zeus, groß sind fürwahr die *átai*, die du den Menschen gibst. Sonst hätte des Atreus Sohn wohl niemals den *thymós* in meiner Brust hartnäckig erregt noch eigensinnig das Mädchen mir wider meinen Willen genommen."[7] Man könnte nun meinen, Achill übernähme hier in entgegenkommender Weise eine Fiktion, um das Ansehen des Oberkönigs zu wahren. Das trifft aber nicht zu. Denn schon im ersten Gesang, als Achill seine Lage der Thetis schildert, spricht er von Agamemnons Verhalten als von dessen *áte*;[8] und im 9. Buch ruft er aus: „Soll doch der Sohn des Atreus seinem Schicksal verfallen und mich nicht behindern, denn der planende Zeus hat ihm den Verstand genommen."[9] Das ist Achills Ansicht genauso wie die des Agamemnon; und in den berühmten Worten, die die Erzählung vom Zorn des Achill einleiten — „Der Plan des Zeus ward vollendet"[10] —, findet man einen deutlichen Hinweis darauf, daß es auch die Ansicht des Dichters war.

Wenn dies die einzige Belegstelle dafür wäre, daß man Homers Charaktere in dieser besonderen Weise deuten kann, dürfte man im Hinblick auf das Motiv des Dichters noch zögern: Man könnte z. B. annehmen, Homer habe die Sympathien seiner Zuhörer nicht gänzlich von Agamemnon abwenden wollen; man könnte hierin den Versuch erkennen, dem reichlich unangemessenen Gezänk zweier Fürsten eine tiefere Bedeutung zuzumessen, indem es als eine Stufe in der Erfüllung eines göttlichen Planes erscheint. Diese Erklärungsversuche lassen sich jedoch nicht auf andere Stellen anwenden, an denen davon die Rede ist, daß „die Götter" oder „ein Gott" oder Zeus zeitweilig den Verstand eines Menschen „weggenommen", „zerstört" oder „betört" hat. Zwar sind die beiden Erklärungen noch auf Helena anwendbar, die am Ende einer tief bewegenden und sicherlich ernstzunehmenden Rede sagt, daß Zeus ihr und Alexander ein böses Schicksal beschieden habe, „damit wir von nun an Gegenstand der Lieder zukünftiger Geschlechter sind"[11]. Doch wenn einfach mitgeteilt wird, Zeus „hat den Verstand der Achaier betört", so daß sie schlecht kämpfen, dann bleibt die einzelne Person außerhalb der Betrachtung. Das gilt in noch höherem Maße für die allgemeine Feststellung, daß „die Götter den verständigsten Mann unverständig machen können und den Schwachsinnigen zu Verstande bringen"[12].

Automedons unsinniger Versuch, die Rollen des Wagenlenkers und des Speerkämpfers auf sich zu vereinigen, veranlaßt einen Freund, ihn zu fragen, „wer von den Göttern ihm einen so nutzlosen Plan eingegeben und seinen klaren Verstand geraubt habe"[13]. Dem Glaukos z. B. nahm Zeus den Verstand, so daß er etwas tat, was Griechen fast niemals tun: Er ließ sich auf einen schlechten Handel ein und tauschte seine goldene Rüstung gegen eine eherne.[14] Diese zwei Beispiele haben sicherlich keine Beziehung zu irgendeiner verborgenen göttlichen Absicht; auch kann es hier nicht darum gehen, die Sympathien des Hörers zu erhalten, da keine sittliche Verfehlung vorliegt.

Doch wird der Leser jetzt vielleicht die Frage aufwerfen, ob es sich in den genannten Beispielen nicht nur um eine Façon de parler handelt. Will der Dichter denn überhaupt mehr sagen, als daß Glaukos ein Narr war, als er solch einen Handel einging? Meinte Automedons Freund etwas Tiefsinnigeres als „Was zum Teufel hat dich veranlaßt, dich so zu verhalten"? Vielleicht nicht! Der Vorrat der alten Dichter an hexametrischen Formelversen gab sich leicht zu einer Art semasiologischer Degeneration her, die mit der Prägung einer Façon de parler endete. Und man kann noch hinzufügen, daß weder die Glaukos-Episode noch die unbedeutende *Aristie* des Automedon wesentlich für das Thema selbst einer „erweiterten" ›Ilias‹ sind: Sie können recht wohl von späterer Hand eingefügt worden sein.[15] Unser Ziel jedoch ist es, das ursprüngliche Erlebnis zu verstehen, welches solchen stereotypen Wendungen zugrunde liegt — denn selbst eine Façon de parler muß einen Ursprung haben. Es wird dabei von Vorteil sein, genauer nach dem Wesen der *áte* zu fragen und nach der Natur der Kräfte, denen Agamemnon sie zuschreibt; dann werden wir einen Blick auf einige andere Angaben werfen, die der epische Dichter über die Quellen menschlichen Verhaltens macht.

Es gibt bei Homer eine Anzahl von Stellen, an denen unvernünftiges und unerklärliches Vorgehen der *áte* zugeschrieben bzw. mit dem verwandten Verbum *aásasthai* bezeichnet wird, ohne ausdrücklichen Hinweis auf göttliches Eingreifen. Aber *áte* ist bei Homer[16] keine persönlich handelnde Größe. Die zwei Stellen, an denen von *áte* in persönlichen Wendungen die Rede ist, Il. 9, 505 ff. und 19, 91 ff., sind leicht als Allegorien zu durchschauen. Das Wort bedeutet auch — jedenfalls für die ›Ilias‹ — niemals objektives Unheil,[17] während diese Bedeutung für die Tragödie die geläufige ist. Immer, oder doch so gut wie immer,[18] bezeichnet *áte* einen Geisteszustand, eine zeitweilige Trübung oder Verwirrung des normalen Bewußtseins. Sie ist faktisch eine partielle, vorübergehende Krankheit; und wie jede Krankheit wird sie nicht auf physiologische oder psychologische Ursachen zurückgeführt, sondern auch eine äußere, „dämonische" Kraft. In der ›Odyssee‹[19] wird zwar übermäßiger Weingenuß als eine Ursache für *áte* angeführt; die zugrunde liegende Vorstellung jedoch ist wahrscheinlich nicht die, daß *áte* auf „natürliche Weise" erzeugt werden kann, sondern vielmehr, daß der Wein etwas Übernatürliches oder Dämonisches in sich enthält. Abgesehen von diesem Sonderfall scheinen die Kräfte, welche *áte* hervorrufen, dort wo sie besonders angeführt werden, stets übernatürlicher Art zu sein.[20] Daher kann man wohl alle Stellen, an denen *áte* erwähnt wird — soweit sie nicht durch Weingenuß hervorgerufen ist —, unter einem Oberbegriff zusammenfassen, den ich „psychische Beeinflussung" nennen möchte.

Wenn man die Beispiele überblickt, kann man feststellen, daß *áte* keineswegs notwendigerweise ein Synonym für oder ein Ergebnis von Sündhaftigkeit oder Schlechtigkeit ist. Die Behauptung von Liddell-Scott, daß *áte* „zumeist als Strafe für eine strafwürdige Unbesonnenheit aufgefaßt" wird, ist für Homer völlig unzutreffend. Die *áte* (und zwar hier in der Form betäubter Verwirrung), die Patroklos überkam, nachdem Apollo ihn geschlagen hatte,[21] könnte man vielleicht als Beleg anführen, weil Patroklos unbesonnen | die Trojaner ὑπὲρ αἶσαν getrieben hatte.[22] Aber an einer früheren Stelle dieser Szene wird seine Unbesonnenheit selbst auf den Willen des Zeus zurückgeführt und durch die Verbalform ἀάσθη charakterisiert.[23] Wiederum ist die *áte* eines Agastrophos,[24] der zu weit von seinem Kampfwagen sich entfernte und so zu Tode kam, nicht eine „Bestrafung" der Unüberlegtheit; diese ist vielmehr selbst die *áte* oder ein Ergebnis der *áte* und schließt keine erkennbare moralische Schuld mit ein. Sie ist genausowenig ein anzurechnender Irrtum wie der schlechte Tausch des Glaukos. Ferner handelte Odysseus weder schuldhaft noch unüberlegt, als er in einem ungünstigen Augenblick für kurze Zeit einschlief und dadurch seinen Gefährten die Gelegenheit gab, die geweihten Rinder zu schlachten. Wir würden hier von Zufall sprechen. Aber für Homer — wie für das frühe Denken überhaupt[25] — gibt es keinen Zufall. Odysseus weiß, daß der Schlaf ihm von den Göttern geschickt war εἰς ἄτην, „um ihn zu täuschen"[26]. Solche Stellen legen nahe, daß *áte* ursprünglich nichts mit Schuld zu tun hatte. Die Vorstellung von *áte* als einer Bestrafung scheint entweder das späte Ergebnis einer in Ionien sich vollziehenden Entwicklung zu sein oder auf spätem Einfluß von außen zu beruhen: Die einzige Stelle bei Homer, wo eine solche Verknüpfung ausdrücklich behauptet wird, ist die eigenartige Λιταί-Passage im 9. Buch der ›Ilias‹[27], welche die Vermutung aufkommen läßt, daß möglicherweise diese Vorstellung zusammen mit der Meleager-Geschichte aus einem im Mutterlande entstandenen Epos entnommen ist.

Wir wenden uns nun den Kräften zu, denen *áte* zugeordnet wird. Agamemnon nennt nicht eine einzige Kraft, sondern deren drei: Zeus, *moîra* und die Erinys, die im Dunkeln wandelt (oder, nach einer anderen und vielleicht älteren Lesart, die Erinys, die Blut saugt). Von diesen ist Zeus die mythologische Macht, die der Dichter als Erstursache für die epische Handlung auffaßt: „Der Plan des Zeus ward erfüllt." Es ist vielleicht bezeichnend (wenn wir nicht Apoll für die *áte* des Patroklos verantwortlich machen wollen), daß Zeus der einzige individuell gezeichnete Olympier ist, dem in der ›Ilias‹ die Verursachung von *áte* zugeschrieben wird. (Deshalb wird *áte* allegorisch als seine älteste Tochter dargestellt.)[28] *Moîra* spielt — wie ich glaube — deswegen eine Rolle, weil man bei jedem unerklärlichen, persönlich empfundenen Mißgeschick als von seinem „Anteil" oder „Los" sprach, womit man einfach andeuten wollte, daß man zwar keine Begründung für das Geschehene geben konnte, aber daß es, da es einmal geschehen war, offensichtlich „wohl so sein mußte". Noch heute spricht man in dieser Weise, vorzüglich vom Tod, für den μῖρα im Neugriechischen ein Synonym geworden ist gleichwie μόρος im Altgriechischen. | Ich bin mir gewiß, daß es an dieser Stelle völlig falsch ist, *Moîra* mit großem Anfangsbuchstaben zu schreiben, so als ob sie eine personal gesehene Gottheit darstelle, die dem Zeus gebiete, oder ein kosmisches Schicksal wie die hellenistische *Heimarméne*. Als Göttinnen erscheinen die *Moîrai* stets in der Mehrzahl, sowohl im Kult wie in der frühen Literatur, und abgesehen von einer einzigen unsicheren Ausnahme[29] erscheinen sie in der ›Ilias‹ überhaupt nicht. Man kann lediglich sagen, daß Agamemnon, indem er sein „Los" als Agens darstellt — läßt er es doch etwas *tun*! —, einen ersten Schritt auf die Personifikation hin tut.[30] Wenn ferner Agamemnon seiner *moîra* Vorwürfe macht, stellt er sich damit nicht mehr als systematischer Determinist dar als ein neuzeitlicher griechischer Bauer, der sich derselben Ausdrucksweise bedient. Überhaupt ist es ein grotesker Anachronismus zu fragen, ob die homerischen Menschen Deterministen oder Indeterministen gewesen seien. Diese Frage ist ihnen nie begegnet, und hätte man sie ihnen vorgelegt, so wäre es sehr schwer gewesen, ihren Sinn ihnen zu verdeutlichen.[31] Was sie erkennen, ist der Unterschied zwischen normalen Handlungen und solchen, die im Zustand der *áte* ausgeführt wurden. Diese letzteren können sie unbekümmert entweder auf ihre *moîra* zurückführen oder auf den Willen eines Gottes, so wie sie die Sache vom subjektiven oder objektiven Standpunkt aus betrachten. In gleicher Weise führt Patroklos seinen Tod direkt auf den unmittelbar handelnden Menschen Euphorbos zurück, indirekt auf den mythologischen Täter Apoll, doch vom subjektiven Standpunkt aus wirkt hier seine böse *moîra*. Er ist, wie die Psychologen sagen, „überdeterminiert"[32].

In analoger Weise müßte die Erinys die unmittelbar Handelnde im Fall des Agamemnon sein. Daß sie in diesem Zusammenhang überhaupt erscheint, wird diejenigen sehr überraschen, die die Erinys im wesentlichen als Rachegeist auffassen, mehr aber noch jene, die mit Rohde[33] der Ansicht sind, daß die Erinyen ursprünglich die rachsüchtigen Toten darstellten. Aber die Stelle steht nicht allein. Auch in der ›Odyssee‹[34] können wir von „der schweren *áte*" lesen, „die die harttreffende Göttin Erinys in den Sinn der Melampos gelegt hat". An keiner Stelle findet sich der Gedanke an Rache oder Bestrafung. Als Erklärung kann vielleicht gelten, daß die Erinys die persönlich handelnde Macht ist, welche die Erfüllung der *moîra* sichert. Darum entzogen die Erinyen Achills Rossen die Redegabe: Es „entspricht nicht der *moîra*", wenn Pferde sprechen.[35] Darum würden sie auch die Sonne bestrafen, wenn diese — nach Heraklit[36] — „ihr Maß überschritte", indem sie den ihr übertragenen Aufgabenbereich verließe. Sehr wahrscheinlich leitet sich, wie ich glaube, die sittliche Funktion der Erinyen als Rachehelferinnen von ihrer ursprünglichen Aufgabe ab, eine *moîra* zu realisieren, die zunächst moralisch indifferent war, oder besser: ein Sollen und ein Müssen stillschweigend enthielt, welche ja frühes Denken nicht deutlich unterschied. So sehen wir sie bei Homer Ansprüche auf Anerkennung geltend machen, die aus der Familie oder einer anderen sozialen Beziehung erhoben werden und die man als einen Teil der *moîra* eines Menschen ansieht[37]: Ein Elternteil, Vater und Mutter[38], ein älterer Bruder[39], ja sogar ein Bettler[40] haben einen gewissen Anspruch auf Anerkennung, die ihnen als solchen zusteht, und sie können „ihre" Erinys zum Schutz anrufen. Darum ruft man die Erinyen auch als Schwurzeugen an; denn der Eid verursacht eine Zuweisung, eine *moîra*. Die Verbindung von Erinys und *moîra* ist noch bei Aischylos bezeugt,[41] obgleich die *moîrai* nun fast schon personifiziert sind; die Erinyen sind auch für Aischylos noch Zuteiler der *áte*,[42] obwohl diese wie sie in den Bereich der Sittlichkeit einbezogen worden sind. Es hat fast den Anschein, als ob der Komplex *moîra* — Erinys — *áte* weit zurückreichende Wurzeln hätte und recht wohl älter sein könnte als die Zurückführung der *áte* auf die Macht des Zeus.[43] In diesem Zusammenhang darf man daran erinnern, daß Erinys und *aîsa* — ein Synonym für *moîra* — auf die vielleicht älteste bekannte Form der griechischen Sprache zurückgehen, auf den arkadischkyprischen Dialekt.[44]

Wir wollen nun zunächst *áte* und verwandte Begriffe zurückstellen und kurz eine andere Art „psychischer Beeinflussung" betrachten, die nicht weniger häufig bei Homer zu finden ist: die Übertragung einer Kraft vom Gott auf den Menschen. In der ›Ilias‹ ist der hierfür charakteristische Vorgang die Übertragung von *ménos*[45] während einer Schlacht, z. B. als Athene die dreifache Menge von *ménos* in die Brust ihres Schützlings Diomedes gießt, oder als Apoll *ménos* in den *thymós* des verwundeten Glaukos flößt.[46] Dieses *ménos* ist nicht in erster Linie physische Kraft; es ist auch kein dauerhaftes Organ des geistigen Lebens[47] wie *thymós* und *nóos*. Es ist vielmehr wie *áte* ein Bewußtseinszustand. Wenn ein Mann in seiner Brust *ménos* fühlt oder es „stechend in seiner Nase aufsteigen" fühlt,[48] ist er sich eines geheimnisvollen

Kraftzuwachses bewußt. Das Leben in ihm ist kraftvoll, und er ist erfüllt von neuer Zuversicht, neuem Eifer. Die Verbindung von *ménos* mit dem Bereich des Sich-Entschließens kommt deutlich zum Ausdruck in den verwandten Wörtern μενοινᾶν, „begierig sein" und δυσμενής, „übelwollend". Es ist bezeichnend, daß oft, wenn auch nicht immer, eine Übertragung von *ménos* als Antwort auf ein Gebet erfolgt. Dennoch ist es viel spontaner und instinktiver als das, was wir mit „Entschlossenheit" bezeichnen. Tiere können es besitzen,[49] und es wird in Analogie verwandt, um die verschlingende Gewalt des Feuers zu beschreiben[50]. Beim Menschen kommt *ménos* der vitalen Energie gleich, dem „Schwung", der nicht immer auf Abruf bereitsteht, sondern geheimnisvoll kommt und geht, willkürlich, wie wir sagen würden. Für Homer allerdings hat es mit Willkür nichts zu tun: Für ihn wird hier die Handlung eines Gottes sichtbar, der „die *areté* (d. h. seine Kampfkraft) wachsen oder abnehmen läßt nach seinem Willen"[51]. Manchmal kann tatsächlich *ménos* durch anfeuernde Rede hervorgerufen werden; in anderen Fällen kann sein Erscheinen nur mit den Worten erklärt werden, daß ein Gott dem Helden „*ménos* eingehaucht" oder „in seine Brust gelegt" oder, wie man an einer einzigen Stelle lesen kann, *ménos* durch Berührung mit einem Stab übertragen habe.[52]

Ich meine, man sollte diese Feststellungen nicht als „dichterische Erfindung" oder als eine Art von „deus ex machina" abtun. Zweifellos sind die einzelnen Stellen oft vom Dichter für die Bedürfnisse des Themas erfunden worden; und gewiß ist die psychische Beeinflussung bisweilen mit physischer verbunden oder mit einer Götterszene. Aber wir dürfen recht sicher sein, daß die zugrunde liegende Vorstellung von keinem Dichter ersonnen wurde und daß sie älter ist als die Vorstellung von anthropomorphen Göttern, die körperlich und sichtbar an einer Schlacht teilnehmen. Der zeitweilige Besitz von verstärktem *ménos* ist wie *áte* ein unnatürlicher Zustand und verlangt eine übernatürliche Erklärung. Die Menschen Homers können sein Aufkommen bemerken. Es ist gekennzeichnet durch ein besonderes Gefühl in den Gliedmaßen. „Meine Füße unten und meine Hände darüber fühlen sich voller (Kampfes)Begier (μαιμώωσι)", sagt jemand, der gerade diese Kraft empfangen hat, und als Ursache führt der Dichter an, daß der Gott die Glieder behende (ἐλαφρά) gemacht hat.[53] Diese Empfindung wird hier von einem zweiten Empfänger geteilt und bestätigt für beide den göttlichen Ursprung des *ménos*.[54] Es ist eine ungewöhnliche Erfahrung. Und Menschen, die im Besitz eines von Göttern verstärkten *ménos* sind, benehmen sich ungewöhnlich. Sie können schwierigste Bravourstücke mit Leichtigkeit ausführen (ῥέα)[55]: Und dies ist ja das herkömmliche Kennzeichen göttlicher Macht.[56] Sie können sogar, wie Diomedes, ungestraft gegen Götter kämpfen[57] — eine Tat, die für Menschen im normalen Zustand höchst gefahrvoll ist.[58] Sie sind tatsächlich in solchen Augenblicken etwas mehr, oder vielleicht etwas weniger, als ein menschliches Wesen. Männer, denen *ménos* mitgeteilt wurde, werden mehrere Male mit gierigen Löwen verglichen;[59] die zutreffendste Beschreibung dieses Zustandes aber findet sich im 15. Buch, wo Hektor blindwütend vorstürmt (μαίνεται), schäumend und mit glühenden Augen.[60] Von solchen Darstellungen aus ist es nur noch ein Schritt bis zum Glauben an tatsächliche Besessenheit (δαιμονᾶν); aber Homer tut ihn nicht. Er sagt zwar von Hektor, nachdem dieser die Waffen des Achill angelegt hat, daß „Ares in ihn drang und seine Glieder mit Mut und Stärke erfüllt wurden"[61]; aber Ares bedeutet hier kaum mehr als kriegerischer Geist, für den er synonym gebraucht ist, und die Übertragung von Kraft wird durch den Willen des Zeus veranlaßt, der allenfalls unterstützt wird durch die göttliche Herkunft der Waffen. Natürlich nehmen Götter, um sich zu verhüllen, Gestalt und Aussehen einzelner Menschen an; aber das ist eine andere Glaubensvorstellung. Götter können zuzeiten als Menschen erscheinen. Menschen können bisweilen an der Macht, dem Attribut der Götter, teilhaben, aber gleichwohl findet sich bei Homer keine wirkliche Verwischung jener scharfen Linie, die den Menschen von der Gottheit trennt.

In der ›Odyssee‹, die weniger ausschließlich von Kämpfen berichtet, nimmt die Übermittlung von Kraft andere Formen an. Der Dichter der „Telemachie" läßt sich von der ›Ilias‹ beeinflussen, wenn Athene dem Telemachos *ménos* eingießt.[62] Aber hier bedeutet *ménos* soviel wie Charakterstärke, die den Jüngling befähigt, den anmaßenden Freiern entgegenzutreten. Das ist literarische Adaptation. Älter und beweiskräftiger ist der wiederholte Anspruch der Sänger, die ihre schöpferische Kraft von Gott herleiten. „Ich habe mich selbst gelehrt", sagt Phemios, „es war ein Gott, der alle Arten der Lieder in meinen Sinn gepflanzt."[63] Die zwei Teile dieser Aussage werden nicht als Widerspruch empfunden: Ich glaube, er will damit sagen, daß er die Lieder nicht von anderen Sängern übernommen hat, sondern daß er ein eigenständiger Dichter ist, der sich darauf verlassen kann, daß ihm die Verse aus einer unbekannten und unkontrollierbaren Tiefe spontan zuwachsen, so wie er sie gerade braucht. Er singt „aus den Göttern", wie es die besten Dichter allezeit tun.[64] Ich werde darauf im letzten Abschnitt des 3. Kapitels zurückkommen.

Der kennzeichnendste Zug der ›Odyssee‹ aber ist die Weise, in der ihre Personen alle Arten geistiger (und physischer) Ereignisse dem Eingreifen eines namenlosen und unbestimmten Dämon[65] bzw. einem „Gott" oder „Göttern" zuschreiben[66]. Diese unscharf gefaßten Wesenheiten können in entscheidendem Moment Mut eingießen[67] oder den Verstand eines Menschen nehmen,[68] genau wie die Götter in der ›Ilias‹. Aber ihnen wird auch das weite Gebiet dessen zugerechnet, was man andeutend als „Weisungen" bezeichnen kann. Wann immer jemand einen besonders geistreichen [69] oder auch genauso dummen Gedanken gefaßt hat; [70] wenn er plötzlich die Identität einer anderen Person erkennt [71] oder ihm die Bedeutung eines Vorzeichens blitzartig zum Bewußtsein kommt; [72] wenn er sich an etwas erinnert, was er eigentlich vergessen haben sollte, [73] oder vergißt, woran er sich hätte erinnern sollen, [74] dann wird er oder irgendein anderer darin — falls wir die Darstellung wörtlich verstehen dürfen — eine psychische Beeinflussung durch eine dieser anonymen übernatürlichen Wesenheiten erblicken. [75] Zweifellos wollen diese Stellen aber nicht überall buchstäblich verstanden sein: Odysseus z. B. meint es schwerlich ernst, wenn er die Tatsache, daß er in einer kalten Nacht ohne Mantel ausging, den Ränken eines Dämon zuschreibt. Dennoch handelt es sich hier nicht einfach um „epische Konvention". In dieser Weise äußern sich nämlich die Gestalten des Dichters, nicht der Dichter selbst. [76] Dessen Anschauungsweise ist eine ganz andere: Er verwendet, wie der Dichter der ›Ilias‹, klar umrissene Götter wie Athene und Poseidon, nicht anonyme Dämonen. Wenn er seine Gestalten einer abweichenden Auffassung folgen läßt, so wohl deshalb, weil die Leute sich tatsächlich in dieser Weise äußerten: Er wirkt darin „realistisch".

Man sollte ja auch erwarten, daß Menschen, die an tägliche und stündliche Weisungen glaubten (oder deren Vorfahren solches getan hatten), sich in dieser Weise auszudrücken pflegten. Das Wiedererkennen, die plötzliche Einsicht, die Erinnerung, der rechte oder verkehrte Gedanke haben das gemeinsam, daß sie überraschend auftauchen, oder wie wir sagen: einem plötzlich in den Sinn kommen. Oft ist man sich keiner Beobachtung, keines Gedankenganges bewußt, die der Anlaß hätten gewesen sein können. Wie soll man diese Vorgänge also „sein eigen" nennen? Kurz zuvor waren sie noch nicht im Bewußtsein; jetzt sind sie da! Irgend etwas hat sie eingegeben, und dieses Unbestimmte ist etwas anderes als man selbst. Mehr als das weiß der Mensch nicht. Daher spricht er zurückhaltend von „den Göttern" oder „einem Gott" oder öfter (und besonders, wenn | die Eingebung sich als nachteilig herausgestellt hat) von einem Dämon. [77] Dieselbe Erklärung überträgt er analog auf Gedanken und Handlungen anderer Menschen, wenn er Schwierigkeiten hat, sie zu verstehen, oder wenn sie dem Charakter zu widersprechen scheinen. Ein gutes Beispiel gibt die Rede des Antinoos im zweiten Buch der ›Odyssee‹, wo er nach einem Lobpreis auf Penelopes außergewöhnliche Klugheit und ihr schickliches Benehmen fortfährt mit den Worten, daß ihr Entschluß, sich nicht wieder zu verheiraten, keineswegs schicklich sei, und folgert, daß die Götter „ihr diesen Sinn in die Brust legen" [78]. Entsprechend folgert Antinoos, nicht ohne Ironie, als Telemachos sich zum erstenmal mit kühnen Worten gegen die Freier wendet, daß „die Götter ihn lehren, großsprecherisch zu reden" [79]. Tatsächlich ist Athene auch seine Lehrerin, wie der Dichter und die Leser wissen;[80] Antinoos aber weiß es nicht, und darum spricht er von „den Göttern". Eine ähnliche Unterscheidung zwischen dem Wissen der sprechenden Person und dem des Dichters kann man an einigen Stellen in der ›Ilias‹ beobachten. Als Teukers Bogensehne reißt, ruft er voll Entsetzen aus, ein Dämon habe sich ihm entgegengestellt. Aber wie der Dichter kurz vorher mitgeteilt hat,[81] war es doch Zeus, der die Sehne zerriß. Man hat nun vermutet, daß an solchen Stellen die Auffassung des Dichters die ältere sei; er gebrauche noch die „mykenische" Götterbühne, während die Gestalten seiner Dichtung sie nicht mehr kennen und eine unbestimmtere Sprache verwenden wie die ionischen Zeitgenossen des Dichters, die (wie man behauptet) dabei sind, den Glauben an die alten anthropomorphen Götter aufzugeben.[82] Nach meiner Ansicht ist das aber, wie wir gleich sehen werden, eine nahezu völlige Umkehrung der wirklichen Verhältnisse. Und es ist jedenfalls klar, daß Teukers Unbestimmtheit im Ausdruck nichts mit Skeptizismus zu tun hat: Sie ist das schlichte Resultat seiner Unkenntnis. Indem er das Wort *Dämon* gebraucht, „gibt er der Tatsache Ausdruck, daß eine höhere Macht etwas hat geschehen lassen"[83], und außer dieser Tatsache weiß er nichts. Wie Ehnmark dargelegt hat,[84] war eine entsprechend unbestimmte Sprache in bezug auf Übernatürliches gemeinhin in Gebrauch bei den Griechen aller Epochen, nicht aus skeptischer Einstellung, sondern weil sie den jeweiligen Einzelgott nicht genau bestimmen konnten. Derselbe Sprachgebrauch herrscht gewöhnlich bei primitiven Völkern, sei es aus dem gleichen Grunde, oder weil sie persönliche Götter nicht kennen.[85] | Bei den Griechen ist er sehr alt, wie sich an dem hohen Alter des Adjektivs *daimónios* zeigen läßt. Dieses Wort muß ursprünglich bedeutet haben „auf die Weisung eines Dämon hin handelnd"; aber schon in der ›Ilias‹ ist der ursprüngliche Sinn des Adjektivs so weit verblaßt, daß Zeus es auf Hera anwenden kann.[86] Eine so abgegriffene Wortprägung ist sicherlich schon lange im Umlauf gewesen.

Wir haben uns nun, in kursorischer Weise, so wie es der Raum erlaubt, eine Übersicht verschafft über die bei Homer gebräuchlichsten Formen psychischer Beeinflussung. Wir können das Ergebnis zusammenfassen, indem wir sagen, daß alle Abweichungen von einem normalen menschlichen Verhalten, deren Gründe nicht unmittelbar einsichtig sind, entweder vom Bewußtsein des Subjekts selbst oder von einem außenstehenden Beobachter einer übernatürlichen Kraft zugeschrieben werden, genauso wie eine Abweichung vom normalen Witterungsverlauf oder vom normalen Verhalten einer Bogensehne. Dieses Ergebnis wird den Anthropologen nicht überraschen: Er wird sofort zahlreiche Parallelen aus Borneo oder Zentralafrika anführen können. Aber es ist immerhin merkwürdig, diesen Glauben, dieses Gespür für beständige, tägliche Abhängigkeit vom Übernatürlichen in Dichtungen fest verankert zu finden, die doch so „irreligiös" sein sollen wie die ›Ilias‹ und die ›Odyssee‹. Wir können uns auch selbst die Frage stellen, warum ein Volk, so zivilisiert, verständig und vernünftig wie die Ionier, aus ihren nationalen Epen nicht die Züge getilgt haben, die sie mit Borneo und der primitiven Vergangenheit verbinden, genauso wie sie Todesfurcht, Furcht vor Befleckung und andere primitive Ängste überwanden, die doch ursprünglich eine Rolle in ihrer Sage gespielt haben müssen. Ich bezweifle, daß die frühe Literatur irgendeines anderen europäischen Volkes – meine eigenen abergläubischen Landsleute, die Iren, nicht ausgenommen – übernatürliche Eingriffe in menschliches Verhalten mit solcher Häufigkeit und in so weitem Maße voraussetzt.[88]

Nilsson ist m. W. der erste Wissenschaftler gewesen, der ernsthaft versucht hat, all diese Eigentümlichkeiten mit psychologischen Begriffen zu erklären. In einer 1924 veröffentlichten Arbeit[89], die jetzt als klassisch gilt, behauptete er, daß die homerischen Helden in besonderer Weise einem schnellen und heftigen Stimmungswechsel unterworfen seien: Sie leiden, sagt er, an psychischer Labilität. Er weist dann darauf hin, daß auch heute eine Person gleichen Temperaments dazu neigt, bei einem Wechsel der Stimmungslage voll Entsetzen auf das, was sie gerade getan hat, zurückzuschauen und auszurufen: „Aber ich wollte das doch gar nicht tun!" Von hier aus sei es nur noch ein kleiner Schritt zu der Aussage: „Ich bin es wirklich nicht gewesen, der das getan hat." | „Sein eigenes Verhalten", sagt Nilsson, „wird ihm fremd. Er kann es nicht verstehen. Es ist für ihn kein Teil seines Ich." Das ist eine völlig richtige Beobachtung, und ihre Bedeutung für einige der von uns betrachteten Phänomene darf m. E. nicht bezweifelt werden. Nilsson vertritt auch – wie ich glaube – mit Recht die Ansicht, daß Erfahrungen solcher Art – zusammen mit anderen Elementen wie der minoischen Überlieferung von Schutzgottheiten – eine Rolle beim Aufbau jenes Systems physischer Einflußnahme gespielt haben, zu der Homer beständig und, für unser Denken, überflüssigerweise seine Zuflucht nimmt. Wir halten das für überflüssig, weil das System göttlicher Eingriffe in vielen Fällen nur eine Dublette abzugeben scheint für eine natürliche psychologische Begründung.[90] Aber müßten wir nicht richtiger sagen, diese göttlichen Eingriffe träten neben die psychische Beeinflussung, d. h. stellten diese in einer konkreten, bildhaften Form dar? Das wäre dann nicht überflüssig. Denn nur auf diese Weise konnte sie für die Einbildungskraft der Hörer lebhaft genug gezeichnet werden. Den homerischen Dichtern stand noch nicht jene verfeinerte Sprache zur Verfügung, die nötig gewesen wäre, um ein außergewöhnliches Ereignis rein psychologischer Art exakt in Worte zu fassen. Was war da natürlicher, als daß sie eine alte, langweilige und abgenützte Formel wie μένος ἔμβαλε θυμῷ zunächst ergänzten und dann dadurch ersetzten, daß sie den Gott in leiblicher Gestalt erscheinen ließen und er seinen Liebling mit hörbaren Worten ermunterte?[91] Wieviel lebendiger als eine innere Weisung ist doch die berühmte Szene im ersten Buch der ›Ilias‹, wo Athene Achill bei den Haaren faßt und ihn davor warnt, Agamemnon zu schlagen. Aber sie ist nur für Achill sichtbar: „Keiner der anderen sah sie."[92] Das ist ein klarer Hinweis darauf, daß sie eine Projektion, eine bildhafte Darstellung einer inneren Stimme ist.[93] Achill hätte ihre Weisung auch mit einer so unbestimmten Phrase wie ἐνέπνευσε φρεσὶ δαίμων ausdrücken können. Und ich nehme an, daß allgemein diese innere Stimme oder das plötzliche, unerklärliche Kraftgefühl oder das plötzliche, unerklärliche Schwinden des Verstandes die Keimzelle sind, aus der sich das System göttlichen Eingreifens entwickelt hat.

Die Verlagerung des Ereignisses aus dem Innenraum in die äußere Welt brachte als ein Ergebnis mit sich die Vermeidung jeglicher Unbestimmtheit: Jetzt mußte der gestaltlose Dämon in der Person eines besonderen Gottes konkretisiert werden. Im ersten Buch der ›Ilias‹ nimmt er die Gestalt der Athene an, der Göttin des guten Rates. Das war aber der Wahl des Dichters überlassen, und in einer Vielzahl solcher Wahlakte werden die Dichter stufenweise den „Charakter" ihrer Götter aufgebaut haben, indem sie, wie Herodot sagt,[94] „die Ämter und Fähigkeiten unter sie verteilten und ihre physische Erscheinung fest umrissen". Die Dichter haben natürlich die Götter nicht erfunden. Das behauptet auch Herodot nicht. Athene z. B. war, wie wir jetzt annehmen dürfen, eine minoische Hausgottheit. Aber die Dichter haben ihnen Personalität verliehen und dadurch — nach Nilssons Worten — verhindert, daß Griechenland auf die magische Religionsstufe zurücksank, die bei ihren orientalischen Nachbarn noch vorherrschte.

Man mag jedoch geneigt sein, die Behauptung anzuzweifeln, auf der Nilssons Ausführungen basieren. *Sind* die homerischen Gestalten denn wirklich so außergewöhnlich labil, verglichen etwa mit den Gestalten anderer früher Epen? Der von Nilsson angeführte Beweis ist doch recht schwach. Man rauft sich wegen eines geringfügigen Anlasses; aber das tun nordische und irische Helden auch. Hektor stürmt blindwütend bei einer einzigen Gelegenheit, nordische Helden bedeutend öfter. Homerische Männer weinen hemmungsloser als Schweden oder Engländer; aber alle Mittelmeervölker verhalten sich heute noch so. Man kann zugeben, daß Agamemnon und Achill leidenschaftliche, reizbare Männer sind (der Verlauf des Epos verlangt es geradezu). Aber sind nicht Odysseus und Aias, jeder in spezifischer Weise, sprichwörtliche Beispiele für standhaftes Dulden, so wie Penelope es für weibliche Standhaftigkeit ist? Und doch sind diese steten Charaktere nicht weniger als andere von psychischer Beeinflussung ausgenommen. Ich habe aufs Ganze gesehen Bedenken, diesen Teil von Nilssons Ausführungen zu stark zu betonen, und möchte statt dessen lieber den Glauben des homerischen

Menschen an psychische Beeinflussung mit zwei anderen Eigentümlichkeiten verknüpfen, die zweifellos zu der bei Homer skizzierten Kulturstufe gehören.

Da ist zuerst eine negative Besonderheit zu erwähnen: Der homerische Mensch hat keine einheitliche Vorstellung von dem, was wir „Seele" oder „Persönlichkeit" nennen. (Bruno Snell[95] hat kürzlich die tiefere Bedeutung dieser Tatsache nachdrücklich hervorgehoben.) Es ist allgemein bekannt, daß Homer dem Menschen nur nach dem Tode eine *Seele* zuzuerkennen scheint, oder wenn er in | Ohnmacht fällt bzw. im Sterben liegt oder vom Tode bedroht ist: Die allein vermerkte Funktion der *psyché* bei einem Lebenden ist die, daß sie ihn verläßt. Homer hat aber auch kein anderes Wort für die lebende Person. Der *thymós* mag einmal eine primitive „Atemseele" oder „Vitalseele" gewesen sein; aber bei Homer bezeichnet er weder die Seele noch (wie bei Platon) einen „Seelenteil". Er kann, ganz grob und allgemein, definiert werden als ein Organ der Empfindung. Aber er erfreut sich einer Unabhängigkeit und Selbständigkeit, die sich für uns mit dem Wort „Organ" nicht verbinden, da wir von der späteren Konzeption von „Organismus" und „organischer Einheit" beeinflußt sind. Der *thymós* eines Mannes sagt diesem, daß er nun essen oder trinken oder einen Feind erschlagen muß, er berät ihn bei seinen Taten und legt ihm Worte in den Mund: θυμὸς ἀνώγει, sagt man dann, oder κέλεται δέ με θυμός. Man kann sich mit ihm unterhalten bzw. mit seinem „Herzen" oder seinem „Bauch", fast so wie von Mann zu Mann. Manchmal schilt man diese selbständigen „Organe" (κραδίην ἠνίπαπε μύθῳ);[96] gewöhnlich nimmt man seinen Rat an, aber man kann ihn auch zurückweisen und, wie Zeus bei einer Gelegenheit, „ohne die Zustimmung seines *thymós*" handeln.[97] Im letzten Fall könnte man mit Platon sagen, daß der Mensch κρείττων ἑαυτοῦ war, daß er sich selbst beherrscht hat. Aber für den homerischen Menschen hat der *thymós* keinerlei Neigung, sich als einen Teil des Ich fassen zu lassen: Gewöhnlich macht er sich als eine selbständige innere Stimme bemerkbar. Ein Mensch kann sogar zwei solche Stimmen vernehmen: So „plant Odysseus in seinem *thymós*", den Kyklop sofort zu töten, aber eine zweite Stimme (ἕτερος θυμός) hält ihn davon ab.[98] Diese Gewohnheit, „emotionale Antriebe zu objektivieren" (wie wir sagen würden), sie als nicht zum Ich gehörig zu betrachten, muß das Eindringen der religiösen Vorstellung von psychischer Beeinflussung sehr erleichtert haben; diese wird ja oft so dargestellt, daß sie nicht auf den Menschen direkt einwirkt, sondern auf dessen *thymós*[99] oder auf seinen Sitz im Menschen, die Brust oder das Zwerchfell[100]. Man kann diese Verknüpfung sehr klar in Diomedes' Bemerkung erkennen, daß Achill kämpfen wird, „wenn der *thymós* in seiner Brust es ihn heißen und ein Gott ihn antreiben wird"[101] (wiederum überdeterminiert).

Eine zweite Besonderheit, welche eng mit der ersten verknüpft zu sein scheint, muß sich in der gleichen Richtung ausgewirkt haben. Es ist die Gewohnheit, Verhaltensweisen mit Begriffen des Wissens zu erklären.[102] Das bekannteste Beispiel ist der weitverbreitete Gebrauch des Verbums οἶδα, „ich weiß", das mit einem Objekt im Neutrum Plural | nicht nur den Besitz technischer Fähigkeiten bezeichnet (οἶδεν πολεμήια ἔργα u. ä.), sondern auch etwas, das wir sittlichen Charakter oder persönliches Empfinden nennen würden: Achill „weiß Wildes, wie ein Löwe", Polyphem „weiß Gesetzloses", Nestor und Agamemnon „wissen Freundliches für einander".[103] Das ist nicht nur ein homerisches „Idiom": Eine ähnliche Übertragung von Empfindungen in den Bereich des Verstandes liegt vor, wenn wir hören, daß Achill „einen erbarmungslosen *Verstand* (νόος)" hat oder daß die Trojaner „sich an die Flucht *erinnerten* und den Widerstand *vergaßen*".[104] Dieses Bemühen, Verhaltensweisen intellektualistisch zu erklären, prägte den griechischen Geist für die Dauer: Die sogenannten sokratischen Paradoxien, daß „Tugend Wissen ist" und daß „niemand mit Absicht schlecht handelt", waren nichts Ungewöhnliches, sondern eine deutlich verallgemeinerte Formulierung tief eingewurzelter Denkgewohnheiten.[105] Solch eine Denkgewohnheit muß auch den Glauben an psychische Beeinflussung gefördert haben. Wenn der Charakter dem Wissen gleichzusetzen ist, dann ist all das, was nicht gewußt wird, kein Teil des Charakters, sondern kommt dem Menschen von außen zu. Wenn er in einer Weise handelt, die im Gegensatz zu dem Ganzen der ihm bewußten Wesenszüge steht, dann ist diese Handlung nicht eigentlich seine Handlung, sondern sie wurde ihm eingegeben. Mit anderen Worten: Die nicht einzuordnenden, nichtrationalen Impulse sowohl wie die aus ihnen resultierenden Handlungen werden vom Ich häufig ausgesondert und einem fremden Ursprung zugeschrieben.

Verständlicherweise ereignet sich dies besonders leicht, wenn die in Frage stehenden Handlungen derart sind, daß sie bei ihrem Urheber heftiges Schamgefühl hervorrufen. Wir wissen, wie man sich in unserer Gesellschaft von unerträglichen Schuldgefühlen befreit, indem man sie in der Phantasie auf einen anderen „projiziert". Und wir dürfen annehmen, daß der Begriff der *áte* dem homerischen Menschen zu einem analogen Zwecke diente, weil er ihn in die Lage versetzte, in gutem Glauben seine unerträglichen Schamgefühle auf eine äußere Macht zu projizieren. Ich sage „Scham" und nicht „Schuld", denn amerikanische Anthropologen haben uns kürzlich gelehrt, zwischen „Schamkulturen" und „Schuldkulturen" zu unterscheiden,[106] und die von Homer skizzierte Gesellschaft gehört eindeutig zur ersten Klasse. Der höchste Wert für einen homerischen Menschen ist nicht ein ruhiges Gewissen, sondern das Genießen der *timé*, der öffentlichen Hochschätzung: „Warum sollte ich kämpfen", fragt Achill, „wenn | der tapfere Kämpfer nicht mehr τιμή bekommt als der Feigling?"[107] Und die stärkste moralische Macht, die der homerische Mensch kennt, ist nicht die Furcht vor Gott,[108] sondern die Rücksicht auf die öffentliche Meinung, *aidós*: αἰδέομαι Τρῶας, sagt Hektor in seiner Schicksalsstunde und geht mit offenen Augen in den Tod.[109] Die Lage, auf die die Konzeption der *áte* eine Antwort ist, entstand nicht nur aus der Impulsivität des homerischen Mannes, sondern aus der Spannung zwischen dem individuellen Impuls und dem Druck der sozialen Anpassung, die charakteristisch für eine Schamkultur ist.[110] In einer solchen Gesellschaft wird alles, was den Mann der Verachtung oder dem Spott seiner Gefährten preisgibt und ihn „sein Gesicht verlieren" läßt, als unerträglich empfunden.[111] Das erklärt vielleicht auch, warum nicht nur Fälle moralischen Versagens wie Agamemnons Verlust der Selbstbeherrschung auf eine göttliche Macht projiziert wurden, sondern auch solche Vorkommnisse wie der schlechte Handel des Glaukos oder Automedons Nichtbeachtung der richtigen Kampfesweise. Andererseits war es das allmählich wachsende Empfinden für Schuld, das für die spätere Zeit charakteristisch ist, welches *áte* in Bestrafung, die Erinyen in Rachehelfer und Zeus in die Verkörperung kosmischer Gerechtigkeit umwandelte. Mit dieser Entwicklung werde ich mich im nächsten Kapitel befassen.

Was ich im vorstehenden zu tun versucht habe, war, in kritischer Überprüfung einer besonderen Art religiöser Erfahrung zu zeigen, daß sich hinter dem Begriff „homerische Religion" entschieden mehr verbirgt als eine künstliche Maschinerie von nur halb-seriösen Göttern und Göttinnen und daß wir ihr keine Gerechtigkeit widerfahren lassen, wenn wir sie übergehen als ein gefälliges Zwischenspiel heiterer Clownerien zwischen dem angenommenen Tiefsinn einer ägäischen Erdreligion — von der wir wenig wissen — und dem einer „frühen orphischen Bewegung", von der wir noch viel weniger wissen.

Zweites Kapitel

VON DER SCHAMKULTUR ZUR SCHULDKULTUR

Schrecklich ist es, in die Hände des lebendigen Gottes zu fallen. Hebr. 10, 31

In meinem ersten Kapitel habe ich untersucht, wie Homer die irrationalen Faktoren des menschlichen Verhaltens als „psychische Beeinflussung" deutet, als das Eingreifen nicht-menschlicher Mächte in das menschliche Leben, indem sie dem Menschen etwas 'eingeben', wodurch sie sein Denken und Benehmen beeinflussen. In diesem Kapitel werde ich mich mit einigen der neuen Formen befassen, welche die homerischen Vorstellungen im Laufe der archaischen Zeit angenommen haben. Wenn aber meine Ausführungen auch für den Nichtfachmann einsichtig sein sollen, muß ich zuvor versuchen, wenigstens in groben Umrissen einige allgemeinere Unterschiede zu skizzieren, durch die sich die religiöse Haltung der archaischen Zeit von derjenigen abhebt, die man für Homer voraussetzen kann. Am Ende des ersten Kapitels habe ich die Ausdrücke „Schamkultur" und „Schuldkultur" als deskriptive Termini zur Beschreibung der beiden gemeinten Haltungen verwendet. Ich bin mir bewußt, daß diese Ausdrücke nicht selbstverständlich sind, daß sie wahrscheinlich den meisten klassischen Philologen ungeläufig sind und daß sie leicht zu Mißdeutungen Anlaß geben können. Was ich mit ihnen meine, wird sich wohl, hoffentlich, im weiteren Verlauf herausstellen. Zwei Dinge jedoch sollten sofort klargestellt werden. Erstens gebrauche ich diese Bezeichnungen rein beschreibend, ohne irgendeine Kulturzyklentheorie vorauszusetzen. Sodann gebe ich zu, daß die Unterscheidung eine nur relative ist, da tatsächlich viele Verhaltensweisen, die für die Schamkultur bezeichnend sind, während der ganzen archaischen und klassischen Zeit beibehalten werden. Es findet zwar ein Übergang statt, aber er geschieht nur allmählich und unvollständig.

Wenn wir uns von Homer der fragmentarischen Literatur der archaischen Zeit und jenen Autoren zuwenden, die noch die archaische Sichtweise bewahrt haben[1] — Pindar z. B. und Sophokles und in großem Umfange auch Herodot —, so ist eine der auffälligsten Eigentümlichkeiten das vertiefte Bewußtsein von der menschlichen Ungesichertheit und Hilflosigkeit (ἀμηχανία),[2] dem im religiösen Bereich das Empfinden göttlicher Feindseligkeit entspricht

---

[1] Anmerkungen zum zweiten Kapitel s. S. 176 ff.

— nicht in dem Sinn, daß die Gottheit als das Böse angesehen wird, wohl aber als übermächtige Gewalt und Weisheit, die den Menschen für immer niederhalten und hindern, sich über seinen Stand zu erheben. Dieses Gefühl spricht Herodot aus, wenn er sagt, die Gottheit sei allezeit φθονερόν τε καὶ ταραχῶδες.³ „Eifersüchtig und verwirrend", könnte man übersetzen; jedoch würde diese Übersetzung kaum befriedigen: Wie sollte jene übergewaltige Macht eifersüchtig sein auf ein so armseliges Wesen wie den Menschen? Gemeint ist doch wohl, daß die Götter jeden Erfolg, jedes Glücksgefühl verübeln, das für einen Augenblick unsere Sterblichkeit über ihren Stand erheben und dadurch göttliche Vorrechte schmälern könnte.

Solche Vorstellungen waren natürlich nicht völlig neu. Im 24. Buch der ›Ilias‹ spricht Achill — endlich durch den Anblick seines gebrochenen Gegners Priamos bewegt — die tragische Erkenntnis des ganzen Epos aus: „Denn so haben die Götter den Schicksalsfaden für die beklagenswerte Menschheit gesponnen, daß das Leben der Menschen sorgenvoll sei, während sie selbst frei von allen Sorgen sind." Und dann erwähnt er das berühmte Bild von den zwei Krügen, aus denen Zeus seine guten und bösen Gaben nimmt. Einigen gibt er aus beiden Krügen gemischt, anderen reines Übel, so daß sie gequält über das Antlitz der Erde schreiten, „unbeachtet von Göttern und Menschen".⁴ Das reine Gute aber, so dürfen wir annehmen, ist der den Göttern vorbehaltene Anteil. Die Gefäße haben nichts mit Gerechtigkeit zu tun. Sonst wäre Achills Erkenntnis falsch. Denn Heldentum bringt in der ›Ilias‹ kein Glück. Einziger — und ausreichender — Lohn ist der Ruhm. Und doch gehen Homers Fürsten trotz alledem kühn durch ihre Welt; sie fürchten die Götter nur in dem Maße, wie sie ihre menschlichen Könige fürchten; sie werden durch das Zukünftige nicht bedrückt, selbst wenn sie, wie Achill, wissen, daß es herannahendes Unheil birgt. |

Insoweit liegt die Veränderung, die wir in der archaischen Zeit bemerken, nicht in einem anderen Glauben, sondern in einer neuen gefühlsmäßigen Reaktion auf den alten Glauben. Man vernehme z. B. Semonides von Amorgos: „Zeus achtet auf die Erfüllung von allem, was da ist, und lenkt es nach seinem Willen. Einsicht aber eignet den Menschen nicht: Wir leben wie Tiere stets von der Gnade dessen, was der Tag bringen mag, und wissen nichts von dem Ausgang, den Gott den menschlichen Handlungen setzt."⁵ Oder Theognis: „Kein Mensch, Kyrnos, ist verantwortlich für seinen Untergang oder seinen Erfolg: Beides verleihen die Götter! Kein Mensch kann eine Tat ausführen und dabei wissen, ob der Erfolg gut oder schlecht sein wird. ... Die Menschheit folgt in äußerster Blindheit ihren nichtigen Gewohnheiten; die Götter aber führen alles zu dem Ziel, das sie gesetzt haben."⁶ Die Lehre von der hilflosen Abhängigkeit des Menschen von einer willkürlichen Macht ist nicht neu. Doch wird ein neuer Ton der Verzweiflung hörbar, eine neue und bittere Betonung der Eitelkeit menschlichen Strebens. Wir sind der Welt des ›Königs Oidipus‹ näher als der Welt der ›Ilias‹. In vielem verhält es sich mit der Vorstellung vom *phthónos* der Götter, von ihrer Eifersucht, ebenso. Aischylos hat mit Recht von „einer ehrwürdigen Lehre, vor langer Zeit verkündet," gesprochen.[7] Die Ansicht, daß zu großer Erfolg Gefährdung durch höhere Mächte nach sich ziehe, zumal wenn man sich seiner rühme, findet sich unabhängig voneinander in vielen verschiedenen Kulturkreisen[8] und ist tief im menschlichen Wesen verwurzelt. (Wir huldigen ihr heute noch, wenn wir auf Holz klopfen.) Die ›Ilias‹ kennt derartiges nicht, ebenso wie sie anderen, im Volke verbreiteten Aberglauben ignoriert. Aber der Dichter der ›Odyssee‹ — ohnehin stets aufgeschlossener für die zeitgenössische Denkweise — läßt Kalypso in ihrer Enttäuschung ausrufen, die Götter seien die eifersüchtigsten Wesen auf der Welt; sie mißgönnten einem sogar das bißchen Glück.[9] Die ungehemmte Art aber, wie der homerische Mensch sich rühmt, läßt deutlich werden, daß er die Gefahren des *phthónos* nicht allzu ernst nimmt. Solche Bedenken sind einer Schamkultur fremd. Erst in spätarchaischer und frühklassischer Zeit wird aus der *phthónos*-Vorstellung eine bedrückende Drohung, Quelle — oder Ausdruck — religiöser Ängstlichkeit. So ist es bei Solon, Aischylos und vor allem bei Herodot. Für Herodot ist die Geschichte überdeterminiert: Während sie, oberflächlich betrachtet, sich als Ergebnis menschlichen Strebens darstellt, kann der tiefer Blickende allenthalben das verborgene Wirken des *phthónos* erkennen. Aus derselben Einstellung heraus kann der Bote in den ›Persern‹ Xerxes' unvernünftiges Vorgehen bei Salamis auf die List des Griechen zurückführen, der ihn getäuscht hat, und gleichzeitig auf den *phthónos* der Götter, der durch einen *alástor*, einen bösen Dämon, wirkt[10]: Das Ereignis ist zweifach begründet, auf natürlicher und auf übernatürlicher Ebene.

Von den Autoren dieser Zeit wird der göttliche *phthónos* bisweilen,[11] wenn auch nicht immer,[12] als *némesis*, „berechtigter Unwille", gedeutet. Zwischen die primitive Vorstellung vom anstoßerregenden, übermäßigen Glück und seine Bestrafung durch die eifersüchtige Gottheit wird ein moralisierender Gedanke eingeschoben: Glück soll *kóros* hervorrufen — die behagliche Selbstzufriedenheit eines Menschen, dem es zu gut ergangen ist —, welcher seinerseits *hýbris* zeugt, Anmaßung in Wort oder Tat oder nur in Gedanken. In dieser Deutung erschien der alte Glaube in rationalerem Gewande, war aber deswegen um nichts weniger drückend. In der Teppich-Szene des ›Agamemnon‹ kann man sehen, wie jede Äußerung des Triumphes ängstliche Schuldgefühle hervorruft: *hýbris* ist das „Urübel" geworden, die Sünde, deren Lohn der Tod ist. Sie ist so allgemein verbreitet, daß ein homerischer Hymnus sie die *thémis* nennen kann, die festbegründete Gepflogenheit der Menschen; und Archilochos spricht sie sogar den Tieren zu.

Die Menschen wissen, daß es gefährlich ist, glücklich zu sein.[13] Aber diese Einschränkung hatte ohne Zweifel auch eine heilsame Wirkung. Als Euripides, der in dem neuen Zeitalter des Skeptizismus schreibt, seinen Chor den Zusammenbruch aller sittlichen Normen beklagen läßt, sieht dieser bezeichnenderweise den überzeugendsten Beweis für jenen Zusammenbruch in der Tatsache, daß „es nicht mehr das gemeinsame Ziel der Menschen ist, dem *phthónos* der Götter zu entrinnen"[14].

Die Versittlichung des *phthónos* verweist uns auf einen zweiten charakteristischen Zug der archaischen Gedankenwelt, auf die Tendenz, das Übernatürliche insgesamt und Zeus im besonderen in eine Gerechtigkeit ausübende Macht umzuformen. Ich brauche kaum zu sagen, daß Religion und Sittlichkeit in Griechenland wie in anderen Ländern keineswegs von Anfang an aufeinander bezogen waren. Sie hatten ihre eigenen Wurzeln. Ich nehme an, daß — allgemein gesagt — Religion aus dem Bezogensein des Menschen auf seine gesamte Umwelt erwächst, Sittlichkeit aus der Beziehung zum Mitmenschen. Aber früher oder später kommt in den meisten Kulturen eine Leidenszeit, | und dann ist die Mehrzahl der Menschen nicht mehr zufrieden mit der Ansicht des Achill, nach der „Gott in seinem Himmel ist, in der Welt aber alles schlecht steht". Der Mensch projiziert sein wachsendes Verlangen nach sozialer Gerechtigkeit in den Kosmos; und wenn aus entfernten Räumen der erhabene Widerhall seiner eigenen Stimme zu ihm zurückkehrt und Bestrafung des Schuldigen verheißt, dann schöpft er daraus Mut und Zuversicht.

Im griechischen Epos ist diese Entwicklungsstufe noch nicht erreicht, aber man kann ihr Nahen an der wachsenden Zahl von Anzeichen erkennen. Die Götter der ›Ilias‹ sind primär mit ihrer eigenen Ehre (τιμή) befaßt. Leichtfertig von einem Gott sprechen, seinen Kult vernachlässigen, seinen Priester mißhandeln, all das erzürnt sie verständlicherweise. In einer Schamkultur sind Götter wie Menschen geneigt, Geringschätzung übelzunehmen. Meineid unterliegt derselben Beurteilung: Die Götter nehmen keinen Anstoß an einer glatten Lüge, aber sie wenden sich dagegen, daß ihr Name mißbräuchlich angerufen wird. Hier und da erhält man allerdings einen Hinweis auf Weiterreichendes. Vergehen gegen die Eltern machen ein so ungeheures Verbrechen aus, daß eine besondere Ahndung nötig wird: Die Mächte der Unterwelt sehen sich genötigt, den Fall aufzugreifen.[15] (Ich werde später noch darauf zurückkommen.) Einmal erfahren wir sogar, daß Zeus den Menschen zürnt, die ungerechte Urteile fällen.[16] Ich halte dies allerdings für eine Spiegelung späterer Zustände, die — durch ein für Homer nicht ungewöhnliches Versehen — in ein Gleichnis eindringen konnte.[17] Denn ich kann in der Erzählung der ›Ilias‹ keinen Hinweis darauf finden, daß Zeus sich um die Gerechtigkeit als solche kümmert.[18]

In der ›Odyssee‹ ist sein Interesse deutlich weiter gespannt: Er schützt nicht nur die Bittflehenden [19] (die in der ›Ilias‹ keine Sicherheit genießen), sondern „alle Fremden und Bettler sind von Zeus"[20]. Hesiods Rächer der Armen und Unterdrückten kündigt sich tatsächlich an. Der Zeus der ›Odyssee‹ wird überdies empfänglich für moralische Kritik. Die Menschen, so klagt er, tadeln immer die Götter; „denn sie sagen, ihre Mühsal käme von uns, während sie es doch selbst sind, die sich mit ihren ruchlosen Handlungen mehr Mühsal verursachen, als es nötig wäre"[21]. An den Anfang des Epos gestellt, klingt diese Äußerung — wie man im Deutschen sagt — „programmatisch". Und das Programm wird auch durchgeführt. Die Freier ziehen sich durch die eigene gottlose Tat den Untergang zu,[22] während Odysseus, der göttliche Weisungen sorgsam beachtet, über die Übermacht triumphiert. Die göttliche Gerechtigkeit hat sich behauptet.

Die späteren Stadien der moralischen Erziehung des Zeus mag man bei Hesiod, Solon und Aischylos studieren; ich kann den Fortschritt hier im einzelnen nicht verfolgen. Eine Komplikation muß ich jedoch erwähnen, die weitreichende historische Folgen hat. Die Griechen waren realistisch genug, die Augen nicht vor der simplen Tatsache zu verschließen, daß die Übeltäter gediehen wie ein grünender Lorbeerbaum. Hesiod, Solon und Pindar sind deswegen tief beunruhigt, und Theognis hält es für nötig, Zeus zu diesem Problem unmittelbar Stellung nehmen zu lassen.[23] Es war recht leicht, göttliche Gerechtigkeit in einer Dichtung, etwa der ›Odyssee‹, darzustellen. Wie Aristoteles bemerkt, „erzählen die Dichter solche Geschichten, um den Wünschen ihrer Zuhörer entgegenzukommen"[24]. Ganz so leicht geht es im wirklichen Leben nicht. In der archaischen Zeit mahlen die Mühlen Gottes so langsam, daß ihre Bewegung tatsächlich nicht wahrgenommen werden konnte, es sei denn mit den Augen des Glaubens. Um aber den Glauben an ihre Wirksamkeit überhaupt aufrecht halten zu können, war es geboten, von der mit dem Tod gegebenen zeitlichen Beschränkung sich frei zu machen. Wenn man nämlich seinen Blick über diese Grenze hinaus richtete, konnte man eine (oder beide) von zwei Aussagen machen: Man konnte sagen, der erfolgreiche Sünder werde in seinen Nachkommen gestraft; oder er werde seine Schuld persönlich in einem anderen Leben büßen.

Die zweite dieser Lösungsmöglichkeiten wird — als allgemeingültige Lehre — erst in der späten archaischen Zeit erkannt und galt wahrscheinlich nur für eine deutlich abgegrenzte Gruppe; eine nähere Betrachtung muß ich auf ein späteres Kapitel verschieben. Die erste ist die für die archaische Zeit charakteristische Lehre: Sie wird von Hesiod, Solon und Theognis, von Aischylos und Herodot verkündet. Daß sie das Leiden moralisch Unschuldiger mit einschloß, hat man dabei nicht übersehen: Solon bezeichnet die Opfer ererbter *némesis* als ἀναίτιοι, „nicht verantwortlich"; Theognis beklagt die Unbilligkeit eines Systems, bei dem „der Verbrecher ungestraft ausgeht, ein anderer aber später die Bestrafung auf sich nehmen muß"; Aischylos möchte — wenn ich ihn richtig verstehe — die Unbilligkeit durch die Erkenntnis mildern, daß der Erbfluch durchbrochen werden kann.[25] Wenn aber diese Männer gleichwohl die Vorstellung von der Erblichkeit der Schuld übernommen haben und die Bestrafung des Schuldigen aussetzten, dann muß man das auf jenen Glauben an die Einheit der Familie zurückführen, den das archaische Griechenland | mit anderen frühen Gesellschaften[26] und mit mancher primitiven Kultur unserer Tage teilt[27]. Mochte die Lehre von der Erbschuld auch unbillig sein, so wurde in ihr doch ein Naturgesetz deutlich, das Anerkennung heischte: Die Familie war eine moralische Einheit, das Leben des Sohnes die Fortführung der väterlichen Existenz,[28] und er erbte des Vaters sittliche Schuld genauso wie seine geschäftlichen Schulden. Früher oder später wird die Schuld *ihre eigene Bestrafung herbeiführen,* wie die Pythia dem Kroisos sagt. Der Kausalnexus von Vergehen und Strafe war *moîra,* also etwas, das nicht einmal von einem Gotte außer Kraft gesetzt werden konnte. Kroisos mußte vollenden oder erfüllen (ἐκπλῆσαι), was mit dem Vergehen eines Vorfahren vor fünf Generationen begonnen hatte.[29]

Es war ein Unglück für die Griechen, daß die Idee einer allumfassenden Gerechtigkeit, die im Vergleich zur alten Vorstellung von rein willkürlich waltenden göttlichen Mächten einen Fortschritt darstellte und die Bestätigung der neuen bürgerlichen Sittlichkeit enthielt, in dieser Weise mit einer primitiven Auffassung der Familie verknüpft werden sollte. Bedeutete es doch, daß sich die ganze Kraft der religiösen Empfindung und der religiösen Gesetze gegen das Aufkommen der richtigen Sichtweise wandte, in der das Individuum als Person mit eigenen Rechten und eigener Verantwortung hätte erkannt werden können. Diese Anschauung hat sich vielleicht im weltlichen attischen Recht entwickelt. Wie Glotz in seinem großen Buch ›La Solidarité de la famille en Grèce‹[30] gezeigt hat, ist die Befreiung des Individuums von den Fesseln des Clans und der Familie eine der großen Errungenschaften des griechischen Rationalismus und eine Leistung, die der athenischen Demokratie angerechnet werden muß. Aber lange, nachdem diese Befreiung im Gesetz durchgeführt worden war, wurden fromme Gemüter noch von den Geistern der alten Solidarität geplagt. Aus Platons Schriften wird deutlich, daß man noch im vierten Jahrhundert mit Fingern auf den Mann zeigte, auf den der Schatten der Erbschuld fiel, und ein solcher Mensch war immer noch bereit, einen *kathartés* zu bezahlen, um von dieser Schuld erlöst zu werden.[31] Platon selbst, der doch die Revolution des weltlichen Rechts gutgeheißen hatte, läßt in gewissen Fällen die Vorstellung von der ererbten religiösen Schuld noch gelten.[32] Ein Jahrhundert später hält Bion von Borysthenes noch den Hinweis für nötig, daß Gott, indem er den Sohn für das Vergehen seines Vaters straft, sich so verhält wie ein Arzt, der dem Sohn die Medizin verschreibt, um den Vater zu heilen. Und der fromme Plutarch, der dies als Witz anführt, versucht gleichwohl, eine Rechtfertigung für diese alte Lehre zu finden, indem er sich auf die beobachteten Tatsachen der Vererbung beruft.[33] |

Wir kehren zur archaischen Zeit zurück. Es war ebenfalls ein Unglück, daß dem jetzt moralisch beurteilten Walten der übermenschlichen Mächte Funktionen zugeschrieben wurden, die vorwiegend, wenn nicht gar ausschließlich, strafender Art waren. Wir hören viel von ererbter Schuld, wenig von ererbter Unschuld; viel von den Leiden der Sünder in der Hölle oder im Purgatorium, verhältnismäßig wenig von den ins Jenseits verlegten Belohnungen der Tugend. Der Nachdruck liegt immer auf der Bestrafung. Darin spiegeln sich zweifellos die rechtlichen Vorstellungen der Zeit wider. Strafrecht geht dem bürgerlichen Recht voraus, und die erste Funktion des Staates war der Zwang. Überdies berücksichtigt das göttliche Recht — wie auch das frühe menschliche — die Motive nicht und kennt keine Nachsicht für menschliche Schwäche. Es ist bar jener menschlichen Eigenschaft, welche die Griechen ἐπιείκεια oder φιλανθρωπία genannt haben. Die sprichwörtliche Wendung jener Zeit, daß „alle Tugend in der Gerechtigkeit beschlossen liegt"[34], gilt nicht weniger für die Götter als für die Menschen: Für Mitleid war da wenig Platz. In der ›Ilias‹ war das noch anders: Da empfindet Zeus mit dem erschlagenen Hektor Mitleid, ebenso mit dem erschlagenen Sarpedon. Er fühlt mit dem um Patroklos trauernden Achill und bemitleidet sogar Achills Rosse, die um ihren Lenker trauern.[35] μέλουσί μοι, ὀλλύμενοί περ, sagt er im 21. Buch der ›Ilias‹: „Ich sorge mich um sie, wenn sie auch zugrunde gehen." Doch indem Zeus die Verkörperung der kosmischen Gerechtigkeit wird, verliert er seine Humanität. Deshalb tendiert die olympische Religion in ihrer versittlichten Form dahin, eine Religion der Angst zu werden. Diese Tendenz spiegelt sich im religiösen Vokabular wider. In der ›Ilias‹ gibt es noch kein Wort für „Gott fürchtend"; aber in der ›Odyssee‹ gilt es schon als wichtige Tugend, θεουδής zu sein, und das entsprechende Wort der Prosaliteratur, δεισιδαίμων, war ein lobendes Attribut sogar bis in Aristoteles' Zeiten.[36] Die 'Gottesliebe' andererseits fehlt im älteren griechischen Wortschatz[37]: φιλόθεος erscheint zum erstenmal bei Aristoteles. Und tatsächlich erweckt von den großen olympischen Gottheiten wohl nur Athene ein Gefühl, das man mit Recht als Liebe bezeichnen könnte. „Es wäre überspannt", heißt es in den ›Magna Moralia‹, „sollte jemand behaupten, er liebe Zeus."[38]

Das führt uns zum letzten Punkt, den ich hervorheben möchte, zu der verbreiteten Furcht vor Befleckung *(míasma)* und zu ihrem Korrelat, dem allgemeinen Streben nach ritueller Reinigung *(kátharsis)*. Auch hier ist der

Unterschied zwischen Homer und der archaischen | Zeit wiederum relativ, nicht absolut. Denn man kann nicht leugnen, daß *kátharsis* — wenn auch in geringem Umfang — in beiden Epen vollzogen wird.[39] Aber von der einfachen homerischen Reinigung, die von einem Laien ausgeübt wird, bis zu den berufsmäßigen *kathartaí* der archaischen Zeit mit ihrem ausgeprägten und schmutzigen Ritual ist es ein weiter Schritt. Ein noch größerer ist es von Telemachs zufälligem Entschluß, einen Mann als Schiffskameraden anzunehmen, der von sich selber bekennt, ein Mörder zu sein, bis zu jenen Voraussetzungen, die im ausgehenden fünften Jahrhundert den Angeklagten eines Mordprozesses in die Lage versetzten, einen präsumptiven Beweis seiner Unschuld aus der Tatsache abzuleiten, daß das Schiff, mit dem er gefahren ist, sicher den Hafen erreicht hat.[40] Eine weitere Vorstellung von der trennenden Kluft erhält man, wenn man Homers Version der Oidipus-Sage mit der vergleicht, die uns von Sophokles bekannt ist. Hier wird Oidipus als Befleckter ausgestoßen aus der Gemeinschaft, zermalmt von der Last einer Schuld, „die weder die Erde noch der heilige Regen noch das Sonnenlicht hinwegnehmen können". In der Darstellung, die Homer kannte, bleibt Oidipus aber auch nach der Aufdeckung seiner Schuld weiterhin König von Theben, fällt vielleicht in der Schlacht und wird mit königlichen Ehren bestattet.[41] Es war offenbar ein späteres, mutterländisches Epos, die ›Thebais‹, das den sophokleischen „Leidensmann" geschaffen hat.[42]

Wir finden bei Homer keinen Hinweis auf den Glauben, daß Befleckung ansteckend wirkt und vererblich sei. Nach archaischer Ansicht war sie beides,[43] und darin lag ihre Entsetzlichkeit begründet: Denn wie könnte ein Mensch gewiß sein, daß er sich nicht durch zufällige Berührung dieses Übel zugezogen oder es wegen eines längst vergessenen Verbrechens irgendeines entfernten Vorfahren geerbt hat? Solche Beängstigung war noch quälender wegen ihrer Unbestimmtheit, d. h. wegen der Unmöglichkeit, sie auf eine Ursache zurückzuführen, die man erkennen und mit der man sich auseinandersetzen könnte. In diesem Glauben die *Quellen* des archaischen Schuldempfindens erblicken zu wollen, wäre wohl eine zu große Vereinfachung; aber sicherlich äußert es sich in ihm, so wie sich bei einem Christen das Schuldempfinden in der quälenden Furcht vor der Todsünde äußern kann. Der Unterschied dieser beiden Auffassungen liegt natürlich darin, daß die Sünde ein Zustand des Willens, eine Krankheit des inneren Bewußtseins ist, während Befleckung die automatische Folge einer Handlung ist, zu dem Bereich äußerer Ereignisse gehört und mit derselben unbarmherzigen Gleichgültigkeit dem Motiv gegenüber wirksam wird wie ein Typhuserreger.[44] Streng genommen wird aus dem archaischen Schuldgefühl | ein Gefühl für Sündhaftigkeit nur durch jenen Vorgang, den Kardiner[45] als „Internalisierung" des Gewissens bezeichnet, ein Phänomen, das spät und undeutlich in der griechischen Welt erscheint und erst lange, nachdem das weltliche Recht die Bedeutung des Motivs [46] zu erkennen begonnen hatte, zum Allgemeingut wird. Die Übertragung des Begriffs der Reinheit von der magischen in die moralische Sphäre vollzog sich ebenfalls spät. Erst in den letzten Jahren des fünften Jahrhunderts findet man den Gedanken ausformuliert, daß reine Hände nicht genügen: Das Herz muß ebenso rein sein. [47]

Gleichwohl, meine ich, sollte man zögern, scharfe chronologische Trennungslinien zu ziehen. Eine Idee wirkt auf das religiöse Verhalten oft schon lange im Verborgenen ein, bevor sie zu ausdrücklicher Formulierung gelangt. Ich glaube, Pfisters Beobachtung ist richtig, daß in dem alten griechischen Wort ἄγος (die Bezeichnung für die schlimmste Form des *míasma*) die Vorstellungen von Befleckung, Fluch und Sünde schon recht früh miteinander verwoben waren. [48] Und während *kátharsis* in der archaischen Zeit sicherlich oft nicht mehr als die mechanische Erfüllung einer rituellen Verpflichtung bedeutet hat, konnte die Auffassung von einer automatischen, gleichsam physikalisch wirkenden Reinigung in nicht wahrnehmbaren Schritten sich in die vertiefte Vorstellung von Buße für eine Sünde verwandeln. [49] Es gibt einige bezeugte Beispiele, bei denen man schwerlich zweifeln kann, daß ihnen die letzte Vorstellung zugrunde liegt, z. B. der außergewöhnliche Fall der lokrischen Tribute. [50] Menschen, die zur Sühnung eines von einem schon lange verblichenen Vorfahren verübten Verbrechens bereit sind, Jahr um Jahr zwei Töchter ihrer vornehmsten Familien in ein fernes Land zu schicken, damit sie dort ermordet werden oder bestenfalls als Tempelsklavinnen weiterleben, solche Menschen, so darf man annehmen, müssen nicht nur unter der Furcht vor gefährlicher Befleckung gelitten haben, sondern unter dem mächtigen Eindruck einer ererbten Sünde, die auf diese Weise furchtbar gesühnt werden muß.

Ich werde auf die *kátharsis* in einem späteren Kapitel zurückkommen. Wir müssen uns jetzt der Idee von der psychischen Beeinflussung wieder zuwenden, die wir bei Homer schon untersucht haben, und müssen uns fragen, welche Rolle sie in dem sehr andersartigen religiösen Bereich der archaischen Zeit gespielt hat. Der einfachste Weg, um zu einer Antwort zu kommen, ist die Betrachtung einiger Stellen aus der nachhomerischen Literatur, an denen das Wort *áte* (bzw. seine prosaische Ent-|sprechung θεοβλάβεια) und das Wort *daímon* gebraucht werden. Dabei wird man finden, daß in gewisser Hinsicht die epische Tradition mit bemerkenswerter Treue beibehalten wird. *Áte* bezeichnet immer noch das irrationale, sich vom vernünftig zielbewußten unterscheidende Verhalten. Als der Chor z. B. vernimmt, Phaidra wolle nichts essen, fragt er, ob das der *áte* oder selbstmörderischer Absicht entspringt. [51] Sitz der *áte* sind noch der *thymós* oder die *phrénes*, [52] und die Mächte, durch die sie verursacht wird, sind im ganzen dieselben wie bei

Homer: Am häufigsten sind es ein unbestimmter *daímon* oder Gott oder unbestimmte Götter; viel seltener einer der Olympier;[53] gelegentlich — wie bei Homer — Erinys[54] oder *moîra*;[55] einmal — wie in der ›Odyssee‹ — der Wein.[56]

Aber es gibt auch wichtige Entwicklungen. So wird erstens *áte* zwar nicht immer, aber oft in den Bereich der Sittlichkeit einbezogen, indem sie als Bestrafung hingestellt wird; das kommt bei Homer nur einmal vor (Il. 9), sodann bei Hesiod, der *áte* zur Strafe für *hýbris* werden läßt und mit Wohlgefallen bemerkt, daß ihr „nicht einmal ein Adeliger" entkommen kann.[57] Wie andere aus dem Übernatürlichen kommende Strafen wird auch sie die Nachkommen des Sünders heimsuchen, wenn die „böse Schuld" nicht zu dessen Lebzeiten beglichen worden ist.[58] Von dieser Konzeption der *áte* als Bestrafung aus erweitert sich die Bedeutung des Wortes beträchtlich. Es wird nicht nur auf den inneren Zustand des Sünders angewandt, sondern auch auf das objektive Unglück, das aus ihm resultiert. So erfahren die Perser bei Salamis „*átai* zur See", und die abgeschlachteten Schafe sind die *áte* des Aias.[59] *Áte* bekommt auf diese Weise allgemein die Bedeutung von „Verderben", als Gegensatz zu κέρδος oder σωτηρία,[60] obwohl in der Literatur die Vorstellung immer mitwirkt, daß das Verderben übernatürlich bestimmt ist. Infolge einer noch gesteigerten Bedeutungserweiterung wird das Wort bisweilen auch auf die Werkzeuge oder Verkörperungen göttlichen Unwillens angewandt. So gilt das Trojanische Pferd als *áte*, und Antigone und Ismene sind für Kreon „ein Paar *átai*"[61]. Diese Anwendungsweise ist eher im Gefühl als in der Logik verwurzelt. Was sich in ihr ausspricht, ist das Bewußtsein von einer geheimnisvollen dynamischen Verknüpfung, vom μένος ἄτης, wie Aischylos sie nennt. Sie verbindet Vergehen und Strafe miteinander. Alle Bestandteile dieser unheilvollen Einheit sind in weitem Sinne *áte*.[62]

Verschieden von dieser nicht klar zu umreißenden Entwicklung verläuft die präzise theologische Deutung. Sie sieht in der *áte* nicht nur eine Bestrafung, die zum physischen Untergang führt, sondern eine vorsätzliche Täuschung, | die ihr Opfer zu neuem — intellektuellem oder moralischem — Irrtum leitet, wodurch es seinen eigenen Untergang beschleunigt. Es ist die unbarmherzige Lehre des *quem deus vult perdere, prius dementat*. Eine Andeutung findet sich schon im 9. Buch der ›Ilias‹, wo Agamemnon seine *áte* eine böse, von Zeus ersonnene Täuschung (ἀπάτη) nennt (v. 21); aber es gibt keine allgemeine Darstellung dieser Lehre, weder bei Homer noch bei Hesiod. Der Redner Lykurgos[63] führt sie ohne genaue Angaben auf „gewisse alte Dichter" zurück und zitiert aus einem von ihnen einen iambischen Vers: „Wenn der Unwille der Daimonen einem Menschen Schaden zufügen will, nimmt er ihm zuerst seinen guten Verstand aus dem Sinn und wendet ihn zu falschem Urteil, so daß er sich seines Irrtums nicht bewußt werden kann."

Entsprechend erklärt Theognis [64], daß mancher Mensch, der nach „Tugend" und „Vorteil" strebt, von einem Daimon mit Bedacht verleitet wird, so daß er das Böse für gut und Vorteilhaftes für schlecht hält. Hier wird das Vorgehen des Daimon in keiner Weise sittlichen Normen unterstellt: Er scheint einfach ein böser Geist zu sein, der den Menschen in sein Verderben führt. Daß solche bösen Geister in der archaischen Zeit tatsächlich gefürchtet worden sind, wird auch durch die Worte des Boten in den ›Persern‹ bezeugt, die ich schon in anderem Zusammenhang angeführt habe: Xerxes ist von einem „*alástor* oder bösen Daimon" verführt worden. Aischylos selbst aber weiß es besser: Der Geist des Dareios erklärt später, die Verführung sei die Strafe für *hýbris* gewesen.[65] Was in der nur partiellen Sicht der Lebenden als Tat eines bösen Geistes erscheint, erkennt der Tote mit umfassenderer Einsicht als einen Aspekt der Weltgerechtigkeit. Im ›Agamemnon‹ finden wir wiederum dieselbe Deutung auf zwei Ebenen. Wo der Dichter, der durch die Stimmen seines Chores spricht, den allmächtigen Willen des Zeus (παναιτίου, πανεργέτα)[66] erkennen kann — welcher sich in einem unerbittlichen moralischen Gesetz verwirklicht —, sehen seine Charaktere nur eine dämonische Welt, die von übelwollenden Mächten heimgesucht wird. Wir fühlen uns an jene Unterscheidung erinnert, die wir im Epos zwischen des Dichters Ansicht und der seiner Gestalten vorfanden. Kassandra sieht die Erinyen als eine Gruppe von Dämonen, trunken vom Menschenblut; für Klytaimestras erregte Einbildungskraft sind nicht nur die Erinyen, sondern *áte* selbst personifizierte Furien, denen sie ihren Gatten als menschliches | Opfer dargebracht hat. Es widerfährt ihr sogar in einem Augenblick, daß sie ihre menschliche Personalität verloren- und aufgehen fühlt in der des *alástor*, dessen ausführendes Organ und Werkzeug sie gewesen sei.[67] Das zuletzt Erwähnte möchte ich als Beispiel zwar nicht gerade für „Besessenheit" im gewöhnlichen Sinne ansehen, sondern für das, was Lévy-Bruhl „Mitwirkung" (participation) nennt; nämlich die Empfindung, daß in einer bestimmten Situation eine Person oder ein Gegenstand nicht nur sie selbst sind, sondern noch etwas mehr. Man sollte auch den „verschlagenen Griechen" der ›Perser‹, der ebenfalls ein *alástor* war, und die bei Herodot erwähnte Priesterin Timo zum Vergleich heranziehen, welche Miltiades zum Sakrileg verführte. Dazu erklärte Apollon, „nicht Timo sei dafür die Ursache, sondern, da dem Miltiades ein böses Ende bestimmt war, sei ihm jemand erschienen und habe ihn ins Verderben geführt"[68]. Timo hatte nicht als menschliche Person gehandelt, sondern als Werkzeug einer übermenschlichen Absicht.

Diese gehetzte, bedrückende Atmosphäre, in der Aischylos' Gestalten leben, scheint uns ungleich älter zu sein als die klare Luft, in der die Menschen und Götter der ›Ilias‹ atmen. Darum nannte Glotz Aischylos „diesen

Wiedergänger von Mykene" (obwohl er hinzufügt, daß er ebenso ein Mensch seiner Zeit war); darum behauptete kürzlich ein deutscher Autor, daß Aischylos „die Welt der Dämonen und vorzüglich der bösen Dämonen wiederbelebt hat"[69]. Aber das behaupten heißt — meiner Ansicht nach — Aischylos' Absicht und die religiöse Stimmung seiner Zeit völlig mißverstehen. Aischylos mußte nicht erst die Welt der Dämonen wiedererwecken: In sie wurde er hineingeboren. Und seine Absicht war es nicht, seine Landsleute in diese Welt zurückzuführen, er wollte sie vielmehr durch sie hindurch und aus ihr herausführen. Das hat er nicht wie Euripides versucht, der die Realität dieser Welt mit rationalen und moralischen Argumenten in Zweifel zog, sondern indem er zeigte, daß sie einer tieferen Interpretation zugänglich ist und daß sie — in den ›Eumeniden‹ — durch Athenes Wirken umgeformt wird in die neue Welt vernunftgemäßer Gerechtigkeit.

Das Dämonische und vom Göttlichen zu Unterscheidende hat zu allen Zeiten eine große Rolle im griechischen Volksglauben gespielt (und tut es heute noch). Die Menschen der ›Odyssee‹ führen, wie wir im ersten Kapitel gesehen haben, viele Ereignisse ihres Lebens, sowohl geistiger wie körperlicher Art, auf das Eingreifen | anonymer Dämonen zurück. Dennoch bekommen wir den Eindruck, daß sie es nicht immer todernst damit meinen. Aber in der Zeit, die zwischen der ›Odyssee‹ und der ›Orestie‹ liegt, scheinen die Dämonen schärfere Umrisse zu bekommen: Sie bekommen klarere Konturen, werden hinterhältiger, unheilvoller. Theognis und seine Zeitgenossen haben den Daimon ernst genommen, der den Menschen zur *áte* verleitet. Das ergibt sich aus den Stellen, die ich oben angeführt habe. Dieser Glaube lebt im Volksbewußtsein noch lange nach Aischylos weiter. Die Amme in der ›Medea‹ weiß, daß *áte* das Werk eines erzürnten Daimons ist, und sie verbindet damit die alte Auffassung vom *phthónos*: Je größer der Palast, desto größer die *áte*. Nur die Unbedeutenden sind vor ihr sicher.[70] Noch im Jahre 330 kann der Redner Aischines unterstellen — wenn auch mit einem vorsichtigen „vielleicht" —, daß ein ungehobelter Bursche, der seine Rede vor dem Amphiktionenrat unterbrochen hatte, zu diesem ungehörigen Verhalten durch irgend etwas Dämonisches (δαιμονίου τινὸς παραγομένου) verleitet worden sei.[71]

Eng verwandt mit diesem Wirken der *áte* sind jene irrationalen Antriebe, die im Menschen gegen seinen Willen aufkommen und ihn verführen. Wenn Theognis Hoffnung und Furcht „gefährliche Daimonen" nennt oder Sophokles vom Eros als der Macht spricht, die „den redlichen Sinn zum Schlechten verdreht, zu seinem Verderben"[72], so soll man das nicht als „Personifikation" einfach übergehen: Dahinter verbirgt sich die alte, uns von Homer bekannte Empfindung, daß diese Erscheinungen in Wahrheit nicht Teile des Ich sind, da sie ja nicht der bewußten Einflußnahme des

Menschen unterliegen. Sie sind mit eigenem Leben und eigener Kraft ausgestattet und können also einen Menschen — gewissermaßen von außen — zu einem Verhalten führen, das ihm eigentlich fremd ist. In späteren Kapiteln werden wir sehen, daß diese Art, leidenschaftliche Gemütsbewegungen zu verstehen, noch deutlich bei Autoren wie Euripides und Platon nachwirkt.

Zu einem anderen Typus gehören die Dämonen, die sich von einer besonderen menschlichen Situation abheben lassen. Wie H. Frankfort im Hinblick auf andere alte Völker gesagt hat, „sind die bösen Geister oft nichts anderes als das Übel selbst, verstanden als substantielle und mit Macht ausgerüstete Wesenheit" [73]. In dieser Weise sprachen die Griechen von Hunger und Seuche als „Göttern", [74] und der heutige Athener glaubt, daß eine bestimmte Schlucht im Hügel der Nymphen von drei Dämonen bewohnt wird, deren Namen Cholera, Blattern und | Pest sind. Es sind kraftvolle Mächte, in deren Gewalt der Mensch hilflos ist. Und in der Macht manifestiert sich die Göttlichkeit. Daher kann die von der ererbten Unreinheit fortwährend ausgehende übermächtige Bedrängnis bei Aischylos die Gestalt eines δαίμων γέννης annehmen; in einem besonderen Fall wird das Behaftetsein mit Blutschuld als Erinys dargestellt. [75] Solche Wesen existieren, wie wir gesehen haben, nicht völlig außerhalb der sie tragenden Personen und Opfer: Sophokles kann von einer „Erinys im Hirn" sprechen. [76] Und doch sind sie objektiver Art, da sie das objektiv gültige Gesetz vertreten, daß vergossenes Blut gesühnt werden muß. Nur Euripides [77] und T. S. Eliot deuten sie psychologisierend als Gewissensbisse.

Eine dritte Art von Dämon, die man zum erstenmal in der archaischen Zeit beobachten kann, ist dem einzelnen Individuum, gewöhnlich schon von Geburt an, beigegeben und bestimmt ganz oder teilweise sein individuelles Schicksal. Man begegnet ihm zuerst bei Hesiod und Phokylides. [78] Er repräsentiert die individuelle *moîra* oder den „Anteil", von dem Homer spricht, [79] allerdings in der Gestalt einer Person, wie es dem Vorstellungsvermögen dieser Zeit entspricht. Oft scheint er nicht mehr zu bedeuten als des Menschen „Glück" oder Schicksal. [80] Aber dieses Glück wird nicht als ein äußerlicher Zufall verstanden, es gilt vielmehr genauso als natürliche Begabung wie Schönheit oder Talent. Theognis beklagt, daß mehr vom Daimon eines Menschen abhängt als von seinem Charakter: Wenn dein Daimon von armseliger Art ist, dann nützt gesunder Verstand allein nichts, dein Unternehmen führt zu keinem Erfolg. [81] Vergeblich hat dagegen Heraklit beteuert, daß „der Charakter das Schicksal ist" (ἦθος ἀνθρώπῳ δαίμων); es ist ihm nicht gelungen, den Aberglauben zu zerstören. Die Wörter κακοδαίμων und δυσδαίμων scheinen tatsächlich Prägungen des fünften Jahrhunderts zu sein (εὐδαίμων ist so alt wie Hesiod). In dem Schicksal, das große Könige und Feldherrn erleiden — ein Kandaules oder ein Miltiades —, erkennt Herodot weder einen äußerlichen Zufall noch eine Folge von Charaktereigenschaften. Vielmehr „mußte es so sein" (χρῆν γὰρ Κανδαύλῃ γενέσθαι κακῶς).[82] Pindar versöhnt diesen verbreiteten Fatalismus in frommer Absicht mit dem Willen Gottes: „Der große Zweck des Zeus lenkt den Daimon der Menschen, die er liebt."[83] Vielleicht hat Platon diese Vorstellung aufgenommen und vollständig umgeformt, wie er das mit so vielen Elementen des Volksglaubens getan hat: Der Daimon wird zu einer Art von erhabenem Schutzgeist bzw. zu einem Freudschen Über-Ich;[84] im ›Timaios‹ wird er mit dem Element der reinen | Vernunft im Menschen gleichgesetzt.[85] In diesem verklärenden Gewande, nunmehr moralisch und philosophisch achtbar, erfreut sich der Daimon eines neuen Lebensabschnitts in den Schriften der Stoiker und Neuplatoniker, ja selbst in denen des mittelalterlichen Christentums.[86]

Derart also waren einige der Dämonen, die einen Teil des religiösen Erbes bildeten, welches das fünfte Jahrhundert überkommen hatte. Es hat nicht in meiner Absicht gelegen, auch nur andeutungsweise ein vollständiges Bild von dieser Erbschaft zu geben. Bestimmte andere Aspekte werden in späteren Kapiteln berücksichtigt. Aber wir können nicht weitergehen, ohne uns Zeit für eine Frage zu nehmen, die sich schon in den Gedanken des Lesers formuliert haben dürfte: Wie soll man sich die Verbindung vorstellen zwischen der auf den letzten Seiten beschriebenen „Schuldkultur" und der „Schamkultur", von der im ersten Kapitel die Rede war? Welche historischen Kräfte haben die Unterschiede bedingt? Ich habe anzudeuten versucht, daß der Gegensatz weniger absolut ist, als es einige Gelehrte angenommen haben. Wir sind verschiedenen Entwicklungslinien nachgegangen, die von Homer in das nur unvollständig erforschte Dickicht der archaischen Zeit hinab und dann aus ihm heraus ins fünfte Jahrhundert hineinführen. Die Diskontinuität führt nicht zum Bruch. Gleichwohl trennt ein tatsächlicher Unterschied in den religiösen Anschauungen die Welt Homers von der des Sophokles, welcher doch der 'homerischste' Dichter genannt worden ist. Ist es möglich, Vermutungen hinsichtlich der Ursachen zu äußern, die dieser Differenz zugrunde liegen?

Wir dürfen nicht hoffen, auf eine solche Frage eine einzige, einfache Antwort zu finden. Wir haben es beispielsweise nicht mit einer kontinuierlichen historischen Entwicklung zu tun, durch die eine Art religiöser Anschauungen schrittweise in eine andere umgesetzt wird. Man braucht gar nicht die extreme Ansicht zu vertreten, die homerische Religion sei nichts als eine poetische Fiktion, „so weit von Wirklichkeit und Leben entfernt wie die künstliche Sprache Homers"[87]. Aber man darf mit gutem Grund annehmen, daß die epischen Dichter viele Glaubensvorstellungen und -übungen ihrer Zeit nicht beachtet oder nur in sehr geringem Umfang dargestellt haben, weil sie sich auf diese Weise ihren adeligen Gönnern nicht hätten empfehlen können.

So ist z. B. der alte kathartische Sündenbock-Zauber im sechsten Jahrhundert in Ionien ausgeübt und wahrscheinlich von den ersten Siedlern mitgebracht worden, da man dasselbe Ritual in Attika beobachten konnte.[88] Die Dichter der ›Ilias‹ und der ›Odyssee‹ müssen es oft genug gesehen haben. Aber sie haben eine Darstellung dieses Rituals nicht in ihre Epen aufgenommen, wie sie ja auch manches andere von dem ausgeschlossen haben, was ihnen und ihrer adeligen Zuhörerschaft als zu rückständig erschien. So haben sie zwar nicht etwas dargestellt, das mit dem traditionellen Glauben in gar keiner Verbindung steht, bieten aber nur eine *Auswahl* aus dem Ganzen des überkommenen Glaubens, eine Auswahl, die der aristokratischen Kriegerkultur entsprach. Ebenso bietet Hesiod eine der bäuerlichen Kultur angemessene Auswahl. Wenn man das nicht bedenkt, entsteht beim Vergleich der beiden Dichtungen der unzutreffende Eindruck einer übergroßen Diskontinuität.

Und dennoch, selbst wenn man das alles berücksichtigt, bleiben bedeutsame Unterscheidungen bestehen, die sich nicht nur mit dem Hinweis auf unterschiedliche Auswahlgesichtspunkte im Rahmen einer sonst einheitlichen Kultur verständlich machen lassen, sondern echte kulturelle Wandlungsprozesse anzeigen. Die Entwicklung einiger von ihnen können wir – obwohl die Quellen spärlich fließen – im Zusammenhang der archaischen Zeit selbst verfolgen. Sogar Pfister z. B. erkennt „ein unleugbares Anwachsen von Angst und Furcht in der Entwicklung der griechischen Religion"[89]. Zwar können die Vorstellungen von Befleckung, Reinigung und göttlichem *phthónos* durchaus noch zum ursprünglichen indoeuropäischen Gemeingut gehören. Aber die archaische Zeit hat die Erzählungen von Oidipus und Orest als Schauergeschichten von Blutschuld zurückgewiesen bzw. umgeformt, hat die Reinigung zum Hauptanliegen ihrer bedeutendsten religiösen Institution, des Orakels von Delphi, gemacht, hat schließlich die Bedeutung des *phthónos* ausgedehnt, bis er für Herodot die aller Geschichte zugrunde liegende Gesetzmäßigkeit werden konnte. Diese Tatsachen gilt es zu verstehen.

Ich will lieber sofort bekennen, daß ich keine vollständige Erklärung bieten kann; ich kann lediglich bezüglich einiger Teilantworten Vermutungen äußern. Zweifellos sind die allgemeinen sozialen Bedingungen in hohem Maße ursächlich wirksam gewesen.[90] Im griechischen Mutterlande – mit dessen Überlieferung wir uns jetzt befassen – war die archaische Zeit gekennzeichnet durch eine sehr große Ungesichertheit des einzelnen. Die kleinen, überbevölkerten Staaten fingen gerade an, sich von dem Elend und der Verarmung zu befreien, welche die Dorische Wanderung hinterlassen hatte, als neue Unruhen entstanden: Ganze Bevölkerungsschichten wurden durch die Wirtschaftskrise des siebten Jahrhunderts ruiniert. Im sechsten Jahrhundert folgten große politische Konflikte, bei denen die Wirtschaftskrise in die Methoden eines mörderischen Klassenkampfes umgesetzt wurde. Es ist sehr wahrscheinlich, daß die daraus folgende soziale Umschichtung — indem sie unterdrückte Elemente der gemischten Bevölkerung nach oben brachte — das Wiederaufleben alter Kulturformen begünstigte, die das einfache Volk niemals ganz vergessen hatte.[91] Außerdem können unsichere Lebensbedingungen von selbst schon der Entwicklung eines Dämonenglaubens Vorschub leisten, weil dieser Glaube auf der hilflosen Abhängigkeit des Menschen von einer launischen Schicksalsmacht basiert. Daraus kann sich dann wiederum die Flucht in magische Praktiken ergeben, falls Malinowski[92] mit seiner Behauptung recht hat, daß die biologische Funktion der Magie darin bestände, unterdrückten und enttäuschten Empfindungen, die im Bereich des Vernünftigen keinen Raum finden, Erleichterung zu verschaffen. Es ist ebenfalls wahrscheinlich, daß — wie ich schon früher ausführte — in Gemütern anderer Artung eine lang erduldete Erfahrung menschlicher Ungerechtigkeit den Ersatzglauben an eine himmlische Gerechtigkeit aufkommen läßt. Zweifellos ist Hesiod nicht zufällig der erste Grieche, der die göttliche Gerechtigkeit verkündet hat, er, der „Helotendichter", wie Kleomenes ihn nannte.[93] Hatte er doch selber unter „schiefen Urteilen" gelitten. Genauso wenig ist es Zufall, daß in dieser Zeit das Unheil, welches den Reichen und Mächtigen droht, ein äußerst beliebtes Thema der Dichter wird,[94] im auffälligen Gegensatz zu Homer, für den — wie Murray erkannt hat — die Reichen oft besonders rechtschaffen sind.[95]

Mit diesen allgemeinen und gesicherten Ergebnissen werden sich besonnenere Gelehrte, als ich es bin, zufriedengeben. Und ich glaube auch, daß man ihnen so weit, wie sie gehen, folgen kann. Aber ich bin nicht davon überzeugt, daß sie weit genug gegangen sind, um die besonderen Entwicklungen des archaischen religiösen Gefühls — besonders des wachsenden Empfindens für Schuld — erklären zu können. Deshalb wage ich, den Vorschlag zu machen, man sollte von einem anderen Ausgangspunkt her die von ihnen vorgetragenen Gedanken zwar nicht ersetzen, aber ergänzen, nämlich von der Familie aus und nicht von der Gesellschaft im allgemeinen. Die Familie war der Schlußstein der archaischen Gesellschaftsstruktur, die erste geordnete Einheit, der erste Bereich gesetzlicher Regelung. Ihre Struktur war, wie in allen indoeuropäischen Gesellschaften, patriarchalisch; ihr Gesetz die *patria potestas*[96]. Das Haupt des Hauses ist sein König, οἴκοιο ἄναξ; seine Stellung wird noch von Aristoteles mit der eines Königs verglichen.[97] Seine Autorität den Kindern gegenüber ist in frühen Zeiten un-|beschränkt: Er kann sie in den ersten Lebenswochen aussetzen, kann den irrenden oder sich auflehnenden Sohn, selbst wenn dieser schon erwachsen ist, aus der Gemeinschaft ausstoßen. So verstößt Theseus den Hippolytos, Oineus den Tydeus, Strophios Pylades, und Zeus selbst hat den Hephaistos vom Olymp herabgeschleudert, weil er sich für seine Mutter eingesetzt hatte.[98] Seinem Vater gegenüber hatte der Sohn nur Pflichten, keine Rechte. Solange der Vater lebte, war ihm der Sohn stets untergeordnet, ein Zustand, der in Athen bis ins sechste Jahrhundert andauerte, bis Solon gewisse Schutzbestimmungen einführte.[99] Tatsächlich war noch mehr als zwei Jahrhunderte nach Solon die Tradition der Familiengesetzgebung so stark, daß sogar Platon, der doch gewiß kein Bewunderer der Familie war, ihr einen Platz in seiner Gesetzgebung einräumen mußte.[100]

Solange der alte Sinn für die Solidarität der Familie unerschüttert war, wird das System vermutlich funktioniert haben. Der Sohn erwies dem Vater denselben unerbittlichen Gehorsam, den er seinerseits wiederum von seinen Kindern erwarten durfte. Aber mit der Lockerung der Familienbindung, mit dem wachsenden Anspruch des Individuums auf personale Rechte und persönliche Verantwortung müßten, so darf man erwarten, jene inneren Spannungen entstanden sein, die in den westlichen Gesellschaften das Leben der Familie so lange bestimmt haben. Daß sie im sechsten Jahrhundert tatsächlich hervortraten, dürfen wir dem Eingreifen der solonischen Gesetzgebung entnehmen. Es gibt aber auch eine Reihe indirekter Bezeugungen, die auf die verborgenen Auswirkungen dieser Spannungen hinweisen. Das eigentümliche Entsetzen, mit dem die Griechen Vergehen gegen den Vater zur Kenntnis nahmen, und die besonderen religiösen Sanktionen, denen sich der Missetäter nach Meinung der damaligen Zeit aussetzte, legen von sich aus schon die Annahme nahe, daß sich hier starke Hemmungen auswirkten.[101] So sind die zahlreichen Geschichten, in denen der Fluch des Vaters furchtbare Folgen nach sich zieht — Geschichten wie die von Phoinix, Hippolytos, von Pelops und seinen Söhnen, Oidipus und seinen Söhnen — alle zusammen, wie es scheint, Produkte einer relativ späten Zeit,[102] als die Stellung des Vaters nicht mehr völlig unangefochten war. Bedeutungsvoll in anderer Hinsicht ist auch die urtümliche Erzählung von Kronos und Uranos, welche die Griechen der archaischen Zeit wohl einer hethitischen Quelle entnommen haben. Die Projektion unbewußter Wünsche ins Mythologische liegt hier klar auf der Hand. Das wird auch Platon empfunden haben, als er erklärte, diese Geschichte eigne sich nur dazu, | an ganz wenige in einem besonderen μυστήριον weitergegeben zu werden; unter allen Umständen müsse man sie aber Jugendlichen vorenthalten.[103] Der für einen Psychologen bedeutsamste Hinweis findet sich jedoch bei einigen Autoren der klassischen Zeit. Das typische Beispiel, mit dem Aristophanes die Lebensfreuden im Wolkenkuckucksheim, dem Traumland der Wunscherfüllung, erläutert, ist der Umstand, daß man bewundert wird, wenn man sich über seinen Vater hermacht und ihn verdrischt: Das gilt als καλόν, nicht als αἰσχρόν.[104] Und wenn Platon darlegen will, was nach Ausfall der Kontrollfunktion der Vernunft geschieht, so ist sein typisches Beispiel der Traum des Oidipus. Sein Zeugnis kann sich auf

Sophokles stützen, der Iokaste sagen läßt, daß solche Träume häufig vorkämen; und auf Herodot, der einen solchen Traum erzählt.[105] Es scheint nicht unlogisch zu sein, wenn man von identischen Symptomen aus auf eine gewisse Ähnlichkeit der Ursache schließt und also folgert, daß die Struktur der Familie im alten Griechenland — ähnlich wie in unseren Tagen — Konflikte in früher Kindheit verursachte, deren Nachklänge im Unbewußten des Herangewachsenen noch hörbar sind. Mit dem Aufkommen der Sophistik wurde der Konflikt in manchen Familien ins helle Bewußtsein gehoben: Junge Männer beanspruchten jetzt für sich ein „natürliches Recht", ihren Vätern den Gehorsam zu verweigern.[106] Es ist allerdings eine bloße Vermutung, daß solche Konflikte in unbewußter Weise schon in viel früherer Zeit existieren, ja daß sie tatsächlich zurückgehen auf jene frühesten uneingestandenen Auflehnungen des Individuums in einer Gesellschaft, in der die Familiensolidarität noch allenthalben als selbstverständlich galt.

Man sieht vielleicht schon, woraufhin das alles zielt. Die Psychoanalyse hat uns gezeigt, eine wie mächtige Quelle für Schuldgefühle der Druck nichteingestandener Wünsche sein kann, von Wünschen also, die vom Bewußtwerden ausgeschlossen in Träumen oder Tagträumen nur auftauchen, gleichwohl aber im Ich ein tiefes Gefühl von moralischer Unruhe erzeugen können. Heute nimmt dieses Unbehagen oft religiöse Formen an; und wenn es im archaischen Griechenland eine entsprechende Empfindung gegeben hat, dann wäre die religiöse Form auch für sie die angemessene Art der Äußerung gewesen. Denn zunächst hat der menschliche Vater seit frühester Zeit sein himmlisches Gegenbild: Zeus *pater* gehört zum indoeuropäischen Erbe, wie die Entsprechungen im Lateinischen und im Sanskrit zeigen. Sodann hat Calhoun | dargestellt, wie genau Stellung und Verhalten des homerischen Zeus nach dem Vorbild des homerischen *paterfamilias*, des οἴκοιο ἄναξ, gebildet ist.[107] Auch im Kult tritt Zeus als das göttliche Haupt des Hauswesens auf: Als Patroos schützt er die Familie, als Herkeios ihre Wohnstätte, als Ktesios ihr Eigentum. Es war nur natürlich, daß man auf den Vater im Himmel jene eigentümlich uneinheitlichen Gefühle übertrug, die das Kind seinem irdischen Vater gegenüber empfand, aber nicht einmal sich selbst gegenüber einzugestehen wagte. Das könnte dann recht gut erklären, warum in der archaischen Zeit Zeus abwechselnd als die unergründliche Quelle guter und böser Gaben in gleicher Weise erscheint, als der neidische Gott, der seinen Kindern die Erfüllung ihrer Herzenswünsche mißgönnt;[108] und schließlich als der ehrfurchtgebietende, furchtbare Richter, der — gerecht zwar, jedoch streng — unerbittlich die Todsünde der Selbstbehauptung, die *hýbris*, bestraft. (Der letzte Aspekt entspricht jener Entwicklungsstufe der innerfamiliären Beziehungen, als die Autorität des Vaters der Unterstützung durch sittliche Sanktionen zu bedürfen scheint; als der Anspruch: „Du wirst das tun, weil ich es sage", ersetzt wird durch: „Du wirst das tun, weil es recht ist".) Ferner umschloß das kulturelle Erbe, welches dem archaischen Griechenland mit Italien und Indien gemeinsam war, auch einen Komplex von Anschauungen über rituelle Reinheit, der eine natürliche Erklärung für Schuldgefühle bereithielt, die durch Unterdrückung von Wünschen verursacht waren. Ein archaischer Grieche, der unter solchen Gefühlen litt, konnte ihnen konkrete Form geben, indem er sich sagte, daß er mit irgendeinem *míasma* in Berührung gekommen sein müßte oder daß er das ihn Belastende auf Grund der religiösen Verfehlung eines Vorfahren geerbt habe. Und — was noch wichtiger ist — er war in der Lage, sich von ihnen zu befreien, indem er sich einem Reinigungsritual unterzog. Bieten sich hier nicht ein Schlüssel zum richtigen Verständnis der Rolle, welche in der griechischen Kultur die Idee der *kátharsis* gespielt hat, und eine Möglichkeit, die allmähliche Entwicklung zu begreifen, die von dieser Vorstellung fortführte, einmal zu den Begriffen von Sünde und Buße, sodann zu Aristoteles' psychologischer Reinigung, durch die der Mensch von unliebsamen Gefühlen erlöst wird, wenn er sie in künstlerischer Darstellung betrachten kann?[110]

Diese Spekulationen sollen hier nicht weiter verfolgt werden. Sie lassen sich sicherlich nicht direkt beweisen. Bestenfalls können sie eine indirekte Bestätigung erfahren, wenn es der Sozialpsychologie gelingt, analoge Entwicklungen in Kulturen festzustellen, die einer Detailuntersuchung zugänglicher sind. Arbeiten in dieser Richtung werden z. Z. unternommen,[111] aber es wäre | voreilig, ihre Ergebnisse zu verallgemeinern. Inzwischen will ich mich nicht beklagen, wenn klassische Philologen ihren Kopf über die vorstehenden Ausführungen schütteln. Um aber Mißverständnissen vorzubeugen, möchte ich zum Schluß zwei Dinge besonders hervorheben dürfen. Erstens erwarte ich nicht, daß dieser besondere Schlüssel, oder irgendein Schlüssel überhaupt, alle Türen öffnet. Die Evolution einer Kultur ist ein zu komplexes Phänomen, als daß sie mit einer einfachen Formel erklärt werden könnte, ohne daß ein Rest bliebe, sei diese Formel eine ökonomische oder psychologische, sei sie von Marx oder von Freud aufgestellt. Wir müssen der Versuchung widerstehen, Kompliziertes zu simplifizieren. Zweitens bedeutet die Aufhellung der Ursprünge nicht gleichzeitig auch eine Abwertung der Werte. Wir wollen uns hüten, das religiöse Gewicht der Ideen, die ich erörtert habe, zu unterschätzen, selbst dort, wo sie unserem sittlichen Empfinden widersprechen, wie in der Lehre von der Versuchung der Menschen durch die Götter.[112] Ferner sollte man nicht vergessen, daß aus dieser archaischen Schuldkultur einige der tiefgründigsten tragischen Dichtungen der Menschheit entstanden sind. Vor allem Sophokles, der letzte große Repräsentant der archaischen Weltsicht, stellt die ganze tragische Bedeutung der alten religiösen Themen in ihrer ungemilderten, nicht versittlichten Form dar:

das übermächtige Gefühl menschlicher Hilflosigkeit angesichts der göttlichen Undurchdringlichkeit und der *áte*, die am Ende aller menschlichen Bemühungen steht. Sophokles hat diese Gedanken auch in das kulturelle Erbe der abendländischen Menschheit eingefügt. Ich will dieses Kapitel mit einem Chorlied der ›Antigone‹ schließen, das weit besser, als ich es kann, Schönheit und Schrecken der alten Glaubensform wiedergibt.[113]

> Glückselig, wer niemals im Leben Leid gekostet!
> Wenn ein Gott erschüttert ein Haus, unaufhörlich
> Wirkt der Fluch, von Geschlecht zu Geschlecht fortschleichend,
> Gleichwie des Meeres Wogenschwall
> Braust im bösen Wind von Nord,
> Der mächtig wirbelnd jaget dahin die salzge Flut,
> Und tief,   tief   wühlt er auf
> Den Meer   sand   dicht und schwarz,
> Vom Sturm gejagt.
> Es stöhnt und ächzt die flutgepeitschte Küste hin und wider.
>
> Ich sehe das uralte Haus der Labdakiden
> Schwinden hin, geschlagen von Jammer und Jammer.
> Ein Geschlecht nach dem anderen, endlos stürzt es
> Von Gottes unversöhnter Hand.
> War erschienen schon ein Licht
> Dem letzten Blütenreis vom Stamme des Oidipus.
> Nun löscht's   aus,   blutigrot,
> Sand,   aufs   Grab gestreut
> Nach Totenrecht, und blinder Toren Sinn und Gier nach Rache.
>
> Denn, Zeus,   wer von den Menschen kann
> Deiner Macht übertretend trotzen?
> Nein   auch nicht der Schlaf   zwingt sie, der Allumgarner,
> Auch nicht der Monde Wechsel.
> Ewiger Herr,   siehe du hältst in Händen
> Des Olympos Veste,
> Strahlend im Marmorglanze.
> Und so gilt in alle Zukunft,
> Gleich   wie in der alten Zeit
> Dies Gesetz: es ist kein
> Glück   rein uns beschert,   welches der Fluch nicht träfe.
>
> Denn aus   schweifend die Hoffnung ist,
> Oft dem Menschen zum Heil, doch öfter
> Leicht   fertigem Wunsch   trügerisch falsche Lockung.
> Ach, und man spürt's nicht eher,

Bis man den Fuß   heiß an der Glut versengt hat.
Ein berühmtes Wort aus
Wissendem Munde lautet:
Es erscheint schnell gut, was schlecht ist,
Dem,   welchem ein Gott das Herz
In Verblendung führte.
Ach,   kurz ist die Frist,   daß ihn verschont das Unheil.

(aus: Sophopkles, Die Tragödien. Übersetzt und eingeleitet von Heinrich Weinstock. Stuttgart: Alfred Kröner Verlag ⁵1967, S. 284—286 = Kröners Taschenausgabe, Band 163)

Drittes Kapitel

DIE SEGNUNGEN DES WAHNSINNS

> *Im schöpferischen Zustand ist der Mensch sich selbst entfremdet. Er läßt gleichsam ein Schöpfgefäß in die Tiefen seines Unbewußten hinab und holt etwas herauf, was gewöhnlich seine Fassungskraft übersteigt.*
> E. M. Forster

„Die größten Wohltaten", sagt Sokrates im ›Phaidros‹, „werden uns durch den Wahnsinn zuteil": τὰ μέγιστα τῶν ἀγαθῶν ἡμῖν γίγνεται διὰ μανίας.[1] Das ist natürlich bewußt paradox formuliert; und zweifellos wurde der athenische Leser des 4. Jahrhunderts nicht weniger schockiert als wir. Denn wenig später wird unterstellt, daß die meisten Leute zu Platons Zeit den Wahnsinn als etwas Schimpfliches, als ὄνειδος[2], betrachtet haben. Aber der Begründer des westlichen Rationalismus wird nicht so dargestellt, als behaupte er die generelle Gültigkeit des Satzes, es sei besser, wahnsinnig zu sein denn bei Sinnen; krank zu sein denn gesund. Er bestimmt sein Paradox näher durch die Worte θείᾳ μέντοι δόσει διδομένης, „vorausgesetzt daß der Wahnsinn uns durch göttliche Gabe gegeben wird". Dann unterscheidet er vier Arten dieses „göttlichen Wahnsinns", die, wie er sagt, hervorgerufen werden „durch einen göttlich bewirkten Wandel in unseren gewöhnlichen sozialen Normen" (ὑπὸ θείας ἐξαλλαγῆς τῶν εἰωθότων νομίμων).[3] Die vier Arten sind:
1. der prophetische Wahnsinn, dessen Schutzgott Apoll ist;
2. Initiations- oder Ritualwahnsinn, dessen Schutzgott Dionysos ist;
3. poetischer Wahnsinn, durch die Musen eingegeben;
4. erotischer Wahnsinn, von Aphrodite und Eros eingegeben.[4]

Zum letzten Punkt werde ich später noch etwas sagen müssen;[5] ich will ihn hier außer acht lassen. Aber es wird sich lohnen, die ersten drei Punkte erneut zu betrachten, | freilich ohne eine erschöpfende Übersicht über die Bezeugungen zu versuchen; wir wollen uns vielmehr auf das konzentrieren, was uns die Beantwortung zweier spezifischer Fragen erleichtern kann. Die erste ist eine historische Frage: Wie gelangten die Griechen zu den Überzeugungen, die Platons Klassifikation zugrunde liegen, und in welchem Maße haben sie ihre Überzeugungen unter dem Einfluß eines wachsenden Rationa-

---

[1] Anmerkungen zum dritten Kapitel s. S. 188 ff.

lismus modifiziert? Die zweite Frage ist psychologischer Art: Wieweit können die Geisteszustände, die Platon als „prophetischen" und als „rituellen" Wahnsinn bezeichnet, mit Zuständen gleichgesetzt werden, die der modernen Psychologie und Anthropologie bekannt sind? Die Beantwortung beider Fragen ist schwierig. An vielen Stellen werden wir uns mit dem Urteil *non liquet* begnügen müssen. Aber ich glaube, man sollte die Fragen stellen. Wenn ich mich nun mit ihnen befasse, so werde ich mich, wie wir das alle tun, auf die Ergebnisse von Rohde stützen, der in seinem großen Buch ›Psyche‹ den größten Teil dieses Gebietes sehr gründlich durchforscht hat. Da dieses Buch in deutscher und in englischer Sprache bequem zu erreichen ist, brauche ich seine Argumente hier nicht zu wiederholen; ich werde jedoch an ein oder zwei Stellen Abweichungen anmerken müssen.

Bevor wir uns den vier Arten des „göttlichen" Wahnsinns zuwenden, die Platon herausgestellt hat, muß zuerst etwas über seine generelle Unterscheidung der „göttlichen" und der gewöhnlichen Art gesagt werden, welche durch Krankheit verursacht wird. Diese Unterscheidung ist natürlich älter als Platon. Von Herodot erfährt man, daß der Wahnsinn des Kleomenes, in dem sehr viele Zeitgenossen eine gottgesandte Strafe für ein Sakrileg erblickten, von seinen eigenen Landsleuten auf die Auswirkungen einer schweren Trunksucht zurückgeführt wurde.[6] Und obwohl sich Herodot weigert, diese prosaische Erklärung im Falle des Kleomenes anzunehmen, ist er doch geneigt, den Wahnsinn des Kambyses auf angeborene Epilepsie zurückzuführen. Er fügt noch die sehr feinsinnige Bemerkung an, es sei nicht überraschend, bei ernsthafter Zerrüttung des Körpers auch den Geist in Mitleidenschaft gezogen zu sehen.[7] Er kennt also wenigstens zwei Arten von Wahnsinn, eine mit übernatürlicher Ursache (wenngleich nicht wohltätiger Art) und eine andere, die sich auf natürliche Gründe zurückführen läßt. Auch Empedokles und seine Schule sollen den Wahnsinn, der *ex purgamento animae* entsteht, von dem, der durch körperliche Gebrechen verursacht ist, unterschieden haben.[8]

Das ist jedoch eine schon recht fortschrittliche Denkweise. Man darf bezweifeln, daß eine solche Unterscheidung schon in früherer Zeit getroffen wurde. Es ist | die gemeinsame Überzeugung primitiver Völker der ganzen Welt, daß alle Arten geistiger Gestörtheit durch übernatürlichen Eingriff verursacht sind. Die allgemeine Gültigkeit dieser Überzeugung überrascht eigentlich nicht. Ich nehme an, daß sie ihren Ursprung in den Äußerungen der Leidenden selbst hat und dadurch auch weiter genährt wird. Unter den häufigsten Symptomen des Irreseins findet sich heute die Überzeugung des Patienten, daß er in Kontakt mit übernatürlichen Wesen oder Kräften stehe oder gar mit ihnen identisch sei. Wir dürfen annehmen, daß das im Altertum nicht anders gewesen ist. Tatsächlich ist ein solcher Fall, der des Arztes

Menekrates aus dem vierten Jahrhundert, mit einigen Details überliefert. Er bildet den Gegenstand einer ausgezeichneten Studie von Otto Weinreich[9]. Ferner haben Epileptiker oft das Gefühl, sie würden von einem unsichtbaren Wesen mit Knütteln geschlagen; und das schreckliche Bild eines epileptischen Anfalls, das plötzliche Niederstürzen, die Muskelverzerrung, das Zähneknirschen und Vorstrecken der Zunge, haben sicherlich zur Entstehung der verbreiteten Vorstellung von Besessenheit beigetragen.[10] Es ist nicht überraschend, daß für die Griechen die Epilepsie *die* „heilige Krankheit" par excellence war, noch, daß sie sie ἐπίληψις nannten, was — wie auch unser Wort „Anfall" — das Eingreifen eines Dämons nahelegt.[11] Ich möchte allerdings vermuten, daß die Vorstellung von echter Besessenheit — im Unterschied zur bloßen psychischen Beeinflussung — sich letztlich von Fällen der Persönlichkeitsspaltung herleitet, bei denen eine zweite Person an die Stelle der eigentlichen tritt wie bei der berühmten Beauchamp, die Morton Prince studiert hat.[12] Hier erscheint plötzlich eine neue Persönlichkeit, gewöhnlich sehr verschieden von der alten im Charakter, an Weite des Wissens und selbst an Stimme und Gesichtsausdruck, um von dem Organismus Besitz zu ergreifen; sie spricht von sich in der ersten Person und von der alten Persönlichkeit in der dritten. Solche Fälle sind relativ selten im modernen Europa und Amerika, lassen sich aber anscheinend öfter unter den weniger entwickelten Völkern finden[13] und werden wohl im Altertum verbreiteter gewesen sein, als sie es heute sind; ich werde später darauf zurückkommen. Von diesen Fällen hätte sich die Vorstellung der Besessenheit leicht auch auf Epileptiker und Paranoiker ausdehnen können. Vielleicht könnte man alle Arten von Geistesgestörtheit, einschließlich Schlafwandeln, Fieberphantasien und ähnlichen Erscheinungen[14], | auf dämonische Kräfte zurückführen. Und hat man einmal eine solche Überzeugung gewonnen, dann erzeugt sie natürlich zu ihrer eigenen Stärkung neue Beweise durch die Auswirkung der Autosuggestion.[15]

Man hat schon seit langem bemerkt, daß der Begriff der Besessenheit bei Homer fehlt. Manchmal wird daraus die Folgerung gezogen, daß Besessenheit der ältesten griechischen Kultur fremd gewesen sei. Man kann jedoch in der ›Odyssee‹ Spuren der unbestimmteren Auffassung finden, daß Geisteskrankheit übernatürlichen Ursprungs ist. Der Dichter selbst gibt zwar keinen Hinweis, aber er läßt seine Personen manchmal eine Sprache gebrauchen, die das verrät. Wenn Melantho spöttisch den verkleideten Odysseus ἐκπεπαταγμένος[16] nennt, „aus seinen Sinnen geschlagen", d. h. verrückt, dann verwendet sie einen Ausdruck, der ursprünglich wahrscheinlich dämonisches Eingreifen mitbezeichnete, obwohl er in ihrem Munde kaum mehr bedeutet als das, was wir meinen, wenn wir jemanden als „nicht ganz richtig im Kopf" bezeichnen. Ein wenig später verspottet einer der Freier Odysseus und nennt ihn ἐπίμαστον ἀλήτην. ἐπίμαστος (von ἐπιμαίομαι) findet sich sonst nirgends, und seine Bedeutung ist umstritten; aber der Sinn „berührt", d. h. verrückt, der von einigen antiken Gelehrten angegeben wird, ist der naheliegendste und paßt am besten zum Kontext.[17] Hier wird wiederum, wie ich meine, eine übernatürliche „Berührung" vorausgesetzt. Und schließlich, als Polyphem mit Schreien anhebt und die anderen Kyklopen als Antwort auf ihre Frage, was denn los sei, erfahren, daß „Niemand" ihn zu töten versucht, bemerken sie in ihrer Antwort, daß „man der Krankheit vom großen Zeus nicht entgehen kann". Sie empfehlen ihm, fromm zu beten.[18] Sie haben m. E. gefolgert, daß er wahnsinnig ist; darum überlassen sie ihn seinem Schicksal. Im Licht dieser Stellen ist die Behauptung wohl erlaubt, daß die übernatürliche Herkunft der Geisteskrankheit Allgemeingut im Denken des Volkes der homerischen Zeit und wahrscheinlich noch viel älter war, obwohl die epischen Dichter ihr kein besonderes Interesse entgegenbrachten und es vorzogen, sich nicht auf die Richtigkeit dieser Auffassung festzulegen; man kann hinzufügen, daß diese Auffassung Allgemeingut im Denken des griechischen Volkes bis auf unsere Tage geblieben ist.[19] In der klassischen Zeit konnten Intellektuelle den Bereich des „göttlichen Wahnsinns" auf gewisse besondere Formen einschränken. Nur wenige, so der Autor des Traktats ›De morbo sacro‹ aus dem späten fünften Jahrhundert, möchten sogar | leugnen, daß irgendeine Krankheit „göttlicher" sei als eine andere, indem sie behaupten, daß jede Krankheit „göttlich" sei als ein Teil der göttlichen Ordnung, daß jede Krankheit aber auch natürliche Ursachen habe, die der menschliche Verstand ergründen könnte – πάντα θεῖα καὶ πάντα ἀνθρώπινα.[20] Es ist aber unwahrscheinlich, daß der Volksglaube, vor allem außerhalb der großen kulturellen Zentren, dadurch sehr beeinflußt worden ist.[21] Selbst in Athen wurden die Geisteskranken immer noch von vielen gemieden als Personen, auf denen ein göttlicher Fluch laste, mit denen in Berührung zu kommen gefährlich war: Man warf mit Steinen nach ihnen, um sie von sich fernzuhalten, oder man traf wenigstens die minimalste Vorsichtsmaßregel und spie aus.[22]

Aber wenn man die Geisteskranken auch mied, so erwies man ihnen dennoch (wie tatsächlich auch heute noch in Griechenland)[23] eine Achtung, die sich zur Ehrfurcht steigern konnte; lebten sie doch in Kontakt mit der übernatürlichen Welt und konnten bei Gelegenheit Kräfte entfalten, die dem normalen Menschen versagt waren. Aias spricht in seinem Wahn eine unheilvolle Sprache, „die kein Sterblicher ihn lehrte, sondern ein Daemon"[24]; Oidipus wird im Zustand höchster Erregung von einem Daemon zu dem Ort geleitet, wo Iokastes Leichnam ihn erwartet.[25] Man erkennt, warum Platon im ›Timaios‹ Krankheit als eine der Bedingungen anführt, die das Auftauchen übernatürlicher Kräfte begünstigen.[26] Die Trennungslinie zwischen gewöhnlicher Geisteskrankheit und prophetischem Wahnsinn ist in der Tat schwer zu ziehen. Ihm müssen wir uns jetzt zuwenden.

Platon (und die griechische Überlieferung allgemein) nennt Apollon den Schutzgott des prophetischen Wahnsinns; von den drei Beispielen, die er anführt, geht bei zweien — bei der Pythia und bei der Sibylle — die Inspiration auf apollinischen Ursprung zurück.[27] Das dritte Beispiel sind die Priesterinnen des Zeus in Dodona. Doch wenn wir an diesem Punkte Rohde[28] Glauben schenken wollten — und viele tun das noch[29] —, dann befand sich Platon in einem grundlegenden Irrtum: Prophetischer Wahnsinn sei in Griechenland vor dem Eindringen des Dionysos unbekannt gewesen. Dieser habe die Pythia in Delphi eingesetzt. Bis dahin sei, nach Rohde, die apollinische Religion „jeder Einzelheit in der Natur der Ekstase feindlich" gewesen. Rohde hatte zwei Gründe, die griechische Überlieferung zu verwerfen. Der erste war das Fehlen jeglichen Hinweises auf inspirierte Prophetie bei Homer; der zweite war die eindrucksvolle Antithese, die sein Freund Nietzsche zwischen der „rationalen" | Religion des Apoll und der „irrationalen" Religion des Dionysos aufgestellt hatte. Aber ich glaube, Rohde hat sich geirrt.

Zunächst einmal hat er zwei Dinge durcheinandergebracht, die Platon sorgfältig unterschied: die apollinische Sehergabe, die auf Erkenntnisse entweder der Zukunft oder der verborgenen Gegenwart zielt; und das dionysische Erlebnis, das entweder um seiner selbst willen oder als Weg zur geistigen Gesundung erstrebt wird. Hierbei fehlen mantische und mediumistische Elemente oder sind völlig untergeordnet.[30] Sehergabe ist ein seltenes Geschenk für auserwählte Individuen; dionysische Erfahrung ist wesentlich kollektiv und gemeindebildend — θιασεύεται ψυχάν —, und weit davon entfernt, ein seltenes Geschenk zu sein, wirkt sie höchst ansteckend. Auch die Methoden sind genauso verschieden wie die Ziele: die zwei vorzüglichen dionysischen Techniken, der Weingenuß und das Ausführen religiöser Tänze, spielen keine Rolle bei der Auslösung der apollinischen Ekstase. Die beiden Arten sind so verschieden voneinander, daß sich wohl kaum die eine von der anderen ableiten läßt.

Überdies wissen wir, daß ekstatische Prophetie von früher Zeit an im westlichen Asien ausgeübt worden ist. Ihr Vorkommen in Phönizien wird durch eine ägyptische Urkunde des elften Jahrhunderts bezeugt, und noch drei Jahrhunderte früher finden wir den hethitischen König Mursili II., der darum bittet, daß ein „göttlicher Mann" das tue, worum Delphi so oft gebeten wurde: nämlich offenbaren, für welche Sünden sein Volk von einer Plage heimgesucht wurde.[31] Das letzte Beispiel könnte von besonderer Bedeutung sein, wenn wir — wozu auch Nilsson geneigt ist — die Hypothese von Hrozný akzeptieren, daß Apollon, der Urheber und Erlöser von Plagen, kein anderer sei als der hethitische Gott Apulunas.[32] Aber es scheint mir in jedem Fall — nach den Hinweisen, die sich in der ›Ilias‹ finden — vernünftigerweise sicher zu sein, daß Apollon in gewissem Ausmaß asiatischer Herkunft ist.[33] Und in Asien nicht weniger als im griechischen Mutterland finden wir ekstatische Prophetie mit seinem Kult verbunden. Seine Orakel in Klaros bei Kolophon und in Branchidai außerhalb von Milet sollen schon vor der Besiedlung Ioniens existiert haben,[34] und bei beiden scheint ekstatische Prophetie ausgeübt worden zu sein.[35] Zwar finden sich die Belege zum letzten Punkt bei Autoren späterer Jahrhunderte; aber in Patara in Lykien — welches von einigen als Apollos eigentliches Herkunftsland angesehen wird und das gewiß ein frühes Zentrum seines Kultes war — wurde die Seherin, wie wir von Herodot wissen, zur Nacht im Tempel eingeschlossen in der Erwartung, daß sich der Gott mit ihr in mystischer Weise vereinige. Offensichtlich hielt man sie zugleich für sein Medium und für seine Braut, wie es auch Kassandra wohl gewesen ist und wie es die Pythia nach den Vermutungen von Cook und Latte ursprünglich war.[36] Das weist doch recht eindeutig auf ekstatische Prophetie in Patara hin; und delphischer Einfluß ist hier sehr unwahrscheinlich.

Ich folgere daraus, daß der prophetische Wahnsinn in Griechenland wenigstens so alt ist wie die Apollon-Verehrung. Er kann wohl noch älter sein. Falls die Griechen recht hatten, als sie μάντις mit μαίνομαι verknüpften — und die meisten Linguisten glauben das[37] —, gehört die Verbindung von Prophetie und Wahnsinn zum indoeuropäischen Gedankengut. Homers Schweigen gibt kein stichhaltiges Argument für das Gegenteil ab; wir haben schon früher beobachten können, daß er schweigen konnte, wenn er zu schweigen vorzog. Wir dürfen ferner vermerken, daß die ›Odyssee‹ in dieser wie in anderen Hinsichten einen etwas geringeren Grad von „Schicklichkeit", von epischer Würde, aufweist als die ›Ilias‹. Die ›Ilias‹ läßt nur Weissagung auf Grund von Vorzeichen zu. Der Dichter der ›Odyssee‹ aber kann nicht widerstehen, etwas Eindrucksvolleres einzuführen, ein Beispiel von dem, was man in Schottland das „Zweite Gesicht" nennt.[38] Die symbolische Vision des Theoklymenos (Od. 20), dessen Familie die Sehergabe von Apollon erblich verliehen war, gehört zur selben psychologischen Kategorie wie die symbolischen Visionen der Kassandra im ›Agamemnon‹ und wie die Vision jener argivischen Prophetin des Apollon, die — wie Plutarch berichtet — eines Tages auf die Straße stürzte und ausrief, sie sähe die Stadt mit Leichen und Blut angefüllt.[39] Dies ist jedoch nicht die übliche Art der Orakel-Weissagung, da es spontan und unberechenbar auftritt.[40]

In Delphi und anscheinend an den meisten seiner Orakelstätten bediente sich Apollon nicht der Visionen, wie Theoklymenos sie hatte, sondern des „Enthusiasmós" in seinem ursprünglichen, buchstäblichen Sinne. Die Pythia wurde *éntheos, plena deo*⁴¹: Der Gott drang in sie ein und gebrauchte ihre Sprachwerkzeuge, als ob sie seine eigenen wären, genauso wie der sogenannte „Kontroll-Geist" bei modernen spiritistischen Medien. Darum sind Apollons Sprüche in Delphi stets in der ersten Person formuliert, niemals | in der dritten. In späteren Zeiten gab es tatsächlich Gelehrte, die die Meinung vertraten, daß es für einen Gott unter seiner Würde sei, sich in einen sterblichen Leib zu hüllen, und sie zogen es vor zu glauben — wie auch viele Seelenforscher unserer Tage —, daß alle Formen prophetischen Wahnsinns auf eine angeborene Fähigkeit der Seele selbst zurückzuführen seien; diese könne sie unter gewissen Bedingungen ausüben, wenn sie nämlich durch Schlaf, Trance und religiöses Ritual von körperlichen Störungen und der Kontrolle des Verstandes befreit sei. Diese Ansicht wird von Aristoteles, Cicero und Plutarch vertreten;⁴² und wir werden im nächsten Kapitel sehen, daß man sie im fünften Jahrhundert zur Erklärung prophetischer Träume herangezogen hat. Wie für das übrige finden sich auch hierfür unzählige Parallelen im Bereich primitiver Kulturen. Wir können es die „schamanistische" Auffassung nennen, im Gegensatz zur Lehre von der Besessenheit.⁴³ Wenn man sie aber zur Erklärung für die Fähigkeiten der Pythia heranzieht, dann erscheint sie als eine gelehrte Hypothese, als das Produkt philosophischer oder theologischer Reflexion. Es kann kaum Zweifel daran geben, daß ihre Gaben ursprünglich der Besessenheit zugeschrieben worden sind und daß dies die übliche Ansicht während des Altertums blieb. Nicht einmal den Kirchenvätern fiel es ein, dies in Frage zu stellen.⁴⁴

Prophetische Besessenheit war auch nicht auf die anerkannten Orakel begrenzt. Man glaubte nicht nur, daß legendäre Gestalten wie Kassandra, Bakis und die Sibylle im Zustand der Besessenheit Prophezeiungen gegeben hätten, sondern Platon bezieht sich häufig auf inspirierte Propheten, als ob sie bekannte zeitgenössische Erscheinungen wären.⁴⁶ Insbesondere findet man eine Art von privatem Sehertum im klassischen Zeitalter — und noch lange Zeit danach — bei Personen, die als „Bauchredner" und später als „*pýthones*" bekannt waren.⁴⁷ Ich möchte gerne mehr von diesen „Bauchrednern" wissen, von denen einer, ein gewisser Eurykles, berühmt genug war, um von Aristophanes und von Platon erwähnt zu werden.⁴⁸ Aber unmittelbar erfahren wir nur, daß sie eine zweite Stimme in sich hatten, die ein Zwiegespräch mit ihnen führte,⁴⁹ die Zukunft vorhersagte und einem Dämon gehören sollte. Sicherlich waren sie keine Bauchredner im modernen Sinn, wie man es oft annimmt.⁵⁰ Ein Hinweis bei Plutarch scheint vorauszusetzen, daß die Stimme des Dämons — vermutlich eine rauhe „Bauch-Stimme" — durch ihren Mund vernommen wurde. Andererseits stellt ein Scholion zu Platon es so dar, als ob die Stimme | nur eine innere Warnung sei.⁵¹ Die Gelehrten haben jedoch ein Zeugnis übersehen, das Bauchrednerei nicht nur ausschließt, sondern die Annahme eines Trancezustandes sehr nahe legt: ein altes hippokratisches Journal, die ›Epidemiai‹. Sie vergleichen das geräuschvolle Atmen eines Herzkranken mit dem „der Frauen, die Bauchredner genannt werden". Bauchredner atmen aber nicht röchelnd, moderne „Trance-Medien" dagegen oft.[52]

Selbst über den psychologischen Zustand der Pythia sind wir nur äußerst unzulänglich informiert. Man möchte gerne erfahren, nach welchen Gesichtspunkten sie zunächst ausgewählt wurde und wie man sie dann auf ihr hohes Amt vorbereitet hat. Aber alles, was wir mit Sicherheit wissen, ist faktisch nur, daß die Pythia zu Plutarchs Zeit die Tochter eines armen Bauern war, rechtschaffen erzogen wurde und ein achtbares Leben führte, jedoch wenig Bildung oder Lebenserfahrung besaß.[53] Man möchte ferner wissen, ob sie sich nach dem Trancezustand an das erinnern konnte, was sie in der Trance gesagt hatte; mit anderen Worten: ob ihre „Besessenheit" somnambuler Art war oder ohne Ausschaltung des Bewußtseins statt hatte.[54] Von den Priesterinnen des Zeus in Dodona wird zuverlässig berichtet, daß sie sich nicht erinnern konnten; doch für die Pythia gibt es keinen genauen Bericht.[55] Wir wissen allerdings von Plutarch, daß sie nicht immer in der gleichen Weise ergriffen war[56] und daß ihr bisweilen ein Unglück zustoßen konnte, wie es auch von modernen Séancen bekannt ist. Er berichtet von dem Unglück einer Pythia seiner Zeit, die widerstrebend und im Zustand der Niedergeschlagenheit in die Trance gekommen war, weil die Vorzeichen ungünstig waren. Von Anfang an sprach sie mit heiserer Stimme wie in Bedrängnis und schien von „einem stummen und bösen Geist" erfüllt zu sein;[57] schließlich stürzte sie schreiend zur Tür und fiel zu Boden, woraufhin alle Anwesenden, selbst der *Prophétes*, in Panik flohen. Als sie zurückkamen, um sie aufzuheben, fand man sie wieder bei Sinnen;[58] doch wenige Tage darauf starb sie. Wir haben keinen Anlaß, die Wahrheit dieser Geschichte, die in anderen Kulturen ihre Parallelen findet, im wesentlichen anzuzweifeln.[59] Plutarch wird sie aus erster Hand von seinem Freunde Nikander, einem *Prophétes*, erfahren haben, der persönlich diese schreckliche Szene miterlebt hat. Dieser Bericht ist bedeutsam, einmal weil er zeigt, daß zu Plutarchs Zeiten die Trance noch authentisch war, und ferner, daß sie nicht nur vom *Prophétes* und einigen der *Hósioi* bezeugt werden konnte, sondern auch von den Fragestellern.[60] Zufällig wird der Wechsel der Stimme von Plutarch auch an anderer Stelle als gewöhnliches Kennzeichen des „Enthusiasmós" erwähnt. Er ist nicht weniger kennzeichnend für spätere Berichte über Besessenheit wie für die modernen spiritistischen Medien.[61]

Ich halte es für recht sicher, daß der Trancezustand der Pythia durch Autosuggestion herbeigeführt wurde, wie die mediumistische Trance heute. Ihr voraus ging eine Reihe ritueller Handlungen: Sie nahm ein Bad, vermutlich in der Kastalia, und trank vielleicht aus einer heiligen Quelle; sie stellte den Kontakt mit dem Gotte durch seinen heiligen Baum, den Lorbeer, her, indem sie entweder einen Lorbeerzweig in Händen hielt wie ihre Vorgängerin Themis auf einer Vase aus dem fünften Jahrhundert oder indem sie den Rauch verbrannter Lorbeerblätter einatmete, wie Plutarch von ihr berichtet. Manchmal kaute sie vielleicht auch diese Blätter, wie Lukian erzählt. Schließlich nahm sie auf dem Dreifuß Platz und schuf dadurch einen weiteren Kontakt mit dem Gotte, daß sie seinen Ritualsitz einnahm.[62] All dies sind wohlbekannte magische Verfahrensweisen und können die Autosuggestion wohl unterstützen; aber keine von ihnen könnte irgendeine psychologische Wirkung erzielen. T. K. Oesterreich hat einmal aus wissenschaftlichem Interesse eine große Menge Lorbeerblätter gekaut; er war enttäuscht, sich selbst danach nicht erleuchteter als sonst vorzufinden.[63] Dasselbe gilt für das Verfahren an anderen apollinischen Orakelstätten, soweit es bekannt ist: das Trinken aus einer heiligen Quelle in Klaros oder vom Blut der Opfertiere in Argos.[64] Die berühmten „Dämpfe", auf die man früher die Inspiration der Pythia voller Zuversicht zurückführte, sind eine hellenistische Erfindung, was als erster, glaube ich, Wilamowitz nachgewiesen hat.[65] Plutarch, der die Tatsachen kannte, sah die Schwierigkeiten dieser Theorie und scheint sie schließlich insgesamt verworfen zu haben. Aber wie die stoischen Philosophen haben Gelehrte des neunzehnten Jahrhunderts mit Erleichterung zu dieser recht handfesten, materialistischen Erklärung gegriffen. Man hört allerdings weniger von dieser Theorie, seit die französischen Ausgrabungen gezeigt haben, daß es heute keine „Dämpfe" mehr gibt und auch keine „Erdspalte", aus der sie einst hätten aufsteigen können.[66] Erklärungen dieser Art sind in der Tat völlig überflüssig; und wenn der eine oder andere heutige Gelehrte sich noch an sie klammert,[67] | so nur, weil er die Ergebnisse der Anthropologie und Parapsychologie ignoriert.

Forscher, die die Trance der Pythia mit dem Einatmen giftiger Gase begründeten, mußten natürlich zu der Folgerung gelangen, daß ihre „Phantasien" in nur geringem Maße die Antwort bestimmten, die den Fragestellern eventuell gegeben wurde. Nach ihrer Ansicht mußten die Antworten Ergebnisse eines bewußten, vorsätzlichen Betruges sein und das Ansehen des Orakels teils auf einem ausgezeichneten Nachrichtendienst, teils auf einer Orakelfälschung en gros und post eventum beruht haben. Es gibt aber ein Zeugnis, welches das, was hier wirklich vor sich ging, andeutete: nämlich daß in alten Zeiten den Antworten tatsächlich die Worte der Pythia zugrunde lagen. Als Kleomenes das Orakel verleiten wollte, eine gewünschte Antwort zu geben, wandte sich sein Beauftragter — wenn wir den Worten des Herodot Glauben schenken können — nicht an den *Prophétes* oder an einen der *Hósioi*, sondern an die Pythia selbst; und das gewünschte Ergebnis stellte sich ein.[68]

Und wenn — wie aus Plutarch hervorgeht — in späterer Zeit die Fragesteller bei einigen Gelegenheiten zumindest in der Lage waren, unmittelbar die Worte der in Ekstase versetzten Pythia zu vernehmen, dann konnten ihre Äußerungen bei solchen Gelegenheiten kaum von dem *Prophétes* völlig verfälscht werden. Trotzdem muß man Parke zustimmen, daß „die Geschichte von Delphi genügend Spuren einer durchgängigen politischen Linie aufweist, um einen zu überzeugen, daß menschliche Intelligenz an wichtiger Stelle eine entscheidende Rolle in ihrem Verlauf spielen konnte"[69]. Und die Notwendigkeit, die Worte der Pythia in eine Ordnung zu bringen, sie in Beziehung zur Fragestellung zu setzen und sie — manchmal, nicht immer[70] — in Verse zu fassen, bot selbstverständlich einen beträchtlichen Spielraum für den Einfluß der menschlichen Intelligenz. Wir können nicht in die Herzen der delphischen Priesterschaft blicken, aber solche Manipulationen allgemein auf bewußten und zynischen Betrug zurückzuführen, hieße doch, wie ich meine, die Dinge zu sehr vereinfachen. Jeder, der mit der Geschichte des modernen Spiritismus vertraut ist, wird feststellen können, welch ein überraschend hohes Maß von tatsächlichen Betrügereien von überzeugten Gläubigen in bestem Glauben ausgeübt werden kann.

Doch lassen wir das auf sich beruhen. Die seltenen Verlautbarungen von Skeptizismus Delphi gegenüber vor der römischen Zeit sind recht auffallend.[71] Das Ansehen des Orakels muß sehr tief verwurzelt gewesen sein, um das skandalöse Verhalten während der Perserkriege zu überdauern. Apollon zeigte bei der Gelegenheit weder Voraussicht noch Patriotismus; dennoch wandten sich seine Anhänger nicht mit Abscheu von ihm. Im Gegenteil, die unbeholfenen Versuche, die Spuren zu verwischen und seine Worte zu widerrufen, scheinen fraglos akzeptiert worden zu sein.[72] Eine Erklärung dafür muß man, wie ich glaube, in den sozialen und religiösen Bedingungen suchen, die im vorigen Kapitel beschrieben worden sind. In einer Schuldkultur scheint das Bedürfnis nach übernatürlicher Sicherung, nach einer menschliches Maß überschreitenden Autorität übermächtig zu sein. Aber Griechenland kannte weder Bibel noch Kirche.[73] Darum kam Apollon, Repräsentant seines himmlischen Vaters,[74] um die Lücke zu füllen. Ohne Delphi würde die griechische Gesellschaft kaum die Spannungen überdauert haben, denen sie in der archaischen Zeit ausgesetzt war. Das vernichtende Gefühl menschlicher Unwissenheit und Ungesichertheit, die Furcht vor göttlichem *phthónos* und vor dem *míasma*, all das würde unerträglich schwer geworden sein ohne diesen allwissenden göttlichen Ratgeber, der die Sicherheit bot, daß hinter dem scheinbaren Chaos Wissen und Absicht walteten. „Ich habe die Körner des Sandes gezählt und die Maße des Meeres gemessen"; oder, wie ein anderer Gott zu einem anderen Volk sagt: „Sogar die Haare eures Hauptes sind alle gezählt." Aus dieser göttlichen Kenntnis kann Apollon verkünden, was der Mensch tun soll, wenn er sich verängstigt oder erschreckt fühlt; er kennt die Regeln des komplizierten Spiels, welches die Götter mit der Menschheit spielen; er war der höchste ἀλεξίκακος, der „Abwender des Übels". Die Griechen glaubten an ihr Orakel, nicht etwa weil sie abergläubische Narren gewesen wären, sondern weil sie ohne diesen Glauben nicht auskommen konnten. Und als der Einfluß von Delphi in der hellenistischen Zeit abnahm, lag der Hauptgrund, wie ich vermute, nicht darin, daß die Menschen skeptischer geworden waren (wie Cicero dachte)[75], sondern doch wohl darin, daß jetzt andere Formen der religiösen Sicherung zu Gebote standen.

Soweit über den prophetischen Wahnsinn. Bei den anderen von Platon aufgezählten Arten kann ich mich kürzer fassen. Für das, was Platon mit „telestischem" oder rituellem Wahnsinn meint, haben kürzlich zwei wichtige Abhandlungen von Linforth neue Erkenntnisse gebracht;[76] ich brauche nicht zu wiederholen, was er schon besser gesagt hat, als ich es könnte. Ich will auch nicht wiederholen, was ich selbst über ein Phänomen veröffentlicht habe,[77] | das ich für die Urform des rituellen Wahnsinns halte, die dionysische ὀρειβασία oder das Tanzen in den Bergwäldern. Ich möchte jedoch einige Bemerkungen allgemeinerer Art anfügen.

Wenn ich das frühe Ritual des Dionysoskultes richtig verstehe, so war seine soziale Funktion wesentlich kathartischer Art;[78] es reinigte — psychologisch gesehen — das Individuum von jenen ansteckenden irrationalen Triebkräften, die aufgestaut Ausbrüche eines Wahnes, der sich im Tanze äußerte, und ähnlicher Erscheinungsformen kollektiver Hysterie verursachten. Das kann man auch in anderen Kulturen beobachten. Im Dionysoskult bot sich die Gelegenheit, diese Triebkräfte in ritualer Form abzureagieren. Wenn das richtig ist, dann war Dionysos in der archaischen Zeit für die Gesellschaft ebenso notwendig wie Apollon. Jeder Gott suchte in seiner Weise den Ängsten abzuhelfen, die eine Schuldkultur kennzeichnen. Apollon versprach Sicherheit: „Begreife deine Stellung als Mensch; tu, was der Vatergott dir sagt; dann wirst du morgen ein ungefährdetes Leben genießen können." Dionysos versprach Freiheit: „Vergiß den Unterschied, und du wirst die Einheit finden; schließe dich dem θίασος an, und du wirst heute glücklich sein." Dionysos war vorzüglich ein Gott der Freude, πολυγηθής, wie Hesiod ihn nennt; χάρμα βροτοῖσιν, wie ihn Homer bezeichnet.[79] Seine Freuden waren allen zugänglich, selbst den Sklaven und jenen Freien, die von den alten Geschlechterkulten ausgeschlossen waren.[80] Apollon wurde nur in der besten Gesellschaft verehrt, von den Zeiten an, da er Hektors Schutzgott war, bis hin zu den Tagen, als er adelige Wettkämpfer kanonisierte. Dionysos aber war zu allen Zeiten δημοτικός, ein Gott des Volkes.

Des Dionysos Freuden waren außerordentlich vielfältig. Sie reichten vom primitiven Vergnügen eines Bauerntölpels, der auf eingefetteten Weinschläuchen herumhüpfte, bis zur ὠμοφάγος χάρις des ekstatischen Bacchanten. Auf beiden Ebenen, und auf allen dazwischenliegenden, ist er der Lysios, „der Befreier", der Gott, der mit sehr einfachen Mitteln, oder auch mit weniger einfachen, den Menschen für kurze Zeit befähigt, *von sich selbst loszukommen*, und der ihn dadurch befreit. Das war, wie ich glaube, das eigentliche Geheimnis seiner werbenden Kraft in der archaischen Zeit, nicht nur, weil damals das Leben oft so war, daß man ihm gern entfliehen wollte, sondern — und das ist präziser — weil das Individuum in jener Zeit zum erstenmal der alten Familiensolidarität entwuchs [81] und die ungewohnte | Last persönlicher Verantwortlichkeit drückend fand. Dionysos konnte sie ihm abnehmen. Denn Dionysos war der Meister magischer Täuschung, der die Weinrebe aus einer Schiffsplanke wachsen lassen konnte und allgemein seine Verehrer befähigte, die Welt anders zu sehen, als sie ist.[82] So stellen es die Skythen bei Herodot dar: „Dionysos treibt die Menschen zur Raserei"; damit konnte alles gemeint sein, vom „Sich-Gehenlassen" bis zum „Besessensein".[83] Ziel seines Kultes war die *ekstasis*, was wiederum alles bedeuten konnte, vom „Jemanden-aus-sich-selbst-Herausgehenlassen" bis zur tiefgreifenden Veränderung der Persönlichkeit.[84] Seine psychologische Funktion bestand darin, dem Drang, die Verantwortlichkeit abzuschütteln, Genüge zu tun und ihn abklingen zu lassen, einen Drang, der in jedem von uns vorhanden ist und unter gewissen sozialen Bedingungen zur unwiderstehlichen Begierde anwachsen kann. Als mythisches Vorbild für diese 'homöopathische Therapie' kann man die Geschichte des Melampos betrachten, der den dionysischen Wahnsinn der argivischen Frauen heilte „mit Hilfe von rituellen Schreien und einer Art besessenen Tanzes".[85]

Nach der Eingliederung des dionysischen Kultes in die Staatsreligion wurde diese Funktion allmählich von anderen überlagert.[86] Die kathartische Tradition scheint in gewissem Ausmaße von privaten dionysischen Kultvereinen übernommen worden zu sein.[87] Zum größten Teil aber war in klassischer Zeit die Sorge für die Bedrückten auf andere Kulte übergegangen. Wir haben zwei Zusammenstellungen der übernatürlichen Kräfte, die im späten fünften Jahrhundert vom Volksglauben mit seelischen oder psychophysischen Störungen in Zusammenhang gebracht wurden, und es ist bezeichnend, daß Dionysos in keiner von ihnen erwähnt wird. Die eine Aufzählung findet sich im ›Hippolytos‹, die andere in der Schrift ›De morbo sacro‹.[88] Beide Listen nennen Hekate und die „Mutter der Götter" oder die „Bergmutter" (Kybele); Euripides fügt Pan[89] und die Korybanten hinzu; bei Hippokrates werden noch Poseidon, Apollon Nomios und Ares angeführt sowie die „Heroen", die hier nur die nicht zur Ruhe gekommenen Toten sind, welche sich der Hekate angeschlossen haben. Sie werden alle als Gottheiten erwähnt, die Geistesverwirrung *verursachen*. Vermutlich konnten sie alle die Krankheiten heilen, welche sie verursacht hatten, wenn ihr Zorn in angemessener Weise besänftigt worden war. Bis um das fünfte Jahrhundert jedenfalls hatten die Korybanten ein besonderes Ritual für die Behandlung Wahnsinniger entwickelt. Die Mutter, so hat es den Anschein, hatte das Gleiche getan (wenn tatsächlich zu jener Zeit ihr Kult von dem | der Korybanten unterschieden wurde) [90] und möglicherweise Hekate ebenso. [91] Aber über diese beiden haben wir keine genaueren Angaben. Von dem Vorgehen der Korybanten wissen wir einiges, und Linforths geduldige Untersuchung hat viel von der Verwirrung beseitigt, die auf diesem Gebiet herrschte. Ich werde mich damit begnügen, einige Punkte hervorzuheben, die für das hier in Frage stehende Problem von Bedeutung sind.

1. Wir können zunächst eine wesentliche Übereinstimmung zwischen der korybantischen und der alten dionysischen Methode feststellen: Beide beanspruchten, mit Hilfe ansteckender „orgiastischer" Tänze, die von „orgiastischer" Musik derselben Art begleitet wurden, eine Entspannung *(kátharsis)* zu bewirken. Die Melodien in phrygischer Tonart wurden von Flöte und Kesselpauke gespielt. [92] Man darf daraus folgern, daß sich die zwei Kulte an psychologisch ähnliche Typen wandten und entsprechende psychologische Reaktionen hervorriefen. Von diesen Reaktionen haben wir leider keine genauen Beschreibungen, aber sie wirkten offensichtlich auffällig. Nach Platons Zeugnis gehörten zu den physischen Symptomen der κορυβαντιῶντες krampfartiges Weinen und heftiges Herzklopfen, [93] beides begleitet von Sinnesverwirrung. Die Tänzer waren „außer sich", genauso wie die Tänzer des Dionysos, und fielen offenbar in eine Art von Trancezustand. [94] In diesem Zusammenhang muß an Theophrasts Bemerkungen erinnert werden, daß das Gehör der affektivste (παθητικωτάτην) aller Sinne sei; und an die einzigartige sittliche Wirkung, welche Platon der Musik zuspricht. [95]

2. Die Krankheit, welche die Korybanten heilen zu können behaupteten, bestand nach Platon in „Phobien oder Angstgefühlen (δείματα), die einer gewissen krankhaften Geistesverfassung entsprangen" [96]. Die Beschreibung ist recht ungenau, und Linforth hat zweifellos recht mit der Behauptung, daß das Altertum einen „Korybantismus" als besondere Krankheit nicht kannte. [97] Wenn wir Aristides Quintilianus, oder seiner peripatetischen Quelle, glauben können, dann waren die Krankheitssymptome, die im dionysischen Ritual Heilung fanden, im wesentlichen derselben Art. [98] Zwar versuchten gewisse Leute, verschiedene Arten der Besessenheit an Hand der äußeren Erscheinungsformen zu unterscheiden, wie aus einer Stelle in der Schrift ›De morbo sacro‹ hervorgeht. [99] Das entscheidende Kriterium aber scheint die Reaktion des Patienten auf ein bestimmtes Ritual gewesen zu sein: Wenn die Riten des Gottes X ihn erregten und Entspannung bewirkten,

Die Segnungen des Wahnsinns

so war dadurch bewiesen, daß seine Beschwerden auf den Gott | X zurückgingen;[100] wenn eine Reaktion ausblieb, mußte die Ursache woanders gesucht werden. Wie der alte Herr in der Parodie des Aristophanes mag er es dann vielleicht mit Hekate versuchen, nachdem er auf die Korybanten nicht angesprochen hat, oder er mag zum einfachen Praktiker Asklepios zurückkehren.[101] Platon erzählt uns im ›Ion‹, daß οἱ κορυβαντιῶντες „ein scharfes Ohr für nur eine Melodie haben, für die nämlich, die dem Gotte gehört, von dem sie besessen sind, und auf dieses Lied reagieren sie bereitwillig mit Bewegungen und Worten, während sie alle anderen nicht beachten." Ich bin mir nicht sicher, ob οἱ κορυβαντιῶντες hier ungenau als allgemeine Bezeichnung für „Menschen im Angstzustand" gebraucht ist, die ein Ritual nach dem anderen versuchen, oder ob damit diejenigen gemeint sind, „die am Ritual der Korybanten teilnehmen". Nach der zweiten Ansicht müßte das korybantische Zeremoniell verschiedene Arten religiöser Musik umfaßt haben, die zu diagnostischen Zwecken eingeführt worden waren.[102] In jedem Falle aber zeigt die Stelle, daß die Diagnose eine Reaktion des Patienten auf die Musik berücksichtigt. Diese 'Diagnose' war das eigentliche Problem, hier wie in allen Fällen von „Besessenheit": Wenn der Leidende einmal wußte, welcher Gott seine Krankheit verursacht hatte, konnte er ihn mit den entsprechenden Opfern versöhnen.[103]

3. Das ganze Verfahren sowohl wie die Voraussetzungen, auf denen es basiert, sind in hohem Grade primitiv. Aber wir können es nicht übergehen — und das ist der letzte Punkt, den ich hervorheben muß — als einen Hinterhof-Atavismus oder als die krankhafte Laune einiger weniger Neurotiker. Eine beiläufige Bemerkung Platons scheint zu besagen,[104] daß Sokrates selbst an korybantischen Riten teilgenommen hat; sicherlich kann sie zeigen, wie Linforth dargelegt hat, daß intelligente junge Leute aus guten Familien an ihnen teilnehmen konnten. Ob Platon alle religiösen Konsequenzen eines solchen Rituals für sich selbst gezogen hat, ist eine offene Frage, die später behandelt werden soll.[105] Doch sowohl er als auch Aristoteles betrachteten es unstreitig als eine zum mindesten nützliche Einrichtung der sozialen Hygiene. Sie glaubten an seine Wirkung, die zum Vorteil der Teilnehmer ausschlagen würde.[106] Tatsächlich scheinen auch in hellenistischer und römischer Zeit analoge Methoden von Laien zur Behandlung gewisser Geistesstörungen angewandt worden zu sein. Eine Form musikalischer Katharsis ist von den Pythagoreern im vierten Jahrhundert, und vielleicht noch früher, ausgeübt worden.[107] Aber die peripatetische Schule hat sie wohl als erste im Hinblick auf die Physiologie | und Psychologie der Emotionen studiert.[108] Theophrast glaubte wie Platon, daß Musik ein Heilmittel für Angstzustände sei.[109] Im ersten Jahrhundert v. Chr. findet man Asklepiades, einen Modearzt in Rom, der seine geisteskranken Patienten

mit Hilfe von „Symphonie" behandelte; und zur Zeit der Antoninen erwähnt Soranus die Flötenmusik unter den Methoden, die zu seiner Zeit bei der Behandlung von Depressionen oder in Fällen angewandt wurden, bei denen man heute von Hysterie sprechen könnte.[110] So war vielleicht die alte magisch-religiöse Katharsis aus ihrem religiösen Zusammenhang herausgelöst und auf dem Gebiet profaner Psychiatrie angewandt worden, um die nur physische Behandlung der hippokratischen Ärzte zu unterstützen.

Es bleibt noch Platons dritte Art „göttlichen" Wahnsinns übrig, die er als „Besessenheit (κατοκωχή) durch die Musen" definiert und zu der er erklärt, daß sie unerläßlich sei für die Schöpfung höchster Dichtung. Wie alt ist diese Vorstellung, und worin bestand die ursprüngliche Verbindung zwischen Dichtern und Musen?

Eine gewisse Verbindung geht, wie man weiß, auf das Epos zurück. Eine Muse nahm dem Demodokos das Augenlicht und gab ihm etwas Schöneres, die Gabe des Gesanges; denn sie liebte ihn.[111] Durch die Gnade der Musen, sagt Hesiod, sind manche Menschen Dichter, wie andere Könige sind durch die Gnade des Zeus.[112] Wir dürfen als gewiß annehmen, daß dies noch keine leeren Worte formelhafter Komplimente waren, wozu sie später werden sollten; noch hatten sie religiöse Bedeutung. Und bis auf einen Punkt ist die Bedeutung völlig klar: Wie alle großen Werke, die nicht gänzlich vom menschlichen Willen abhängig sind, enthält auch das Dichtwerk ein „unwillkürliches" Element, ein „Geschenk";[113] und für die altgriechische Frömmigkeit bedeutet „Geschenk" immer „göttliches Geschenk".[114] Es ist nicht ganz so klar, worin diese Eigenart des „Geschenktseins" besteht. Aber wenn wir die Gelegenheiten ins Auge fassen, bei denen der Dichter der ›Ilias‹ sich an die Musen um Hilfe wendet, können wir erkennen, daß sie im Inhaltlichen und nicht im Formalen besteht. Stets befragt er die Musen nach dem, was er sagen soll, niemals aber nach dem Wie. Die Sache, nach der er fragt, ist immer eine Tatsache. Mehrere Male erheischt er Auskunft über wichtige Schlachten;[115] einmal, in seiner am sorgfältigsten ausgearbeiteten Anrufung, bittet er darum, daß ihm der Katalog aller Heereskontingente eingegeben würde: „Denn ihr seid Göttinnen, beobachtet alles und kennt | alles; wir aber kennen es nur vom Hörensagen und wissen nichts."[116] Diese nachdenklichen Worte klingen ernstgemeint; der Mensch, der sie zum erstenmal aussprach, wußte um die Fehlbarkeit der Überlieferung und war darüber beunruhigt. Er wollte Bezeugungen aus erster Hand. Aber wo sollte man in einer Zeit, welche keine schriftlichen Aufzeichnungen dieser Art kannte, solche Zeugnisse finden? Geradeso wie man die Wahrheit über das Zukünftige nur erfahren konnte, wenn man mit einem Wissen in Kontakt stand, das größer als das eigene war, konnte die Wahrheit über die Vergangenheit nur unter der gleichen Bedingung bewahrt werden. Ihre menschlichen Gedie Dichter, hatten — wie die Seher — ihre technischen Hilfsmittel, berufsmäßiges Training; aber die Vision des Vergangenen blieb wie die ins Zukünftige eine geheimnisvolle Fähigkeit, die nur zum Teil unter Kontrolle ihrer Besitzer stand und letztlich von göttlicher Gnade abhing. Durch diese Begnadung verfügten Dichter und Seher über ein Wissen, das anderen Menschen versagt war. Bei Homer sind diese beiden „Berufe" streng getrennt. Aber wir haben allen Grund anzunehmen, daß sie einst einmal vereinigt waren.[118] Die Verwandtschaft zwischen ihnen wurde immer noch empfunden.

Die Gabe der Musen also, oder wenigstens eine ihrer Gaben, ist die Fähigkeit zu wahrer Rede. Und genau das verkündeten sie ja auch Hesiod, als er auf dem Helikon ihre Stimmen vernahm, obwohl sie dabei bekannten, daß sie auch gelegentlich einen Haufen Lügen erzählen konnten, die der Wahrheit nahekamen.[119] Welche besonderen Lügen sie dabei im Sinne hatten, wissen wir nicht. Möglicherweise wollten sie andeuten, daß die echte Inspiration des Mythos sich in pure Erfindung verflüchtige, in die Art der Erdichtung, die man in den jüngeren Partien der ›Odyssee‹ finden kann. Das mag jedoch auf sich beruhen. Hesiod jedenfalls erwartete von ihnen genaue Tatsachenwahrheit, allerdings von Tatsachen einer neuen Art, die ihn in die Lage versetzten, die Überlieferungen über die Götter zusammenzusetzen und die Geschichte mit dem erforderlichen Namen und Verwandtschaftsverhältnissen auszufüllen. Hesiod hatte eine Vorliebe für Namen, und wenn er sich auf einen neuen besann, so sah er ihn nicht als etwas an, das er gerade erfunden hatte. Er vernahm ihn, wie ich glaube, als etwas, das ihm die Musen eingegeben hatten, und er wußte oder hoffte, daß er „wahr" sei. Er hat tatsächlich mit dem Ausdrücken einer überlieferten Glaubensvorstellung ein Gefühl dargestellt, das von vielen späteren Dichtern geteilt wurde[120]: daß das schöpferische Denken nicht das Werk des *Ich* ist. |

Auch Pindar erbat von den Musen die Wahrheit. „Gib mir ein Zeichen", so sagt er, „und ich will dein Künder sein (προφατεύσω)."[121] Die Worte, die er gebrauchte, sind die Termini technici von Delphi; sie umschreiben die alte Analogie zwischen Dichtung und Weissagung. Man beachte jedoch, daß es die Muse — und nicht der Dichter — ist, die die Rolle der Pythia spielt. Der Dichter bittet nicht darum, von ihr „besessen" zu werden; er will nur als Dolmetsch der entrückten Muse dienen.[122] Das scheint die ursprüngliche Beziehung gewesen zu sein. Epische Tradition stellt den Dichter dar als jemanden, der sein übermenschliches Wissen von den Musen herleitet, aber nicht als jemanden, der in Ekstase gerät oder von ihnen besessen ist.

Die Vorstellung vom „wahnsinnigen" Dichter, der im Zustand der Ekstase arbeitet, scheint sich nicht weiter als bis ins fünfte Jahrhundert zurück verfolgen zu lassen. Natürlich kann sie noch älter sein; Platon erwähnt sie als alte Geschichte, παλαιὸς μῦθος.[123] Ich möchte meinerseits die Vermutung äußern, daß sie eine Nebenerscheinung der dionysischen Bewegung ist, die ja allen Nachdruck auf die Bedeutung abnormer Geisteszustände legte, nicht nur, weil sie Zugang zum Wissen bieten, sondern um ihrer selbst willen.[124] Der erste Autor aber, von dem wir wissen, daß er über dichterische Ekstase gesprochen hat, war Demokrit. Er war der Ansicht, die besten Gedichte seien jene, die μετ' ἐνθουσιασμοῦ καὶ ἱεροῦ πνεύματος gedichtet worden seien, „mit Inspiration und heiligem Hauch", und er bestritt, daß jemand *sine furore* großer Dichter sein könnte.[125] Wie moderne Gelehrte betont haben,[126] müssen wir Demokrit eher als Platon jenes zweifelhafte Verdienst zuschreiben, in die Literaturtheorie diese Auffassung vom Dichter eingeführt zu haben, nach welcher dieser auf Grund einer abnormen inneren Erfahrung getrennt vom allgemein Menschlichen lebt;[127] und die Auffassung von der Dichtung als einer Offenbarung außerhalb und oberhalb des Vernunftbereichs. Platons Haltung diesen Ansprüchen gegenüber war in der Tat entschieden kritisch. Aber darüber in einem späteren Kapitel mehr.

Viertes Kapitel

TRAUMFORM UND KULTURFORM

Wenn es uns gegeben wäre, mit unseren leiblichen Augen in das Bewußtsein eines anderen zu schauen, würden wir weitaus zuverlässiger einen Menschen nach dem beurteilen können, was er träumt, als nach dem, was er denkt. Victor Hugo

Der Mensch hat mit einigen anderen höheren Säugetieren das merkwürdige Vorrecht gemeinsam, in zwei Welten zu Hause zu sein. Im täglichen Wechsel macht er zwei verschiedene Arten der Erfahrung — ὕπαρ und ὄναρ, wie die Griechen sie genannt haben —, von der jede ihre eigene Logik und ihre eigenen Grenzen hat; und er findet keinen einleuchtenden Grund, warum die eine bedeutsamer sein sollte als die andere. Wenn die Welt des wachen Bewußtseins gewisse Vorzüge wie Festigkeit und Beständigkeit aufweist, so sind doch ihre sozialen Möglichkeiten außerordentlich eingeschränkt. Wir können in ihr in der Regel nur den in näherer Umgebung wohnenden Menschen begegnen, während uns die Traumwelt die Möglichkeit eröffnet, einen, wenn auch flüchtigen, Umgang mit unseren entfernten Freunden, unseren Toten, unseren Göttern zu pflegen. Für gewöhnliche Menschen ist dies die einzige Erfahrung, in der sie der anstößigen und unverständlichen Gebundenheit an Raum und Zeit entrinnen können. Daher ist es nicht verwunderlich, daß der Mensch zögerte, das Attribut der Realität nur einer dieser beiden Welten zuzusprechen und die andere als bloße Illusion zu übergehen. Diese Entwicklungsstufe wurde in der Antike nur von einer kleinen Anzahl Intellektueller erreicht; und es gibt auch heute noch zahlreiche primitive Völker, für die gewisse Traumerfahrungen eine Gültigkeit besitzen, welche der des wachen Bewußtseins gleichkommt, obgleich sie andersartig ist.[1] Solche Einfalt rief das mitleidige Lächeln der Missionare des 19. Jahrhunderts hervor; doch hat unsere eigene Zeit erkannt, daß die Primitiven im Grunde der Wahrheit näherstanden als die Missionare. Träume | sind, wie es sich jetzt herausstellt, also doch höchst bedeutsam. Die antike Technik der *oneirokritiké* bietet wieder einmal geschickten Leuten reichliches Einkommen, und die hochgebildeten Zeitgenossen haben es eilig,

---

[1] Anmerkungen zum vierten Kapitel s. S. 205 ff.

ihre Träume mit eben derselben großen Angst ihrem Facharzt mitzuteilen wie der Abergläubische bei Theophrast.[2]

Vor diesem historischen Hintergrund scheint es der Mühe wert zu sein, die Haltung der Griechen ihren Traumerlebnissen gegenüber erneut ins Auge zu fassen, und diesem Thema möchte ich das vorliegende Kapitel widmen. Es gibt zwei Möglichkeiten, die überlieferten Traumerlebnisse einer vergangenen Kultur zu betrachten: Wir können einmal versuchen, sie mit den Augen der Träumenden selbst zu sehen, um auf diese Weise möglichst genau nachzuempfinden, was sie für ihr waches Bewußtsein bedeutet haben; oder wir bemühen uns darum, unter Anwendung von Prinzipien, die der modernen Traumanalyse entlehnt sind, von der faßbaren Gestalt zum verborgenen Inhalt vorzudringen. Dies letztere Verfahren ist schlechtweg riskant. Es beruht auf der ungeprüften Annahme, daß Traumsymbole von allgemeingültiger Eindeutigkeit sind, was sich jedoch nicht an Hand von Assoziationen der Träumenden kontrollieren läßt. Daß man gleichwohl, bei geschickter und vorsichtiger Anwendung dieses Verfahrens, zu interessanten Ergebnissen gelangen kann, will ich schon glauben. Aber ich brauche mich hier bei einem solchen Versuch nicht aufzuhalten. Mein vorzügliches Interesse gilt nicht den Traumerlebnissen der Griechen, sondern der Einstellung, welche die Griechen ihren Traumerlebnissen gegenüber eingenommen haben. Indem wir so unseren Gegenstand genauer bestimmen, dürfen wir jedoch die Möglichkeit nicht außer acht lassen, daß die Unterschiede zwischen der griechischen und der modernen Haltung nicht nur unterschiedliche Deutungsmethoden desselben Erfahrungstyps widerspiegeln können, sondern ebenso Veränderungen im Wesen der Erfahrung selbst. Denn neuere Untersuchungen von Träumen heute lebender Primitiver legen die Vermutung nahe, daß es neben den bekannten Angstträumen und Wunscherfüllungsträumen, die allen Menschen gemeinsam sind, noch andere gibt, deren manifester Inhalt bestimmt ist von einer lokal begrenzten Kulturform.[3] Ich meine damit nicht nur, daß dort, wo ein moderner Amerikaner zum Beispiel von einer Reise im Flugzeug träumt, ein Primitiver davon träumen wird, daß ein Adler ihn in den Himmel hinaufträgt; ich meine vielmehr, daß es in zahlreichen primitiven Gesellschaften Grundformen der Traumstruktur gibt, die von einer gesellschaftlich[4] tradierten Religionsform abhängen und die verschwinden, wenn jene Religion | nicht mehr ausgeübt wird. Nicht nur die Wahl dieses oder jenes Symbols, sondern das Wesen des Traumes selbst scheint sich nach einem starren traditionellen Muster zu richten. Es ist klar, daß solche Träume in enger Beziehung zum Mythos stehen, und man hat mit Recht gesagt, daß er das Traumdenken des Volkes sei, so wie der Traum als Mythos des Einzelmenschen gelten kann.[5]

Wir wollen diese Beobachtungen nicht außer acht lassen, wenn wir uns im folgenden der Frage zuwenden, welche Arten von Träumen bei Homer geschildert werden und wie der Dichter sie darstellt. H. J. Rose unterscheidet in seinem ausgezeichneten Büchlein ›Primitive Culture in Greece‹ drei vorwissenschaftliche Arten der Traumbetrachtung, nämlich 1. „das Traumgesicht als objektive Tatsache anzusehen"; 2. „anzunehmen ..., daß etwas von der Seele oder von einer der Seelen gesehen worden ist, während sie zeitweilig außerhalb des Leibes weilte, ein Ereignis, das in der Geisterwelt spielt, oder dergleichen"; 3. „es mit Hilfe einer mehr oder weniger komplizierten Symbolik zu deuten"[6]. Nach Roses Ansicht bilden sie drei aufeinanderfolgende „Entwicklungsstufen", was sie unter logischem Aspekt zweifellos auch sind. Aber in solchen Zusammenhängen folgt die tatsächliche Entwicklung unserer Vorstellung nur selten dem logischen Ablauf. Wenn wir Homer betrachten, werden wir feststellen, daß die erste und dritte von Roses „Stufen" in beiden Epen nebeneinander vorkommen, ohne daß sich ein Wissen um ihre Unvereinbarkeit äußert, während Roses zweite „Stufe" völlig fehlt (und in der erhaltenen griechischen Literatur weiterhin fehlen wird bis hinab ins fünfte Jahrhundert, wo sie dann zum erstenmal überraschenderweise in einem wohlbekannten Fragment Pindars sichtbar wird[7]).

Bei der Mehrzahl ihrer Traumbeschreibungen behandeln die homerischen Dichter das Gesehene so, als ob es „objektive Wirklichkeit" wäre.[8] Der Traum nimmt gewöhnlich die Form eines Besuches an, den eine einzelne Traumfigur einem Mann oder einer Frau abstattet (gerade das Wort *óneiros* bezeichnet bei Homer fast stets eine Traumfigur, nicht das Traumerlebnis[9]). Diese Traumfigur kann ein Gott sein, ein Geist, ein auch unabhängig vom Traum existierender Traumbote oder ein „Bild" (*eídolon*), welches eigens für diesen Zweck geschaffen wurde.[10] Aber was es auch immer sein mag, es existiert tatsächlich im Raum und ist vom Träumenden unabhängig. Es dringt durch das Schlüsselloch ein (homerische Schlafräume haben weder Fenster noch Kamin); es stellt sich an das Kopfende des Lagers, um seine Botschaft auszurichten; danach zieht es sich auf demselben Wege zurück.[11] Der Träumende verhält sich währenddessen beinahe völlig passiv: Er nimmt eine Gestalt wahr, hört eine Stimme, das ist nahezu alles. Zwar antwortet er bisweilen im Schlaf; einmal streckt er seine Arme aus, um die Traumgestalt zu umfassen.[12] Aber das sind wirkliche Körperbewegungen, wie man sie an schlafenden Menschen beobachten kann. Der Träumende hegt nicht die Vorstellung, sich nicht in seinem Bett, sondern anderswo zu befinden, und er weiß tatsächlich, daß er schläft, zumal die Traumgestalt bemüht ist, ihm das aufzuzeigen: „Du schläfst, Sohn des Atreus", sagt der täuschende Traum im zweiten Buch der ›Ilias‹; „Du schläfst, Achill", sagt der Geist des Patroklos; „Du schläfst, Penelope", sagt das Schattenbild in der ›Odyssee‹.[13]

Dies alles hat wenig Ähnlichkeit mit unseren eigenen Traumerlebnissen, und Gelehrte sind geneigt gewesen, auch dies — wie so manches andere bei Homer — als „dichterische Konvention" oder „epischen Kunstgriff" abzutun.[14] Die Darstellung ist jedenfalls in hohem Maße stilisiert, wie die häufig gebrauchten Formelverse beweisen. Ich werde gleich darauf zurückkommen. Vorläufig sei angemerkt, daß die Sprache, welche die Griechen aller Epochen bei der Beschreibung jeglicher Art von Träumen verwandt haben, von einer gewissen Gruppe von Träumen beeinflußt zu sein scheint, in denen der Träumende als passiver Empfänger einer objektiven Vision fungiert. Die Griechen sprachen niemals — wie wir es tun — davon, daß sie einen Traum hatten, sondern stets, daß sie einen Traum *sahen* — ὄναρ ἰδεῖν, ἐνύπνιον ἰδεῖν. Diese Ausdrucksweise eignet sich nur für Träume der passiven Gruppe, aber wir finden sie auch dort angewandt, wo der Träumende selbst die zentrale Gestalt der Traumhandlung ist.[15] Ferner heißt es vom Traum nicht nur, daß er den Träumenden „besuche" (φοιτᾶν, ἐπισκοπεῖν, προσελθεῖν usw.)[16], sondern auch, daß er „über ihm steht" (ἐπιστῆναι). Dieser Sprachgebrauch ist besonders dem Herodot vertraut, und man hat es als Erinnerung an Homers στῆ δ' ἄρ' ὑπὲρ κεφαλῆς, „er stand ihm zu Häupten", aufgefaßt;[17] aber das Vorkommen in den Tempelaufzeichnungen von Epidauros und Lindos sowie bei zahllosen späteren Autoren von Isokrates bis zur Apostelgeschichte[18] kann kaum in gleicher Weise erklärt werden. Es sieht so aus, als habe der objektive, visionäre Traum tiefe Wurzeln nicht nur in der literarischen Tradition, sondern auch in der Vorstellungskraft des Volkes geschlagen. Diese Folgerung wird in gewissem Ausmaß unterstützt durch das Vorkommen von Träumen in Mythos und frommer Legende, welche ihre Objektivität dadurch *beweisen*, daß sie ein materielles Zeichen hinterlassen, welches unsere Spiritisten „Materialisation" (Apport) zu nennen pflegen. Das bestbekannte Beispiel ist Bellerophons Inkubationstraum, bei dem als materialisierter Gegenstand goldenes Zaumzeug zurückblieb.[19]

Doch kehren wir zu Homer zurück! Die stilisierten, objektiven Träume, welche ich gerade beschrieben habe, sind nicht die einzigen, mit denen die epischen Dichter vertraut sind. Daß der gewöhnliche Angsttraum dem Dichter der ›Ilias‹ genauso bekannt war wie uns, können wir aus einem berühmten Gleichnis ersehen: „Wie im Traum einer flieht und ein andrer ihn nicht verfolgen kann — weder vermag der eine zu fliehen, noch der andere ihn zu verfolgen —, so konnte weder Achill den Hektor im Lauf überwinden, noch Hektor ihm entfliehen."[20] Der Dichter läßt seine Helden solche Alpträume nicht erleben, aber er kennt ihr Wesen genau und weiß seine Erfahrung in hervorragender Weise anzuwenden, um den Zustand der Verkrampftheit auszudrücken. Sodann haben wir in Penelopes Traum vom Adler und den Gänsen im 19. Buch der ›Odyssee‹ einen Wunscherfüllungstraum mit symbolischen Bildern vor uns und mit dem, was Freud „Verdichtung" und „Verdrängung" nennt: Penelope klagt über die Ermordung ihrer schönen Gänse,[21] als plötzlich der Adler mit menschlicher Stimme spricht und ihr erklärt, daß er Odysseus ist. Dies ist der einzige Traum bei Homer, der symbolisch gedeutet wird. Kann man deswegen sagen, daß hier das Werk eines späten Dichters vorliegt, der in geistiger Hinsicht einen Sprung gemacht hat von der Primitivität, welche Roses erste Stufe kennzeichnet, zum Intellektualismus der dritten Stufe? Ich bezweifle das. Nach jeder vernünftigen Theorie über die Komposition der ›Odyssee‹ ist es schwierig anzunehmen, daß das 19. Buch bedeutend später entstanden ist als das vierte, in welchem man einen Traum von der primitiven „objektiven" Art findet. Außerdem war die Praxis der symbolischen Traumdeutung dem Dichter des fünften Buches der ›Ilias‹ bekannt, das man allgemein für einen der ältesten Teile des Epos hält: Wir lesen dort von einem *oneiropólos*, der die Träume seiner Söhne falsch deutete, als sie zum Trojanischen Krieg auszogen.[22]

Ich vermute, daß die richtige Erklärung nicht in irgendeiner Gegenüberstellung von „frühen" oder „späten" Haltungen dem Traumerlebnis als solchem gegenüber zu suchen ist, sondern eher in einer Unterscheidung von verschiedenen Arten der Traumerfahrung. Für die Griechen wie für andere antike Völker[23] galt als grundsätzliche Unterscheidung die zwischen bedeutungsvollen und nichtbedeutungsvollen Träumen. Sie liegt bei Homer vor, an der Stelle von den Toren aus Elfenbein und Horn, und gilt für die ganze Antike.[24] Aber innerhalb der Gruppe der bedeutungsvollen Träume stellte man mehrere unterschiedliche Typen fest. In einer Einteilung, die bei Artemidorus, Macrobius und anderen späten Schriftstellern überliefert ist, deren Ursprung aber viel weiter zurückliegen wird, werden drei solcher Typen unterschieden.[25] Die eine Gruppe umfaßt die symbolischen Träume, die „sich in Metaphern wie in eine Art von Rätseln kleiden, mit einem Sinn, der nicht ohne Interpretation verstanden werden kann". Die zweite Art ist das *hórama* oder „Gesicht", eine unmittelbare Darstellung eines zukünftigen Ereignisses, wie jene Träume, die in dem Buch der begabten F. W. Dunne beschrieben sind. Die dritte wird *chrematismós* oder „Orakel" genannt. Sie liegt vor, „wenn im Schlaf Vater oder Mutter des Träumenden oder eine andere geachtete oder eindrucksvolle Gestalt, ein Priester zum Beispiel oder sogar ein Gott, ohne Symbolik offenbart, was geschehen wird oder nicht, bzw. was getan werden sollte oder nicht".

Meiner Meinung nach kommt die zuletzt genannte Art in unserer eigenen Traumerfahrung nicht vor. Aber es gibt beachtliche Hinweise, daß Träume dieser Art der Antike vertraut waren. Sie werden in anderen antiken Klassifikationen aufgezählt. Chalcidius, der einem Schema folgt, das sich von den anderen Systematikern unterscheidet,[26] nennt solch einen Traum eine „admonitio", „wenn wir gelenkt und geleitet werden von den Ratschlägen engelhafter Güte", und er führt als Beispiel die Träume des Sokrates aus ›Kriton‹ und ›Phaidon‹ an.[27] Sodann hat Herophilos, Verfasser medizinischer Schriften aus dem frühen dritten Jahrhundert v. Chr., wahrscheinlich diese Art im Sinn, wenn er zwischen „gottgesandten" Träumen und solchen unterscheidet, die auf Grund der „natürlichen" Hellsichtigkeit der Seele selbst entstehen oder durch Zufall oder als Wunscherfüllungsträume.[28] Die antike Literatur ist voll von diesen „gottgesandten" Träumen, in denen eine einzelne Traumfigur sich selbst — wie bei Homer — dem Schlafenden vorstellt und ihm prophezeit oder einen Rat oder eine Warnung erteilt. So stand *óneiros* „zu Häupten" des Kroisos und warnte ihn vor kommendem Unheil; Hipparchos sah „einen großen und schönen Mann", der ihm ein Vers-Orakel gab, gleichwie die „schöne und wohlgestalte Frau", die dem Sokrates den Tag seines Todes offenbarte, indem sie Homer zitierte; | Alexander sah „einen altersgrauen Mann von ehrfurchtgebietendem Anblick", der ebenfalls Homer zitierte und nach Alexanders Meinung tatsächlich Homer selbst war.[29]

Aber wir sind von dieser Art literarischer Bezeugung nicht abhängig, deren auffällige Uniformität natürlich dem Konservativismus der griechischen literarischen Tradition zugerechnet werden kann. Ein verbreiteter Typus des „gottgesandten" Traumes ist in Griechenland und anderswo der Traum, der eine Weihung oder sonst eine religiöse Handlung vorschreibt;[30] und er hat einen handgreiflichen Beweis für sein tatsächliches Vorkommen in den zahlreichen Inschriften hinterlassen, die besagen, daß ihr Autor ein Weihgeschenk gestiftet hat „infolge eines Traumes" oder „nachdem er ein Traumgesicht gehabt hatte".[31] Einzelheiten werden selten erwähnt; aber wir haben wenigstens eine Inschrift, die bezeugt, daß ein Priester im Traum von Sarapis die Weisung erhalten hat, ihm ein eigenes Haus zu bauen, weil die Gottheit nicht mehr in fremden Häusern wohnen mag. Eine andere gibt genaue Anweisungen für die Verwaltung eines Bethauses, die im Schlaf von Zeus mitgeteilt worden sein sollen.[32] Fast alle inschriftlichen Zeugnisse sind aus hellenistischer oder römischer Zeit; das kann jedoch Zufall sein, denn Platon erwähnt in den ›Gesetzen‹ Weihungen, die infolge von Träumen oder Tagesvisionen gemacht worden sind, „vor allem von Frauen aller Art, und von Männern, welche krank sind, sich in Gefahr oder Schwierigkeiten befinden oder sonst irgendeinen besonderen Schicksalsschlag erfahren haben", und in der ›Epinomis‹ hören wir wiederum, daß „viele Kulte vieler Götter schon gestiftet worden sind und noch weiter gestiftet werden auf Grund von Traumbegegnungen mit übernatürlichen Wesen, Vorzeichen, Orakeln und Totenbett-Visionen".[33] Platons Zeugnis für die Häufigkeit solcher Vorkommnisse überzeugt vor allem deswegen, weil er selbst wenig Glauben an ihren übernatürlichen Charakter hatte. Angesichts dieser Bezeugungen müssen wir, wie ich glaube, anerkennen, daß die Stilisierung der „göttlichen Träume" oder des *chrematismós* nicht lediglich eine literarische ist; es sind „Kultur-pattern"-Träume in dem zu Beginn dieses Kapitels definierten Sinne und gehört in den religiösen Erfahrungsbereich des Volkes, obwohl die Dichtung seit Homer sie ihren Zwecken angepaßt und als literarisches *Motiv* verwandt hat. Solche Träume spielten eine bedeutsame Rolle im Leben anderer alter Völker, genau so, wie sie es heute noch bei vielen Rassen tun. | Die Mehrzahl der Träume, die in der assyrischen, hethitischen und altägyptischen Literatur erwähnt werden, sind „göttliche Träume", in denen ein Gott erscheint und dem Schlafenden eine eindeutige Botschaft überbringt, die ihm bisweilen Zukünftiges vorhersagt oder die Einrichtung eines Kultes fordert.[34] Wie man es für eine monarchische Gesellschaft erwarten sollte, sind die bevorzugten Träumer im allgemeinen Könige (was übrigens auch für die ›Ilias‹ gilt);[35] einfache Leute müssen mit einem gewöhnlichen Symbol-Traum zufrieden sein, den sie sich mit Hilfe von Traumbüchern deuten.[36] Ein Traumtypus, der dem griechischen *chrematismós* entspricht, findet sich auch unter den Träumen heutiger Primitiver, die ihm gewöhnlich eine besondere Bedeutung beimessen. Ob man die Traumfigur als einen Gott oder als Vorfahren identifiziert, hängt natürlich von der lokalen Kulturform ab. Manchmal äußert sie sich nur als Stimme, wie der Herr, der zu Samuel spricht; manchmal ist sie ein anonymer „großer Mann", wie in den Träumen der Griechen.[37] In einigen Gesellschaften wird sie zumeist als der verstorbene Vater des Träumenden erkannt;[38] in anderen Fällen könnte der Psychologe geneigt sein, in ihr eine Ersatzfigur für den Vater zu sehen, die die väterlichen Funktionen des Mahnens und Schützens ausübt.[39] Wenn diese Ansicht richtig ist, dann dürfen wir vielleicht auch den Worten des Macrobius („der *Vater* oder eine andere geachtete und eindrucksvolle Gestalt") besondere Bedeutung beimessen. Und wir dürfen ferner vermuten, daß während der Geltungsdauer der alten Familiensolidarität der im Traum aufrechterhaltene Kontakt mit dem Vaterbild eine tiefere affektive Bedeutung und eine weniger in Frage gestellte Autorität besaß, als es in unserer stärker individualisierten Gesellschaft der Fall ist.

Gleichwohl scheint der „göttliche" Charakter eines griechischen Traums nicht völlig von der scheinbaren Identität der Traumfigur abzuhängen. Die Deutlichkeit *(enárgeia)* seiner Botschaft war ebenfalls von Wichtigkeit. In mehreren Träumen bei Homer erscheint der Gott oder das *eídolon* vor dem Träumer in der Gestalt eines noch lebenden Freundes,[40] und es ist möglich, daß im wirklichen Leben Träume, in denen Bekannte eine Rolle spielten, oft in dieser Weise gedeutet worden sind. Als Aelius Aristides im Asklepios-Tempel zu Pergamon Heilung suchte, träumte sein Diener von einem anderen Patienten, dem Konsul Salvius, der im Traum mit dem Diener über die literarischen Werke seines Herrn sprach. | Das genügte Aristides. Er war sich sicher, daß die Traumfigur der Gott selbst war, „als Salvius verkleidet". [41] Es machte natürlich einen Unterschied, daß es sich hier um einen „gesuchten" Traum handelte, selbst wenn die Person, zu der er kam, nicht der Sucher war: Denn jeder Traum, den man im Asklepios-Tempel erfuhr, wurde als vom Gotte kommend angesehen.

Techniken, die den dringend gewünschten „göttlichen" Traum herbeirufen sollen, sind in vielen Gesellschaften entwickelt worden; das geschieht auch heute noch. Zu ihnen gehören Einsamkeit, Gebet, Fasten, Selbstverstümmelung, Schlafen auf dem Fell eines Opfertieres oder Berühren irgendeines heiligen Gegenstandes und schließlich die Inkubation (d. h. Schlafen an einem heiligen Ort) bzw. eine Kombination dieser Einzeltechniken. Die Antike praktizierte vor allem den Tempelschlaf, wie die griechischen Bauern unserer Tage. Aber die Spuren einiger anderer Praktiken fehlen nicht. So wurde z. B. an gewissen Traum-Orakeln wie an der „Charons-Höhle" in Kleinasien und am Heroengrab des Amphiaraos in Oropos das Fasten verlangt. [42] Bei diesem schlief man auch auf dem Fell eines geopferten Widders. [43] Das Aufsuchen einer heiligen Höhle, um visionäres Wissen zu erlangen, spielt auch in den Legenden des Epimenides und des Pythagoras eine Rolle. [44] Selbst die indianische Praktik, ein Fingerglied abzuschneiden, um einen Traum zu beschwören, findet zum Teil eine seltsame Parallele, die ich sogleich erwähnen will. [45] In der Spätantike gab es auch weniger schmerzhafte Methoden, um einen Orakel-Traum zu bekommen: Die Traumbücher empfahlen das Schlafen mit einem Lorbeerzweig unter dem Kissen; die Zauberpapyri bringen eine Fülle von Zaubersprüchen und privater Ritualien für diesen Zweck; und in Rom gab es Juden, die einem jeden Traum, den man sich nur denken konnte, für ein paar Pfennige verkauften. [46]

Keine dieser Techniken, nicht einmal die Inkubation, werden von Homer erwähnt. [47] Aber wie wir gesehen haben, sind Argumente ex silentio in diesem Zusammenhang besonders gefährlich. Inkubation ist in Ägypten seit dem fünfzehnten Jahrhundert v. Chr. mindestens praktiziert worden, und ich weiß nicht, ob die Minoer sie nicht doch kannten. [48] Wo wir sie zum erstenmal in Griechenland antreffen, ist sie gewöhnlich mit dem Kult der Erde und dem der Toten verbunden, welche beide den Anschein erwecken, als seien sie vorgriechischen Ursprungs. Die Überlieferung meldet, wahrscheinlich mit Recht, daß das ursprüngliche Erdorakel in Delphi ein Traumorakel gewesen sei. [49] In historischer Zeit wurde die Inkubation | praktiziert an den Grabmälern von Heroen — seien sie nun verstorbene Menschen oder chthonische Dämonen — und an gewissen Erdspalten, die man für Eingänge zum Totenreich ansah *(nekyomanteía)*. Die olympischen Götter begünstigten sie nicht (was Homers Schweigen hinlänglich erklären kann); Athena in der Bellerophon-Sage ist eine Ausnahme[50], aber bei ihr kann das eine Spur ihrer vorolympischen Vergangenheit sein.

Ob nun die Inkubation einst in Griechenland weiter verbreitet war oder nicht, wir finden sie in historischer Zeit jedenfalls vorzüglich für zwei Zwecke angewandt, entweder um mantische Träume von den Toten zu erhalten, oder sonst für medizinische Zwecke. Das bestbekannte Beispiel für den ersten Fall bildet Periander, der an einem *nekyomanteîon* seine verstorbene Gemahlin Melissa wegen Geldsachen befragen ließ. Das Bild der toten Frau erschien dem Boten Perianders, bewies ihre Identität, verlangte die Einrichtung eines Kultes und bestand auf Erfüllung ihres Verlangens, bevor sie seine Frage beantworten wollte.[51] An dieser Erzählung ist nichts eigentlich Unglaubliches, und ob es sich nun so zugetragen hat oder nicht, sie scheint in jedem Falle ein altes Kultur-pattern widerzuspiegeln, aus dem heraus sich in manchen Gesellschaften eine Art von Geisterglauben entwickelt hat. Aber in Griechenland müssen der homerische Hades-Glaube sowie der Skeptizismus der klassischen Zeit sich gegen eine solche Entwicklung ausgewirkt haben; und tatsächlich scheinen mantische Träume von Toten während der klassischen Epoche von sehr untergeordneter Bedeutung gewesen zu sein.[52] Sie mögen in einigen hellenistischen Zirkeln größere Bedeutung erlangt haben, nachdem Pythagoreer und Stoiker die Toten dem Reich der Lebenden näher gebracht hatten, indem sie den Hades in der Atmosphäre lokalisierten. Wir lesen jedenfalls bei Alexander Polyhistor, daß „die ganze Luft voller Seelen ist, die als Dämonen und Heroen verehrt werden; und diese sind es, die den Menschen Träume und Omen senden"; eine analoge Theorie wird dem Poseidonios zugeschrieben.[53] Für diejenigen allerdings, die diese Ansicht teilten, gab es keinen Grund mehr, Träume an besonderen Plätzen zu suchen, da die Toten ja allgegenwärtig waren. Für *nekyomanteía* gab es keine Zukunft mehr in der antiken Welt.

Medizinische Inkubation hingegen erfreute sich einer kräftigen Wiederbelebung, als gegen Ende des fünften Jahrhunderts der Kult des Asklepios plötzlich panhellenische Bedeutung erlangte. | Diese Stellung behielt er bis in späteste vorchristliche Zeiten. Über weitere Folgen werde ich in einem späteren Kapitel berichten müssen.[54] Gegenwärtig befassen wir uns nur mit Träumen, die der Gott seinen Patienten schickt. Seit im Jahr 1883 die epidaurischen Tempelberichte[55] veröffentlicht worden sind, sind sie immer wieder lebhaft diskutiert worden, und der allmähliche Wandel in unserer generellen Einstellung den nichtrationalen Faktoren menschlicher Erfahrung gegenüber findet sich auch in den Ansichten der Gelehrten wieder. Die früheren Kommentatoren begnügten sich damit, den Bericht als eine wohlüberlegte Priesterfälschung abzutun oder wenig überzeugend zu unterstellen, daß die Patienten unter dem Einfluß von Medikamenten oder unter Hypnose standen oder sonstwie Schlafen und Wachen verwechselten und einen Priester im Phantasiekostüm für den göttlichen Heiler ansahen.[56] Einige wenige werden sich vielleicht bei diesen billigen Erklärungsversuchen nicht beruhigt haben; und an den drei wichtigeren Beiträgen zum Thema, die von der gegenwärtigen Generation geleistet worden sind — die von Weinreich, Herzog und Edelstein[57] —, kann man eine zunehmende Betonung des genuin religiösen Charakters dieser Erfahrungen beobachten. Das scheint mir völlig gerechtfertigt zu sein. Aber es gibt noch divergierende Meinungen über den Ursprung des Berichts. Herzog meint, daß er zum Teil auf echten Votivtafeln basiere, die von einzelnen Patienten geweiht worden seien — die jedoch anläßlich der Zusammenfassung überarbeitet und erweitert worden sein könnten —, daß er aber zum anderen Teil auf eine Tempeltradition zurückgehe, die aus vielen Quellen Wundergeschichten aufgenommen habe. Edelstein andererseits läßt die Inschriften gelten als eine Reproduktion des Erlebnisses der Patienten, die in gewisser Hinsicht Glauben verdiene.

Gewißheit kann man bei dieser Sache kaum erreichen. Aber die Auffassung, daß der Traum oder die Vision durch das Kultur-pattern bestimmt sei, läßt uns vielleicht die Entstehung solcher Dokumente wie des epidaurischen Berichts ein wenig besser verstehen. Erfahrungen dieser Art weisen auf ein Glaubensmuster hin, das nicht nur vom Träumenden akzeptiert wird, sondern in der Regel von jedem aus seiner Umgebung. Die Form der Erfahrung wird vom Glauben bestimmt und stärkt ihrerseits wieder den Glauben. Daher nimmt die Stilisierung der Erfahrungen stets zu. Wie Tylor schon vor vielen Jahren gezeigt hat, „ist es ein Circulus vitiosus: Was der Träumer glaubt, sieht er deswegen, und was er sieht, glaubt er deshalb."[58] Aber wie nun, wenn er den-| noch nichts sieht? Das muß sich in Epidauros oft ereignet haben: Diogenes berichtet von den Votivtafeln für eine andere Gottheit, daß „es bei weitem mehr von ihnen gegeben hätte, wenn diejenigen, die nicht geheilt wurden, Weihetafeln dediziert hätten"[59]. Aber die Fehlschläge spielten keine Rolle, außer für den Betroffenen; denn der Wille eines Gottes ist unerforschlich — „deshalb läßt Er Seine Gnade walten über dem, den Er begnaden will". „Ich bin entschlossen, auf der Stelle den Tempel zu verlassen", sagt ein kranker Kuppler bei Plautus, „denn ich erkenne ganz klar die Entschlossenheit des Asklepios; er kümmert sich nicht um mich und will mich nicht retten."[60] Mancher Kranke muß das gesagt haben. Der echte Gläubige aber war unendlich geduldig: Wissen wir doch, wie beharrlich Primitive auf eine bedeutsame Vision warten[61] und wie die Leute immer wieder nach Lourdes zurückkehren. In der Tat mußte sich der Leidende oft mit einer Offenbarung begnügen, die, gelinde gesagt, sehr indirekt war. Wir haben schon gesehen, wie der Traum eines Dritten über einen Konsul im Notfall als Antwort ausreichen mußte. Aristides aber hatte, wie er glaubte, des Gottes persönliche Anwesenheit erfahren, und er beschreibt dies mit Worten, die wert sind, angeführt zu werden.[62] „Es war so, als ob man ihn berührte", berichtet er, „eine Art von Bewußtsein davon, daß er in Person anwesend war; man schwebte zwischen Schlaf und Wachsein, man wünschte, die Augen zu öffnen, und war doch bange, er könne sich zu bald zurückziehen; man lauschte und hörte Dinge, manchmal wie im Traum, manchmal wie im wachen Zustand; die Haare standen zu Berge; man schrie und fühlte sich glücklich; das Herz schlug höher, aber nicht aus Überheblichkeit.[63] Welcher Mensch könnte solches Erlebnis in Worte kleiden? Aber jeder, der es einmal mitgemacht hat, wird meine Erfahrung teilen und diesen Seelenzustand kennen." Was hier geschildert wird, ist der Zustand einer selbstinduzierten Trance, bei welcher der Patient ein starkes inneres Empfinden von der göttlichen Gegenwart hat und schließlich die göttliche Stimme, nur zum Teil von außen kommend, vernimmt. Es ist möglich, daß viele der genaueren Vorschriften des Gottes von den Patienten in einem solchen Geisteszustand empfangen worden sind, eher als in richtigen Träumen.

Aristides' Erlebnis ist natürlich subjektiver Art. Aber gelegentlich kann ein objektiver Faktor mit ins Spiel gekommen sein. Wir lesen im epidaurischen Bericht von einem Mann, der zur Tageszeit außerhalb des Tempels in Schlaf fiel, | als eine der zahmen Schlangen des Gottes herankam und seine wunde Zehe beleckte. Er erwachte „geheilt" und berichtete, daß er von einem schönen jungen Manne geträumt habe, der einen Verband an seine Zehe gelegt habe. Dies erinnert an die Szene in Aristophanes' ›Plutos‹, wo die Schlangen es sind, die die heilende Behandlung vornehmen, nachdem die Patienten in einer Vision den Gott gesehen haben. Wir hören auch von Heilverfahren, welche die Tempelhunde ausführen, die herankommen und das befallene Glied belecken, während der Patient hellwach ist.[64] Daran ist nichts Unglaubwürdiges, wenn wir uns nicht auf die Endgültigkeit der „Heilungen" versteifen. Das Verhalten der Hunde und die heilenden Kräfte des Speichels sind bekannt genug. Sowohl die Hunde als auch die Schlangen existierten wirklich. Eine athenische Inschrift aus dem vierten Jahrhundert befiehlt ein Kuchen-Opfer für die heiligen Hunde, und wir kennen Plutarchs Geschichte von dem klugen Tempelhund, der einen Dieb entdeckte, als er die Weihgeschenke stehlen wollte, und der für den Rest seines Lebens mit Speisungen auf Staatskosten belohnt wurde.[65] Die Tempelschlange spielt im Mimus des Herodas eine Rolle: Die Besucherinnen vergessen nicht, ein wenig Grütze „ehrerbietig" in ihre Höhle zu gießen.[66]

Am Morgen teilten diejenigen, die in der Nacht der Anwesenheit des

Gottes gewürdigt worden waren, ihre Erlebnisse mit. Und hier müssen wir in großzügiger Weise Nachsicht für das aufbringen, was Freud die „sekundäre Traumarbeit" genannt hat, deren Wirkung nach Freuds Worten darin besteht, „daß der Traum den Anschein von Absurdität und Inkohärenz verliert und sich dem Muster einer einsichtigen Erfahrung nähert"[67]. In diesem Fall wird die sekundäre Überarbeitung ohne bewußte Verfälschung dahin gewirkt haben, den Traum oder die Vision in größere Übereinstimmung mit dem überlieferten Kulturmuster zu bringen. So ist beispielsweise die göttergleiche Schönheit der Traumfigur in dem Traum des Mannes mit der wunden Zehe ein traditioneller[68] Zug von der Art, daß er in diesem Stadium leicht hinzugefügt werden konnte. Darüber hinaus müssen wir, wie ich glaube, in vielen Fällen eine dritte Überarbeitung annehmen,[69] welche die Priester oder — vielleicht noch öfter — die Mitpatienten vorgenommen haben. Jedes Gerücht von einer Heilung, das ja tatsächlich den Verzweifelten neue Hoffnung gab, wird von jener erwartungsvollen Gemeinschaft von Leidenden begierig aufgegriffen und ausgeschmückt worden sein, die nach den Worten des Aristides sich durch ein stärkeres Verbundenheitsgefühl | geeint wußte als eine Schule oder eine Schiffsmannschaft.[70] Aristophanes schildert die psychologische Lage richtig, wenn er die anderen Patienten den Plutos umringen läßt, diese ihm zur Wiederherstellung seines Augenlichts gratulieren und zu erregt sind, um wieder einschlafen zu können.[71] Auf solch ein Milieu muß man wahrscheinlich auch die volkstümlichen Darstellungselemente des Tempelberichtes beziehen ebenso wie die umfangreichen Erzählungen von chirurgischen Operationen, welche der Gott an schlafenden Patienten ausführte. Es ist bezeichnend, daß Aristides von keiner zeitgenössischen chirurgischen Heilung weiß, wohl aber glaubt, daß sie häufig vorkamen „in der Zeit, da der Großvater des jetzigen Priesters noch lebte"[72]. Selbst in Epidauros oder Pergamon mußte man einer Fabel die Zeit zum Wachsen gönnen.

Schließlich noch ein Wort zum medizinischen Aspekt dieser Angelegenheit. In dem Bericht treten die Heilungen meistens augenblicklich ein,[73] und wahrscheinlich ist das für einige Fälle auch richtig. Die Frage, wie lange die Besserung anhielt, ist unerheblich: Es genügte, daß der Patient „geheilt von dannen ging" (ὑγιὴς ἀπῆλθε). Solche Heilungen müssen nicht unbedingt zahlreich gewesen sein. Wie wir es im Falle von Lourdes beobachten können, kann ein Gesundheit bringendes Heiligtum seinen Ruf schon auf Grund einer sehr niedrigen Anzahl von Erfolgen wahren, vorausgesetzt, daß einige von diesen aufsehenerregend waren. Was nun die Traum-Verordnungen angeht, so schwankt ihre Qualität natürlich nicht nur entsprechend der medizinischen Kenntnis des Träumers, sondern mit dessen unbewußter Einstellung seiner eigenen Krankheit gegenüber.[74] In ein paar Fällen sind sie völlig vernünftig, wenn auch nicht gerade originell. So verordnet z. B. die göttliche Weisheit Gurgeln für eine entzündete Kehle und Gemüse für Verstopfung. „Voller Dank", so berichtet der Empfänger dieser Offenbarung, „ging ich geheilt davon."[75] Doch öfter ist des Gottes Arzneibuch rein magischer Art. Er läßt seine Patienten Schlangengift schlucken oder Asche vom Opferaltar, oder er bestreicht ihre Augen mit dem Blut eines weißen Hahnes.[76] Wie Edelstein mit Recht aufgezeigt hat, spielten solche Heilmittel immer noch eine ziemlich große Rolle auch in der profanen Medizin;[77] es bleibt aber der bedeutsame Unterschied, daß sie in den Ärzteschulen zumindest im Prinzip rationaler Kritik unterworfen waren, während in den Träumen, wie Aristoteles sagt, das kritische Element (τὸ ἐπικρῖνον) fehlt.[78]

Den Einfluß der unbewußten Einstellung des Träumers kann man an den Traum-Verordnungen erkennen, die Aristides in großer Zahl berichtet. „Sie sind das genaue Gegenteil von dem, was man erwarten würde", sagt er selbst, „und sind tatsächlich gerade das, was man natürlicherweise besonders meiden würde." Ihr gemeinsames Kennzeichen ist ihre Schmerzhaftigkeit. Sie reichen vom Brechmittel, Baden im Fluß zur Winterszeit und Barfußlaufen im Frost zu freiwilligem Schiffbruch und der Forderung, einen seiner Finger zu opfern[79], ein Symbol, dessen Bedeutung Freud aufgedeckt hat. Diese Träume gleichen den Äußerungen eines tiefwurzelnden Wunsches nach Selbstbestrafung. Aristides gehorchte ihnen immer (obwohl in Hinblick auf seinen Finger sein Unterbewußtsein sich erbarmte und ihn den Fingerring als Ersatzobjekt opfern ließ). Trotz alledem brachte er es irgendwie fertig, die Auswirkungen seiner eigenen Verordnungen zu überleben; er muß, wie Campbell Bonner gesagt hat, die eiserne Konstitution eines chronischen Kranken gehabt haben.[80] Tatsächlich kann die Befolgung solcher Träume durchaus ein vorübergehendes Verschwinden neurotischer Symptome bewirkt haben. Aber auf längere Sicht läßt sich schlechterdings wenig zugunsten eines Systems sagen, das den Patienten seinen eigenen, unbewußten Impulsen ausliefert, die sich als göttliche Mahnungen ausgeben. Man kann das nüchterne Urteil des Cicero getrost akzeptieren, daß „weniger Patienten ihr Leben dem Asklepios verdanken als dem Hippokrates"[81]; und man sollte der modernen Reaktion gegen den Rationalismus nicht erlauben, den Dank zu schmälern, den die Menschheit jenen frühen griechischen Ärzten schuldet, die die Grundlagen einer vernunftgemäßen Therapie im Anblick eines jahrhundertealten Aberglaubens legten, von dem wir einige Beispiele gerade betrachtet haben.

Da ich im Zusammenhang mit dem Asklepios-Kult schon selbstinduzierte Visionen erwähnt habe, darf ich noch ein paar allgemeine Bemerkungen zu den Tagträumen oder Halluzinationen anfügen. Es ist wahrscheinlich, daß sie in früheren Zeiten häufiger auftraten als heute, weil sie bei Primitiven ziemlich häufig zu sein scheinen; und selbst bei uns sind sie weniger selten, als man es oft annimmt.[82] Sie haben im allgemeinen denselben Ursprung und dieselbe psychologische Struktur wie die Träume, und wie den Träumen ist ihnen die Tendenz eigen, das überlieferte Kultur-pattern widerzuspiegeln. Der bei den Griechen bei weitem geläufigste Typus ist die Erscheinung eines Gottes oder das Hören einer göttlichen Stimme, die die Ausübung gewisser Handlungen gebietet oder untersagt. Dieser Typus wird | in Chalcidius' Klassifikation von Träumen und Visionen unter dem Namen „spectaculum" geführt; als Beispiel zitiert er das *daimónion* des Sokrates.[83] Wenn man den Einfluß der literarischen Tradition auf das Entstehen stereotyper Formen in vollem Umfang berücksichtigt, kommt man wahrscheinlich zu dem Ergebnis, daß Erfahrungen dieser Art einst recht häufig gewesen sind und auch in historischer Zeit gelegentlich noch vorkommen.[84]

Mit K. Latte[85] bin ich der Meinung, daß Hesiod, wenn er berichtet, wie die Musen zu ihm auf dem Helikon sprachen,[86] hier keine Allegorie oder poetischen Schmuck verwendet, sondern versucht, ein echtes Erlebnis in dichterischer Sprache mitzuteilen. Ferner können wir des Philippides Pan-Vision vor Marathon mit guten Gründen als historisch ansehen; die Einrichtung eines Pan-Kultes in Athen war ihr Ergebnis.[87] Das gleiche gilt vielleicht auch für die Vision Pindars, der die Göttermutter in der Form einer Steinstatue erblickte, was gleichfalls die Einrichtung eines Kultes veranlaßt haben sollte, obwohl die Bezeugung in diesem Falle von seinem Zeitgenossen stammt.[88] Diese drei Erlebnisse haben eine interessante Gemeinsamkeit: Sie ereignen sich alle im abgelegenen Berggelände, bei Hesiod auf dem Helikon, bei Philippides auf dem wilden Paß des Parthenion-Gebirges und bei Pindar während eines Gewitters in den Bergen. Das ist wahrscheinlich kein Zufall. Forscher, Bergsteiger und Flieger haben oft seltsame Erlebnisse, selbst heutzutage. Ein wohlbekanntes Beispiel ist die Erscheinung, welche Shackleton und seine Gefährten in der Antarktis verfolgte.[89] Und einer der alten griechischen Ärzte beschreibt in der Tat einen pathologischen Zustand, in den ein Mensch fallen kann, „wenn er auf einer einsamen Straße reist und ihn der Schrecken befällt als Folge einer Erscheinung"[90]. Man muß sich in diesem Zusammenhang daran erinnern, daß Griechenland früher wie heute ein Land mit kleinen und zerstreuten Siedlungen ist, die auf weite Strecken hin von öden und einsamen Bergen getrennt werden, welche die seltenen Bauernhöfe, die ἔργα ἀνθρώπων, bedeutungslos werden lassen. Der psychologische Einfluß dieser Einsamkeit sollte nicht verkannt werden.

Es bleibt nur noch übrig, in Kürze die Entwicklungslinie zu verfolgen, auf der eine kleine Schar griechischer Intellektueller zu einer rationaleren Einstellung den Traumerlebnissen gegenüber gelangt ist. Soweit unsere fragmentarische Kenntnis reicht, war es Heraklit, der als erster dem Traum ausdrücklich den richtigen Platz anwies mit seiner | Beobachtung, daß ein jeder von uns sich im Schlaf in seine eigene Welt zurückzieht.[91] Das schließt nicht nur den „objektiven" Traum aus, sondern scheint indirekt auch der Traumerfahrung generell eine Bedeutsamkeit abzusprechen, da es ja Heraklits Maxime ist, „dem zu folgen, was uns gemeinsam ist"[92]. Und es könnte sein, daß auch Xenophanes ihre Bedeutsamkeit negiert hat, weil er alle Arten von Divination verworfen haben soll, wobei Wahrträume wohl mitgemeint sein müssen.[93] Aber diese frühen Skeptiker bieten, soviel wir wissen, keine Erklärung dafür an, wie oder warum Träume auftauchen, und ihre Ansicht fand nur allmählich Anklang. Zwei Beispiele können verdeutlichen, wie alte Denkmethoden oder wenigstens alte Formulierungen noch im späten fünften Jahrhundert weiterlebten. Der skeptische Artabanos bei Herodot legt dem Xerxes dar, daß die meisten Träume von Beschäftigungen während des vergangenen Tages hervorgerufen werden, aber er spricht von ihnen noch in der alten „objektiven" Weise, daß sie „unter den Menschen umherwandern".[94] Und Demokrits atomistische Theorie der Träume als *eídola*, die kontinuierlich von Personen und Dingen ausströmen und das Bewußtsein des Träumenden affizieren, indem sie durch die Poren des Körpers dringen, ist offenkundig ein Versuch, eine mechanistische Basis für den objektiven Traum zu schaffen. Er behält sogar Homers Bezeichnung für das objektive Traumbild bei.[95] Diese Theorie kann ohne weiteres zur Begründung telepathischer Träume herangezogen werden, da sie erklärt, daß die *eídola* Darstellungen (ἐμφάσεις) von der seelischen Aktivität derjenigen Wesen übertragen, von denen sie ausgehen.[96]

Man sollte aber erwarten, daß mit dem Ende des fünften Jahrhunderts der herkömmliche Typus des „göttlichen Traumes", der nun nicht mehr von einem lebendigen Glauben an die traditionellen Götter genährt wurde,[97] an Häufigkeit und Bedeutung verloren habe — wobei der weitverbreitete Asklepios-Kult eine wohlbegründete Ausnahme bildet. Und tatsächlich gibt es Anzeichen dafür, daß um diese Zeit andere Weisen, den Traum zu betrachten, modern werden. Religiöse Gemüter sind nun geneigt, in dem bedeutsamen Traum einen Beweis für die eingeborene Kraft der Seele selbst zu sehen, die sie entfalten kann, wenn sie durch den Schlaf von den groben Beschwerlichkeiten des Körpers befreit ist. Diese Entwicklung gehört in einen Zusammenhang, der gewöhnlich mit „Orphik" bezeichnet wird. Ich werde im nächsten Kapitel darauf zurückkommen.[98] Zur gleichen Zeit finden sich Hinweise auf ein lebhaftes Interesse an der *oneirokriké*, der Kunst, private symbolische Träume zu deuten. Ein Sklave spricht bei Aristophanes davon, daß er einen Praktiker dieser Kunst für ein paar Obolen mieten will. Ein Enkel Aristides' des Gerechten soll sich durch sie mit Hilfe eines πινάκιον, also einer Zusammenstellung von Deutungen, seinen Lebensunterhalt verdient haben.[99] Aus diesen πινάκια entwickelten sich die ersten griechischen Traumbücher, deren erstes ins späte fünfte Jahrhundert gehören kann.[100]

Der hippokratische Traktat ›Über die Diät‹ (περὶ διαίτης), der von W. Jaeger auf die Mitte des vierten Jahrhunderts datiert worden ist,[101] unternimmt einen interessanten Versuch, die *oneirokritiké* dadurch rational zu erklären, daß man eine große Gruppe von Träumen auf den physiologischen Zustand des Träumenden zurückführt und sie als medizinisch relevante Symptome ansieht.[102] Dieser Autor erkennt auch präkognitive „göttliche" Träume an, und er bemerkt gleichfalls, daß viele Träume offensichtlich Wunscherfüllungsträume sind.[103] Die Träume aber, die ihn als Arzt interessieren, sind solche, die in symbolischer Form einen krankhaften physiologischen Zustand verraten. Er ordnet sie dem medizinischen Hellsehen zu, welches die Seele ausübt, wenn sie im Schlaf „ihr eigener Herr wird" und in der Lage ist, ihre körperliche Wohnung ohne Ablenkung zu überblicken[104] (hier ist der Einfluß „orphischer" Vorstellungen offenkundig). Von seinem Standpunkt aus schickt er sich an, viele herkömmliche Deutungen zu rechtfertigen durch eine Reihe mehr oder weniger phantastischer Analogien zwischen der Außenwelt und dem menschlichen Körper, dem Makrokosmos und dem Mikrokosmos. So symbolisiert die Erde das Fleisch des Träumenden, ein Fluß sein Blut, ein Baum sein Geschlechtsorgan; wenn man von einem Erdbeben träumt, ist das ein Symptom eines physiologischen Wechsels, während Träume von Toten sich auf die Nahrung beziehen, die man gegessen hat, „denn von den Toten kommt Nahrung, Wachstum und Saat"[105]. So nimmt er schon Freuds Prinzip vorweg, daß der Traum immer egozentrisch ist,[106] obwohl er sich zu eng auf das Physiologische bezieht. Er beansprucht keine Originalität für seine Deutungen, von denen einige schon länger bekannt sind;[107] aber er behauptet, den früheren Interpreten hätte die rationale Basis für ihre Ansichten gefehlt, und sie hätten keine Therapie angeordnet außer Beten, was nach seiner Meinung nicht genügt.[108]

Platon bietet im ›Timaios‹ eine seltsame Erklärung der mantischen Träume: Sie entstammen der Einsicht der Vernunftseele, werden aber von der unvernünftigen Seele als Spiegelbilder aufgenommen, die auf der glatten Oberfläche der Leber reflektiert werden; daher komme ihr dunkler symbolischer Charakter, der eine Deutung nötig macht.[109] Auf diese Weise gesteht er dem Traumerlebnis eine indirekte Beziehung zur Wirklichkeit zu, obwohl es nicht so aussieht, als ob er sie sehr hoch eingeschätzt hätte. Ein weitaus bedeutenderer Beitrag wurde von Aristoteles mit seinen zwei Abhandlungen ›Über den Traum‹ und ›Über Divination im Schlaf‹ geleistet. Sein Zugang zum Problem ist nüchtern-rational, ohne oberflächlich zu sein, und er beweist bisweilen überraschende Einsicht, wie z. B. im Finden eines gemeinsamen Ursprungs für Träume, der Halluzinationen der Kranken und der Illusionen der Gesunden (wenn wir z. B. einen Fremden mit der Person verwechseln, die wir gerne sehen möchten).[110] Er leugnet, daß Träume von

Gott kommen (θεόπεμπτα): Wenn die Götter den Menschen Wissen mitteilen wollten, würden sie das bei Tage tun, und sie würden sich die Empfänger sorgfältiger aussuchen.[111] Doch kann man die Träume, wenn sie auch nicht göttlichen Ursprungs sind, dämonisch nennen, „denn die Natur ist dämonisch", eine Bemerkung, die — wie Freud sagt — tiefen Sinn hat, wenn man sie richtig deutet.[112] Bezüglich der Wahrträume verhält sich Aristoteles, wie Freud, in diesen Abhandlungen vorsichtig unverbindlich. Er spricht nicht mehr von der eingeborenen Divinationsgabe der Seele, wie er es in seiner romantischen Jugend getan hat;[113] und er weist Demokrits Theorie der atomistischen *eídola* zurück.[114] Zwei Arten von präkognitiven Träumen hält er für verständlich: Träume, die ein Vorauswissen über den Gesundheitszustand des Träumers vermitteln, die man rational erklären kann mit dem Aufsteigen von Symptomen ins Bewußtsein, die im Wachbewußtsein nicht zur Kenntnis genommen werden; und diejenigen, die ihre Realisierung dadurch herbeiführen, daß sie den Träumer zu einem bestimmten Handlungsverlauf veranlassen.[115] Wo Träume außerhalb dieser zwei Klassen sich als wahr erweisen, hält er das für wahrscheinlich zufällig (σύμπτωμα); als Alternative entwickelt er eine Theorie von wellenförmig sich ausbreitenden Reizen, in Analogie zu den Bewegungen, die sich im Wasser oder in der Luft fortpflanzen.[116] Seine ganze Einstellung zu dem Problem ist wissenschaftlich, nicht religiös; und man kann tatsächlich zweifeln, ob in dieser Hinsicht die moderne Wissenschaft weit über ihn hinausgekommen ist.

Die spätere Antike ist es jedenfalls nicht. Die religiöse Auffassung von Träumen wurde von den Stoikern wieder aufgegriffen und vielleicht sogar von Peripatetikern, wie Ciceros Freund Kratippos, übernommen.[117] Nach der schon erwähnten Meinung Ciceros haben die Philosophen durch ihr „Patronat über die Träume" viel dazu beigetragen, einen Aberglauben zu erhalten, dessen einzige Wirkung es war, die Last von Furcht und Angst bei den Menschen zu vergrößern.[118] Sein Protest verhallte unbeachtet. Die Traumbücher vermehrten sich weiter. Der Kaiser Mark Aurel dankte den Göttern für einen medizinischen Rat, den sie ihm im Schlaf gegeben hatten. Plutarch aß keine Eier wegen bestimmter Träume. Dio Cassius wurde von einem Traum dazu inspiriert, Geschichte zu schreiben. Und selbst ein so aufgeklärter Chirurg wie Galen wurde auf Geheiß eines Traumes dazu gebracht, eine Operation durchzuführen.[119] Sei es auf Grund einer intuitiven Auffassung, daß Träume schließlich doch zu dem innersten Leben des Menschen in Beziehung stehen, oder aus den einfacheren Gründen, die ich am Anfang dieses Kapitels dargelegt habe, am Ende lehnte es die Antike doch ab, sich mit dem Tor aus Elfenbein zu begnügen, sondern bestand darauf, daß es gelegentlich und auf irgendeine Weise auch ein Tor aus Horn gäbe.

Fünftes Kapitel

DIE GRIECHISCHEN SCHAMANEN
UND DER URSPRUNG DES PURITANISMUS

> *Wäre doch der Mensch für die unsterblichen Seelen ein Ding, das man durchs Sieb geben könnte!* Herman Melville

Im vorhergehenden Kapitel haben wir gesehen, daß neben dem alten Glauben an reale göttliche Boten, welche sich dem Menschen in Träumen und Visionen mitteilen, bei gewissen Autoren der klassischen Zeit ein neuer Glaube sichtbar wird, der diese Erfahrungen mit einer verborgenen Kraft in Verbindung bringt, die dem Menschen eingeboren sei. „Der Körper eines jeden Menschen", sagt Pindar, „folgt dem Ruf des übermächtigen Todes; doch es bleibt noch lebendig ein Abbild des Lebens (αἰῶνος εἴδωλον), denn dieses allein stammt von den Göttern. Es schläft, während die Glieder sich regen; doch wenn der Mensch schläft, zeigt es oft im Traum eine Entscheidung von Erfreulichem oder Widerwärtigem, welche auf ihn zukommt."[1] Xenophon überträgt diese Lehre in schlichte Prosa und sorgt für die logische Verbindung, welche die Poesie mit Recht ausläßt. „Im Schlaf", so sagt Xenophon, „kann die Seele *(psyché)* am besten ihre göttliche Natur beweisen; im Schlaf genießt sie in gewissem Maße Einblick in die Zukunft; und das geschieht offensichtlich deshalb so, weil sie im Schlaf am freiesten ist." Er folgert sodann, wir dürften erwarten, daß die *psyché* im Tode noch freier sei; denn der Schlaf ist die größte Annäherung an den Tod, die uns im Leben zu erfahren möglich ist.[2] Ähnliche Feststellungen finden sich bei Platon und in einem Fragment eines frühen Werkes des Aristoteles.[3]

Ansichten dieser Art hat man schon seit langem als Elemente einer neuen Kulturform erkannt, als Äußerungen einer neuen Anschauung von Natur und Schicksal des Menschen, welche den älteren griechischen Autoren fremd ist. | Eine Erörterung des Ursprungs und der Geschichte dieser Form sowie ihres Einflusses auf die antike Kultur könnte leicht eine eigene Vorlesungsreihe ausmachen oder allein ein ganzes Buch füllen. Ich kann hier nur kurz einige Aspekte betrachten, an denen deutlich wird, wie entscheidend der Einfluß auf die griechische Deutung der nichtrationalen Faktoren menschlicher Erfahrung war. Aber selbst bei diesem Versuch werde ich Terrain zu

---

[1] Anmerkungen zum fünften Kapitel s. S. 216 ff.

durchqueren haben, das durch die schweren Schritte streitender Gelehrter zu grundlosem und glitschigem Morast aufgewühlt worden ist und wo die Eiligen in Gefahr sind, über die zum Teil schon verfallenen Reste überholter Theorien hinwegzustolpern, die man bislang noch nicht geziemend begraben hat. Wir werden also gut daran tun, uns langsam zu bewegen und unsere Schritte recht sorgfältig zwischen die Trümmer zu setzen.

Wir wollen mit der exakten Frage nach dem beginnen, was denn neu an dem neuen Glaubensmuster war. Es war gewiß nicht die Vorstellung vom Fortleben. In Griechenland, wie in den meisten Teilen der Welt,[4] war dies tatsächlich eine sehr alte Vorstellung. Wenn wir nach den Grabbeilagen urteilen können, hatten die Einwohner des ägäischen Kreises seit der Jungsteinzeit ein Gefühl dafür, daß des Menschen Bedarf an Speise, Trank und Kleidung und sein Wunsch nach Bedienung und Unterhaltung mit dem Tode nicht aufhörten.[5] Ich sage mit Bedacht „Gefühl" lieber als „Glauben"; denn solche Handlungen wie die Speisung von Toten sehen aus wie unmittelbare Reaktionen auf emotionale Antriebe und sind nicht notwendigerweise durch irgendeine Theorie vermittelt. So wie ich es sehe, speist der Mensch seine Toten aus denselben Gründen, aus denen ein kleines Mädchen seine Puppe füttert; und wie das kleine Mädchen scheut auch er davor zurück, seine Phantasie durch die Anwendung eines Wirklichkeitsmaßstabes zu zerstören. Wenn der archaische Grieche durch eine Röhre Flüssigkeit zwischen die bleichen Lippen eines vermodernden Leichnams träufte, so können wir nur sagen, daß er aus guten Gründen darauf verzichtete zu wissen, was er tat; oder, abstrakter ausgedrückt, daß er auf die Unterscheidung von Leib und Geist verzichtete. Er behandelte sie „konsubstantiell".[6]

Diesen Unterschied präzise und klar formuliert und den Geist vom Leibe getrennt zu haben, ist natürlich die Leistung der homerischen Dichter. In beiden Epen gibt es Stellen, welche die Annahme nahelegen, daß sie stolz auf diese Leistung waren und um ihre Neuigkeit und Bedeutung genau wußten.[7] | Und sie hatten wahrlich ein Recht darauf, stolz zu sein. Gibt es doch kein Gebiet, in dem nüchternes Denken stärkeren Widerständen aus dem Unbewußten begegnet als dort, wo man über den Tod nachzudenken versucht. Aber man darf wohl nicht annehmen, daß, nachdem der Unterschied einmal formuliert war, er überall oder wenigstens im allgemeinen akzeptiert worden sei. Wie das archäologische Material zeigt, dauert die Pflege der Toten mit ihrer Voraussetzung von Identität von Körper und Geist weiter an, wenigstens im mutterländischen Griechenland. Sie lebte neben — manche würden sagen: trotz — der vorübergehenden starken Zunahme der Totenverbrennung[8] weiter und wurde in Attika so verschwenderisch extravagant, daß eine gesetzliche Regelung zu ihrer Kontrolle von Solon vorgenommen und von Demetrios von Phaleron wiederholt werden mußte.[9]

Es war also nicht notwendig, die Vorstellung vom Weiterleben „einzuführen"; sie lag einmal den uralten Bräuchen zugrunde, die sich um den Gegenstand im Grabe, der Geist und Leib in einem war, rankten; und sie galt ausdrücklich bei Homer für den Schatten im Hades, der nur Geist war. Ferner war auch der Gedanke von Lohn und Strafe nach dem Tode kein neuer. Meiner Meinung nach gibt es in der ›Ilias‹ Hinweise auf eine jenseitige Bestrafung gewisser Verstöße gegen die Götter,[10] und zweifellos wird diese in der ›Odyssee‹ beschrieben. Eleusis versprach seinen Mysten bevorzugte Behandlung im Jenseits schon so lange, wie wir seine Lehre zurückverfolgen können, und das ist wahrscheinlich bis ins siebente Jahrhundert.[11] Keiner, nehme ich an, glaubt heute noch, daß die „großen Sünder" der ›Odyssee‹ eine „orphische Interpolation" sind[12], oder daß die eleusinischen Verheißungen Ergebnisse einer „orphischen Reform" darstellen. Bei Aischylos sodann erscheint die Bestrafung gewisser Missetäter im Jenseits so eng mit den überkommenen „ungeschriebenen Gesetzen" und den überlieferten Funktionen von Erinys und Alastor verbunden, daß ich große Bedenken habe, dieses Ganze in Einzelteile zu zerlegen, um dann eines von ihnen als „orphisch" bezeichnen zu können.[13] Dies sind jedoch besondere Probleme. Jedenfalls war die Vorstellung vom Weiterleben vorhanden, und es sieht so aus, als ob die neue Bewegung nichts anderes bewirkt hätte als eine Generalisierung. So können wir auch in den neuen Formulierungen bisweilen Nachklänge von Dingen vernehmen, die sehr alt sind. Wenn Pindar z. B. einen verwaisten Auftraggeber mit einer Beschreibung des glücklichen Nachlebens tröstet, dann versichert er ihm, daß es auch im Himmel Pferde und Brettspiele gibt.[14] Das ist keine neue Verheißung: Schon auf Patroklos' Scheiterhaufen wurden Pferde mitverbrannt, und in den Gräbern der mykenischen Könige wurden Brettspiele gefunden. Die Ausstattung des Himmels hat sich in den Jahrhunderten wenig verändert: Er bleibt eine idealisierte Kopie von der einzigen Welt, die wir kennen.

Schließlich bestand der Beitrag der neuen Bewegung auch nicht in der Gleichsetzung der *psyché* oder „Seele" mit der Personalität des lebenden Menschen. Das war schon längst geschehen, offensichtlich zuerst in Ionien. Homer zwar teilt der *psyché* eines Lebenden keine andere Funktion zu, als ihn zu verlassen; ihr „esse" scheint ein „superesse" zu sein und nichts mehr. Aber Anakreon kann zu seinem Geliebten sagen: „Du bist der Herr meiner *psyché*"; Semonides kann davon sprechen, man solle „seiner *psyché* etwas Gutes tun"; und eine Grabinschrift des sechsten Jahrhunderts aus Eretria kann bedauern, daß der Seemannsberuf „wenig Zufriedenheit für die *psyché* gewährt".[15] Hier ist die *psyché* das lebendige und — präziser formuliert — begehrende Ich. Sie hat die Funktionen des homerischen *thymós* übernommen, nicht die des homerischen *nóos*. Zwischen *psyché* in diesem Sinne und *sôma* (Körper) besteht kein fundamentaler Gegensatz; *psyché* ist geradezu das innerliche Korrelat zu *sôma*. Im attischen Griechisch können beide Begriffe „Leben" bedeuten: Die Athener gebrauchten ohne Unterschied ἀγωνίζεσθαι περὶ τῆς ψυχῆς und περὶ τοῦ σώματος. Und in entsprechenden Zusammenhängen kann jeder der beiden Begriffe „Person" bedeuten.[16] So kann Sophokles den Oidipus einmal von „meiner *psyché*", ein andermal von „meinem *sôma*" sprechen lassen; an beiden Stellen hätte er auch „ich" sagen können.[17] Selbst die homerische Scheidung von Körper und Geist wird verwischt: Nicht nur eine frühe attische Inschrift spricht von der sterbenden *psyché*, sondern — was noch mehr überrascht — Pindar kann vom Hades sagen, daß er mit seinem Stab die *sómata* der Sterbenden zum „Höhlenplatz" geleitet. Körper und Geist sind hier zu ihrer alten Konsubstantialität zurückgekehrt.[18] Ich glaube, wir müssen damit rechnen, daß im fünften Jahrhundert das psychologische Vokabular des einfachen Mannes im Zustand großer Verwirrung war, was ja tatsächlich auch meistens der Fall ist.

Aber von dieser Verwirrung hebt sich eine Tatsache ab, die für unsere Untersuchung von Bedeutung ist. Sie ist schon von Burnet in seiner bekannten Vorlesung über ›Die sokratische Lehre von der Seele‹ dargestellt worden[19] und braucht uns deshalb hier nicht lange aufzuhalten. Bei den attischen Autoren des fünften Jahrhunderts sowohl wie bei ihren ionischen Vorgängern ist das „Selbst", das mit dem Wort *psyché* bezeichnet wird, normalerweise eher das emotionale als das rationale Selbst. Die *psyché* gilt als der Sitz des Mutes, der Leidenschaft, des Mitleids, der Angst, der animalischen Begierden, aber gilt vor Platon selten wenn überhaupt als Sitz des Verstandes. Ihr Bereich deckt sich weitgehend mit dem des homerischen *thymós*. Wenn Sophokles von der Prüfung der ψυχή τε καὶ φρόνημα καὶ γνώμη spricht,[20] dann ordnet er die Elemente des Charakters in einer Reihe, die vom Emotionalen (*psyché*) zum Intellektuellen (*gnóme*) über einen Mittelbegriff, *phrónema*, verläuft, welcher nach dem Sprachgebrauch beides umfaßt. Burnets weitere Behauptung, daß die *psyché* „etwas Geheimnisvolles und Unheimliches bleibt, völlig abseits von unserem normalen Bewußtsein", ist in ihrer verallgemeinerten Form einer kritischen Überprüfung viel eher bedürftig. Wir wollen jedoch anmerken, daß bei Gelegenheit die *psyché* als Organ des Gewissens auftritt und mit einer Art nichtrationaler Erkenntnis bedacht wird.[21] Ein Kind kann etwas in seiner *psyché* erfassen, ohne es intellektuell zu wissen.[22] Helenos hat eine „göttliche *psyché*" nicht, weil er klüger oder vortrefflicher als andere Männer wäre, sondern weil er Seher ist.[23] Man stellt sich die *psyché* in den Tiefen des Organismus wohnend vor,[24] und aus diesen Tiefen heraus kann sie zu ihrem Besitzer mit einer eigenen Stimme sprechen.[25] Sie ist wiederum in fast jeglicher Hinsicht die Nachfolgerin des homerischen *thymós*.

Ob es nun wahr ist oder nicht, daß im Munde eines einfachen Atheners des fünften Jahrhunderts das Wort *psyché* die Aura des Unheimlichen hatte oder haben konnte, jedenfalls barg es keine Andeutung von Puritanismus noch enthielt es Hinweise auf ein übersinnliches Phänomen.[26] Die „Seele" war kein widerstrebender Gefangener des Leibes,[27] sondern fühlte sich in ihm vollkommen zu Hause. Gerade in diesem Zusammenhang aber leistete die neue Glaubensform ihren schicksalsschweren Beitrag: Indem sie den Menschen mit einem verborgenen Selbst göttlichen Ursprungs ausstattete und dadurch Seele und Leib entzweite, führte sie in die europäische Kultur eine neue Deutung der menschlichen Existenz ein; diese Deutung nennen wir die puritanische. Woher stammt diese neue Anschauung? Seit Rohde vom „Tropfen fremden Bluts in den Adern der Griechen" gesprochen hat,[28] haben die Forscher den Horizont nach der Quelle dieses fremden Tropfens abgesucht. Die meisten von ihnen | schauten gen Osten, nach Kleinasien oder darüber hinaus.[29] Ich persönlich fühle mich geneigt, die Suche in einer anderen Richtung zu beginnen.

Die Zitate von Pindar und Xenophon, mit denen wir begonnen haben, lassen vermuten, daß eine Quelle der puritanischen Antithese in der Beobachtung zu finden ist, daß „psychische" und körperliche Aktivität in reziproker Weise wechseln: Die *psyché* erreicht den höchsten Grad der Aktivität, wenn der Körper schläft oder, wie Aristoteles hinzufügt, im Sterben liegt. Das ist damit gemeint, wenn ich sie ein „okkultes" Selbst genannt habe. Nun ist aber eine Glaubensvorstellung dieser Art ein wesentliches Element der schamanistischen Kultur, welche noch in Sibirien lebt und Spuren von ihrer vergangenen Existenz in einem sehr weiten Gebiet hinterlassen hat, das sich in einem riesigen Bogen von Skandinavien über die eurasischen Ländermassen bis nach Indonesien erstreckt.[30] Das ungeheure Ausmaß ihrer Streuung ist ein Beweis für ihr hohes Alter. Einen Schamanen kann man beschreiben als eine psychisch instabile Person, der eine religiöse Berufung zuteil geworden ist. Als Antwort auf die Berufung unterzieht er sich während einer gewissen Zeit einer rigorosen Askese, die üblicherweise Einsamkeit und Fasten mitumfaßt und vielleicht einen psychologischen Geschlechtswechsel mit sich bringt. Aus dieser religiösen „Zurückgezogenheit" taucht er wieder auf mit der wirklichen oder nur angenommenen Fähigkeit,[31] willkürlich in den Zustand seelischer Dissoziation verfallen zu können. In einem solchen Zustand gilt er nicht, wie etwa die Pythia oder ein modernes Medium, als von einem fremden Geist besessen; vielmehr glaubt man, daß seine eigene Seele den Körper verläßt und an entfernte Orte sich begibt, am häufigsten in die Welt der Geister. Ein Schamane kann tatsächlich zur selben Zeit an verschiedenen Orten gesehen werden, er hat die Gabe der Bilokation. Von diesen Erfahrungen, über die er in Stegreifliedern berichtet, leitet er seine

Kenntnis der Divination, der religiösen Dichtung und der magischen Medizin her, die ihm soziales Gewicht verleihen. Er wird zum Depot übernatürlicher Weisheit.

Nun sind die Griechen in Skythien und wahrscheinlich auch in Thrakien mit Völkern in Berührung gekommen, die, wie der Schweizer Gelehrte Meuli gezeigt hat, unter dem Einfluß dieser schamanistischen Kultur standen. Es wird genügen, an dieser Stelle auf seinen bedeutenden Artikel im ›Hermes‹ (1935) zu verweisen. Meuli hat dort auch die Vermutung geäußert, daß die Folgen dieses Kontaktes am Ende der archaischen Zeit im Auftreten einer Reihe von ἰατρομάντεις zu sehen sind, von Sehern, magischen Ärzten und religiösen Lehrern, von denen einige in der griechischen Tradi-|tion mit dem Norden verbunden erscheinen und die alle zusammen schamanistische Züge aufweisen.[32] Vom Norden kam Abaris, wie man berichtete, auf[33] einem Pfeile reitend, wie es die Seelen anscheinend noch heute in Sibirien tun.[34] Er war in der Kunst des Fastens so weit fortgeschritten, daß er gelernt hatte, überhaupt ohne menschliche Nahrung auszukommen.[35] Er bannte Seuchen, sagte Erdbeben voraus, verfaßte religiöse Gesänge und lehrte die Verehrung seines Gottes aus dem Norden, den die Griechen den hyperboreischen Apollon nannten.[36] Zum Norden wanderte auf Geheiß desselben Apollon Aristeas, ein Grieche von der Propontis, und kehrte zurück, um seine sonderbaren Erlebnisse in einem Gedichte zu erzählen, das wohl nach den Seelenexkursionen der Schamanen im Norden gebildet war. Ob Aristeas seine Reise wirklich oder nur im Geiste unternommen hat, ist keineswegs geklärt. Jedenfalls aber sind, wie Alföldi gezeigt hat, seine einäugigen Arimaspen und seine Schätze bewachenden Greifen echte Geschöpfe der zentralasiatischen Folklore.[37] Die Tradition hat ihn ferner mit den schamanistischen Fähigkeiten der Trance und der Bilokation ausgestattet. Seine Seele konnte, in der Gestalt eines Vogels[38], nach Wunsch den Körper verlassen; in seiner Heimat starb oder fiel er in Trance und wurde doch in Kyzikos gesehen; viele Jahre später erschien er noch einmal in Metapontion weit im Westen. Dieselbe Begabung besaß ein anderer kleinasiatischer Grieche, Hermotimos von Klazomenai, dessen Seele weite Exkursionen unternahm und Ereignisse an den verschiedensten Orten beobachtete, während sein Körper entseelt zu Hause lag. Solche Berichte von verschwindenden und wiederauftauchenden Schamanen waren in Athen hinreichend verbreitet, so daß Sophokles in der ›Elektra‹ darauf anspielen kann, ohne irgendwelche Namen nennen zu müssen.[39]

Von diesen Männern ist tatsächlich nichts geblieben als eine Legende; aber die Form dieser Legende kann bedeutsam sein. Sie wird sich in einigen Erzählungen wiederholen, die von Epimenides, dem kretischen Seher, berichtet werden, welcher Athen von einer gefährlichen Unreinheit befreite, die durch die Verletzung des Asylrechts verursacht war. Aber seitdem Diels für ihn eine feste Datierung [40] und fünf Seiten Fragmente gefunden hat, hat Epimenides begonnen, persönliche Züge zu gewinnen — selbst wenn all seine Fragmente, nach Diels Ansicht, von anderen Leuten verfaßt worden sind, eingeschlossen dasjenige, welches im Titusbrief angeführt wird. Epimenides kam von Knossos, und diesem Umstand mag er vielleicht | einen nicht unbeträchtlichen Teil seines großen Prestiges verdanken: Ein Mann, der im Schatten des Palastes des Minos groß geworden ist, konnte recht wohl ältere Weisheit für sich in Anspruch nehmen, vor allem nachdem er 57 Jahre lang in der Höhle des kretischen Mysteriengottes geschlafen hatte. [41] Gleichwohl hat ihn die Überlieferung dem Typus eines nördlichen Schamanen angeglichen. Auch er war erfahren in Seelenexkursionen; wie Abaris war er fähig, streng zu fasten, indem er ausschließlich von einem pflanzlichen Extrakt lebte, dessen geheime Zubereitung er von den Nymphen gelernt hatte und das er — aus Gründen, die er wohl selber am besten kannte — in einem Rinderhuf aufzubewahren pflegte. [42] Ein anderer singulärer Zug in seiner Legende ist, daß man nach seinem Tode entdeckte, daß sein ganzer Körper mit Tätowierungen bedeckt war. [43] Das ist einmalig, weil die Griechen Tätowierungen nur bei Sklaven kannten. Es kann ein Zeichen für seine Weihe als *servus dei* gewesen sein; aber für einen archaischen Griechen wird es doch wohl in jedem Fall als Hinweis auf Thrakien gegolten haben, wo gerade die vornehmsten Leute und besonders die Schamanen tätowiert waren. [44] Der 'lange Schlaf' ist natürlich ein weitverbreitetes Element der Volkserzählung [45] (Rip Van Winkle war kein Schamane); aber seine Erwähnung am Anfang der Epimenides-Legende läßt vermuten, daß die Griechen von der langen Zurückgezogenheit vernommen hatten, die die Probezeit des Schamanen ist und bisweilen weitgehend in einem Zustand des Schlafens oder der Trance verbracht wird. [46]

Nach alledem scheint die Folgerung nicht unvernünftig, daß die Öffnung des Schwarzen Meeres für den griechischen Handel und die Kolonisation im siebenten Jahrhundert, wodurch die Griechen zum erstenmal [47] mit einer auf dem Schamanismus basierenden Kultur in Berührung kamen, in jedem Fall das überlieferte Bild vom Gottesmann, dem θεῖος ἀνήρ, um einige bemerkenswerte neue Züge bereichert hat. Diese neuen Elemente waren, wie ich meine, insofern dem griechischen Denken willkommen, weil sie auf besondere Nöte der Zeit eine Antwort gaben, so wie es die dionysische Religion in früheren Zeiten getan hatte. Die religiöse Erfahrung schamanistischen Typs ist individueller, nicht kollektiver Art. Sie wandte sich an den wachsenden Individualismus einer Epoche, für welche die kollektiven Ekstasen des Dionysos nicht mehr völlig ausreichten. Es ist eine weitere vernünftige Vermutung, daß diese neuen Züge in gewisser Weise die neue und revolutionäre Konzeption von der Beziehung zwischen Körper und Geist beeinflußt haben, welche gegen Ende der archaischen Zeit sichtbar wird.[48] Man wird sich daran erinnern, daß in Klearchos' Dialog ›Über den Schlaf‹ ein Punkt den Aristoteles davon überzeugte, „daß die Seele vom Körper losgelöst werden kann", den man exakt als ein Experiment in der Seelenexkursion bezeichnen kann.[49] Es war jedoch nur erdichtet und überdies aus relativ später Zeit. Ob irgendeiner der Gottesmänner, die ich bisher erwähnt habe, aus seinen persönlichen Erfahrungen so allgemeine theoretische Folgerungen gezogen hat, dürfen wir mit Recht in Frage stellen. Aristoteles allerdings meinte, Gründe für die Annahme zu haben, daß Hermotimos seinen berühmteren Landsmann Anaxagoras mit seiner Lehre vom *noûs* vorweggenommen habe. Das dürfte aber wohl nur bedeuten, wie Diels vermutet hat, daß Anaxagoras zum Beweis der Loslösbarkeit des *noûs* auf die Erfahrungen der alten Schamanen zurückgegriffen hat.[50] Epimenides wiederum soll von sich behauptet haben, daß er die Reinkarnation des Aiakos sei und schon mehrere Male auf Erden gelebt habe[51] (was Aristoteles' Feststellung erklären würde, daß seine Weissagung nicht die Zukunft, sondern die unbekannte Vergangenheit betraf).[52] Diels glaubte, diese Überlieferung müsse auf eine orphische Quelle zurückgehen; er schrieb sie einem orphischen Gedicht zu, das von Onomakritos oder einem seiner Freunde unter dem Namen des Epimenides verfaßt worden sei.[53] Aus Gründen, die ich sogleich darlegen will, bin ich mir in dieser Hinsicht weniger sicher, als Diels es war. Aber welche Meinung man auch immer vertreten mag, es wäre unklug, allzusehr darauf zu bauen.

Es gibt jedoch einen anderen und größeren griechischen Schamanen, der zweifellos theoretische Konsequenzen zog und gewiß an eine Wiedergeburt glaubte. Ich meine Pythagoras. Wir brauchen ihm nicht zu unterstellen, daß er genau die Anzahl von früheren Inkarnationen für sich behauptet hat, welche Herakleides Pontikos von ihm berichtet.[54] Aber es gibt keinen vernünftigen Grund, die Aussagen unserer Zeugen in Frage zu stellen, daß Pythagoras der Mann ist, dem Empedokles ein Wissen zusprach, das er in zehn oder zwanzig Menschenleben erworben habe, und daß er ebenso derjenige ist, über den sich Xenophanes lustig macht, weil er glaube, eine menschliche Seele könne in einem Hunde hausen.[55] Wie kam Pythagoras zu diesen Anschauungen? Die übliche Antwort lautet: „durch die orphische Lehre", was, falls es wahr ist, die Frage nur um einen Schritt zurückverlegt. Aber ich halte es für möglich, daß er in diesem wichtigen Punkt nicht direkt von einer „orphischen" Quelle abhängig ist und daß sowohl er als auch vor ihm Epimenides von einem nördlichen Glauben gehört hatten, daß die „Seele" oder der „Schutzgeist" eines früheren Schamanen in einen lebenden fahren kann und so dessen Fähigkeiten und Kenntnisse vergrößert.[56] Das setzt aber nicht unbedingt eine allgemeine Lehre von der Seelenwanderung voraus, und es ist bemerkenswert, daß dem Epimenides keine solche Doktrin zugeschrieben wird. Er nahm lediglich für sich in Anspruch, schon vorher gelebt zu haben und mit Aiakos, einem alten Gottesmann, identisch gewesen zu sein.[57] Ähnlich wird von Pythagoras berichtet, daß er Identität mit dem früheren Schamanen Hermotimos beanspruchte.[58] Aber es will scheinen, als ob Pythagoras die Lehre in beträchtlichem Umfang über die ursprünglichen engen Grenzen hinaus ausgedehnt habe. Vielleicht war das sein persönlicher Beitrag. Angesichts seines enormen Ansehens müssen wir ihm sicherlich in gewissem Maße schöpferisches Denken zutrauen.

Wir wissen jedenfalls, daß Pythagoras eine Art von religiösem Orden begründet hat, eine Gemeinschaft von Männern und Frauen,[59] deren Lebensregeln bestimmt wurden durch die Erwartung eines kommenden Lebens. Möglicherweise gibt es auch hierfür schon so etwas wie Vorbilder: Wir können uns daran erinnern, daß der Thraker Zalmoxis bei Herodot schon „die Besten seiner Mitbürger" versammelte und ihnen verkündete, nicht daß die menschliche Seele unsterblich sei, sondern daß *sie und ihre Nachkommen* einem ewigen Leben entgegengingen; es war offensichtlich ein ausgewählter Personenkreis, eine Art religiöser Elite.[60] Daß eine Analogie zwischen Zalmoxis und Pythagoras bestanden hat, muß die griechischen Siedler in Thrakien überrascht haben, von denen Herodot die Geschichte übernahm; sie machten nämlich Zalmoxis zum Sklaven des Pythagoras. Das war absurd, wie Herodot feststellte: Der wirkliche Zalmoxis war ein Dämon, vielleicht ein heroisierter Schamane längst vergangener Zeiten.[61] Aber die Analogie war nicht so unsinnig: Verhieß nicht Pythagoras seinen Anhängern, daß sie weiterleben würden und schließlich zu Dämonen oder sogar Göttern würden?[62] Spätere Überlieferung brachte Pythagoras in Zusammenhang mit der anderen Gestalt aus dem Norden, mit Abaris; sie versah ihn mit den üblichen schamanistischen Fähigkeiten der Prophetie, Bilokation und magischen Heilkraft und berichtete von seiner Initiation in Pierien, seinem Besuch in der Geisterwelt und seiner mysteriösen Identität mit dem „hyperboreischen Apollon".[63] Einiges davon mag spät sein, aber die Anfänge der Pythagoras-Legende reichen wenigstens ins fünfte Jahrhundert zurück,[64] und ich bin geneigt anzunehmen, daß Pythagoras selbst ein Gutteil dazu beigetragen hat, sie in Umlauf zu setzen.

Ich bin um so mehr bereit, daran zu glauben, weil wir im Falle des Empedokles dies noch unmittelbar beobachten können. Seine Legende besteht weitgehend aus Ausschmückungen von Behauptungen, die er selbst in seinen Dichtungen aufgestellt hat. Wenig später als ein Jahrhundert nach seinem Tode sind schon Geschichten im Umlauf, die berichten, wie er die Winde durch seinen Zauber beschwichtigt hat, wie er einer Frau das Leben wiedergegeben hat, die nicht mehr atmete, und wie er dann körperlich von dieser Welt des Todes verschwand und ein Gott wurde.⁶⁵ Einem glücklichen Umstand verdanken wir die Quelle dieser Erzählungen: Wir besitzen Empedokles' eigene Worte, in denen er von sich behauptet, er könne seine Schüler lehren, die Winde zu bannen und die Toten zu erwecken, und daß er selber ein inkarnierter Gott sei oder dafür gelte — ἐγὼ δ' ὑμῖν θεὸς ἄμβροτος, οὐκέτι θνητός.⁶⁶ So ist Empedokles in gewisser Hinsicht der Schöpfer seiner eigenen Legende; und wenn wir seiner Beschreibung Glauben schenken können, die er von den Scharen gibt, welche zu ihm strömten, um okkulte Kenntnisse oder magische Heilung zu erfahren, so reichen die Anfänge der Legende zurück bis in seine Lebenszeit.⁶⁷ Angesichts dieser Tatsache halte ich es für ungerechtfertigt anzunehmen, daß die Legenden des Pythagoras und des Epimenides keinerlei Begründung in echter Überlieferung haben, sondern mit Bedacht vom ersten bis zum letzten Punkt von Phantasten einer späteren Zeit erfunden seien.

Das mag nun auf sich beruhen. Jedenfalls sind die Fragmente des Empedokles die einzige genuine Quelle, mit deren Hilfe wir uns noch einen ungefähren Begriff von dem machen können, was ein griechischer Schamane wirklich war. Er ist der letzte, späte Vertreter einer Gattung, die mit seinem Tode in der griechischen Welt ausstarb, obwohl sie anderswo noch blühte. Wissenschaftler haben sich verwundert gefragt, ob ein Mann, der so scharfer Beobachtung und so konstruktiver Gedanken fähig ist, wie sie in Empedokles' Gedicht ›Über die Natur‹ zu finden sind, auch die ›Reinigungen‹ geschrieben und sich selbst als göttlichen Magier dargestellt haben könnte. Einige von ihnen haben als Erklärungsversuch geäußert, daß die zwei Gedichte zu verschiedenen Perioden in Empedokles' Leben gehören müßten: Entweder habe er als Magier begonnen, die Nerven verloren und sich der Naturwissenschaft zugewandt; oder, wie andere behaupten, er begann als Wissenschaftler, wurde aber später zum „Orphismus" oder Pythagoreismus bekehrt und tröstete sich in der einsamen Verbannung seiner schwindenden Jahre mit größenwahnsinnigen Vorstellungen — er sei ein Gott und werde eines Tages zurückkehren, nicht nach Akragas, sondern in den Himmel.⁶⁸ Die Schwierigkeit dieser Erklärungsversuche liegt darin, daß sie nichts wirklich erklären. Das Fragment, in dem Empedokles für sich die Fähigkeit beansprucht, Winde bannen, Regen verursachen oder verhindern und Tote erwecken zu können, scheint nicht zu den ›Reinigungen‹ zu gehören, sondern zu dem Gedicht ›Über die Natur‹. So ist es auch mit Fragment 23, in dem der Dichter seinen Schülern gebietet, auf „die Worte eines Gottes" zu achten (ich finde es kaum glaubhaft, daß sich das nur auf die konventionelle Inspiration durch die Musen bezieht).⁶⁹ Ebenso Fragment 15, welches dem, „was die Leute Leben nennen", eine realere Existenz vor der Geburt oder nach dem Tode entgegenzustellen scheint.⁷⁰ Dies alles muß den entmutigen, der Empedokles' Widersprüchlichkeit in genetischer Weise zu erklären versucht. Es ist auch nicht leicht, Jaegers jüngste Beschreibung zu akzeptieren, durch die er als „ein neuer, nach Synthese strebender Typ einer philosophischen Persönlichkeit" erscheint,⁷¹ zumal der Versuch, seine religiösen und seine wissenschaftlichen Ansichten in Einklang zu bringen, gerade das ist, was man bei ihm vermißt. Wenn ich recht sehe, so verkörpert Empedokles nicht einen neuen, sondern einen sehr alten Persönlichkeitstypus, den Schamanen, der die noch undifferenzierten Funktionen eines Magiers und eines Naturforschers, des Dichters und des Philosophen, des Predigers, Arztes und öffentlichen Ratgebers in sich vereint.⁷² Später treten diese Funktionen auseinander. Philosophen durften fürderhin weder Dichter noch Zauberer sein. Solch ein Mann war im fünften Jahrhundert tatsächlich schon ein Anachronismus. Aber Männer wie Epimenides und Pythagoras⁷³ können all diese erwähnten Funktionen recht gut ausgeübt haben. Für sie gab es nicht die Frage nach der Synthese dieser weiten Gebiete praktischer und theoretischer Kenntnisse; in ihrer Eigenschaft als Gottesmänner waren sie zuversichtlich auf allen Gebieten tätig. Die „Synthese" war eine persönliche, keine logische.

Was ich bisher vorgelegt habe, ist die Skizze eines geistigen Stammbaums, der in Skythien seinen Ursprung hat, über den Hellespont zu den kleinasiatischen Griechen reicht, sich vielleicht mit einigen Resten der in Kreta noch lebendigen minoischen Tradition verbindet, mit Pythagoras bis in den fernen Westen sich verzweigt und seinen letzten prominenten Vertreter in dem Sizilier Empedokles hat. Diese Männer verbreiteten den Glauben an eine ablösbare Seele, die mit Hilfe entsprechender Techniken | vom Körper schon zu Lebzeiten zurückgezogen werden kann; sie ist älter als der Körper und wird ihn überdauern. An dieser Stelle aber drängt sich eine unvermeidliche Frage auf: In welcher Beziehung steht diese Entwicklung zu der mythologischen Person des Orpheus und zu der Theologie, die als orphische bekannt ist? Und ich muß versuchen, wenigstens eine kurze Antwort zu finden.

Über Orpheus kann ich eine Vermutung äußern, wenn auch auf die Gefahr hin, ein 'Panschamanist' genannt zu werden. Orpheus' Heimat ist Thrakien, und dort tritt er als Verehrer oder Gefährte eines Gottes auf, den die Griechen mit Apollon identifizierten.⁷⁴ Er vereinigt die Berufe eines Dichters, Magiers, religiösen Lehrers und Orakelverkünders in sich. Wie gewisse legendäre Schamanen in Sibirien⁷⁵ kann er durch seine Musik Vögel und wilde Tiere dazu bringen, ihm zu lauschen. Wie die Schamanen überall unternimmt er eine Wanderung zur Unterwelt, und sein Motiv dabei ist unter Schamanen sehr verbreitet:⁷⁶ Er will eine geraubte Seele zurückholen. Schließlich lebt sein magisches Ich weiter als singendes Haupt, welches noch viele Jahre nach seinem Tode Orakel gibt.⁷⁷ Auch das kann als Hinweis auf den Norden gelten: Solche prophezeienden Köpfe kommen in der norwegischen Mythologie und in der irischen Überlieferung vor.[78] Ich folgere daraus, daß Orpheus eine Gestalt aus Thrakien ist, recht nahe mit der des Zalmoxis verwandt, ein mythischer Schamane und Prototyp der Schamanen. Jedoch kann Orpheus keineswegs mit Orphismus gleichgesetzt werden. Ich muß aber gestehen, daß ich sehr wenig vom frühen Orphismus weiß, und je mehr ich über ihn lese, desto geringer wird meine Kenntnis. Vor zwanzig Jahren hätte ich noch eine ganze Menge über ihn sagen können (damals konnten wir das alle). Seit der Zeit habe ich einen großen Teil meines Wissens eingebüßt; dafür bin ich Wilamowitz dankbar, Festugière, Thomas und nicht zuletzt einem hervorragenden Mitglied der University of California, I. M. Linforth.[79] Ich möchte nun meine gegenwärtige Unkenntnis durch eine Aufzählung der Dinge illustrieren, die ich einst wußte:

Es gab eine Zeit, da wußte ich,

daß es in der klassischen Zeit eine orphische Sekte oder Gemeinschaft gab;[80]

daß Empedokles[81] und Euripides[82] eine orphische „Theogonie" gelesen haben, die dann von Aristophanes in den ›Vögeln‹ parodiert wurde;[83]

daß dieses Gedicht, von dem man Fragmente auf den Goldplättchen von Thurioi und anderen Orten gefunden hat, eine orphische Apokalypse war;[84]

daß Platon Einzelheiten seines Mythos von der anderen Welt einer solchen orphischen Apokalypse entnommen hat;[85]

daß der Hippolytos des Euripides eine orphische Gestalt ist;[86]

daß σῶμα — σῆμα („Der Leib gleicht einem Grab") eine orphische Lehre ist.[87]

Wenn ich sage, daß ich diese Einzelpunkte nicht mehr als sicheres Wissen besitze, so will ich damit nicht behaupten, daß sie alle falsch sind. Die letzten zwei, dessen bin ich mir ziemlich sicher, sind falsch: Wir dürfen wirklich nicht einen blutbefleckten Jäger in eine orphische Gestalt umprägen oder eine Lehre „orphisch" nennen, von der Platon deutlich verneint, daß sie orphisch ist. Aber einige von den anderen Punkten können unter Umständen durchaus wahr sein. Was ich nur meine, ist, daß ich mich gegenwärtig nicht von ihrer Wahrheit überzeugen kann; und bis ich das kann, bleiben für mich die Gebäude, welche geistreiche Wissenschafter auf diesen Fundamenten errichtet haben, nur Traumgebilde. — Ich bin versucht, darin eine unbewußte Projektion zu sehen, bei der man bestimmte ungestillte religiöse Sehnsüchte, die für das späte neunzehnte und frühe zwanzigste Jahrhundert charakteristisch waren, auf die Antike zurückprojiziert hat.[88]

Wenn ich mich nun also entschließe, einstweilen ohne diese Ecksteine auszukommen und statt dessen den vorsichtigen Bauanweisungen zu folgen, die Festugière und Linforth gegeben haben,[89] wieviel bleibt dann noch von dem Gebäude erhalten? Ich fürchte, nicht sehr viel, es sei denn, ich wäre bereit, es mit Material zu flicken, das den phantastischen Theogonien entnommen ist, welche Proklos und Damaskios zu einer Zeit lasen, da Pythagoras schon fast ein Jahrtausend im Grabe lag. Das wage ich aber nur in den sehr seltenen Fällen, bei denen das Alter des Materials und sein orphischer Ursprung unabhängig voneinander garantiert sind.[90] Ich werde später anführen, was ich für einen solchen Fall halte, obwohl auch da noch Kontroversen bestehen. Vorher aber möchte ich das nicht in Frage gestellte Wissen vom Orphismus zusammentragen, soweit ich es besitze, und sehen, ob es etwas enthält, das zum Thema des vorliegenden Kapitels paßt. Ich weiß, daß im fünften und vierten Jahrhundert eine Anzahl pseudonymer religiöser Gedichte in Umlauf war, die man herkömmlicherweise dem fiktiven Orpheus zuschrieb, von denen aber die kritisch Denkenden wußten oder vermuteten, daß sie viel jüngeren Ursprungs waren.[91] Ihre Urheber können sehr verschiedene Männer gewesen sein, und ich sehe keinen Grund für die Annahme, daß sie irgendeine einheitliche oder systematisierte Lehre verkündeten. Platons Bezeichnung für sie, βίβλων ὅμαδον, „ein Durcheinander von Büchern"[92], legt eher das Gegenteil nahe. Von ihrem Inhalt weiß ich recht wenig. Aber ich weiß auf Grund guter Bezeugung, daß drei Dinge wenigstens von einigen von ihnen gelehrt worden sind, nämlich daß der Körper das Gefängnis der Seele ist; daß die vegetarische Lebensweise sehr wichtig ist; und daß die unangenehmen Folgen der Sünde für dieses und das nächste Leben durch rituelle Mittel abgewaschen werden können.[93] Die bekannteste sogenannte „orphische" Lehre, die von der Seelenwanderung, ist gerade nicht von den Autoren der klassischen Zeit direkt bezeugt; aber ich glaube, man kann sie ohne unangebrachte Voreiligkeit erschließen aus der Auffassung, daß der Körper das Gefängnis der Seele sei, in dem die Seele für ihre früheren Sünden bestraft wird.[94] Aber selbst mit diesem Zusatz ist das Gesamtergebnis schmal. Und es bietet mir keine sichere Grundlage für eine Unterscheidung von „orphischer" und „pythagoreischer" Psychologie. Denn auch von den Pythagoreern wird berichtet, daß sie sich der fleischlichen Nahrung enthalten haben, Katharsis praktizierten und den Körper als Gefängnis betrachteten.[95] Pythagoras selbst war ja, wie wir gesehen haben, ein Beispiel für die Seelenwanderung. Es kann tatsächlich keine sehr klar gezogene Trennungslinie zwischen der orphischen Lehre, jedenfalls bei einigen ihrer Formen, und dem Pythagoreismus gegeben haben. Denn Ion von Chios, ein glaubwürdiger Zeuge des fünften Jahrhunderts, war der Meinung, Pythagoras habe unter Orpheus' Namen Gedichte verfaßt, und Epigenes, ein Kenner auf diesem Gebiet, schrieb vier „orphische" Gedichte einzelnen Pythagoreern zu.[96] Ob es vor der Zeit des Pythagoras irgendwelche orphischen Gedichte gab und — falls es sie gab — ob sie die Seelenwanderung lehrten, bleibt völlig unsicher. Dementsprechend werde ich den Terminus „puritanische Psychologie" zur Bezeichnung beider gebrauchen, sowohl für den frühen orphischen als auch für den frühen pythagoreischen Glauben von der Seele.

Wir haben gesehen — ich hoffe es jedenfalls —, wie die Berührung mit schamanistischen Glaubensvorstellungen und Praktiken einem so nachdenklichen Volk wie den Griechen Ansätze zu einer solchen Psychologie nahegelegt haben konnte; wie die Vorstellung von Seelenexkursion im Schlaf oder in der Trance die Körper-Leib-Antithese verschärft haben konnte; wie die zeitweilige „Zurückgezogenheit" der Schamanen | als Vorbild gewirkt haben konnte für eine wohlüberlegte *áskesis*, für ein bewußtes Training der psychischen Fähigkeiten durch Abstinenz und geistliche Übungen; wie die Geschichten vom Verschwinden und Wiederauftauchen der Schamanen den Glauben an ein unversehrbares magisches oder dämonisches Ich bestärkt haben konnte; und wie das Überwechseln der magischen Kraft oder des magischen Geistes der toten Schamanen zu den lebenden zur Lehre von der Reinkarnation verallgemeinert werden konnte.[97] Aber ich muß betonen, daß dies bloß logische oder psychologische Möglichkeiten sind. Wenn sie von gewissen Griechen realisiert worden sind, dann nur, weil man spürte, daß sie, nach Rohdes Worten, „den geistigen Bedürfnissen der Griechen entgegenkamen"[98]. Und wenn wir die Situation am Ende der archaischen Zeit bedenken, wie ich sie im zweiten Kapitel beschrieben habe, werden wir nach meiner Ansicht erkennen, daß sie tatsächlich bestimmten Bedürfnissen logischer, moralischer und psychologischer Art entsprachen.

M. P. Nilsson hält die Lehre von der Wiedergeburt für ein Produkt der reinen Logik und meint, die Griechen hätten sie erfunden, weil sie die „geborenen Logiker" waren.[99] Und wir können ihm darin zustimmen, daß, wenn einmal ein Volk sich die Vorstellung zu eigen gemacht hat, der Mensch habe eine vom Körper getrennte „Seele", die Frage nur natürlich war, woher denn diese „Seele" käme, und ebenso die Antwort, daß sie aus dem großen Seelenvorrat im Hades stamme. Es gibt in der Tat Hinweise auf eine solche Argumentationsweise bei Heraklit und im ›Phaidon‹.[100] Ich bezweifle jedoch, daß religiöse Vorstellungen oft aus rein logischen Gründen übernommen werden, auch von Philosophen; Logik dient bestenfalls als *ancilla fidei*. Und dieser spezielle Glaube ist auch von Völkern bereitwillig aufgenommen worden, die in keiner Weise geborene Logiker waren.[101] Ich bin geneigt, einer anderen Art von Überlegungen mehr Gewicht beizumessen.

Moralisch gesehen bot die Reinkarnation eine befriedigendere Antwort auf die spätarchaische Frage nach der göttlichen Gerechtigkeit als die Erbschuld oder die Bestrafung nach dem Tode in der jenseitigen Welt. Mit der wachsenden Emanzipation des Individuums aus der alten Familiengemeinschaft, mit seinen zunehmenden Rechten als gerichtlich geschützter „Person" begann die Vorstellung von der stellvertretenden Buße für die Untat eines anderen anstößig zu werden. Wenn einmal das menschliche Recht anerkannt hat, daß man nur für seine eigenen Taten verantwortlich ist, dann muß das göttliche Recht früher oder später sich angleichen. Die Bestrafung nach dem Tode zum Beispiel | erklärt hinlänglich, warum die Götter die diesseitigen Erfolge der Gottlosen zu tolerieren schienen, und die neue Lehre nutzte dies tatsächlich bis zum letzten aus, indem sie den Kunstgriff der „Unterweltreise" dazu anwandte, die Schrecken der Hölle realistisch und anschaulich der Einbildungskraft vorzustellen. [102] Aber diese Art der Bestrafung konnte nicht erklären, warum die Götter soviel menschliches Leid, und vorzüglich das unverdiente der Unschuldigen, zuließen. Die Reinkarnation konnte das. Nach ihrer Sicht war keine menschliche Seele unschuldig [103]: Sie alle büßten, in verschiedenem Maße, für Verbrechen von unterschiedlicher Schwere, die sie in früheren Leben begangen hatten. Und die ganze elende Fülle des Leids, sei es in dieser oder in einer anderen Welt, war nur ein Teil der langen Läuterung der Seele, einer Läuterung, die schließlich ihre Erfüllung fand in der Lösung aus dem Kreis der Geburten und in der Rückkehr zum göttlichen Ursprung. Nur auf diese Weise, und nur in den Dimensionen einer kosmischen Zeitrechnung, konnte Gerechtigkeit im vollen archaischen Sinne — die Gerechtigkeit also, daß „der Täter leiden soll" — für jede Seele ganz realisiert werden.

Platon kennt diese moralische Deutung der Wiedergeburt als „einen Mythos oder eine Doktrin oder was man sonst will", welche von „Priestern uralter Zeiten" verkündet wurde. [104] Gewiß ist dies eine alte Deutung, aber ich glaube, nicht die älteste. Für den sibirischen Schamanen ist die Erfahrung vergangener Leben keine Quelle der Schuld, sondern eine Erhöhung seiner Macht. Das halte ich auch für die ursprüngliche griechische Ansicht. Solch eine Vergrößerung der Macht empfand Empedokles an Pythagoras; sie, wie es scheint, hatte vorher Epimenides für sich beansprucht. Erst als die Wiedergeburt allen menschlichen Seelen zugesprochen wurde, wurde sie eine Last statt eines Privilegs, und man benutzte sie, um die Ungleichheit unseres irdischen Loses zu erklären und zu zeigen, daß, mit den Worten eines pythagoreischen Dichters, die Leiden des Menschen von ihm selbst verursacht sind (αὐθαίρετα). [105]

Wir können annehmen, daß hinter diesem Verlangen nach Lösung des Problems, welches wir das „Rätsel des Bösen" nennen, ein tieferes psychologisches Bedürfnis verborgen liegt, der Wunsch nämlich, jene unerklärlichen Schuldgefühle vernunftgemäß zu deuten, die, wie wir früher gesehen haben, in der archaischen Zeit vorherrschten. [106] Die Menschen waren, so vermute ich, sich dumpf bewußt — und nach Freuds Ansicht zu Recht —, daß solche Gefühle ihren Ursprung in einem abgesunkenen und längst vergessenen Erlebnis hatten. Was liegt dann näher, | als diese Erkenntnis (die tatsächlich nach Freud ein blasses Wissen von einem infantilen Trauma ist) als ein schwaches Bewußtsein von einer Sünde zu deuten, die man in einem früheren Leben begangen hat? Hier sind wir vielleicht auf die psychologische Quelle für die besondere Bedeutung gestoßen, welche in der pythagoreischen Schule der „Erinnerung" (recollectio) beigemessen wird, nicht im platonischen Sinne, daß man sich die Welt der körperlosen Formen wieder ins Gedächtnis zurückruft, die einst von der körperlosen Seele erblickt worden waren; sondern im primitiveren Sinne eines Gedächtnistrainings, um sich der Taten und Leiden eines früheren irdischen Lebens wiederzuerinnern.[107]

Das ist jedoch Spekulation. Gewiß ist nur, daß dieser Glaube bei seinen Anhängern eine Abneigung vor dem Körper und eine Abscheu vor der Sphäre der Sinne hervorrief, die völlig neu in Griechenland war. Jede Schuldkultur wird nach meiner Meinung einen günstigen Boden für das Aufkommen des Puritanismus bereiten, da sie ein unbewußtes Bedürfnis nach Selbstbestrafung weckt, das dem Puritanismus entgegenkommt. In Griechenland aber war es offensichtlich der Anstoß schamanistischer Vorstellungen, der diese Entwicklung in Gang setzte. Vom griechischen Geist wurden diese Glaubensvorstellungen wieder im moralischen Sinne rückgedeutet. Und als das einmal durchgeführt war, erschien die Welt des physischen Erlebens unvermeidlich als Ort der Dunkelheit und Buße, das Fleisch wurde der „fremde Rock". „Vergnügen", sagt der alte pythagoreische Katechismus, „ist unter allen Umständen schlecht; denn wir sind hierhin gekommen, um bestraft zu werden, und wir müssen auch bestraft werden."[108] In der Lehrform, welche Platon der orphischen Schule zuspricht, wird der Körper als Gefängnis der Seele gezeichnet, im welchem die Götter sie gefangen halten, bis sie ihre Schuld abgebüßt hat. In der anderen Form, die Platon erwähnt, fand der Puritanismus einen fast noch gewaltsameren Ausdruck: Der Körper wurde als Grab betrachtet, in dem die *psyché* tot liegt und auf ihre Wiedererweckung zum wahren Leben wartet, welches ein Leben ohne Körper sein wird. Diese Form scheint sich auf Heraklit zurückverfolgen zu lassen, der sie vielleicht angewandt hat, um seinen ewigen Umschwung der Gegensätze, den „Weg hinauf und hinunter", zu illustrieren.[109]

Für Leute, die die *psyché* mit der empirischen Person gleichsetzten, wie das im fünften Jahrhundert zumeist geschah, war solch eine Behauptung völlig unsinnig. Sie war ein phantastisches Paradox, dessen komische Ausdeutungsmöglichkeiten dem Auge des Aristophanes nicht entgangen sind.[110] Es gibt auch kaum | einen besseren Sinn, wenn wir „Seele" mit Vernunft gleichsetzen. Man sollte annehmen, daß für Leute, die es ernst meinten, dasjenige, was tot im Körper lag, weder die Vernunft noch der empirische Mensch war, sondern ein „okkultes" Ich, Pindars „Abbild des Lebens", das unzerstörbar ist, aber nur unter den Ausnahmebedingungen von Schlaf oder Trance zur Wirkung kommen kann. Daß der Mensch zwei „Seelen" habe, eine göttlicher, eine andere irdischer Herkunft, war schon (wenn man dem späten Zeugnis glauben kann) von Pherekydes von Syros vertreten worden. Und es ist bezeichnend, daß Empedokles, auf dem unsere Kenntnis vom frühen griechischen Puritanismus hauptsächlich beruht, die Anwendung des Wortes *psyché* auf das unzerstörbare Ich vermeidet.[111] Er scheint die *psyché* als die Lebenswärme betrachtet zu haben, die beim Tode von dem Feuer-Element wiederaufgenommen wird, aus dem sie stammt. (Das war eine recht verbreitete Ansicht im fünften Jahrhundert.)[112] Das okkulte Ich, das durch all die aufeinanderfolgenden Inkarnationen identisch blieb, nannte er nicht „*psyché*", sondern „*daímon*". Dieser Daimon hat offenkundig nichts mit der Vorstellung oder Idee zu tun, die Empedokles für mechanistisch determiniert hielt; die Funktion des Daimons ist es, Träger der potentiellen Göttlichkeit[113] und der gegenwärtigen Schuld des Menschen zu sein. Er steht in einer Weise dem inwohnenden Geist näher, den der Schamane von anderen Schamanen erbt, als der rationalen „Seele", an die Sokrates glaubte. Aber er wurde in moralischer Betrachtungsweise zum Schuldträger, und die Welt der Sinne ist zum Hades geworden, in dem er Folterungen erduldet.[114] Diese Marter hat Empedokles in einigen der eigenartigsten und bewegendsten religiösen Verse beschrieben, die aus der Antike auf uns gekommen sind.[115]

Der komplementäre Aspekt dieser Doktrin bestand in ihren Ausführungen zum Thema Katharsis, der Mittel also, durch die das okkulte Ich auf der Stufenleiter des Seins emporgehoben und seine eventuelle Erlösung beschleunigt werden konnte. Vom Titel aus zu schließen, war dies das zentrale Anliegen des Gedichtes des Empedokles, obwohl gerade die Teile, die sich darauf bezogen, zum größten Teil verloren sind. Der Begriff der Katharsis war nicht neu. Wie wir früher gesehen haben,[116] hatte sich das religiöse Denken während der ganzen archaischen Zeit vorzüglich mit ihr befaßt. Aber im Rahmen der neuen Glaubensform bekam der Begriff neuen Inhalt und neue Dringlichkeit: Der Mensch mußte sich nicht nur von besonderen Befleckungen reinigen, sondern, soweit wie möglich, von jedem Makel der Sinnlichkeit; das war die Bedingung für seine Erlösung. „Aus der Gemeinschaft der Reinen komme ich, o reine Königin der Unterirdischen", so spricht in den Versen der Goldplättchen die Seele zu Persephone.[117] Reinheit mehr als Rechtlichkeit ist zum bevorzugten Mittel der Rettung geworden. Und da es ein magisches, kein rationales Ich ist, welches gereinigt werden muß, sind die Techniken der Katharsis magische und keine rationalen. Sie können lediglich im Ritual bestehen, wie es die orphischen Bücher zeigen, die Platon wegen ihrer demoralisierenden Wirkung anprangert.[118] Oder sie bedienen sich der verzaubernden Kraft der Musik, wie in der den Pythagoreern zugeschriebenen Katharsis, die sich aus primitiven Zauberliedern (ἐπῳδαί) entwickelt zu haben scheint.[119] Sie können aber ebenso auch eine *áskesis* enthalten, die Einübung in eine bestimmte Lebensweise.

Wir haben gesehen, daß das Bedürfnis nach einer solchen *áskesis* von Anfang an in der schamanistischen Tradition vorhanden war. Aber die archaische Schuldkultur gab ihr eine besondere Ausrichtung. Die vegetarische Lebensweise, das wichtigste Charakteristikum der orphischen *áskesis* und der einiger Pythagoreer, wird gewöhnlich als simple Folgerung aus der Seelenwanderungslehre betrachtet: Das Tier, das man zum Verzehren tötet, könnte die Wohnstätte einer menschlichen Seele, eines menschlichen Ich sein. So erklärt es Empedokles. Aber er geht hier nicht streng logisch vor: Er hätte den gleichen Widerwillen bei Verzehren von Pflanzenkost empfinden müssen, da er doch glaubte, daß sein okkultes Ich einst in einem Strauch gelebt habe.[120] Hinter seinem nicht konsequent durchgeführten Rationalisierungsversuch verbirgt sich, wie ich vermute, etwas Älteres, nämlich das alte Entsetzen angesichts vergossenen Blutes. In skrupulösen Gemütern kann sich die Furcht von dieser Befleckung über ihre ursprünglichen Grenzen ausgedehnt haben, wie das bei solchen Ängsten zu geschehen pflegt, bis sie alles Blutvergießen umfaßte, das von Tieren sowohl wie das von Menschen. So berichtet uns Aristophanes, daß es ein Gebot des Orpheus war, φόνων ἀπέχεσθαι, „vergieße kein Blut"; und von Pythagoras wußte man zu berichten, er habe den Umgang mit Metzgern und Jägern gemieden; vermutlich weil sie nicht nur gottlos waren, sondern gefährlich unrein, Träger einer ansteckenden Befleckung.[121] Neben Speisetabus scheint die Gemeinschaft der Pythagoreer ihren Mitgliedern noch andere Einschränkungen auferlegt zu haben, z. B. das Schweigegebot für Novizen und eine gewisse Enthaltsamkeit in sexueller Hinsicht.[122] Aber es war wahrscheinlich nur Empedokles, der den letzten logischen Schritt tat zum Manicheismus hin. Ich habe keinen Grund zu zwei-|feln, daß er die Ehe und jede sexuelle Bindung tadelte,[123] obwohl die Verse, in denen er sich dazu äußerte, nicht unmittelbar überliefert sind. Wenn die Tradition in diesem Punkte intakt ist, dann wurde der Puritanismus in Griechenland nicht nur entwickelt, sondern vom griechischen Geist bis zu seiner letzten gedanklichen Konsequenz durchdacht.

Eine Frage bleibt noch offen. Wo liegt denn die eigentliche Wurzel all dieser Gottlosigkeit? Wie kommt es, daß ein göttliches Ich sündigt und dann in einem sterblichen Leib leiden muß? Ein pythagoreischer Dichter formulierte es so: „Woher kommt die Menschheit, und wodurch ist sie so schlecht geworden?"[124] Auf diese nicht zu umgehende Frage wußte die orphische Dichtung, jedenfalls in ihrer späteren Zeit, eine mythologische Antwort. Sie begann mit den ruchlosen Titanen, die das Dionysoskind fingen, es in Stücke rissen, kochten, rösteten und aßen und unmittelbar darauf vom Blitzstrahl des Zeus verbrannt wurden. Aus dem Rauch ihrer Überreste entstammt das Menschengeschlecht, das auf diese Weise die gräßlichen Neigungen der Titanen geerbt hat und in nur ganz geringem Maße von einem winzigen Stückchen göttlichen Seelenstoffes gemäßigt wurde, der ein Teil des Gottes Dionysos selbst ist, welcher in den Menschen als okkultes Ich wirkt. Pausanias berichtet, daß diese Geschichte — oder vielmehr die Rolle der Titanen in ihr — im sechsten Jahrhundert von Onomakritos erfunden sei (er setzt voraus, daß das Zerreißen des Dionysos älter ist).[125] Ein jeder glaubte dem Pausanias, bis Wilamowitz, der keine deutliche und sichere Anspielung auf den Titanenmythos bei den Autoren vor dem dritten Jahrhundert v. Chr. fand, den Schluß zog, daß es eine hellenistische Erfindung sei.[126] Die Folgerung ist von ein oder zwei Gelehrten, deren Urteil ich schätze, übernommen worden,[127] und nur unter großen Bedenken weiche ich von ihnen und von Wilamowitz ab. Es gibt tatsächlich Gründe dafür, daß man die Feststellungen des Pausanias bezüglich des Onomakritos anzweifelt;[128] verschiedene Überlegungen zusammengenommen überzeugen mich jedoch davon, daß der Mythos gleichwohl alt ist. Zunächst sein archaischer Charakter: Er ist gesichert durch das alte dionysische Ritual des *Sparagmós* und der *Omophagía*[129] und setzt den archaischen Glauben an die Erbschuld voraus, der in hellenistischer Zeit bisweilen schon als unglaubwürdiger Aberglaube angesehen wurde.[130] An zweiter Stelle ist das Pindarzitat in Platons ›Menon‹ zu nennen, wo „die Strafe für ein altes Leid" sehr ungezwungen damit erklärt wird, daß sie sich auf die menschliche Verantwortlichkeit für die Tötung des Dionysos beziehe.[131] Drittens spielt Platon in den ›Gesetzen‹ auf Männer an, die „die alte titanische Natur zur Schau tragen",[132] und an einer anderen Stelle weist er auf die frevelhaften Triebe hin, die „weder vom Menschen noch von Gott" sind, sondern „aus Freveltaten, welche vom Menschen nicht gesühnt werden können", entstehen.[133] Und viertens wird uns berichtet, daß der Platonschüler Xenokrates die Vorstellung vom Körper als einem „Gefängnis" mit Dionysos und den Titanen in Verbindung gebracht habe.[134] Einzeln genommen kann man notfalls die offenkundigen Anspielungen auf den Mythos wegdeuten. Nimmt man sie aber zusammen, so wüßte ich nicht, wie man der Folgerung entgehen will, daß der ganze Mythos Platon und seinen Lesern bekannt war.[135]

Wenn das also stimmt, dann hatte der alte Puritanismus genauso wie der moderne seine Lehre von der Urschuld, welche die universale Herrschaft der Schuldgefühle erklären konnte. Zwar widersprach die physische Übertragung von Schuld auf dem Wege der Vererbung direkt jener Ansicht, die das fortbestehende okkulte Ich zu ihrem Träger machte. Aber das braucht uns nicht sehr zu verwundern. Die indischen Upanishaden haben es auch verstanden, den alten Glauben an eine erbliche Befleckung mit der neuen Lehre von der Reinkarnation zu kombinieren.[136] Auch die christliche Theologie hält es für möglich, das alte sündige Erbe Adams mit der moralischen Verantwortlichkeit des Einzelmenschen zu versöhnen. Der Mythos von den Titanen erklärte dem griechischen Puritaner einleuchtend, warum er sich zur gleichen Zeit als Gott und als Verbrecher fühlen konnte. Das „apollinische" Empfinden von der Distanz zu den Göttern und das „dionysische" von der Identität mit ihnen wurden beide durch den Mythos begründet und gerechtfertigt. Diese Wirkung beeindruckt tiefer als alle Logik.

Sechstes Kapitel

RATIONALISMUS UND REAKTION
IM ZEITALTER DER GRIECHISCHEN KLASSIK

Die größeren Fortschritte in der Zivilisation sind Prozesse, welche die Gesellschaften, in denen sie sich ereignen, nahezu zerstören. A. N. Whitehead

In den voraufgehenden Kapiteln dieses Buches habe ich versucht, in einem Teilbereich des religiösen Glaubens den allmählichen, über Generationen hin sich erstreckenden Aufbau dessen zu beleuchten, was durch die Ablagerungen der aufeinanderfolgenden religiösen Bewegungen entstanden ist und was Gilbert Murray in einer kürzlich veröffentlichten Vorlesung „das ererbte Konglomerat" genannt hat.[1] Die geologische Metapher trifft zu, denn die Entwicklung im religiösen Bereich vollzieht sich in Analogie zum geologischen Aufbau: Ihr Prinzip ist, aufs Ganze gesehen und mit Ausnahmen, das der *Agglomeration*, nicht der Substitution. Eine neue Glaubensform löscht nur sehr selten die vorhergehende Form völlig aus; entweder lebt die alte weiter als ein Element der neuen Form — bisweilen uneingestanden und halb unbewußt —, oder aber beide Formen existieren nebeneinander, zwar logisch unvereinbar, aber doch von verschiedenen Individuen oder sogar von demselben zur gleichen Zeit bejaht. Als Beispiel für das erste Verhältnis haben wir gesehen, wie homerische Vorstellungen und Begriffe wie *áte* von der archaischen Schuldkultur übernommen und umgeformt worden sind. Als Beispiel für die zweite Art der Koexistenz kann unsere Beobachtung dienen, daß die klassische Zeit eine ganze Reihe von einander widersprechenden Bildern der „Seele" oder des „Ich" geerbt hat — den lebenden Leichnam im Grab, das Schattenbild im Hades, die vergängliche Atemseele, die sich in die Luft verströmt oder vom Äther aufgesogen wird, den Dämon, der in anderen Körpern wiedergeboren wird. Obwohl unterschiedlichen Alters und von verschiedenen Kulturformen herzuleiten, bestehen all | diese bildhaften Vorstellungen im Hintergrund der Gedankenwelt des fünften Jahrhunderts. Man konnte von ihnen nun eine einzige ernst nehmen oder auch mehrere, ja sogar alle, denn eine anerkannte Kirche, die einem kundgetan hätte, was wahr und falsch war, gab es nicht. Auf Fragen dieser Art gab es nicht *„die*

---

[1] Anmerkungen zum sechsten Kapitel s. S. 236 ff.

griechische Antwort", sondern nur ein Wirrwarr widersprüchlicher Meinungen.

Das also war das ererbte Konglomerat am Ende der archaischen Zeit, historisch verstehbar als das Abbild wechselnder menschlicher Sehnsüchte durch eine lange Generationenkette, für den Intellekt aber als eine verworrene Masse erscheinend. Wir konnten im Vorbeigehen beobachten, wie Aischylos versuchte, das Verworrene zu ordnen und dem Ganzen etwas abzugewinnen, das moralisch sinnvoll war.[2] Aber in den Jahren zwischen Aischylos und Platon sind diese Versuche nicht wiederholt worden. In dieser Zeit weitete sich der Riß, der den Volksglauben von dem der Intelligenz trennte und der schon bei Homer erkennbar ist,[3] zu einem vollständigen Bruch, wodurch die graduelle Auflösung des Konglomerats vorbereitet wurde. Mit bestimmten Folgen dieses Prozesses und der Versuche, die man unternommen hat, um ihn aufzuhalten, werde ich mich in den noch folgenden Kapiteln zu befassen haben.

Der Prozeß selbst, jedenfalls in seiner allgemeinen Perspektive, gehört nicht zu dem hier zu behandelnden Gegenstand. Er gehört in die Geschichte des griechischen Rationalismus, die oft genug geschrieben worden ist.[4] Gewisse Dinge aber sind vielleicht doch noch erwähnenswert. Das eine ist, daß die „Aufklärung" nicht von den Sophisten eingeleitet worden ist. Es scheint wünschenswert, das zu betonen, weil es immer noch Leute gibt, die von „Aufklärung" und Sophistik sprechen, als ob sie dasselbe seien, und die dann beide zusammen mit demselben Urteil der Verdammung oder (seltener) der Billigung belegen. Die Aufklärung ist natürlich viel älter, sie hat ihre Wurzeln im Ionien des sechsten Jahrhunderts; sie wirkt sich aus bei Hekataios, Xenophanes und Heraklit und wird in einer späteren Generation von spekulativen Naturforschern wie Anaxagoras und Demokrit weiterentwickelt. Hekataios ist der Grieche, welcher zugibt, daß er die griechische Mythologie „komisch" findet,[5] und der sich daranmachte, ihre Lächerlichkeit herabzumildern, indem er rationalistische Deutungen suchte, während sein Zeitgenosse Xenophanes die Mythen des Homer und des Hesiod vom moralischen Standpunkt aus angriff.[6] Wichtiger für unsere Zwecke ist die Feststellung, daß Xenophanes die Gültigkeit der Divination (μαντική) verneint hat[7]: Wenn das stimmt, würde es bedeuten, daß er beinahe als einziger unter den griechischen Denkern der klassischen Zeit nicht nur die Pseudowissenschaft der Zeichendeutung beiseite wischte, sondern ebenso den ganzen, tiefwurzelnden Komplex der Vorstellungen von der Inspiration, die uns in einem früheren Kapitel beschäftigt hat. Aber sein entscheidender Beitrag war die Entdeckung von der Relativität der religiösen Vorstellungen. „Wenn der Ochse ein Bild malen könnte, würde sein Gott wie ein Ochse aussehen!"[8] Nachdem das einmal ausgesprochen war, konnte es nur noch eine Frage der

Zeit sein, bis das ganze Gebäude des traditionellen Glaubens sich aufzulösen begann. Xenophanes selbst war ein tief religiöser Mann; er hatte seinen privaten Glauben an einen Gott, „der weder an Gestalt noch an Gedanken den Menschen ähnlich ist"[9]. Aber er war sich bewußt, daß es ein Glauben, kein Wissen war. Kein Mensch, so sagt er, habe jemals sicheres Wissen von Göttern gehabt, noch werde er es je haben; und selbst wenn es ihm einmal gelingen sollte, die genaue Wahrheit zu treffen, könne er nichts davon wissen, obwohl wir alle unsere Meinungen haben könnten.[10] Diese saubere Unterscheidung zwischen dem, was man wissen kann, und dem anderen findet sich im Denken des fünften Jahrhunderts immer wieder[11] und ist gewiß eine der rühmlichsten Errungenschaften dieser Zeit. Sie ist der Grund für die wissenschaftliche Bescheidenheit.

Wenn wir uns nun den Fragmenten des Heraklit zuwenden, finden wir wiederum eine ganze Reihe von Angriffen auf das Konglomerat, von denen einige gegen die Glaubensvorstellungen gerichtet sind, welche wir in früheren Kapiteln betrachtet haben. Daß er nicht an die Bedeutsamkeit von Traumerlebnissen glaubt, haben wir schon erwähnt.[12] Er macht sich lustig über das Reinigungsritual und vergleicht jene, die Blut mit Blut abwaschen, mit einem Manne, der versuchen würde, den Schmutz durch Baden im Schlamm abzuwaschen.[13] Das war ein direkter Vorstoß gegen die Tröstungen der Religion ebenso wie seine Klage, daß „die üblichen Mysterien" in unheiliger Weise begangen würden. Unglücklicherweise wissen wir allerdings nicht, worauf sich diese Kritik gründete und welche Mysterien er eigentlich im Sinne hatte.[14] Ferner finden wir die Aussage, νεκύες κοπρίων ἐκβλητότεροι, „die Toten sind widerlicher als Mist", welche zwar Sokrates' Billigung hätte finden können, die aber eine absichtliche Beleidigung des normalen griechischen Empfindens war: Sie tat mit drei Worten den ganzen Aufwand ab, der mit dem Begräbnis getrieben wurde und eine so große Rolle sowohl in der attischen Tragödie als auch in der Geschichte des griechischen Militärwesens gespielt hat; sie erledigte aber auch den ganzen Gefühlskomplex, in dessen Mitte die Vorstellung vom Geist – Körper stand.[15] Eine andere, ebenso kurze Sentenz, ἦθος ἀνθρώπῳ δαίμων, „Charakter ist Schicksal", setzt in gleicher Weise stillschweigend den ganzen Bereich des archaischen Glaubens außer Kraft, der die Vorstellungen vom angeborenen Glück und der göttlichen Versuchung betraf.[16] Und schließlich war Heraklit verwegen genug, das anzugreifen, was bis heute noch ein hervorstechender Zug der griechischen Volksfrömmigkeit ist, nämlich die Bilderverehrung, die er mit einem Gespräch vergleicht, das man mit dem Hause eines Mannes führt anstatt mit dem Eigner selbst.[17] Wäre Heraklit ein Athener gewesen, man hätte ihn mit großer Gewißheit wegen Blasphemie vor Gericht gestellt, wie Wilamowitz sagt.[18]

Wir dürfen jedoch den Einfluß dieser frühen Bahnbrecher nicht überschätzen. Xenophanes und mehr noch Heraklit machen den Eindruck, als ob sie sogar in Ionien einsame Gestalten seien,[19] und es brauchte lange Zeit, bis ihre Gedanken im Mutterland Widerhall fanden. Euripides ist der erste Athener, von dem wir mit Zuversicht behaupten können, er habe Xenophanes gelesen,[20] und von ihm wird berichtet, daß er als erster auch die Lehren des Heraklit beim athenischen Publikum bekannt gemacht habe.[21] Aber zu Euripides' Zeiten hatte die Aufklärung schon große Fortschritte erzielt. Vermutlich war es Anaxagoras, der ihn lehrte, die göttliche Sonne „einen goldenen Klumpen" zu nennen,[22] und es wird wohl derselbe Philosoph gewesen sein, der ihn zu seiner Spötterei über die berufsmäßigen Seher inspiriert hat.[23] Dagegen waren es die Sophisten, die ihn und seine ganze Generation veranlaßten, fundamentale moralische Fragen in den Begriffsgegensätzen von *Nómos* und *Phýsis*, von „Gesetz", „Sitte" oder „Übereinkunft" und „Natur" zu diskutieren.

Ich beabsichtige nicht, viel zu dieser oft behandelten Antithese zu sagen. Ihre Ursprünge und Verzweigungen sind in dem kürzlich erschienenen Buch eines jungen Schweizer Gelehrten, Felix Heinimann, sorgfältig untersucht worden.[24] Aber es dürfte wohl nicht überflüssig sein, darauf hinzudeuten, daß das Denken in diesen Begriffen zu sehr unterschiedlichen Folgerungen führen konnte, je nachdem, welche Bedeutung man den Begriffen selbst unterlegte. Das Wort *Nómos* konnte das Konglomerat bezeichnen, verstanden als vererbte Bürde eines irrationalen Brauchtums; es konnte eine beliebige Regel bezeichnen, die sich bestimmte Gesellschaftsschichten bewußt im eigenen Interesse auferlegten; oder es bezeichnete ein rationales System staatlicher Gesetzgebung, | also die Tat, durch die sich die Griechen von den Barbaren unterschieden. Entsprechend konnte *Phýsis* ein ungeschriebenes, unbedingt gültiges „Naturgesetz" darstellen und im Gegensatz zu den Besonderheiten lokaler Bräuche stehen; das Wort konnte aber auch die „natürlichen Rechte" des Individuums bezeichnen und diese gegenüber den willkürlichen Forderungen des Staates betonen. Das konnte nun wiederum überleiten — wie es immer geschieht, wenn Rechte in Anspruch genommen werden, ohne daß gleichzeitig die damit gegebenen Pflichten erkannt werden — zu einem ungemilderten anarchischen Immoralismus, zum „Naturrecht des Stärkeren", wie es von den Athenern im Melierdialog und von Kallikles im ›Gorgias‹ vertreten wird. Es überrascht nicht, daß eine Antithese mit so unscharfen Begriffen zu einer Unzahl einander mißverstehender Argumentationen führte. Aber durch den Dunst der verworrenen und für uns nur noch fragmentarischen Kontroverse können wir gerade noch erkennen, daß zwei große Meinungskämpfe ausgetragen worden sind. Der eine fand auf ethischem Gebiet statt und betraf die Frage nach Quelle und Gültigkeit der moralischen und politischen Verpflichtung. Der andere ging um die Beantwortung der psychologischen Frage nach den Ursprüngen des menschlichen Verhaltens: Warum benehmen sich die Menschen so, wie sie es tun? und wie kann man sie dazu bringen, sich besser zu benehmen? Nur die zweite dieser beiden Streitfragen interessiert uns hier.

In dieser Hinsicht scheint die erste Generation der Sophisten, vor allem Protagoras, einen Standpunkt eingenommen zu haben, dessen Optimismus im Rückblick pathetisch wirkt, der aber historisch gesehen durchaus verständlich ist. „Tugend oder Tüchtigkeit ist lehrbar!" Indem er die Traditionsströme, in denen er steht, kritisch betrachtet; indem er den *Nómos* modernisiert, den seine Vorfahren geschaffen haben, und ihn von den letzten Spuren „barbarischer Dummheit" reinigt, [25] kann der Mensch einen neuen Lebensstil erreichen, und das menschliche Leben kann sich zu neuen Ebenen erheben, von denen man bislang nicht einmal zu träumen wagte. Solche Hoffnung ist bei Menschen verständlich, die das schnelle Anwachsen des materiellen Wohlstands nach den Perserkriegen miterlebt haben sowie das beispiellose Blühen des Geistes, das diesen Prozeß begleitet hat und in den einmaligen Leistungen des perikleischen Athens seinen Höhepunkt erreichte. Für diese Generation war das Goldene Zeitalter kein verlorenes Paradies dunkler Vergangenheit, wie Hesiod noch geglaubt hatte. Für sie lag es nicht in der Vergangenheit, sondern in der Zukunft, und in einer nicht einmal allzu fernen Zukunft. In einem zivilisierten Staatswesen, erklärt Protagoras beherzt, ist der elendste aller Bürger schon ein besserer Mensch als der vermeintlich edle Wilde. [26] In der Tat, besser fünfzig Jahre in Europa als Jahrhunderte in China! Aber die Geschichte läßt, leider, dem Optimismus nur wenig Raum. Hätte Tennyson die letzten fünfzig Jahre Europas miterleben können, würde er sich wohl, kann ich mir vorstellen, seine Wahl noch einmal überlegt haben. Und Protagoras hatte vor seinem Tode noch Anlaß genug, seine Auffassung zu revidieren. Der Glaube an die Unvermeidlichkeit des Fortschritts war in Athen sogar von kürzerer Lebensdauer als in England. [27]

In dem Dialog, den ich für einen der frühesten halte, stellt Platon diese protagoreische Ansicht von der menschlichen Natur der sokratischen entgegen. Oberflächlich gesehen haben beide viel gemeinsam. Beide sprechen die traditionelle [28] utilitaristische Sprache: „Gut" heißt „gut für das Individuum" und wird vom „Vorteilhaften" oder „Nützlichen" nicht geschieden. Beide pflegen die überlieferte [29] intellektualistische Betrachtungsweise: Entgegen der allgemeinen Auffassung ihrer Zeit sind sie sich darin einig, daß der Mensch, wüßte er nur, was wirklich gut für ihn ist, auch nach diesem Wissen handeln würde. [30] Jeder jedoch bestimmt seinen Intellektualismus näher durch einen Unterschied in der Art seiner Vorbehalte. Für Protagoras ist die *areté* lehrbar, allerdings nicht auf dem Wege intellektueller Schulung:

Man „lernt sie nebenbei", wie ein Kind seine Muttersprache nebenbei lernt;[31] sie wird nicht durch formales Lehren vermittelt, sondern durch das, was die Anthropologen „soziale Kontrolle" nennen. Für Sokrates andererseits ist die *areté* — oder sollte jedenfalls sein — eine *epistéme*, ein Zweig wissenschaftlicher Erkenntnis. In diesem Dialog läßt Platon ihn sogar die Ansicht vertreten, als sei die angemessene Methode eine sorgfältige Kalkulation zukünftiger Lust und Unlust, und ich bin gerne bereit anzunehmen, daß er sich zuzeiten so geäußert hat.[32] Doch äußert er im selben Dialog auch Zweifel, ob *areté* überhaupt lehrbar ist, und auch das möchte ich für historisch halten.[33] Denn für Sokrates war die *areté* ein Phänomen, das vom Inneren des Menschen aus sich nach außen auswirkte. Sie war kein Komplex von Verhaltensmustern, die man sich durch Eingewöhnung aneignen konnte, sondern eine beständige seelische Einstellung, die einer steten Einsicht in Wesen und Sinn der menschlichen Existenz entsprang. In ihrer inneren Widerspruchslosigkeit gleicht sie einer Wissenschaft.[34] Aber ich glaube, wir würden einen Fehler begehen, wenn wir diese Einsicht als eine rein logische ansähen; sie umfaßt vielmehr den ganzen Menschen.[35] Sokrates vertrat zweifellos die Ansicht, daß man „einer Beweisführung folgen müsse, wohin sie auch immer gelange"; aber er hatte herausgefunden, daß sie recht oft nur zu neuen Fragestellungen führte, und wenn sie ihn im Stich ließ, war er bereit, anderen Führern zu folgen. Man sollte nicht vergessen, daß er Träume und Orakel sehr ernst nahm[36] und daß er sich daran gewöhnt hatte, auf eine innere Stimme zu hören und ihr zu gehorchen, welche mehr wußte als er. (Wenn wir Xenophon Glauben schenken können,[37] nannte er sie ganz schlicht „die Stimme Gottes".)

So entspricht weder Protagoras noch Sokrates völlig der verbreiteten modernen Vorstellung von einem „griechischen Rationalisten". Aber was uns seltsam zu sein scheint, ist die Tatsache, daß sie beide so unbedenklich die Rolle außer acht lassen, welche die Emotion bei der Bestimmung des gewöhnlichen menschlichen Verhaltens spielt. Und durch Platon wissen wir, daß es den Zeitgenossen ebenso erging. In dieser Hinsicht bestand eine tiefe Kluft zwischen den Intellektuellen und dem einfachen Manne. „Die meisten", sagt Sokrates, „denken von der Erkenntnis nicht wie von einer Macht (ἰσχυρόν), erst recht nicht wie von einer führenden oder beherrschenden Macht. Sie meinen, der Mensch könne oft Kenntnisse haben, würde aber doch von etwas anderem beherrscht, bald vom Zorn, dann von Lust oder Unlust, manchmal von Liebe, sehr oft von Furcht; sie stellen sich tatsächlich die Erkenntnis wie einen Sklaven vor, der von all diesen anderen Dingen herumgestoßen wird."[38] Protagoras gibt zu, dies sei die gewöhnliche Ansicht, aber er hält sie nicht einer Erörterung wert. „Der einfache Mann wird alles Beliebige behaupten."[39] Sokrates, der diese Ansicht gleichwohl diskutiert, entzieht ihr den Boden, indem er sie in Termini des Verstandes überträgt: Die unmittelbare Nähe von Lust oder Unlust führt zu falschem Urteil, welches der perspektivischen Verzerrung analog ist. Eine wissenschaftliche Moral-Arithmetik könnte die Fehler korrigieren.[40] Es ist unwahrscheinlich, daß eine solche Argumentationsweise den einfachen Mann beeindruckte. Der Grieche hatte immer die Leidenschaft als etwas Mysteriöses und Erschreckendes erlebt, als eine Kraft, die in ihm war und eher ihn besaß, als daß er sie beherrschte. Gerade das Wort *páthos* kann das bezeugen. Wie sein lateinisches Äquivalent *passio* bezeichnet es etwas, das einem Menschen „zustößt"; dessen passives Opfer er ist. Aristoteles vergleicht einen Menschen im Zustand der Leidenschaft mit einem Schlafenden, Wahnsinnigen oder Trunkenen: Sein Verstand ist ausgeschaltet.[41] In früheren Kapiteln konnten wir beobachten,[42] wie die Helden Homers und die Menschen der archaischen Zeit solche Erfahrungen mit religiösen Begriffen deuteten, als *áte*, als Zuteilung von *ménos* oder als direkte Einwirkung eines Dämons, der Seele und Leib des Menschen als sein Werkzeug gebrauchte. | Das ist die übliche Ansicht des einfachen Volkes: „Der Primitive, der unter dem Einfluß einer starken Leidenschaft steht, betrachtet sich selbst als besessen oder krank, was für ihn dasselbe ist."[43] Diese Art zu denken war selbst im fünften Jahrhundert noch lebendig. Iason kann am Ende der ›Medea‹ sich das Verhalten seiner Frau nur als Tat eines *alástor* deuten, des Dämons also, der durch ungesühnte Blutschuld hervorgerufen wird. Der Chor des ›Hippolytos‹ meint, Phaidra sei wohl besessen, und sie selbst bezeichnet ihren Zustand als *áte* eines Dämons.[44]

Für den Dichter aber und für die Gebildeten unter seinen Zuhörern hatte diese Sprache nur noch die Kraft eines überlieferten Symbolismus. Die Welt der Dämonen hatte sich zurückgezogen und ließ den Menschen mit seinen Leidenschaften allein. Das ist es ja auch, was Euripides' Darstellungen des Verbrechens ihre besondere Schärfe verleiht: Er zeigt uns Männer und Frauen, die unverhüllt dem Mysterium des Bösen gegenüberstehen, das nicht mehr wie ein fremdes Element von außen ihre Vernunft überfällt, das vielmehr ein Teil ihres eigenen Selbst ist — ἦθος ἀνθρώπῳ δαίμων. Und obwohl es aufgehört hat, außernatürlich zu sein, ist es doch um nichts weniger geheimnisvoll und erschreckend. Medea weiß, daß sie im Kampf steht nicht mit einem *alástor*, sondern mit ihrem eigenen irrationalen Ich, ihrem *thymós*. Sie bittet dieses Ich um Gnade, wie ein Sklave Gnade von seinem brutalen Herrn erfleht.[45] Doch vergebens: Die Wurzeln des Handelns liegen verborgen im *thymós*; weder Vernunft noch Mitleid kann sie erreichen. „Ich weiß, welche Untat zu begehen ich im Begriff bin; aber der *thymós* ist stärker als meine Entschlußkraft, *thymós*, die Wurzel der ärgsten Taten des Menschen."[46] Nach diesen Worten verläßt sie die Bühne; als sie zurückkehrt, hat sie ihre Kinder dem Tode ausgeliefert und sich einem Leben von klar erkannter Unglückseligkeit. Denn Medea kennt keine sokratische „perspektivische Verzerrung". Ihre Moral-Arithmetik weist keinen Fehler auf. Genausowenig sieht sie in ihrer Leidenschaft fälschlicherweise einen bösen Dämon am Werk. Darin liegt ihre höchste tragische Qualität.

Ob der Dichter an Sokrates gedacht hat, als er die ›Medea‹ schrieb, weiß ich nicht. Aber eine bewußte Zurückweisung der sokratischen Theorie hat man[47] — und wie ich meine, mit Recht — in den berühmten Worten erblickt, die er drei Jahre später der Phaidra in den Mund legt. Falsches Verhalten, sagt sie, beruhe nicht auf mangelnder Einsicht, „denn viele haben richtiges Verständnis". Nein, wir kennen und erkennen schon, was für uns gut ist; allein wir handeln nicht nach dieser Kenntnis: Entweder hemmt uns eine Art von Trägheit, oder „irgendeine Lust" bringt uns von unserem Vorhaben ab.[48] Diese Worte hören sich an, als ob sie eine Polemik enthielten, gehen sie doch über das hinaus, was die dramatische Situation verlangt oder nur nahelegt.[49] Auch steht die Stelle nicht allein: Die moralische Wirkungslosigkeit des Verstandes wird in mehr als einem Fragment der verlorenen Stücke behauptet.[50] Aber von den überlieferten Werken her zu urteilen, galt Euripides' vorzügliches Interesse in seinem späteren Werk nicht so sehr der Schwäche der menschlichen Vernunft als vielmehr dem grundsätzlicheren Zweifel, ob irgendein vernünftiges Ziel in der Ordnung des menschlichen Lebens wie in der Regierung der Welt zu erkennen sei.[51] Diese Tendenz gipfelt in den ›Bakchen‹, deren religiöser Gehalt nach Ansicht eines neueren Beurteilers[52] in der Erkenntnis eines „Jenseits" besteht, das jenseits unserer moralischen Kategorien sich befindet und für unseren Verstand unzugänglich ist. Ich behaupte nicht, daß man eine folgerichtige Philosophie des Lebens aus den Werken schöpfen könnte (man sollte das auch nicht von einem Dramatiker verlangen, der in einem Zeitalter des Zweifels schreibt). Aber wenn wir ein Etikett anbringen müssen, dann meine ich immer noch, daß die Bezeichnung „Irrationalist", die ich früher einmal vorgeschlagen habe,[53] auf Euripides besser als jede andere paßt.

Das besagt nicht, daß Euripides der extremen Richtung der Physis-Schule angehangen hätte, die für die menschliche Schwäche eine elegante Entschuldigung bereithielt, indem sie erklärte, die Leidenschaften seien nur „natürlich" und deshalb rechtmäßig, die Sittlichkeit dagegen eine bloße Konvention und deshalb eine Fessel, die man abschütteln müsse. „Sei natürlich", sagt die *Ungerechte Sache* in den ›Wolken‹, „amüsiere dich, lache über die Welt, schäme dich über nichts."[54] Einige Gestalten des Euripides folgen diesem Rat, wenn auch nicht in derselben fröhlichen Art. „Die Natur wollte es so", sagt eine auf Abwege geratene Tochter, „und die Natur zollt den Geboten keine Achtung: Wir Frauen sind dazu geschaffen."[55] „Ich brauche euren Rat nicht", sagt ein Päderast, „ich kann schon für mich selbst erkennen, aber die Natur zwingt mich."⁵⁶ Selbst das am tiefsten im menschlichen Wesen begründete Tabu, das Verbot des Inzests, wird mit der Bemerkung abgetan: „Daran ist nichts Schändliches, nur das Meinen macht es dazu."⁵⁷ Es muß junge Leute in Euripides' Umgebung gegeben haben, die sich so äußerten. (Wir kennen ihre modernen Ebenbilder.) Ich bezweifle aber, daß der Dichter ihre Ansichten teilte. Denn seine Chorlieder | durchbrechen wiederholt den Gedankenablauf, ohne daß eine besondere dramatische Wirkung erzielt werden sollte, um gewisse Personen bloßzustellen, die „das Gesetz geringschätzen, um ihren gesetzlosen Trieben nachgehen zu können"; deren Ziel es ist, εὖ κακουργεῖν, „das Schlechte zu tun und doch zu entkommen"; deren Theorie und Praxis „über den Gesetzen" stehen; für die *aidós* und *areté* nur noch leere Wörter sind.⁵⁸ Diese ungenannten Männer sind sicherlich Anhänger der *Phýsis*-Schule, die „realistischen" Politiker, denen wir bei Thukydides begegnen.

Euripides also, wenn ich ihn richtig beurteile, überdenkt nicht nur die Aufklärung, sondern ebenso die Reaktion auf die Aufklärung. Jedenfalls wandte er sich gegen die rationalistische Psychologie, die von einigen ihrer Exponenten vertreten wurde, und gegen den schlüpfrigen Immoralismus von anderen. Für die Heftigkeit der öffentlichen Reaktion gibt es natürlich andere Beweise. Vom Publikum, das sich die ›Wolken‹ ansah, erwartet man, daß es sich freue, wenn die Denkerbude niederbrenne, und sich wenig daraus mache, wenn Sokrates mitverbrenne. Aber Satiriker sind schlechte Zeugen, und mit entsprechend gutem Willen kann man sich vorstellen, daß die ›Wolken‹ von Aristophanes just als freundlicher Scherz gemeint sind.⁵⁹ Sichere Schlüsse kann man vielleicht aus einem weniger bekannten Zeugnis gewinnen. Ein Fragment des Lysias macht uns mit einem gewissen Symposiasten-Zirkel bekannt. Dieser Kreis hatte einen seltsamen und schockierenden Namen: Seine Mitglieder nannten sich selbst Κακοδαιμονισταί, eine profane Parodie des Namens Ἀγαθοδαιμονισταί, den gesellschaftlich angesehene Klubs sich bisweilen zulegten. Liddell-Scott übersetzen es mit „Teufelsverehrer" (devilworshippers); das ist auch die wörtliche Bedeutung. Aber Lysias hat zweifellos recht mit der Behauptung, sie hätten diese Bezeichnung gewählt, „um sich über die Götter und die athenischen Sitten lustig zu machen". Er berichtet ferner, daß sie es sich zum Prinzip gemacht hätten, an ungünstigen Tagen (ἡμέραι ἀποφράδες) zu zechen, was die Vermutung nahelegt, es sei das erklärte Ziel dieses Klubs gewesen, seine ganze Verachtung des Aberglaubens dadurch kundzutun, daß man absichtlich die Götter versuchte, absichtlich soviel unglückbringende Dinge wie nur möglich tat, die Wahl des verhängnisvollen Namens eingeschlossen. Man könnte das für recht harmlos halten. Aber nach Lysias waren die Götter nicht erheitert: Die

Mehrzahl der Klubmitglieder starb in jungen Jahren, und der einzige, der überlebte, der Dichter Kinesias[61], wurde von einem Siechtum befallen, das schlimmer als der Tod war. Diese an sich un- | bedeutende Geschichte scheint mir doch zwei Dinge gut zu beleuchten. Sie illustriert das Gefühl der Befreiung — einer Befreiung von sinnlosen Geboten und unvernünftigen Schuldgefühlen —, welches die Sophisten mit sich brachten und das ihre Lehre so attraktiv für die hochgemute und intelligente Jugend machte. Es zeigt aber auch, wie heftig die Reaktion auf einen solchen Rationalismus in der Brust des Durchschnittsbürgers war: denn Lysias greift offensichtlich auf den entsetzlichen Skandal dieser Symposiasten-Klubs zurück, um das Zeugnis des Kinesias in einem Prozeß unglaubwürdig zu machen.

Den eindrucksvollsten Beweis einer Reaktion gegen die Aufklärung darf man aber in der erfolgreichen Verfolgung der Intelligenz erblicken, welche aus religiösen Gründen im letzten Drittel des fünften Jahrhunderts in Athen stattfand. Um 432 v. Chr. bzw. ein oder zwei Jahre[62] später wurden mangelnder Glaube an das Übernatürliche[63] und das Lehren der Astronomie[64] zu Kriminalverbrechen erklärt. Während der nächsten rund dreißig Jahre erlebte man eine Serie von Ketzerprozessen, die für die athenische Geschichte einmalig sind. Unter den Opfern befanden sich die meisten Wortführer des fortschrittlichen Denkens in Athen, Anaxagoras[65], Diagoras, Sokrates, mit großer Sicherheit auch Protagoras[66] und wahrscheinlich Euripides[67]. In all diesen Fällen — mit Ausnahme des letzten — war die Strafverfolgung erfolgreich: Anaxagoras ist vermutlich mit einer Geldstrafe belegt und verbannt worden; Diagoras entkam durch Flucht, wahrscheinlich auch Protagoras; Sokrates, der das gleiche hätte tun können oder um Verbannung hätte bitten können, zog es vor, zu bleiben und den Schierling zu trinken. All diese waren berühmte Männer. Wieviel weniger bekannte Personen wegen ihrer Überzeugung gelitten haben, wissen wir nicht.[68] Aber das vorliegende Material reicht längst aus, um zu beweisen, daß die große Zeit der griechischen Aufklärung in gleicher Weise — und wie in unseren Tagen — ein Zeitalter der Verfolgung war, der Vertreibung von Wissenschaftlern, der Unterdrückung des freien Denkens und (wenn wir der Überlieferung über Protagoras Glauben schenken können)[69] sogar der Bücherverbrennung.

Dies betrübte und verwirrte Professoren des neunzehnten Jahrhunderts, die nicht wie wir den Vorzug hatten, mit dieser Art menschlichen Verhaltens vertraut zu sein. Es verwirrte sie um so mehr, weil es in Athen geschah, der „Schule von Hellas", dem „Hauptquartier der Philosophie", und, soweit wir informiert sind, sonst nirgendwo.[70] | Daraus entwickelte sich eine Tendenz, die Zeugnisse wo immer möglich in Zweifel zu ziehen; und wo es nicht möglich war, versuchte man aufzuzeigen, daß das wirkliche Motiv für alle Verfolgungen ein politisches war. Bis zu einem gewissen Punkt war das fraglos richtig, wenigstens in einigen Fällen. Die Ankläger des Anaxagoras wollten — nach Plutarch — vermutlich seinen Gönner Perikles treffen; und Sokrates hätte wohl einer Verurteilung entgehen können, wenn er nicht mit Männern wie Alkibiades und Kritias Umgang gepflogen hätte. Aber all dieses zugestanden, bedarf immer noch die Tatsache einer Erklärung, warum in dieser Zeit der Vorwurf der Gottlosigkeit so oft als das beste Mittel gewählt wurde, um eine unbequeme Stimme zum Schweigen zu bringen oder einen politischen Opponenten zu schädigen. Wir sehen uns offenbar zu der Annahme genötigt, daß unter der Masse ein erbitterter religiöser Fanatismus herrschte, den die Politiker für ihre eigene Absicht ausnutzen konnten. Diese Erbitterung muß ihren Grund gehabt haben.

Nilsson hat die Vermutung geäußert, sie sei von den professionellen Sehern geschürt worden.[71] Diese hätten in einem weiteren Fortschreiten des Rationalismus eine Bedrohung ihres Prestiges, ja ihrer materiellen Lebenssicherung erblickt. Das klingt sehr plausibel. Der Antragsteller des Dekretes, welches die Reihe der Anklagen einleitete, war der berufsmäßige Orakeldeuter Diopeithes; Anaxagoras hatte die wahre Natur der sogenannten Vorzeichen *(portenta)* erklärt;[72] Sokrates seinerseits hatte für sich selbst ein privates „Orakel",[73] was ihm recht wohl Neider hat einbringen können.[74] Aber der Einfluß dieser Seher hatte seine Grenzen. Wenn man die dauernden Späße mitberücksichtigen darf, die Aristophanes auf ihre Kosten macht, dann waren sie nicht sehr beliebt, und man vertraute ihnen (abgesehen von Augenblicken der Krise)[75] nicht völlig. Wie die Politiker mögen sie eine Volksstimmung ausgenutzt haben, aber sie waren kaum in der Lage, diese hervorzurufen.

Bedeutsamer war vielleicht der Einfluß der Kriegshysterie. Wenn wir die Tatsache berücksichtigen, daß Kriege ihre Schatten vorauswerfen und emotionale Erregungen hinterlassen, dann fällt das Zeitalter der Verfolgung fast genau mit dem längsten und verheerendsten Krieg der griechischen Geschichte zusammen. Diese Koinzidenz ist kaum zufälliger Art. Man hat beobachtet, daß „in Zeiten der Gefährdung eines Gemeinwesens die Konformitätstendenz im Ganzen sich mächtig steigert: Die Herde drängt sich zusammen und wird intoleranter denn je gegenüber ‚ausgefallenen' Meinungen."[76] Wir haben | diese Beobachtung in den zwei letzten Kriegen bestätigt gefunden und dürfen annehmen, daß es im Altertum nicht anders war. Hatte doch die Antike einen bewußten Grund dafür, daß sie auf religiöser Konformität in Kriegszeiten bestand, während wir nur unbewußte Gründe haben können. Die Götter durch den Zweifel an ihrer Existenz beleidigen oder dadurch, daß man die Sonne einen Stein nannte, war schon in Friedenszeiten riskant genug. Im Krieg aber kam das dem Verrat gleich, es lief auf Hilfe für den Feind hinaus. Denn die Religion fällt in das Gebiet der kollektiven Verantwortlichkeit. Die Götter waren nicht zufrieden damit, den einzelnen Missetäter zu bestrafen: Hatte Hesiod nicht gelehrt, daß eine ganze Stadt oft wegen eines einzigen Bösewichts leiden muß?[77] Daß diese Vorstellungen in den Herzen der athenischen Bevölkerung noch sehr lebendig waren, wird deutlich an der außergewöhnlichen hysterischen Aufregung, die der Hermokopidenfrevel hervorrief.[78]

Dies, glaube ich, ist ein Teil der Erklärung: abergläubischer Terror, der auf der Solidarität des Stadtstaates basiert. Ich möchte sogar glauben, daß hier die ganze Erklärung zu suchen ist. Es wäre aber unredlich, nicht anerkennen zu wollen, daß der neue Rationalismus — neben den nur eingebildeten — tatsächliche Gefahren für die soziale Ordnung mit sich brachte. Viele Leute legten mit dem ererbten Konglomerat gleichzeitig auch die religiösen Bindungen ab, die bisher die menschliche Selbstsucht gezügelt hatten. Für Männer mit strengen moralischen Prinzipien — einen Protagoras oder Demokrit — bedeutete das nichts. Ihr Gewissen war reif genug, um ohne Stützen stehen zu können. Anders aber verhielt es sich bei der Mehrzahl ihrer Schüler. Für sie bedeutete die Befreiung des Individuums eine schrankenlose Freiheit zur Selbstbehauptung, bedeutete Rechte ohne Pflichten, es sei denn, man wollte diesem Geltungsstreben die Eigenschaft einer Pflicht zuerkennen. „Was ihre Väter Selbstbeherrschung genannt hatten, bezeichneten sie als eine Entschuldigung für Feigheit."[79] Thukydides führt das auf die Kriegsmentalität zurück, und zweifellos lag hier auch der unmittelbare Anlaß. Wilamowitz hat mit Recht bemerkt, die Urheber des Massakers in Korkyra hätten es nicht nötig gehabt, in einem Vorlesungskurs des Hippias etwas von der Umwertung der Werte zu erfahren. Der neue Rationalismus *befähigte* sie zwar nicht, sich wie Tiere zu verhalten — die Menschen haben diese Fähigkeit niemals verloren. Aber er gab ihnen die Möglichkeit, ihre Brutalität vor sich selbst zu rechtfertigen, und das gerade in einer Zeit, wo die von außen kommenden Verführungen zu brutalem Verhalten besonders stark waren. Wie jemand mit Bezug auf unser eigenes aufgeklärtes Zeitalter gesagt hat, sind selten so viele Kinder mit so wenig Badewasser ausgeschüttet worden.[80] Darin lag die unmittelbare Gefahr, eine Gefahr, die sich immer dann einstellt, wenn ein ererbtes Konglomerat sich im Auflösungsprozeß befindet. „Die Anthropologie scheint", nach den Worten G. Murrays, „zu zeigen, daß diese ererbten Konglomerate praktisch nie die Chance haben, wahr oder wenigstens vernünftig zu sein; und daß andererseits keine Gesellschaft ohne sie bestehen kann, ja sie noch nicht einmal einer drastischen Korrektur unterziehen kann, ohne eine soziale Gefahr heraufzubeschwören."[81] Von der letzten Wahrheit dämmerte nach meiner Ansicht eine leise Ahnung in den Köpfen jener Männer, die Sokrates beschuldigten, er verderbe die Jugend. Ihre Befürchtungen waren nicht grundlos; aber wie es geschieht, wenn die Leute in Furcht versetzt sind, sie stoßen mit der falschen Waffe zu und treffen den falschen Mann.

Die Aufklärung wirkte auf den Gesellschaftsaufbau auch noch in einer anderen und dauerhafteren Weise ein. Was Jacob Burckhardt von der Religion des neunzehnten Jahrhunderts gesagt hat, daß sie „Rationalismus für die Wenigen und Magie für die Vielen" war, kann man wohl im ganzen auch von der Religion der Griechen vom späten fünften Jahrhundert an sagen. Infolge der Aufklärung und des Fehlens einer allgemeinen Bildung wurde die Trennung zwischen dem Glauben der wenigen und dem der vielen eine absolute, zum Nachteil beider. Platon ist fast der letzte griechische Intellektuelle, der noch wirklich in seiner Gesellschaft zu wurzeln scheint; die nach ihm folgen, machen mit wenigen Ausnahmen eher den Eindruck, daß sie neben der Gesellschaft leben, als in ihr. Sie sind zuerst „sapientes", Bürger erst hernach, wenn überhaupt. Ihre Berührung mit den jeweiligen sozialen Realitäten ist dementsprechend ungewiß. Diese Tatsache ist bekannt. Was weniger oft bemerkt wird, ist der schwindende Einfluß der Religion im Volke während des Zeitalters der Aufklärung. Die ersten Anzeichen dafür lassen sich während des Peloponnesischen Krieges bemerken und sind zum Teil natürlich auf den Krieg zurückzuführen. Unter den Belastungen, die er mit sich brachte, begann das Volk, die zu anspruchsvollen Errungenschaften der perikleischen Zeit aufzugeben; Risse zeigten sich im Staatsgebäude, und unangenehm primitive Phänomene drangen hier und da durch die Ritzen hervor. Nachdem das einmal geschehen war, stand ihrem Wachstum kein entscheidendes Hindernis mehr entgegen. Da sich ferner die | Intelligenz in eine eigene Welt zurückzog, war das Volksdenken in zunehmendem Maße der Verteidigungsmöglichkeit beraubt, obwohl angemerkt werden muß, daß noch für einige Generationen die Komödiendichter ihr Bestes taten. Die Bande der Polis-Religion lockerten sich, der Bürger begann, der Freiheit teilhaftig zu werden und sich seine eigenen Götter zu wählen, statt einfach zu verehren, wie seine Väter es getan hatten. Und ohne Führung gelassen, fiel eine wachsende Zahl mit einem Seufzer der Erleichterung zurück in die Vergnügungen und die Behaglichkeit der Primitiven.

Ich will dieses Kapitel mit ein paar Beispielen für das schließen, was ich Rückbildung nenne. Ein Beispiel haben wir schon bei entsprechender Gelegenheit erwähnt,[82] das wachsende Verlangen nach magischer Heilung, welches innerhalb von ein oder zwei Generationen den Asklepios aus einem untergeordneten Heros in einen wichtigen Gott verwandelte und seinen Tempel in Epidauros zu einem Wallfahrtsort machte, der an Berühmtheit mit dem heutigen Lourdes konkurrieren konnte. Es ist eine ganz vernünftige Vermutung, daß sein Ruhm in Athen (und vielleicht auch anderswo) mit der großen Pest im Jahr 430 begann.[83] Diese Heimsuchung überzeugte nach Thukydides einige Leute davon, daß Religion nutzlos sei,[84] weil Frömmigkeit keinen Schutz gegen Bazillen bot. Andere aber muß sie veranlaßt haben, nach einem neuen und wirkungsvolleren Zauber Ausschau zu halten. Damals konnte man nichts unternehmen. Aber 420, während des „Faulen Friedens", wurde Asklepios feierlich in Athen eingeführt, begleitet, oder wahrscheinlicher: repräsentiert durch seine Heilige Schlange.[85] Bis man ein Haus für ihn errichten konnte, genoß er die Gastlichkeit bei keinem Geringeren als Sophokles, eine Tatsache, die für das Verständnis seiner Dichtung von Bedeutung ist. Wie Wilamowitz beobachtet hat,[86] kann man sich nicht vorstellen, daß Aischylos etwa oder Euripides sich darum gekümmert hätten, eine Heilige Schlange zu unterhalten. Aber nichts kann besser die Polarisation des griechischen Geistes in dieser Periode beleuchten als die Tatsache, daß die Generation, welche diesem heilbringenden Reptil solche Verehrung zollte, auch die Veröffentlichung einiger der wissenschaftlichen Traktake des hippokratischen Corpus erlebte.[87]

Ein zweites Beispiel für Rückbildung kann man in der modischen Vorliebe für fremde Kulte erblicken, die meist von stark emotionaler, „orgiastischer" Art waren. Sie entwickelten sich mit überraschender Plötzlichkeit während des Peloponnesischen Krieges.[88] Bevor er vorüber war, kannten die Athener die Verehrung der phrygischen „Bergmutter" Kybele und die ihres thrakischen Pendants, der Bendis; die thrako-phrygischen Mysterien des Sabazios, der eine Art von wildem, unhellenisiertem Dionysos war; und die Riten der asiatischen „sterbenden Götter" Attis und Adonis. Ich habe diese wichtige Entwicklung an anderer Stelle erörtert,[89] so daß ich hier nicht ausführlicher zu werden brauche.

Etwa eine Generation später kann man beobachten, daß die Rückbildung eine noch gröbere Form annimmt. Daß es im Athen des vierten Jahrhunderts eine ganze Menge Formen des „Zaubers für die vielen" gab, und zwar im buchstäblichen Sinne des Wortes, wissen wir durch das unmittelbare Zeugnis der „defixiones". Die Praxis der *defixio* oder κατάδεσις war eine Art magischen Angriffs. Man war des Glaubens, man könne den Willen einer Person bannen oder ihren Tod verursachen, indem man auf sie den Fluch der Unterweltmächte herabrief; man schrieb den Fluch auf haltbares Material, auf ein Bleitäfelchen oder eine Tonscherbe, und vergrub ihn am liebsten im Grabe eines Verstorbenen. Hunderte solcher „defixiones" sind bei Ausgrabungen in vielen Teilen der mediterranen Welt gefunden worden,[90] und tatsächlich lassen sich auch heute noch gelegentlich ähnliche Praktiken in Griechenland[91] wie in anderen Teilen Europas beobachten.[92] Es scheint aber bezeichnend zu sein, daß die bisher entdeckten ältesten Beispiele aus Griechenland stammen, die meisten von diesen aus Attika. Und während man höchst selten „defixiones" mit Sicherheit ins fünfte Jahrhundert datieren kann, sind sie im vierten Jahrhundert plötzlich sehr zahlreich vertreten.[93] Unter den auf ihnen verfluchten Personen befinden sich wohlbekannte Politiker wie Phokion und Demosthenes,[94] was den Schluß zuläßt, daß diese Praktik nicht auf Sklaven oder Fremde beschränkt war. Sie war in der Tat in Platons Zeiten so verbreitet, daß er es für notwendig erachtete, gesetzlich dagegen vorzugehen,[95] ebenso wie gegen die verwandte Methode des Schadenzaubers, die in der Mißhandlung der Wachsmaske eines Feindes bestand.[96] Platon macht deutlich, daß man sich wirklich vor dieser magischen Aggression fürchtete, und er schlägt schwere gesetzliche Strafen dafür vor (im Falle eines professionellen Zauberers sogar die Todesstrafe), nicht etwa weil er selbst an die Schwarze Magie glaubte – in dieser Hinsicht bekennt er seine Vorurteilslosigkeit[97] –, sondern weil die Schwarze Magie Ausdruck eines bösen Willens sei und üble psychologische Wirkungen habe. Das war nicht private Geschäftigkeit eines | ältlichen Moralisten. Aus einer Stelle der ›Rede gegen Aristogeiton‹[98] können wir folgern, daß man im vierten Jahrhundert ernsthafte Versuche unternommen hat, die Zauberei durch drastische gesetzliche Maßnahmen zu unterdrücken. Wenn man diese Beweise alle zusammensieht und sie dem fast vollständigen Schweigen unserer Quellen aus dem fünften Jahrhundert entgegenstellt,[99] kann man nach meiner Ansicht folgern, daß *eine* Wirkung der Aufklärung darin bestand, in der zweiten Generation[100] eine Wiederbelebung der Magie hervorzurufen. Das ist nicht so paradox, wie es aussieht: Hat nicht der Zusammenbruch eines anderen ererbten Konglomerats in unseren Tagen ähnliche Erscheinungen zur Folge gehabt?

All die erwähnten Symptome – das Wiederaufleben der Inkubation, der Geschmack an orgiastischen Religionen, das Überhandnehmen des Schadenzaubers – können als Rückschritt betrachtet werden; sie sind in gewissem Sinne eine Rückkehr in die Vergangenheit. Aber unter anderem Aspekt sind sie Anzeichen der Dinge, die da kommen werden. Wie wir im Schlußkapitel erkennen können, deuten sie auf charakteristische Eigentümlichkeiten der griechisch-römischen Welt voraus. Aber bevor wir dazu kommen, müssen wir noch Platons Versuch würdigen, die Lage zu stabilisieren.

Siebentes Kapitel

PLATON, DIE IRRATIONALE SEELE UND DAS ERERBTE KONGLOMERAT

> *Es gibt keine Hoffnung, zu einem traditionellen Glauben zurückkehren zu können, nachdem er einmal aufgegeben worden ist. Denn für den Anhänger eines traditionellen Glaubens ist es die wichtigste Bedingung, nicht zu wissen, daß er einem solchen Glauben anhängt.* Al Ghazali

Im ersten Kapitel sind der Verfall der überkommenen Glaubenssysteme, welcher im fünften Jahrhundert einsetzte, und einige seiner ersten Ergebnisse beschrieben worden. In diesem Kapitel möchte ich Platons Reaktion auf die so entstandene Lage behandeln. Das Thema ist wichtig, nicht nur wegen Platons Stellung in der Geschichte des europäischen Denkens, sondern weil Platon klarer als irgendein anderer die Gefahren gesehen hat, die der Verfall eines ererbten Konglomerates mit sich bringt, und weil er in seinem letzten Vermächtnis an die Welt Entwürfe vorgelegt hat, die für eine Stabilisierung der Lage mit den Methoden einer Gegenreformation von großer Bedeutung sind. Ich weiß genau, daß eine umfassende Erörterung dieses Gegenstandes die Prüfung aller platonischen Gedanken über das Leben bedeuten müßte; aber um die Diskussion in angemessenen Grenzen zu halten, will ich mich darauf beschränken, auf zwei Fragen die Antwort zu suchen:

Erstens: Welche Bedeutung hat Platon selbst den nichtrationalen Faktoren des menschlichen Verhaltens beigemessen, und wie deutete er sie?

Zweitens: Wieweit war er bereit, den irrationalen Zügen des Volksglaubens Zugeständnisse zu machen, um das Konglomerat zu stützen?

Man sollte diese zwei Fragen so scharf wie möglich voneinander trennen, obwohl es, wie wir sehen werden, nicht immer leicht zu entscheiden ist, | wo Platon eine persönliche Überzeugung äußert und wo er lediglich sich überkommener Formulierungen bedient. Bei dem Versuch, auf die erste Frage eine Antwort zu finden, werde ich einige Dinge wiederholen müssen, die ich an anderer Stelle schon veröffentlicht habe,[1] aber ich werde einiges hinzuzufügen haben bei Themen, die ich früher nicht behandelt habe.

Eine Annahme muß ich vorausschicken. Ich werde voraussetzen, daß Pla-

---

[1] Anmerkungen zum siebenten Kapitel s. S. 245 ff.

tons Philosophie nicht von allem Anfang in vollendeter Form auftritt, entstamme sie nun seinem eigenen Denken oder dem des Sokrates. Ich werde sie betrachten wie einen Organismus, der gewachsen ist und sich gewandelt hat, teils dem Gesetz ihrer inneren Entwicklung gehorchend, teils aber auch in Reaktion auf äußere Anreize. In diesem Zusammenhang ist es von Bedeutung, sich daran zu erinnern, daß Platons Leben und Denken die weite Kluft überspannt, welche zwischen dem Tod des Perikles und der Anerkennung der makedonischen Hegemonie liegt.[2] Obwohl wahrscheinlich all seine Schriften dem vierten Jahrhundert angehören, sind doch seine Persönlichkeit und seine Ansichten noch im fünften geprägt worden, und seine frühen Dialoge sind noch durchdrungen von der Erinnerung an eine vergangene Gesellschaftsstruktur. Das beste Beispiel ist für mich der ›Protagoras‹, dessen Handlung in den goldenen Jahren vor dem großen Krieg spielt. Mit seinem Optimismus, seinem genialen Weltsinn und freimütigen Utilitarismus, mit seinem Sokrates, der noch in natürlicher Größe erscheint, wird er ein im wesentlichen glaubwürdiges Bild der Vergangenheit entwerfen.[3]

Platons Ausgangspunkt war also historisch bedingt. Als Neffe des Charmides und Verwandter des Kritias nicht weniger denn als einer der jungen Leute, die Sokrates umgaben, war er ein Sohn der Aufklärung. Er wurde in einer Umgebung groß, die nicht nur ihren Stolz daransetzte, alle Fragen vor den Richterstuhl der Vernunft zu ziehen, sondern die Gewohnheit hatte, das ganze menschliche Verhalten mit Ausdrücken eines vernünftigen Eigennutzes zu deuten. Sie glaubte daran, daß die „Tugend", *areté*, im wesentlichen in einer Technik des vernunftgemäßen Lebens bestand. Dieser Stolz, diese Gewohnheit und dieser Glaube verblieben Platon bis an sein Ende. Das Gerüst seines Denkens hat nie aufgehört, rationalistisch zu sein. Die Denkinhalte allerdings wandelten sich mit der Zeit ganz außerordentlich. Dafür gab es gute Gründe. Der Übergang vom fünften zum vierten Jahrhundert war (wie es auch in unserer eigenen Zeit geschehen ist) durch Ereignisse gekennzeichnet, die einen Rationalisten wohl nachdenklich stimmen konnten. Zu welchem sittlichen und materiellen Ruin das Prinzip des vernünftigen Eigennutzes eine Gesellschaft führen konnte, wurde am Schicksal des athenischen Reiches sichtbar; wohin es den einzelnen brachte, am Schicksal des Kritias, Charmides und ihrer Mit-Tyrannen. Andererseits bot der Prozeß des Sokrates den verwirrenden Anblick des weisesten Mannes von Griechenland, der im entscheidendsten Augenblick seines Lebens wohlüberlegt und freiwillig diesem Prinzip spottete, jedenfalls in den Augen der Welt.

Diese Ereignisse waren es, wie ich meine, die Platon veranlaßt haben, nicht etwa den Rationalismus aufzugeben, sondern seinen Sinn umzugestalten, indem er ihm eine metaphysische Dimension verlieh. Es kostete ihn lange

Zeit, vielleicht ein Jahrzehnt, die neue Problemlage zu durchdenken. In diesen Jahren hat er zweifellos gewisse bedeutungsvolle Aussprüche des Sokrates in seinem Innern erwogen, z. B. daß „die menschliche Seele etwas Göttliches an sich hat" und daß „es das erste Anliegen eines jeden Menschen ist, auf ihre Gesundheit zu achten".[4] Ich stimme aber mit der Meinung der meisten Wissenschaftler überein, daß der Anlaß, diese Hinweise zu einer neuen, transzendentalen Psychologie auszuweiten, für Platon der persönliche Kontakt gewesen war, den er um 390 bei seinem Besuch im Westen der griechischen Welt mit den Pythagoreern aufnehmen konnte. Wenn ich recht habe mit meiner hypothetischen Vermutung hinsichtlich der historischen Vorläufer der pythagoreischen Bewegung, dann befruchtete Platon tatsächlich die Tradition des griechischen Rationalismus durch eine Kreuzung mit den magisch-religiösen Ideen, deren tiefere Wurzeln in die nördliche Schamanen-Kultur hineinreichen. Aber die Form, in der wir diese Vorstellungen bei Platon antreffen, ist das Ergebnis eines doppelten Prozesses der Deutung und Transponierung. Eine bekannte Stelle des ›Gorgias‹ zeigt uns an einem konkreten Beispiel, wie gewisse Philosophen — etwa solche Männer wie Platons Freund Archytas — alte mythische Phantasien über das Schicksal der Seele aufnahmen und ihnen neue, allegorische Bedeutungen unterlegten, wodurch ihnen nun moralischer und psychologischer Sinn verliehen wurde.[5] Solche Männer bereiteten Platon den Weg. Aber ich möchte doch annehmen, daß es Platon selbst war, der in einem wirklich schöpferischen Akt diese Vorstellung endgültig von der Ebene des Offenbarungsgutes auf die Ebene rationaler Beweisführung übertragen hat.

Der entscheidende Schritt lag in der Identifizierung des abtrennbaren „okkulten" Ich, das der Träger von Schuldgefühlen ist und gleichzeitig potentiell von göttlicher Art, mit der rationalen sokratischen *psyché*, deren Tugend eine Art von Wissen ist. Dieser Schritt enthielt eine vollständige Neudeutung der alten schamanistischen Kulturform, die aber gleichwohl ihre Vitalität bewahrte; ihre auffälligsten Züge sind bei Platon noch zu erkennen. So lebt der Glaube an die Seelenwanderung unverändert fort. Die Trance des Schamanen, seine absichtliche Loslösung des okkulten Ich vom Körper, ist zu jener Technik der geistigen Versenkung und Konzentration geworden, die zur Reinigung der rationalen Seele angewandt wird; und für diese Technik kann Platon in der Tat die Autorität eines überkommenen *lógos* in Anspruch nehmen.[6] Das Wissen um okkulte Zusammenhänge, das der Schamane in der Trance erwirbt, ist zur Schau metaphysischer Wahrheiten geworden; die „Erinnerung" an vergangene Erdenleben[7] wurde zur „Anámnesis" körperloser Formen, welche dann die Grundlage einer neuen Erkenntnistheorie bilden. Sodann geben auf mythischer Ebene der „lange Schlaf" und die „Unterweltfahrt" des Schamanen das direkte Vorbild ab für die Erlebnisse des Er, des Sohnes des Armenios.[8] Schließlich könnten wir vielleicht die viel diskutierten „Wächter" des platonischen Staates besser verstehen, wenn wir in ihnen eine neue Art rational gedeuteter Schamanen erblickten, die wie ihre primitiven Vorläufer auf ihre hohe Aufgabe durch eine besondere Disziplin vorbereitet werden, welche darauf abzielt, die ganze psychische Struktur zu modifizieren. Wie die Schamanen müssen sie sich einer Regel unterwerfen, die ihnen weitgehend die Erfüllung eines normalen menschlichen Lebens unmöglich macht; wie diese müssen sie ihren Kontakt mit den tiefen Ursprüngen der Weisheit durch periodische „Zurückgezogenheit" erneuern; und wie sie werden sie nach dem Tode dadurch belohnt, daß sie in der Welt der Geister eine besondere Stellung zugewiesen bekommen.[9] Es ist wahrscheinlich, daß Annäherungsversuche an diesen sehr spezialisierten menschlichen Typus in den pythagoreischen Gemeinschaften schon gemacht worden waren. Aber Platon träumte davon, dieses Experiment noch viel weiter ausführen zu können, es auf eine seriöse wissenschaftliche Basis zu stellen, um es als Instrument seiner Gegenreformation zu gebrauchen.

Dieses visionäre Gemälde einer neuen Art von herrschender Klasse ist oftmals als Beweis dafür angeführt worden, daß Platons Einschätzung der menschlichen Natur sehr unrealistisch war. Aber schamanistische Einrichtungen beruhen nicht auf der normalen menschlichen Natur. Ihre ganze Absicht ist es ja, | die Fähigkeiten einer außergewöhnlichen Persönlichkeit auszunutzen und zu kultivieren. Die ›Politeia‹ wird von einer ähnlichen Absicht beherrscht. Platon gibt freimütig zu, daß nur ein sehr kleiner Teil der Bevölkerung (φύσει ὀλίγιστον γένος) von Natur aus die Begabung besitze, welche die Voraussetzung für ihre Umwandlung zu Wächtern ist.[10] Für die übrigen — und das heißt für die überwältigende Mehrzahl der Menschheit — scheint er auf allen Stufen seines Denkens anerkannt zu haben, daß, sofern sie nicht den Versuchungen der Macht ausgesetzt sind, ein verständiger Hedonismus den besten Weg zu einem erfüllten Leben zeigen kann.[11] Aber in den Dialogen seiner mittleren Epoche war er so sehr mit den außergewöhnlichen Naturen und ihren entsprechenden Fähigkeiten befaßt, daß er wenig Interesse an der Psychologie des normalen Menschen zeigte.

In seinem späteren Werk jedoch, nachdem er den Traum vom Philosophenkönig als unrealisierbar aufgegeben und sich auf die Herrschaft des Gesetzes als zweitbeste Lösung zurückgezogen hatte,[12] wandte er seine Aufmerksamkeit in höherem Maße den Motiven zu, welche das normale menschliche Verhalten bestimmen. Selbst der Philosoph scheint von diesen Einflüssen nicht frei zu sein. Auf die Frage, ob irgend jemand von uns mit einem Leben sich begnügen könnte, in dem er zwar Weisheit, Verständnis, Wissen und eine umfassende Kenntnis der ganzen Geschichte besäße, aber weder Lust noch

Schmerz empfinden könnte, und sei es auch nur in geringem Maße, antwortet er im ›Philebos‹[13] mit einem emphatischen „Nein": Wir wurzeln im Gefühlsleben, das einen Teil unseres Menschseins ausmacht, und können es nicht einmal aufgeben, um „Betrachter aller Zeit und alles Seienden"[14] zu werden wie die Philosophenkönige. In den ›Gesetzen‹ wird gelehrt, die einzig brauchbare Basis einer öffentlichen Moral sei der Glaube, daß sich Redlichkeit bezahlt mache: „Denn kein einziger", sagt Platon, „würde, wenn er es verhindern könnte, einer Handlungsweise seine Zustimmung geben, die ihm nicht mehr Freude als Sorgen einbringt."[15] Mit dieser Äußerung scheinen wir wieder in der Welt des ›Protagoras‹ zu sein und in der von Jeremy Bentham. Die Stellung des Gesetzgebers ist aber nicht einfach der des kleinen Mannes gleich: Der möchte glücklich sein; aber Platon, der für ihn die Gesetze aufstellt, möchte, daß jener gut sei. Platon bemüht sich daher, ihn zu überzeugen, daß Güte und Glück zusammengehen. Zufällig glaubt Platon an die Richtigkeit dieses Satzes; würde er aber nicht daran glauben können, so möchte er die Richtigkeit doch noch behaupten; denn es wäre „die heilsamste Lüge, die je ausgesprochen worden ist"[16]. Nicht Platons eigene Stellung hat sich verändert; wenn sich überhaupt etwas gewandelt hat, dann ist es seine Einschätzung der menschlichen Fähigkeiten. In den ›Gesetzen‹ jedenfalls beruht die Tüchtigkeit des einfachen Mannes offensichtlich nicht auf einem Wissen oder nur auf der richtigen Meinung als solcher; vielmehr ist es ein Prozeß des Trainings oder der Gewöhnung,[17] durch den er veranlaßt wird, gewisse „heilsame" Glaubenssätze anzunehmen und nach ihnen zu handeln. Wie Platon meint, dürfte das nach allem nicht zu schwierig sein: Leute, die an Kadmos und die Drachenzähne glauben können, werden an alles glauben.[18] Weit entfernt von der Behauptung seines Meisters, daß „das ungeprüfte Leben für ein menschliches Wesen nicht lebenswert ist"[19], ist Platon nunmehr offenkundig der Meinung, daß die Mehrzahl der Menschen nur durch eine sorgfältig ausgewählte Ernährung mit „Zaubergesängen" (ἐπῳδαί)[20] in den Grenzen einer erträglichen moralischen Gesundheit gehalten werden kann, das heißt also, durch erbauliche Mythen und durch stärkende ethische Losungen. Man kann sagen, daß er im Prinzip Burckhardts Zweiteilung vorwegnimmt: Rationalismus für die Wenigen, Zauberei für die Vielen. Wir haben aber gesehen, daß sein Rationalismus mit Anschauungen verquickt ist, die einmal der Magie angehörten; andererseits werden wir später erkennen, wie seine „Zaubergesänge" rationalen Zwecken dienstbar gemacht werden sollen.

Auch in einer anderen Hinsicht hat die wachsende Einsicht in die Wichtigkeit der affektiven Faktoren Platon über die Grenzen des Rationalismus hinauswachsen lassen, der im fünften Jahrhundert herrschte. Das wird ganz klar an der Entwicklung seiner Theorie vom Bösen. Zwar nahm er gegen

Ende seines Lebens den sokratischen Satz wieder auf, daß „niemand einen Irrtum begeht, den er vermeiden könnte". Aber er hatte sich lange Zeit hindurch nicht bei dieser simplen Meinung des Sokrates beruhigt, die im sittlichen Irrtum so etwas wie eine falsche Perspektive erblickte.[22] Als Platon die magisch-religiöse Auffassung von der *psyché* übernahm, akzeptierte er auch zunächst den puritanischen Dualismus, welcher alle Sünden und Leiden der *psyché* auf die Befleckung zurückführte, die durch die Berührung mit einem sterblichen Leibe verursacht war. Im ›Phaidon‹ übertrug er diese Lehre in philosophische Begriffe und schuf für sie die Formulierung, welche klassisch werden sollte: Nur wenn durch den Tod oder durch Selbstzucht das rationale Ich von „der Torheit des Leibes"[23] gereinigt ist, kann es seine wahre Natur wiedererlangen, die göttlich und sündenlos ist; | das gute Leben ist die Realisierung dieser Reinigung, μελέτη θανάτου. Sowohl im Altertum wie heute war der gewöhnliche Leser bereit, dies als Platons letztes Wort in dieser Sache zu betrachten. Aber Platon war ein zu durchdringender und letztlich ein zu realistischer Denker, um sich mit der Theorie des ›Phaidon‹ lange begnügen zu können. Sobald er sich vom okkulten Ich weg und dem empirischen Menschen zuwandte, sah er sich genötigt, in der Seele selbst einen irrationalen Faktor anzuerkennen und daher vom sittlichen Bösen in Begriffen des psychologischen Konflikts (στάσις) zu denken.[24]

Das läßt sich schon im ›Staat‹ beobachten. Dieselbe Stelle aus Homer, die im ›Phaidon‹ den Dialog der Seele mit „den Leidenschaften des Körpers" veranschaulicht, dient im ›Staat‹ dazu, das innere Zwiegespräch zweier „Teile" der Seele auszudrücken.[25] Die Leidenschaften werden nicht länger als eine Infektion äußeren Ursprungs angesehen, sondern als ein notwendiger Teil des seelischen Lebens – was unserer heutigen Auffassung genau entspricht – und sogar als Quelle der Energie, wie die *libido* bei Freud, die entweder zur sinnlichen oder geistigen Aktivität umgeleitet werden kann.[26] Die Theorie vom inneren Konflikt, die im ›Staat‹ durch die Erzählung des Leontios lebhaft veranschaulicht worden ist,[27] wird im ›Sophistes‹ präzise formuliert[28] als mangelnde Übereinstimmung der Seele in sich als Folge „irgendeiner Verletzung"[29], also als eine Art von Seelenkrankheit. Diese soll die Ursache von Feigheit, Unmäßigkeit, Ungerechtigkeit und (wie es scheint) des moralisch Bösen insgesamt sein und streng getrennt werden von der Unkenntnis oder der intellektuellen Fehlleistung. Das ist eine Anschauung, die sich sehr von dem Rationalismus seiner frühesten Dialoge und auch von dem Puritanismus des ›Phaidon‹ unterscheidet und wesentlich tiefer sieht als beide. Ich halte sie für Platons persönliche Leistung.[30]

Doch Platon hatte das transzendente rationale Ich nicht aufgegeben, dessen vollkommene Einheit die Garantie für seine Unsterblichkeit ist. Im ›Timaios‹ versucht er, sein früheres Bild von der Bestimmung des Menschen mit Begriffen neu zu formulieren, die seiner späteren Psychologie und Kosmologie angemessen sind. Hier treffen wir wieder auf die ganzheitliche Seele des ›Phaidon‹, und es ist bedeutsam, daß Platon hier auf sie die alte religiöse Bezeichnung anwendet, welche Empedokles für das okkulte Ich gebraucht hatte: Er nennt sie den „Dämon".[31] Im ›Timaios‹ jedoch ist „auf ihr aufgebaut" eine andere Art von Seele, „die sterbliche, in der sich fürchterliche und unabweisbare Leidenschaften regen".[32] Bedeutet das nicht, daß für Platon die menschliche Persönlichkeit in Wirklichkeit in zwei Hälften zerbrochen ist? Es wird zweifellos nicht klar, welch ein Band einen unversehrbaren, im Haupte des Menschen thronenden Dämon verbindet oder verbinden könnte mit einem Komplex irrationaler Impulse, die in der Brust des Menschen hausen oder „angekettet wie ein ungezähmtes Tier" im Bauche. Wir fühlen uns an jene naive Ansicht des Persers bei Xenophon erinnert, für den es außer Frage stand, daß er zwei Seelen habe: Denn, so sagte er, dieselbe Seele konnte nicht zur gleichen Zeit gut sein und schlecht sein; sie konnte nicht im selben Moment nach guten und nach bösen Taten dürsten und eine besondere Tat in einem besonderen Augenblick ausführen wollen und nicht wollen.[33]

Aber wenn Platon den empirischen Menschen in Dämon und Tier aufspaltet, handelt er vielleicht doch nicht so inkonsequent, wie es einem modernen Leser scheinen möchte. Hier spiegelt sich eine ähnliche Teilung wider wie die, welche Platons Ansicht von der menschlichen Natur bestimmt: Die Kluft zwischen der unsterblichen und der sterblichen Seele entspricht jener zwischen Platons Traumbild vom Menschen, wie er sein sollte, und seiner Einschätzung des Menschen, wie er ist. Was Platon vom menschlichen, wirklich gelebten Leben zu denken gelernt hat, wird am klarsten in den ›Gesetzen‹. Dort lehrt er zweimal, daß der Mensch eine Puppe sei. Ob die Götter sie nur als Spielzeug oder zu einem ernsthaften Zweck entworfen haben, läßt sich nicht sagen. Alles, was wir wissen, ist, daß das Geschöpf an einer Schnur hängt und seine Hoffnungen und Ängste, seine Lüste und Leiden ihn herumstoßen und tanzen lassen.[34] An einer späteren Stelle bemerkt der Athener, daß es doch schade ist, daß wir die menschlichen Angelegenheiten so ernst nehmen, und fügt hinzu, der Mensch sei Gottes Spielzeug, „und das ist wirklich das Beste, was von ihm gesagt werden kann": Männer und Frauen sollten dementsprechend dieses Spiel so anmutig wie möglich ausführen und den Göttern bei Musik und Tanz das Opfer bringen; „so werden sie ihr Leben voll erleben in Übereinstimmung mit ihrer Natur, nach der sie eigentlich nur Puppen sind und recht wenig Wirklichkeit in sich tragen". „Du stellst unsere Menschenart als etwas sehr Geringes hin", antwortet der Spartaner, und der Athener rechtfertigt sich: „Ich dachte an Gott und fühlte mich veranlaßt so zu sprechen, wie ich es gerade tat. Nun, wenn dir das lieber ist, dann laß uns sagen, daß unsere Art | nicht gering ist; daß sie es wert ist, ein bißchen ernst genommen zu werden (σπουδῆς τινος ἄξιον)."[35] Platon weist hier auf einen religiösen Ursprung für diese Art des Denkens hin, die wir recht oft auch bei späteren religiösen Denkern antreffen, von Mark Aurel bis T. S. Eliot, welcher fast dieselben Worte gebraucht: „Menschliches Wesen kann nur sehr wenig Wirklichkeit ertragen." Das paßt zu dem Tenor so mancher anderer Stelle in den ›Gesetzen‹, zu der Ansicht, daß die Menschen ebenso ungeeignet sind, sich selbst zu leiten, wie eine Herde Schafe;[36] daß Gott, und nicht der Mensch, das Maß der Dinge ist;[37] daß der Mensch Gottes Eigentum ist (κτῆμα);[38] und daß, wenn er glücklich zu sein wünsche, er ταπεινός sein solle, „verworfen" vor Gott — ein Wort, das fast alle nichtchristlichen Schriftsteller, auch Platon an anderen Stellen, als einen Ausdruck der Geringschätzung gebrauchen.[39] Sollten wir dies alles als senile Verirrung, als den bitteren Pessimismus eines müden und reizbaren alten Mannes außer acht lassen? Es könnte so scheinen. Denn es steht in sonderbarem Widerspruch zu dem strahlenden Bild von der Seele göttlichem Wesen und Schicksal, welches Platon in seinen mittleren Dialogen entworfen und gewiß niemals verleugnet hat. Aber wir können an den Philosophen des ›Staates‹ erinnern, dem, wie dem *Megalópsychos* des Aristoteles, das menschliche Leben nicht als etwas Wichtiges (μέγα τι) erscheinen kann;[40] wir dürfen daran erinnern, daß im ›Menon‹ die Vielzahl der Menschen den Schatten verglichen wird, welche in Homers Hades dahinhuschen, und daß die Auffassung von den Menschen als eines Gottes Hab und Gut schon im ›Phaidon‹ zu finden ist.[41] Man sollte auch an eine andere Stelle des ›Phaidon‹ denken, wo Platon mit unverhohlenem Vergnügen die Zukunft seiner Mitmenschen voraussagt: Bei ihrer nächsten Inkarnation werden einige von ihnen Esel, andere Wölfe sein, während die μέτριοι, die respektablen Bürger, eine Verwandlung in Bienen oder Ameisen erwarten dürfen.[42] Das ist zweifellos zum Teil Platons Scherz. Aber es ist eine Art von Scherz, die an Jonathan Swift erinnert hätte. Er enthält die stillschweigende Voraussetzung, daß bis auf den Philosophen ein jeder am Rande der Möglichkeit lebt, ins Untermenschliche abzugleiten. Diese Ansicht ist aber (und das haben die alten Platoniker schon gesehen)[43] schwerlich mit der Auffassung zu vereinen, daß jede menschliche Seele im Wesen rational sei.

Angesichts dieser und anderer Stellen haben wir, meine ich, zwei Richtungen oder Tendenzen in Platons Denken über die Stellung des Menschen zu erkennen. Es finden sich Vertrauen und Stolz auf die menschliche Vernunft; | beide hat er vom fünften Jahrhundert übernommen; für sie hat er die religiöse Rechtfertigung gefunden, indem er die Vernunft mit dem okkulten Ich der schamanistischen Tradition identifizierte. Es findet sich aber auch die bittere Erkenntnis der menschlichen Nichtswürdigkeit, die ihm durch sein Erleben des zeitgenössischen Athen und Syrakus aufgenötigt wurde. Auch sie ließ sich in religiöser Sprache formulieren, als eine Verneinung des Wertes aller Aktivität und Reize dieser Welt im Vergleich zu den „Dingen im Jenseits". Ein Psychologe könnte sagen, daß die Beziehung zwischen den beiden Richtungen nicht die eines einfachen Gegensatzes sei, sondern daß die erste als Kompensation — vielleicht als Überkompensation — der zweiten fungiere: Je weniger sich Platon um die wirkliche Menschheit kümmerte, desto vornehmer dachte er von der Seele. Die Spannung zwischen beiden löste sich für einige Zeit in dem Traum von der Herrschaft der Heiligen, einer Elite gereinigter Männer, die die unvereinbaren Tugenden des Jogi und des Kommissars (um Koestlers Ausdrücke zu gebrauchen) in sich vereinigen und dadurch nicht nur sich selbst, sondern auch die Gesellschaft retten sollten. Aber als diese Illusion verblaßte, drang Platons zugrunde liegende Verzweiflung immer mehr an die Oberfläche und formte sich in religiöser Begrifflichkeit aus, bis sie ihren logischen Ausdruck in Platons letzten Vorschlägen für eine vollständig „geschlossene" Gesellschaft fand,[44] die nicht von der erleuchteten Vernunft, sondern (unter Gottes Leitung) durch Brauchtum und religiöses Gesetz gelenkt werden sollte. Der „Jogi" mit seinem Glauben an die Möglichkeit und Notwendigkeit intellektueller Umwandlung verschwand auch jetzt nicht ganz, aber er mußte gewiß den Rückzug vor dem „Kommissar" antreten, dessen Problem die Dressur des Menschenviehs ist. Nach dieser Deutung ist der Pessimismus der ›Gesetze‹ keine senile Verirrung. Sie ist vielmehr das Ergebnis der persönlichen Lebenserfahrung Platons, die ihrerseits die Ansätze für manche späteren Denker in sich barg.[45]

Im Wissen um diese Einschätzung der menschlichen Natur müssen wir Platons letzte Vorschläge zur Stabilisierung des Konglomerats betrachten. Aber bevor wir uns dem zuwenden, soll zunächst noch ein Wort über seine Ansichten von einem anderen Aspekt der irrationalen Seele gesagt werden, der uns in diesem Buch schon beschäftigt hat, nämlich die Bedeutung, die der Seele gewöhnlich als Quelle oder vermittelndes Organ einer intuitiven Einsicht zugeschrieben wird. In dieser Hinsicht scheint mir Platon sein ganzes Leben hindurch den Prinzipien seines Meisters treu geblieben zu sein. Kenntnis, abgehoben von der richtigen Meinung, ist für ihn eine Angelegenheit des Intellekts geblieben, der seine Annahmen mit rationalen Argumenten rechtfertigen kann. Den intuitiven Erkenntnissen sowohl der Seher als auch der Dichter spricht er beharrlich die Eigenschaften eines Wissens ab, nicht weil er sie notwendigerweise für grundlos hielt, sondern weil ihre Begründung nicht nachgewiesen werden kann.[46] Deshalb hielt er die griechische Gepflogenheit für richtig, in militärischen Dingen dem Oberbefehlshaber das letzte Wort zu erteilen, weil er ein erprobter Experte war, und nicht dem

Seher, der ihn auf dem Feldzug begleitete. Allgemein war es eine Sache der σωφροσύνη, des rationalen Urteils, zwischen einem echten Seher und dem Scharlatan zu unterscheiden.[47] In recht ähnlicher Weise müssen die Erzeugnisse der Dichtkunst der rationalen und moralischen Zensur eines erprobten Gesetzgebers unterworfen sein. Alles das hält sich im Rahmen des sokratischen Rationalismus.[48] Gleichwohl hatte Sokrates, wie wir gesehen haben,[49] die irrationale Intuition sehr ernst genommen, ob sie sich nun in Träumen äußerte, in der inneren Stimme des „Daimónion" oder durch die Stimme der Pythia. Auch Platon hebt betonend hervor, daß er sie ernst nimmt. Von den Pseudowissenschaften der Vogel- und Leberschau erlaubt er sich, mit kaum verhohlener Verachtung zu sprechen;[50] aber „der Wahnsinn, der als Gabe von den Göttern kommt", der Wahn, der den Propheten oder Dichter inspiriert oder die Menschen im korybantischen Taumel reinigt, er wird — wie wir in einem früheren Kapitel sahen — geachtet als echte Einwirkung des Übernatürlichen in das menschliche Leben.

Wieweit entspricht es Platons Absicht, wenn man diese Ausdrucksweise wörtlich nimmt? Diese Frage ist in den letzten Jahren oft gestellt und recht verschieden beantwortet worden;[51] Einmütigkeit wurde nicht erzielt und wird sich wahrscheinlich auch nicht erzielen lassen. Ich selbst möchte drei Dinge dazu sagen:

a) Platon kannte das Phänomen, das er für die echte und bedeutsame Analogie ansah zum Zustand des Mediums, zur dichterischen Schöpfung und zu gewissen pathologischen Offenbarungen des religiösen Bewußtseins, welche drei offenbar von außen „gegeben" wurden.[52]

b) Die traditionelle religiöse Deutung dieser Phänomene wurde, wie so manches andere in dem Konglomerat, | von ihm vorläufig übernommen, nicht etwa weil er sie für letztlich adäquat gehalten hätte, sondern weil ihm keine andere Sprache zur Verfügung stand, um dieses „Gegebensein" auszudrücken.[53]

c) Während er so den Dichter, den Propheten und den „Korybanten" (mit welchen ironischen Vorbehalten auch immer) in gewisser Hinsicht als Kanäle[54] göttlicher oder dämonischer[55] Gnadenwirkung gelten ließ, stufte er dennoch deren Tätigkeit weit unter der des rationalen Ich ein[56] und betonte, daß sie der Kontrolle und der Kritik des Verstandes unterworfen sein müßten, da der Verstand für ihn kein passives Spielzeug verborgener Mächte war, sondern eine aktive Manifestation der Gottheit im Menschen, ein Dämon mit eigenen Rechten. Ich vermute, daß Platon, wenn er heute lebte, zutiefst an der modernen Tiefenpsychologie interessiert wäre, aber voller Schrecken die Tendenz beobachten würde, die menschliche Vernunft auf die Funktion zu beschränken, die Antriebe aus dem Unbewußten vernünftig zu lenken.

Vieles von dem, was ich gesagt habe, läßt sich auch auf Platons vierten Typus des „göttlichen Wahnsinns" anwenden, auf den Wahnsinn des Eros. Auch hier lag ein „Gegebenes" vor, etwas, das dem Menschen widerfuhr, ohne daß er es wollte oder wußte, warum; das Werk also eines furchtbaren Dämons.[57] Auch hier — und hier tatsächlich vor allem[58] — erkannte Platon das Walten göttlicher Gnade, und er gebrauchte die alte religiöse Sprache[59], um diese Erkenntnis zu formulieren. Eros nimmt aber im platonischen Denken deshalb einen besonderen Platz ein, weil er die einzige Art der Erfahrung ist, die die zwei Naturen des Menschen vereinen kann, das göttliche Ich und das angekettete Tier.[60] Denn der Eros wird freimütig in der Schicht angesetzt, die der Mensch mit den Tieren gemein hat,[61] in die Schicht der physiologischen Geschlechtstriebe (eine Tatsache, die unglücklicherweise durch beständigen modernen Mißbrauch des Begriffs „platonische Liebe" verdunkelt wird); aber Eros bewirkt gleichfalls die dynamischen Impulse, welche die Seele vorwärtstreiben bei ihrer Suche nach einer Erfüllung, die die irdische Erfahrung übersteigt. So umspannt er den ganzen Umkreis der menschlichen Person und bildet die einzige empirisch faßbare Brücke zwischen dem Menschen, wie er ist, und dem, der er sein sollte. In der Tat kommt Platon hier dem Freudschen Konzept von *libido* und Sublimation sehr nahe. Aber wie mir scheint, hat er niemals diese Denkrichtung mit seiner übrigen Philosophie integriert; denn hätte er das getan, wäre der Begriff des Intellekts als einer unabhängigen Wesenheit, die nicht auf den Körper angewiesen ist, vielleicht gefährdet worden, und Platon wollte dieses Risiko nicht eingehen.[62]

Ich wende mich nun den Vorschlägen zu, die Platon zur Reform und Stützung des ererbten Konglomerats gemacht hat.[63] Sie werden in seinem letzten Werk, den ›Gesetzen‹, vorgetragen und können in folgender Weise kurz zusammengefaßt werden.

1. Er möchte dem religiösen Glauben eine logische Grundlage geben, indem er einige Grundvoraussetzungen beweist.
2. Er möchte ihm eine gesetzliche Grundlage geben, indem er die Grundvoraussetzungen in einem unveränderbaren Gesetzeskodex verankert und gesetzliche Strafen jedem androht, der in dieser Hinsicht Unglauben propagiert.
3. Er möchte ihm eine Grundlegung in der Erziehung gewährleisten, indem er die Grundvoraussetzungen zum verbindlichen Unterrichtsgegenstand für alle Kinder erklärt.
4. Er möchte für ihn eine Fundierung im Gesellschaftlichen schaffen durch Förderung einer innigen Vereinigung von religiösem und bürgerlichem Leben auf allen Stufen; wir würden sagen: eine Vereinigung von Kirche und Staat.

Man darf sagen, daß die Mehrzahl dieser Vorschläge darauf ausgerichtet war, die schon bestehende athenische Praxis zu bestärken und auszudehnen. Aber wenn wir sie zusammennehmen, können wir erkennen, daß sie den ersten Versuch darstellen, sich systematisch mit dem Problem zu befassen, wie man einen religiösen Glauben kontrollieren könnte. Das Problem als solches war neu: In einem Zeitalter ungebrochenen Glaubens denkt niemand daran, einen Beweis für die Existenz Gottes zu führen oder Methoden zu erfinden, den Glauben an ihn zu wecken. Einige der vorgeschlagenen Methoden waren auch offensichtlich neu: Vor allem scheint niemand vor Platon erkannt zu haben, wie wichtig das frühe religiöse Training für die Eingewöhnung des künftig Erwachsenen ist. Wenn wir sodann genauer auf die Vorschläge selbst schauen, wird es offenbar, daß Platon nicht nur zu erhalten suchte, sondern ebenso reformieren wollte; nicht nur sich bemühte, die traditionelle Struktur zu stützen, sondern auch das ausscheiden wollte, was eindeutig überaltert war, um es durch etwas Dauerhafteres zu ersetzen.

Platons Grundvoraussetzungen sind:
1. Es gibt Götter.
2. Sie kümmern sich um das Schicksal der Menschheit.
3. Sie können nicht bestochen werden.

Die Argumentation, mit der er diese Behauptungen zu beweisen versuchte, | interessiert uns hier nicht; sie gehört zur Geschichte der Theologie. Aber es wird sich lohnen, einige von den Überlegungen anzuführen, auf Grund deren er sich genötigt sah, mit der Tradition zu brechen, sowie einige, die ihn zur Zustimmung veranlaßten.

Wer, erstens, sind die Götter, deren Existenz Platon zu beweisen sucht und deren Verehrung er zu fördern trachtet? Die Antwort ist nicht frei von Mehrdeutigkeit. Was die Verehrung angeht, so liefert das vierte Buch der ›Gesetze‹ eine vollkommen traditionsbestimmte Liste: olympische Götter, Stadtgötter, Götter der Unterwelt, lokale Dämonen und Heroen.[64] Das sind die überlieferten Gestalten des Staatskultes, die Götter also, die — nach einer anderen Stelle in den ›Gesetzen‹ — „der herkömmlichen Sitte entsprechend existieren"[65]. Doch sind das die Götter, deren Dasein Platon beweisen zu können glaubte? Wir haben Veranlassung, das in Zweifel zu stellen. Im ›Kratylos‹ läßt er den Sokrates sagen, daß wir nichts von diesen Göttern wissen, nicht einmal ihre wahren Namen; und im ›Phaidros‹ heißt es, daß wir uns einen Gott in unserer Einbildung vorstellen (πλάττομεν), ohne jemals einen gesehen zu haben oder eine adäquate Vorstellung gebildet zu haben von dem, was er denn eigentlich ist.[66] An beiden Stellen bezieht er sich auf mythologische Götter. Daraus scheint zu folgen, daß der Kult solcher Götter keine rationale Grundlage haben kann, weder empirischer noch metaphysischer Art. Seine Gültigkeit steht allenfalls auf der Ebene, die Platon auch der Intuition des Dichters oder Sehers anweist.

Der höchste Gott in Platons persönlichem Glauben war nach meiner Ansicht ein höchst außergewöhnliches Wesen, eins, das (in den Worten des ›Timaios‹) „schwer zu finden und unmöglich den vielen zu beschreiben ist" [67]. Vermutlich empfand Platon, daß man solch einen Gott nicht in das Konglomerat einführen könnte, ohne es zu zerstören; er unternahm jedenfalls diesen Versuch nicht. Aber es gab eine Art von Göttern, die jedermann sehen konnte und deren Göttlichkeit von den vielen erkannt werden konnte; [68] über sie konnten die Philosophen, nach Platons Ansicht, logisch haltbare Aussagen machen. Diese „sichtbaren Götter" waren die Himmelskörper, oder genauer: die göttlichen Geister, von denen jene Körper beseelt und gelenkt wurden. [69] Die große Neuigkeit in Platons Reformplan war der Nachdruck, mit dem er nicht nur die Göttlichkeit von Sonne, Mond und Sternen betonte (denn das war nichts Neues), sondern ihre Verehrung forderte. In den ›Gesetzen‹ werden die Sterne nicht nur als „die Götter im Himmel" beschrieben und Sonne und Mond als „große Götter" bezeichnet, sondern Platon fordert nachdrücklich, daß ihnen vor allen Gebet und Opfer dargebracht sein sollen. [70] Und im Mittelpunkt seiner neuen Staatskirche soll ein Kult stehen, welcher Apollon und den Sonnengott Helios vereinigt. Ihm wird der höchste Priester zugeordnet, die feierlichsten Staatsopfer werden in diesem Kult weihevoll begangen. [71] Dieser Kultverband — an Stelle des erwarteten Zeuskultes — symbolisiert die Verschmelzung von alt und neu. Apollon vertritt den traditionellen Glauben der Masse, Helios die neue „Naturreligion" der Philosophen. [72] Das ist Platons letzter, verzweifelter Versuch, eine Brücke zwischen der Intelligenz und dem einfachen Volk zu schlagen und auf diese Weise die Einheit des griechischen Glaubens und der griechischen Kultur zu retten.

Eine ähnliche Verquickung von notwendiger Reform und notwendigem Kompromiß kann man bei Platon in der Behandlung seiner anderen Grundüberzeugungen beobachten. Wenn er sich mit dem alten Problem der göttlichen Gerechtigkeit befaßt, übersieht er beständig nicht nur den alten Glauben an den „Neid" der Götter, [73] sondern (mit gewissen Ausnahmen auf dem Gebiet der religiösen Gesetzgebung) [74] auch die alte Vorstellung, daß der Übeltäter in seinen Nachkommen bestraft wird. Daß der Täter auch mit seiner eigenen Person büßen soll, ist für Platon ein aufweisbares kosmisches Gesetz, das als ein Glaubensartikel gelehrt werden muß. Die Wirksamkeit dieses Gesetzes im einzelnen ist jedoch nicht nachzuweisen: Sie gehört in den Bereich des „Mythos" oder „Zauberliedes". [75] Seine eigene und endgültige Überzeugung in dieser Hinsicht hat er an einer eindrucksvollen Stelle des zehnten Buches der ›Gesetze‹ dargelegt: [76] Das Gesetz der kosmischen Gerechtigkeit ist ein Gesetz geistiger Anziehung. In diesem Leben wie in der ganzen Lebensfolge fühlt sich eine jede Seele natürlicherweise zur Gemeinschaft mit ihresgleichen hingezogen, und darin liegt ihre Bestrafung oder ihr Lohn. Der Hades, so deutet sich an, ist kein Ort, sondern ein seelischer Zustand.[77] Und Platon fügt eine andere Warnung an, eine Warnung, die den Übergang von der klassischen zur hellenistischen Anschauung markiert: Wenn ein Mensch persönliches Glück vom Leben erwartet, mag er sich daran erinnern, daß der Kosmos nicht um seinetwillen besteht, sondern er um der Weltordnung willen.[78] All dieses überstieg jedoch das Verständnis des einfachen Mannes, was Platon genau wußte. Daher verlangte er auch nicht, wenn ich ihn recht verstehe, daß man diese Lehre zu einem Abschnitt des verbindlichen und offiziellen Glaubensbekenntnisses mache. |

Auf der anderen Seite enthielt Platons dritte Voraussetzung — daß die Götter unbestechlich seien — einen drastischeren Eingriff in die überlieferte Ansicht und Praxis. Bedeutete sie doch die Verwerfung der üblichen Auffassung vom Opfer als einem Ausdruck der Dankbarkeit für noch ausstehende Gunstbezeigungen, „do ut des". Diese Auffassung hatte er schon lange vorher im ›Euthyphron‹ gebrandmarkt, weil sie ein kommerzielles Verfahren auf die Religion übertrug (ἐμπορική τις τέχνη).[79] Aber es ist doch wohl offenkundig, daß die Nachdrücklichkeit, mit der er sowohl in der ›Politeia‹ als auch in den ›Gesetzen‹ diese Haltung kritisiert, nicht nur auf theoretische Überlegungen zurückzuführen ist. Er greift vielmehr gewisse weitverbreitete Gepflogenheiten an, die in seinen Augen eine Bedrohung der öffentlichen Moral darstellen. Die „reisenden Priester und Wahrsager" und Produzenten von Reinigungszeremonien, die an der viel erörterten Stelle des zweiten Buches der ›Politeia‹ und dann wieder in den ›Gesetzen‹[80] bloßgestellt werden, sind meiner Meinung nach nicht jene unbedeutenden Scharlatane, die in jeder Gesellschaft Jagd auf die Dummen und Abergläubischen machen. Denn an beiden Stellen wird ihnen nachgesagt, daß sie ganze Städte verführen,[81] ein Ruhm, den die kleineren Betrüger selten erreichten. Die platonische Kritik geht nach meiner Ansicht weiter, als es einige Gelehrte zugeben wollten: Ich glaube, er greift hier die gesamte Tradition der rituellen Reinigung an, soweit sie sich in den Händen privater, „nicht approbierter" Personen befand.[82]

Das heißt aber nicht, daß er die rituelle Reinigung insgesamt verdammt wissen wollte. Für Platon selbst bestand zweifellos die einzige echte und wirksame Katharsis in der Übung der geistigen Versenkung und Konzentration, die im ›Phaidon‹ beschrieben wird[83]: Der geübte Philosoph konnte seine Seele ohne Hilfe eines Rituals reinigen. Der einfache Mann jedoch konnte das nicht, und nach Platons Überzeugung war der Glaube des einfachen Mannes an die Wirkung der rituellen Katharsis viel zu tief verwurzelt, als daß man seine vollständige Beseitigung hätte anstreben können. Er empfand jedoch, daß eine Art von Kirche, und ein Kanon autorisierter

Riten, nötig war, wenn die Religion davor bewahrt werden sollte, zu entgleisen und eine Gefahr für die öffentliche Moral zu werden. Auf dem Gebiet der Religion wie auf dem der Moral war der große und zu bekämpfende Gegner der antinomistische Individualismus, und Platon schaute auf Delphi, als er die Abwehr zu planen unternahm. Wir brauchen nicht anzunehmen, daß Platon an eine Verbalinspiration der Pythia geglaubt hat. Ich stelle mir | vor, daß seine Haltung Delphi gegenüber mehr der des modernen „politischen Katholizismus" dem Vatikan gegenüber geglichen hat: Er erblickte in Delphi eine große konservative Macht, die mobilisiert werden konnte, um die griechische religiöse Tradition zu stützen und der Ausdehnung des Materialismus wie dem Zunehmen abweichender Tendenzen innerhalb der Tradition selbst Einhalt zu gebieten. Deshalb besteht er sowohl in der ›Politeia‹ als auch in den ›Gesetzen‹ darauf, daß die Autorität Delphis in allen religiösen Angelegenheiten absolut sei.[84] Daher erklärt sich auch die Wahl des Apollon als Teilhaber des Helios an der hervorragendsten Stellung, welche die Hierarchie der Staatskulte bieten sollte: Während Helios den wenigen eine relativ rationale Form der Verehrung ermöglichte, sollte Apollon den vielen in wohlbemessenen und harmlosen Dosen archaischen Ritualzauber zuteilen, nach dem sie verlangten.[85]

Von solchem legalisierten Zauber bieten die ›Gesetze‹ manches Beispiel, von denen einige sogar überraschend primitiv sind. So soll man zum Beispiel ein Tier oder sogar einen toten Gegenstand, welche den Tod eines Menschen verursacht haben, vor Gericht führen, verurteilen und aus dem Bereich der Stadt verbannen, denn sie sind Träger eines „míasma", einer Befleckung.[86] In diesen und vielen anderen Dingen folgt Platon der athenischen Praxis und der delphischen Autorität. Wir sind nicht genötigt anzunehmen, daß er selbst Vorgängen dieser Art irgendwelchen Wert beigemessen hätte. Sie waren der Preis, der für die Inanspruchnahme von Delphi und für die Eingrenzung des Aberglaubens gezahlt werden mußte.

Es müssen noch ein paar Worte über die Maßnahmen gesagt werden, mit denen Platon die Annahme seiner überarbeiteten Fassung der traditionellen Glaubensvorstellungen durchgesetzt wissen wollte. Diejenigen, die in Wort oder Tat gegen sie verstoßen, sollen den Gerichten angezeigt werden und, wenn man sie für schuldig befindet, zu mindestens fünf Jahren Einzelhaft in einer Erziehungsanstalt verurteilt werden, wo sie intensiver religiöser Beeinflussung ausgesetzt, aber von jeglichem anderen menschlichen Kontakt abgeschnitten sind. Erzielt dieses Vorgehen keine Besserung, sollen sie zum Tode verurteilt werden.[87] Platon möchte in der Tat die Ketzerprozesse des fünften Jahrhunderts wiederaufleben lassen (er macht deutlich, daß er Anaxagoras verurteilen würde, wenn er seine Ansichten nicht berichtigte).[88] Das einzig Neue an seinen Vorschlägen ist die psychologische Behandlung der Schuldigen. Daß das Schicksal des Sokrates Platon nicht vor den Gefahren gewarnt hat, die solchen Maßnahmen innewohnen, mag seltsam scheinen.[89] | Aber er empfand offensichtlich, daß Gedankenfreiheit in religiösen Belangen eine so *schwerwiegende Bedrohung* für die Gesellschaft mit sich brachte, daß man zu solchen Maßnahmen zu greifen genötigt war. „Häresie" ist in diesem Zusammenhang vielleicht ein Wort, das zu Fehldeutung Anlaß geben könnte. Platons Entwurf eines theokratischen Staates weist zwar in der Tat schon auf mittelalterliche Theokratien voraus. Aber die mittelalterliche Inquisition war ja vorzüglich darauf aus, die Menschen davor zu bewahren, daß sie in der kommenden Welt für die in dieser Welt gehegten falschen Überzeugungen leiden müßten. Nach außen hin jedenfalls war sie der Versuch, die Seele auf Kosten des Leibes zu retten. Platons Anliegen war ein ganz anderes. Er war bestrebt, die Gesellschaft vor der Verseuchung durch gefährliches Gedankengut zu bewahren, welches nach seiner Ansicht offenkundig die Grundlagen des sozialen Verhaltens zerstörte.[90] Jede Lehre, die der Überzeugung Abbruch tat, daß Redlichkeit die beste Richtschnur der Politik sei, mußte nach seiner Überzeugung als antisozial unterdrückt werden. Die Motive, die sich hinter seiner Gesetzgebung verbergen, sind also wirklichkeitsnah und von weltlicher Art. In dieser Hinsicht ist daher die nächste historische Parallele nicht in der Inquisition, sondern in jenen Prozessen gegen „die intellektuellen Abweichler" zu sehen, mit denen unsere Generation so vertraut ist.

Das also waren in Kürze Platons Vorstellungen von der Reform des Konglomerats. Sie wurden nicht realisiert, das Konglomerat nicht umgestaltet. Ich hoffe aber, daß das nächste und letzte Kapitel zeigen wird, warum ich glaubte, daß eine Beschäftigung mit diesem Gegenstande sich verlohne.

Achtes Kapitel

DIE FURCHT VOR DER FREIHEIT

Die ärgsten Schwierigkeiten für einen Menschen beginnen dann, wenn er in der Lage ist, nach eigenen Entscheidungen zu handeln. T. H. Huxley

Ich muß dieses letzte Kapitel mit einem Geständnis beginnen. Als ich die Grundlinien der Vorlesungsreihe, auf die dieses Buch zurückgeht, zum erstenmal skizzierte, war es noch meine Absicht, die griechische Einstellung zu gewissen Problemen während des ganzen Zeitraums zu verfolgen, der zwischen Homer und den letzten nichtchristlichen Neuplatonikern liegt. Dieser Zeitraum ist annähernd dem gleich, der uns von der Antike trennt. Aber als sich das Material häufte und die Vorlesungen niedergeschrieben wurden, stellte es sich heraus, daß der Plan undurchführbar war, es sei denn, man hätte eine nicht gutzuheißende Oberflächlichkeit in Kauf genommen. So gesehen, habe ich tatsächlich nur etwas mehr als ein Drittel des vorgesehenen Zeitraums behandelt, und selbst hier mußte ich noch viele Lücken lassen. Der größere Teil der Geschichte bleibt ungesagt. Ich kann nur versuchen, einen Ausblick auf rund acht Jahrhunderte zu geben und mich in recht unspezifischer Weise zu fragen, welchen Wandlungen gewisse menschliche Verhaltensweisen unterworfen waren, und aus welchen Gründen. Ich habe nicht die Hoffnung, bei einer so knappen Übersicht zu irgendwelchen exakten oder zuverlässigen Antworten zu kommen. Aber es wird schon ein Erfolg sein, wenn wir ein Bild von den Problemstellungen bekommen und sie mit angemessenen Begriffen formulieren können.

Unsere Übersicht beginnt mit der Zeit, in der der griechische Rationalismus an der Schwelle zu seinem endgültigen Triumph zu stehen scheint, mit der großen Epoche geistiger Entdeckung, die mit der Gründung des Lykeions um 335 v. Chr. beginnt und bis zum Ende des dritten Jahrhunderts andauert. Diese Zeit erlebte die Umformung der griechischen Wissenschaft aus einem Wirrwarr ungeordneter Einzelbeobachtungen, in die sich Mutmaßungen a priori mischten, zu einem System methodisch verfahrender Disziplinen. In den | nicht unmittelbar anwendbaren Wissenschaften der Mathematik und Astronomie wurde eine Höhe erreicht, die vor dem sechzehnten Jahrhundert nicht wieder erzielt werden konnte. Man unternahm den ersten organisierten Forschungsversuch auf vielen Gebieten, in der Botanik, Zoologie, Geographie und in der Geschichte der Sprache, der Literatur und der gesellschaftlichen Einrichtungen. Aber diese Zeit erwies sich nicht nur auf dem Gebiet der Wissenschaft als unternehmend und schöpferisch. Man könnte meinen, daß die plötzliche Öffnung des räumlichen Horizonts, ein Resultat der Eroberungen Alexanders, zugleich auch den geistigen Horizont geweitet habe. Obwohl ihr die Freiheit in politischer Hinsicht mangelt, hat die Gesellschaft des dritten Jahrhunderts v. Chr. unter vielen Aspekten die größte Annäherung an eine „offene"[1] Gesellschaft vollzogen, die die Welt bis dahin erlebt hatte und die größer war als irgendeine der folgenden Jahrhunderte bis auf die allerjüngste Zeit. Natürlich lebten die Traditionen und Einrichtungen der alten „geschlossenen" Gesellschaft noch und waren noch einflußreich. Die Eingliederung des Stadtstaates in eins der hellenistischen Königreiche ließ ihn nicht über Nacht seine moralische Relevanz verlieren. Aber wenn auch die Polis noch bestand, so waren doch, wie es jemand gesagt hat, ihre Mauern niedergerissen. Ihre Einrichtungen waren der rationalen Kritik ausgesetzt, ihre Lebensformen wurden in zunehmendem Maße von einer kosmopolitischen Kultur durchdrungen und modifiziert. Zum erstenmal in der griechischen Geschichte spielte es kaum noch eine Rolle, wo ein Mann geboren war und wer seine Vorfahren waren. Die Männer, welche das geistige Leben des damaligen Athens beherrschten, Aristoteles und Theophrast, Zenon, Kleanthes und Chrysippos, waren alle Fremde; nur Epikur stammte aus einem athenischen Geschlecht, war aber in einer Kolonie geboren.

Parallel zu der Nivellierung der lokalbedingten Faktoren, dieser Bewegungsfreiheit im Räumlichen, bewegte sich eine Ausschaltung zeitlicher Beschränkungen, eine neue Freiheit für den Geist, rückwärts in die Zeit auszugreifen und nach Belieben aus dem menschlichen Erfahrungsschatz der Vergangenheit die Elemente auszuwählen, die er am leichtesten übernehmen und ausnutzen konnte. Das Individuum begann, bewußt die Tradition zu *nutzen*, statt sich von ihr benutzen zu lassen. Das ist am auffälligsten bei den hellenistischen Dichtern, deren Situation in dieser Hinsicht der unserer heutigen Dichter und Künstler gleicht. „Wenn wir heute von Tradition sprechen", sagt | W. H. Auden, „so meinen wir nicht mehr das, was das achtzehnte Jahrhundert darunter verstand, eine Weise des Tätigseins, die von einer Generation der anderen überliefert wird; *wir* meinen ein Wissen darum, daß die gesamte Vergangenheit in der Gegenwart da ist. Originalität besagt nicht mehr eine leichte, persönlich getönte Modifizierung unmittelbarer Vorgänger; sie meint die Fähigkeit, in irgendeinem anderen Werk aus irgendeiner Zeit oder Gegend Anhaltspunkte für die Behandlung seines eigenen Gegenstandes zu finden."[2] Daß sich dies von den meisten, wenn

---

[1] Anmerkungen zum achten Kapitel s. S. 255 ff.

nicht allen, hellenistischen Dichtern sagen läßt, bedarf kaum des Beweises. Es vermag Vorzug und Schwäche von Werken wie die ›Argonautika‹ des Apollonios oder die ›Aitia‹ des Kallimachos zu erklären. Man kann diese Sätze aber auch auf die hellenistische Philosophie anwenden: Epikurs Benutzung des Demokrit und die Rückgriffe der Stoiker auf Heraklit sind Beispiele für sie. Wie wir bald sehen werden,[3] stehen sie auch in gewisser Beziehung zum Komplex der religiösen Glaubensvorstellungen.

Sicherlich findet in dieser Zeit der griechische Stolz auf die menschliche Vernunft seinen zuversichtlichsten Ausdruck. Wir sollten, sagt Aristoteles, die alte Lebensregel verwerfen, die Demut anriet, indem sie dem Menschen Menschliches zu denken gebot (θνητὰ φρονεῖν τὸν θνητόν); denn der Mensch birgt in sich etwas Göttliches, die Vernunft, und im Maße, in dem er auf dieser Erfahrungsebene leben kann, vermag er zu leben, als ob er unsterblich wäre.[4] Der Begründer der Stoa ging noch weiter: Für Zenon war der menschliche Intellekt nicht nur verwandt mit Gott, er war Gott, ein Teil der göttlichen Substanz in ihrem reinen oder aktiven Zustand.[5] Und obwohl Epikur solche Ansprüche nicht erhebt, behauptet er doch, daß man durch beständige Betrachtung der philosophischen Wahrheiten „wie ein Gott unter den Menschen" leben könnte.[6]

Nun entspricht das gewöhnliche Menschenleben diesen Vorstellungen natürlich nicht. Aristoteles wußte, daß keiner ein Leben der reinen Vernunft länger als sehr kurze Zeit ertragen kann.[7] Er und seine Schüler wußten, besser vielleicht als alle anderen Griechen, die Notwendigkeit, sich mit den irrationalen Faktoren des Verhaltens zu befassen, richtig einzuschätzen, wenn man zu einem realistischen Verständnis der menschlichen Natur kommen will. Ich habe die Verständigkeit und Subtilität ihres Zugangs zu diesen Problemen kurz dargestellt,[8] als ich über die kathartische Wirkung der Musik und über Traumtheorien sprach. Wenn es die Umstände erlaubten, würde ich gern ein ganzes Kapitel der Behandlung des Irrationalen durch Aristoteles gewidmet haben; diese Unterlassung wird man vielleicht entschuldigen, da es eine ausgezeichnete, kurze Abhandlung gibt, Mlle. Croissants Buch ›Aristote et les Mystères‹, das sich in interessanter und gründlicher Weise zwar nicht mit dem ganzen Gegenstand, aber mit einigen seiner bedeutsamsten Aspekte befaßt.[9]

Aristoteles' erste Schritte auf eine empirische Psychologie und besonders eine Psychologie des Irrationalen hin wurden unglücklicherweise nach der ersten Generation seiner Schüler nicht fortgesetzt. Als sich die Naturwissenschaften vom Studium der eigentlichen Philosophie absonderten, etwa zu Beginn des dritten Jahrhunderts, blieb die Psychologie in der Obhut der Philosophen (von denen sie — ich glaube, zu ihrem Nachteil — bis in allerjüngste Zeit betreut worden ist). Und die dogmatisch eingestellten Vernunftphilosophen der hellenistischen Zeit scheinen sich wenig um eine objektive Betrachtung des Menschen bemüht zu haben. Ihre Aufmerksamkeit richtete sich einseitig auf das strahlende Bild des Menschen, wie er sein sollte, auf den Idealtyp des *sapiens* oder Weisen. Um diesem Bilde Wahrscheinlichkeit zu verleihen, griffen Zenon und Chrysippos hinter Aristoteles und hinter Platon zurück auf den naiven Intellektualismus des fünften Jahrhunderts. Das Erreichen sittlicher Vollkommenheit, behaupteten sie, sei unabhängig von natürlicher Veranlagung und von Gewöhnung; es sei lediglich von der Übung der Vernunft abhängig.[10] Es gab auch keine „irrationale Seele", mit der die Vernunft hätte streiten müssen: Die sogenannten Leidenschaften seien nur einem irrigen Urteil zuzuschreiben oder krankhaften Störungen, die ihrerseits Folgen von Urteilsirrtümern seien.[11] Man berichtige den Irrtum, und die Störungen werden automatisch verschwinden und einen Geist zurücklassen, der weder von Freude noch Sorge berührt, weder von Hoffnung noch Furcht beunruhigt wird, „leidenschaftslos, erbarmungslos und vollkommen".[12]

Diese verstiegene Psychologie wurde für zwei Jahrhunderte übernommen und durchgehalten, nicht etwa wegen ihrer Verdienste, sondern weil man sie in einem Moralsystem nicht glaubte entbehren zu können, das darauf abzielte, altruistisches Handeln mit vollkommener innerer Freiheit zu vereinen.[13] Poseidonios lehnte sich dagegen auf, wie wir wissen, und verlangte eine Rückkehr zu Platon;[14] er wies darauf hin, daß die Theorie des Chrysippos sowohl der Beobachtung widersprach, nach der die Faktoren des Charakters angeboren sind,[15] als auch der sittlichen Erfahrung, welche das Irrationale und das Böse als unausrottbar in der menschlichen Natur verwurzelt offenbart und zeigt, | daß sie nur durch eine Art von „Katharsis" beherrscht werden können.[16] Aber sein Protest reichte nicht aus, um diese Theorie zu Fall zu bringen. Orthodoxe Stoiker redeten weiterhin in intellektualistischen Begriffen, obwohl ihre Überzeugungskraft sich vielleicht verminderte. Auch die Einstellungen der Epikureer oder der Skeptiker waren in diesem Punkte nicht sehr unterschiedlich. Beide Schulen hätten gern die Leidenschaften aus dem menschlichen Dasein verbannt. Beider Ideal war die *ataraxía*, das Freisein von störenden Emotionen. Und dies sollte man im ersten Fall erreichen können, indem man sich die richtigen Ansichten von Mensch und Gott bildete, im zweiten, indem gar keine Meinungen gehegt wurden.[17] Die Epikureer erhoben denselben arroganten Anspruch wie die Stoiker, daß es außerhalb der Philosophie keine Tugend geben könnte,[18] ein Anspruch, den weder Aristoteles noch Platon je gemacht haben.

Zu dieser rationalistischen Psychologie und Ethik gesellte sich eine Vernunftreligion. Für den Philosophen stellte sich der wesentliche Teil der Religion nicht mehr in den Kulthandlungen dar, sondern in der schweigenden Betrachtung des Göttlichen und in der Realisierung der Verwandtschaft, die den Menschen mit dem Göttlichen verband. Der Stoiker schaute zum gestirnten Himmel auf, und er fand dort dieselbe rationale und sittliche Zweckmäßigkeit verkörpert, die er in seiner Brust entdecken konnte. Der Epikureer, in gewisser Hinsicht der geistigere von beiden, sann über die unsichtbaren Götter nach, welche fern in den Intermundien weilen, und fand so die Kraft, sein Leben dem ihrigen anzugleichen.[19] Für beide Schulen hatte die Gottheit aufgehört, gleichbedeutend mit willkürlicher Macht zu sein, und war statt dessen Verkörperung eines Vernunftideals geworden. Diese Umwandlung war das Werk der griechischen Denker der klassischen Zeit, besonders Platons. Wie Festugière mit Recht betont hat,[20] läßt sich die stoische Religion unmittelbar vom ›Timaios‹ und den ›Gesetzen‹ herleiten, und selbst Epikur stand bisweilen Platon geistig näher, als er wissen wollte.

Zugleich waren alle hellenistischen Schulen — vielleicht sogar die Skeptiker[21] — ebenso wie Platon zu seiner Zeit besorgt, einen offenen Bruch mit den überkommenen Kultformen zu vermeiden. Zwar erklärte Zenon die Tempel für überflüssig; Gottes wahrer Tempel sei die menschliche Vernunft.[22] Und Chrysippos hielt mit seiner Meinung nicht zurück, daß es kindisch sei, sich Götter in menschlicher Gestalt vorzustellen.[23] Aber dennoch hatte der Stoizismus Platz für die anthropomorphen Götter, weil er sie als allegorische Gestalten oder Symbole ansah.[24] Und wenn wir im Hymnus des Kleanthes den stoischen Gott mit Beinamen und Attributen des homerischen Zeus geschmückt finden, dann ist das, meine ich, mehr als nur eine stilistische Äußerlichkeit: Ich sehe darin den ernsthaften Versuch, die alten Formen mit neuer Bedeutung zu füllen.[25] Auch Epikur war bemüht, die Formen zu erhalten und ihren Inhalt zu läutern. Er war ängstlich darauf bedacht, so wird berichtet, alle Kultgebräuche zu beachten,[26] betonte aber immer wieder, man müsse sie von aller Angst vor göttlichem Zorn oder von der Hoffnung auf materielle Belohnung reinigen. Für ihn war wie für Platon die Ansicht, welche im „do ut des" das Wesen der Religion erblickt, die schlimmste Blasphemie.[27]

Es wäre unklug, anzunehmen, solche Versuche, die Überlieferung zu läutern, seien von großem Einfluß auf den Volksglauben gewesen. „Das, was ich weiß, mißbilligt die Menge", sagt Epikur, „und was die Menge lobt, das kenne ich nicht."[28] Es läßt sich auch nicht leicht ermitteln, was denn die Menge zur Zeit Epikurs billigte. Damals wie heute war der einfache Mann in der Regel nur in der Lage, sich auf seinem Grabstein über solche Dinge deutlicher zu äußern, und selbst da nicht immer. Vorhandene Grabsteine aus hellenistischer Zeit sind weniger schweigsam als solche aus früheren Zeiten und lassen zum mindesten erkennen, daß der alte Hadesglaube langsam schwindet und allmählich verdrängt wird entweder von einer ausdrücklichen Leugnung jedes Nachlebens oder aber von vagen Hoffnungen, daß der Verschiedene in eine bessere Welt gelangt sei, „zu den Inseln der Seligen", „zu den Göttern", ja sogar „zum ewigen Kosmos".[29] Man sollte keine zu weittragenden Schlüsse aus den Grabinschriften der letzten Art ziehen. Weiß man doch, daß die bekümmerten Hinterbliebenen geneigt sind, „eine passende Inschrift" anbringen zu lassen, die keineswegs immer mit der wirklichen Überzeugung übereinstimmt.[30] Zusammengesehen weisen die Grabinschriften aber doch darauf hin, daß die Auflösung des Konglomerats eine weitere Stufe erreicht hat.

Hinsichtlich der Staats- oder Bürgerreligion darf man erwarten, daß sie durch den Verlust der Polis-Autonomie in Mitleidenschaft gezogen worden ist. Im Stadtstaat waren Religion und öffentliches Leben zu eng miteinander verknüpft, als daß die eine Seite hätte Schaden nehmen können, ohne daß die andere mitbetroffen wäre. Daß aber die Staatsreligion in Athen tatsächlich recht jäh zu verfallen drohte, kann man an dem Hymnus des Hermokles auf Demetrios Poliorketes erkennen:[31] Zu keinem früheren Zeitpunkt hätte ein Hymnus, der bei einem wichtigen staatlichen Ereignis vorgetragen wurde, die Götter der Stadt für unerheblich oder nicht vorhanden erklären können und behaupten dürfen, diese nutzlosen Steinblöcke würden nunmehr von einem „wirklichen" Gott verdrängt, von Demetrios selbst.[32] Die Schmeichelei mag unaufrichtig sein, nicht dagegen der Skeptizismus. Dieser muß allenthalben Widerhall gefunden haben, da der Hymnus sehr populär gewesen sein soll.[33] Daß die hellenistische Herrscherverehrung *immer* unaufrichtig gewesen sei – also ein politischer Trick *und nichts mehr* – wird keiner, meine ich, glauben, der in unseren Tagen das ständige Wachsen der Verehrung beobachtet, die Diktatoren, Königen oder – falls beide fehlen – Sportlern von den Massen entgegengebracht wird.[34] Wenn sich die alten Götter zurückziehen, rufen die leeren Throne nach einem Nachfolger, und durch kluge Manipulation, manchmal sogar ohne sie,[35], wird sich fast jeder vergängliche Erdenbewohner auf den leeren Sitz heben lassen können. Soweit sie religiöse Bedeutung für das Individuum haben, sind der Herrscherkult und seine antiken oder modernen Entsprechungen[36] in erster Linie, so wie ich sie sehe, Ausdruck von hilfloser Abhängigkeit. Wer ein anderes menschliches Wesen als göttlich behandelt, weist sich selbst dadurch die abhängige Stellung eines Kindes oder eines Tieres zu. Ein verwandtes Gefühl liegt meiner Meinung nach einem Charakterzug der frühen hellenistischen Zeit zugrunde, nämlich der weiten Verbreitung des Kultes der *týche*, des „Glücks" oder „Zufalls". Ein solcher Kult ist nach Nilssons Worten „die letzte Entwicklungsstufe in der Säkularisierung der Religion";[37] in Ermangelung irgendeines positiven Gegenstandes richtet sich das Gefühl der

Abhängigkeit auf die rein negative Vorstellung eines Unerklärlichen und Unvorhersagbaren, welches die Tyche ist.

Ich möchte nicht von einer komplexen Situation dadurch einen falschen Eindruck vermitteln, daß ich sie über Gebühr vereinfache. Die öffentliche Verehrung der Staatsgottheiten wurde natürlich fortgesetzt; bildete sie doch einen anerkannten Teil des politischen Lebens, die gebilligte Äußerung des bürgerlichen Patriotismus. Aber ich glaube, man könnte von ihr mit gutem Recht dasselbe sagen, was auch vom Christentum unserer Tage gesagt worden ist, daß es „mehr oder weniger eine gesellschaftliche Routine" geworden ist, „ohne Einfluß auf die Lebensziele".[38] Andererseits setzte der fortschreitende Verfall der Tradition den religiös veranlagten Menschen frei, sich seine eigenen Götter zu wählen,[39] so wie in sehr ähnlicher Weise der Dichter die Freiheit bekam, die ihm angemessene Stilform zu suchen; und die Anonymität und Vereinsamung des Lebens in den neuen Großstädten, in denen der einzelne sich als unbedeutend empfunden hat, mag bei vielen das Gefühl verstärkt haben, eines göttlichen Freundes und Helfers zu bedürfen. Die berühmte Bemerkung von Whitehead, daß „Religion das ist, was der einzelne mit seiner Einsamkeit anfängt"[40] — man mag über sie als allgemeine Definition denken, wie man will —, beschreibt recht genau die religiöse Situation seit der Zeit Alexanders des Großen. Das eine, was das Individuum in dieser Zeit mit seiner Einsamkeit anfing, war die Bildung kleiner privater Zirkel, die sich der Verehrung einzelner alter oder neuer Götter widmeten. Inschriften berichten uns von der Tätigkeit solcher „Apolloniasten" oder „Hermaisten", der „Iobacchen" oder „Sarapiasten", aber wir können ihre Überzeugungen kaum erkennen. Wir können tatsächlich nur sagen, daß diese Gemeinschaften sowohl gesellschaftlichen als auch religiösen Zwecken dienten, wobei das Verhältnis von beiden zueinander für uns unbekannt bleibt und wahrscheinlich variabel war. Einige mögen kaum mehr als Tischgesellschaften gewesen sein; andere werden ihren Mitgliedern ein echtes Gefühl von Gemeinschaft mit der göttlichen Person vermittelt haben, die sie sich als Gönner oder Schutzherrn erkoren hatten. In dieser Weise ersetzten sie die überkommene lokal bedingte Gemeinschaft der alten geschlossenen Gesellschaft.[41]

So etwa stellten sich — in ganz groben Umrissen — die Beziehungen zwischen Religion und Rationalismus im dritten Jahrhundert dar.[42] Mit einem Blick auf das Bild, das sich als ganzes bot, konnte ein kluger Beobachter um das Jahr 200 v. Chr. durchaus die Voraussage machen, daß innerhalb weniger Generationen die überlieferte Struktur sich vollständig auflösen würde und dann das vollkommene Zeitalter der Vernunft anbräche. Er hätte sich allerdings in beiderlei Hinsicht gänzlich getäuscht, wie ja auch ähnliche Voraussagen der Rationalisten des neunzehnten Jahrhunderts sich als falsch herauszustellen scheinen. Es würde unseren angenommenen griechischen Rationalisten sehr überrascht haben, daß ein halbes Jahrtausend nach seinem Tode Athene immer noch jährlich ein neues Gewand von ihrem dankbaren Volk als Gabe überreicht bekam;[43] daß man in Megara immer noch Stiere den Heroen zum Opfer brachte, die in den Perserkriegen vor achthundert Jahren gefallen waren;[44] daß alte Tabus bezüglich der rituellen Reinheit an vielen Orten immer noch streng beachtet wurden.[45] Die *vis inertiae*, die solche Erscheinungen über die Zeiten rettet — Matthew Arnold hat das einmal „die größtmögliche Langsamkeit der Dinge" genannt[46] —, hat bisher kein Rationalist genügend berücksichtigt. Die Götter ziehen sich zurück, | aber die Liturgie bleibt, und niemand außer einigen Intellektuellen bemerkt, daß sie nun nichts mehr bedeutet. In einem substantiellen Sinne ging das ererbte Konglomerat schließlich nicht durch die Auflösung zugrunde; große Teile blieben durch Jahrhunderte bestehen, eine vertraute, abgenutzte, fast liebenswerte Fassade, bis dann eines Tages die Christen die Fassade umstürzten und entdeckten, daß hinter ihr sich faktisch nichts verbarg, höchstens ein verblaßter Lokalpatriotismus und ein veraltetes Gefühl.[47] So wenigstens geschah es in den Städten; für die Landbevölkerung, die *pagani*, scheinen einige alte Riten noch etwas bedeutet zu haben, und wenige von ihnen tun es heute noch, in einer verschwommenen, halb verstandenen Weise.

Ein Ausblick auf diese geschichtliche Entwicklung würde einen Beobachter des dritten Jahrhunderts in Erstaunen versetzt haben. Eine weit schmerzlichere Überraschung hätte ihm aber die Einsicht bereitet, daß die griechische Kultur nicht in ein Zeitalter der Vernunft eintrat, sondern in eine Periode des langsamen geistigen Verfalls, welcher, mit einigen täuschenden Phasen des Stillstands und einigen bravourös gelieferten Nachhutgefechten bis zur Einnahme Byzanz' durch die Türken andauern sollte; und daß in allen sechzehn Jahrhunderten des Daseins, die auf die griechische Welt noch warteten, sie keinen Dichter mehr hervorbringen sollte, der dem Theokrit gleichkam, keinen Wissenschaftler wie Eratosthenes, keinen Mathematiker von der Kapazität eines Archimedes, und daß ein großer Name in der Philosophie einen Standpunkt bezeichnen sollte, den man für überwunden hielt, den transzendentalen Platonismus.

Die Gründe für diesen sich jahrhundertelang hinziehenden Verfall zu verstehen, ist eines der großen Probleme der Weltgeschichte. Wir befassen uns hier nur mit einem einzigen seiner Aspekte, den wir der Bequemlichkeit halber die Rückkehr des Irrationalen nennen wollen. Aber selbst damit ist ein so umfangreiches Gebiet bezeichnet, daß ich nur andeuten kann, was ich meine, indem ich kurz einige charakterische Entwicklungslinien skizziere.

In einem früheren Kapitel haben wir gesehen, wie die Kluft zwischen dem Glauben der Intellektuellen und den Anschauungen des Volkes, die sich schon in der ältesten griechischen Literatur bemerken läßt, im ausgehenden fünften Jahrhundert sich weitet und einem vollständigen Bruch nahekommt; ferner, wie der wachsende Rationalismus der Intelligenz von rückläufigen Erscheinungen des Volksglaubens begleitet wurde. | Obwohl diese Trennung im ganzen beibehalten wurde, schufen in der relativ „offenen" Gesellschaft der hellenistischen Zeit schnelle soziale Umschichtungen und die Bildungsmöglichkeit für breitere Klassen immer mehr Möglichkeiten für eine Wechselwirkung zwischen den zwei Gruppen. Wir haben die Hinweise darauf schon angeführt, daß im Athen des dritten Jahrhunderts ein bislang auf die Gruppe der Intellektuellen begrenzter Skeptizismus begonnen hatte, die gesamte Bevölkerung zu durchdringen; derselbe Vorgang sollte sich später in Rom wiederholen.[48] Aber nach dem dritten Jahrhundert macht sich eine andere Art der Wechselwirkung bemerkbar in dem Aufkommen einer pseudowissenschaftlichen Literatur, die zumeist unter einem Pseudonym veröffentlicht wurde und behauptete, auf göttliche Offenbarung zurückzugehen. Sie griff die alten abergläubischen Vorstellungen des Ostens oder die jüngeren Phantastereien der hellenistischen Massen auf, schmückte sie durch Anleihen bei der griechischen Wissenschaft oder Philosophie aus und gewann so für sie den Beifall eines großen Teils der gebildeten Klasse. Fortan wirkt die Angleichung in beiden Richtungen: Während ein Rationalismus beschränkter und negativer Art sich weiterhin von oben nach unten ausbreitet, steigt der Antirationalismus von unten nach oben und behauptet schließlich das Feld.

Die Astrologie ist wohl das bekannteste Beispiel.[49] Man hat gesagt, sie „habe den Geist des Hellenismus befallen, wie eine neue Krankheit die Bevölkerung irgendeiner abgelegenen Insel befällt"[50]. Aber dieser Vergleich hält nicht ganz den Tatsachen stand, soweit wir sie kennen. Erfunden in Babylonien, hat sich die Astrologie nach Ägypten ausgebreitet, wo Herodot sie kennengelernt zu haben scheint.[51] Aus dem vierten Jahrhundert berichtet Eudoxos von ihrem Vorhandensein in Babylon, zusammen mit anderen Leistungen der babylonischen Astronomie; er betrachtete sie jedoch skeptisch,[52] und es findet sich kein Hinweis, daß sie übernommen worden sei, obwohl Platon im Mythos des ›Phaidros‹ sich damit unterhält, seine eigene Variation zu einem astrologischen Thema durchzuspielen.[53] Um das Jahr 280 v. Chr. konnten griechische Leser genauere Informationen aus den Schriften des babylonischen Priesters Berossos gewinnen, ohne daß dadurch (wie es scheint) größeres Interesse geweckt worden wäre. Wirklichen Anklang scheint die Astrologie erst im zweiten Jahrhundert v. Chr. gefunden zu haben, als eine Anzahl populärer Handbücher — vor allem eines, das unter dem Namen eines fiktiven Pharao erschien, die ›Offenbarungen von

Nechepso und Petosiris‹⁵⁴ — in weiteren Kreisen bekannt wurde und praktizierende | Astrologen sogar im fernen Rom auftauchten.⁵⁵ Warum geschah dies erst jetzt und nicht schon früher? Die Theorie war zu der Zeit keine Neuigkeit mehr, und die intellektuelle Basis war für die Übernahme der Astrologie schon längst vorbereitet worden durch die Sternen-Theologie, die in gleicher Weise von der Akademie, den Peripatetikern und der Stoa vertreten wurde, während Epikur seine Mitwelt vor ihren Gefahren warnte.⁵⁶ Man darf vermuten, daß ihre Ausbreitung von der politischen Lage begünstigt wurde: In den turbulenten fünfzig Jahren, die der Eroberung Griechenlands durch die Römer vorangingen, war es von besonderem Belang, Einblick in den Gang der Ereignisse zu bekommen. Man darf auch vermuten, daß der babylonische Grieche, der zu dieser Zeit den Lehrstuhl des Zenon innehatte,⁵⁷ einer Art von „geistlichem Betrug" Vorschub leistete (die Stoa hatte schon immer versucht, durch ihren Einfluß den heliozentrischen Ansatz des Aristarch zu Fall zu bringen, weil er, falls man ihn akzeptiert hätte, die Fundamente sowohl der Astrologie als auch der stoischen Religion umgestürzt hätte).⁵⁸ Aber hinter solchen unmittelbar einsichtigen Gründen darf man vielleicht etwas Tieferes und weniger Bewußtes vermuten: Seit einem Jahrhundert oder mehr hatte sich das Individuum seiner eigenen intellektuellen Freiheit unmittelbar gegenüber gesehen; jetzt wandte es sich zur Flucht und eilte vor dem schrecklichen Ausblick davon. Besser schien ihm der starre Determinismus des astrologischen Fatums als die beängstigende Last täglicher Verantwortlichkeit. Vernünftige Männer wie Panaitios und Cicero versuchten zwar, diesem Rückzug mit Argumenten Einhalt zu gebieten, und nach ihnen sollte es Plotin noch einmal tun.⁵⁹ Aber es läßt sich kein Erfolg feststellen: Manche Beweggründe werden eben von Argumenten nicht mehr tangiert.

Neben der Astrologie erlebte das zweite Jahrhundert v. Chr. die Entwicklung einer anderen irrationalen Lehre, welche das Denken der Spätantike und des gesamten Mittelalters tief beeinflußt hat: die Theorie von den okkulten Fähigkeiten oder Kräften, die gewissen Tieren, Pflanzen oder kostbaren Steinen innewohnen sollen. Obwohl ihre Anfänge wahrscheinlich viel weiter zurückliegen, wurde sie zum erstenmal systematisch zusammengefaßt von einem Bolos von Mendes, „der Demokriteer" genannt, der um 200 v. Chr. geschrieben zu haben scheint.⁶⁰ Sein System stand in enger Beziehung zur magischen Medizin und zur Alchimie; es verband sich auch bald mit der Astrologie, für die es eine willkommene Ergänzung bot. Das Ärgerliche an den Sternen war schon immer ihre Unerreichbarkeit gewesen, die für das Beten genauso galt wie für magische Praktiken.⁶¹ Aber wenn jeder Planet seine Entsprechung in den animalischen, vegetabilischen | und mineralischen Bereichen hatte und mit ihr durch eine verborgene „Sympathie" verbunden war, wie nun behauptet wird, dann konnte man auf magischem Wege die Sterne beeinflussen, indem man ihre irdischen Gegenstücke manipulierte.[62] Da des Bolos Vorstellungen auf der primitiven Konzeption von der Welt als magischer Einheit beruhten, waren sie in verhängnisvoller Weise für die Stoiker attraktiv, die den Kosmos schon als einen Organismus gedeutet hatten, dessen Teile untereinander in einer Erfahrungsgemeinschaft (συμπάθεια) standen.[63] Vom ersten Jahrhundert v. Chr. an wird Bolos zunehmend als wissenschaftliche Autorität zitiert, die an Ansehen mit Aristoteles und Theophrast konkurrieren kann,[64] und seine Lehren werden dem allgemein anerkannten Weltbild eingeordnet.

Viele Forscher auf diesem Gebiet haben im ersten Jahrhundert v. Chr. eine entscheidende Epoche der *Weltwende* erblickt, eine Epoche, in der die Flut des Rationalismus, welche in den vergangenen hundert Jahren immer träger gestiegen war, schließlich ihre Kraft erschöpfte und zurückzuströmen beginnt. Es besteht kein Zweifel, daß alle Philosophenschulen außer den Epikureern in dieser Zeit eine Wendung vollziehen. Der alte religiöse Dualismus von Geist und Materie, von Gott und Natur, der Seele und den Begierden, um dessen Überwindung das rationalistische Denken sich bemüht hatte, macht sich in neuen Formen und mit frischer Kraft wieder geltend. In dem neuen unorthodoxen Stoizismus des Poseidonios erscheint dieser Dualismus als eine Spannung von Gegensätzen innerhalb des geeinigten Kosmos und der einen menschlichen Natur der alten Stoa.[65] Ungefähr zur gleichen Zeit setzte eine innere Revolution in der Akademie der rein kritischen Entwicklungsphase des Platonismus ein Ende, machte ihn erneut zu einer spekulativen Philosophie und stieß ihn in eine Richtung, die schließlich zu Plotin führte.[66] Gleich bedeutsam ist, nach zwei Jahrhunderten offensichtlicher Unentschiedenheit, das Wiederaufleben des Pythagoreismus, und zwar nicht als eine methodisch lehrende Schule, sondern als Kult und Lebensform.[67] Er berief sich offen auf Autorität, nicht auf die Logik: Pythagoras galt als inspirierter Weiser, ein griechisches Gegenstück zu Zarathustra oder Ostanes, und zahlreiche Apokrypha wurden ihm oder seinen direkten Schülern zugeschrieben. Was man in seinem Namen lehrte, war der alte Glaube an ein ablösbares magisches Ich, an die Welt als Ort der Dunkelheit und der Strafe und an die Notwendigkeit der Katharsis. Aber dies alles wurde jetzt mit Vorstellungen verquickt, | die der Sternenreligion entnommen waren (welche tatsächlich gewisse Beziehungen zum alten Pythagoreismus hatte),[68] von Platon (der als Pythagoreer dargestellt wurde) und dem Okkultismus des Bolos[69] stammten und aus anderen Strömen der magischen Tradition hergeleitet waren.[70]

Diese Entwicklungen sind wahrscheinlich alle eher Symptome als Gründe eines generellen Umschlags in der geistigen Atmosphäre der Mittelmeerwelt, ein Phänomen, dessen nächste geschichtliche Analogie die Reaktion der Romantik gegen die rationalistische „Naturtheologie" war, die mit dem Anfang des neunzehnten Jahrhunderts begann und noch heute von mächtigem Einfluß ist.[71] Die Verehrung des sichtbaren Kosmos und das Gefühl, mit ihm eins zu sein, welches in der frühen Stoa Ausdruck gefunden hatte, wurde allmählich bei vielen Geistern[72] von einem Gefühl verdrängt, daß die physische Welt — jedenfalls ihr sublunarer Teil — unter dem Einfluß böser Mächte stand und daß die Bedürfnisse der Seele nicht nach Einigung mit ihm, sondern nach Flucht vor ihm drängten. Die Gedanken der Menschen waren in zunehmendem Maße mit den Methoden einer individuellen Erlösung beschäftigt, indem sich einige auf heilige Bücher stützten, die angeblich in Tempeln des Ostens gefunden oder von der Stimme eines Gottes einem inspirierten Propheten diktiert worden waren;[73] andere suchten Privatoffenbarungen durch Orakel, Traum oder Tagesvision;[74] wieder andere suchten im Ritual Sicherheit, sei es durch Einweihung in einen oder mehrere der nun zahlreichen Mysterienkulte oder mit Hilfe der Dienste eines privaten Magiers.[75] Es bestand ein wachsendes Bedürfnis für Okkultismus, der im wesentlichen ein Versuch ist, das Himmelreich mit materiellen Mitteln zu erlangen; man hat ihn mit Recht beschrieben als „die vulgäre Form des Transzendentalismus"[76]. Die Philosophie bewegte sich auf höherer Ebene in derselben Richtung. Die meisten Schulen hatten es schon längst aufgegeben, die Wahrheit um ihrer selbst willen zu schätzen,[77] aber in der Kaiserzeit gaben sie, mit gewissen Ausnahmen,[78] ihren Anspruch auf objektive Wißbegierde auf und stellten sich selbst freimütig als Heilsvermittler dar. Nicht nur, daß der Philosoph seinen Vorlesungssaal als Ambulanz für kranke Seelen ansah;[79] das war im Prinzip nichts Neues. Sondern der Philosoph ist nicht mehr nur ein Psychotherapeut; er ist, wie Mark Aurel es gesagt hat, auch „eine Art von Priester und Diener der Götter"[80], und seine Lehren beanspruchen eher religiösen als | wissenschaftlichen Wert. „Das Ziel des Platonismus", urteilt ein christlicher Beobachter des zweiten Jahrhunderts n. Chr., „ist es, Gott von Angesicht zu Angesicht zu sehen."[81] Profanes Wissen wurde nur soweit geschätzt, wie es solchen Zielen dienen konnte. Seneca zum Beispiel führt mit Zustimmung die Ansicht an, daß wir uns nicht abmühen sollten, um Dingen nachzuspüren, von denen man nichts wissen kann und deren Kenntnis für uns unnütz wäre, bespielsweise die Ursache des Gezeitenwechsels oder die Prinzipien der Perspektive.[82] In solchen Aussagen können wir schon die geistige Atmosphäre des Mittelalters verspüren. Es ist die Atmosphäre, in der das Christentum groß geworden ist. Sie ermöglichte zwar den Triumph der neuen Religion und hinterließ ihre Spuren in der christlichen Lehre;[83] aber sie war nicht von den Christen geschaffen worden.

Was also war denn dann die Ursache? Eine Schwierigkeit bei dem Versuch, im gegenwärtigen Zeitpunkt eine Antwort zu finden, ist das Fehlen einer umfassenden und abgewogenen Übersicht über alle bedeutenden Fakten, welche uns helfen könnte, die Beziehung zwischen den Einzelerscheinungen und dem Ganzen zu begreifen. Wir besitzen ausgezeichnete Studien über manche Einzelerscheinungen, wenn auch nicht von allen; aber vom Ganzen haben wir nur impressionistische Skizzen. Wenn der zweite Band von Nilssons ›Geschichte‹ erscheint,[84] wenn Nock seine lang erwarteten ›Gifford Lectures on Hellenistic Religion‹ veröffentlicht haben wird und wenn Festugière seine bedeutsame Reihe von Studien zur Geschichte des religiösen Denkens vollendet hat, die unter dem irreführenden Titel ›La Révélation d'Hermès Trismégiste‹ erscheinen,[85] dann wird ein gewöhnlicher Nichtfachmann wie ich leichter in der Lage sein, sich eine Meinung zu bilden. Bis dahin sollte er sich besser vorschneller Urteile enthalten. Ich möchte jedoch zum Abschluß noch ein Paar Worte zu den Erklärungsversuchen sagen, mit denen man das Versagen des griechischen Rationalismus einleuchtend machen wollte.

Einige von diesen Versuchen formulieren lediglich das Problem neu, das zu lösen sie sich vorgenommen hatten. Es nützt einem nichts, zu erfahren, daß die Griechen dekadent geworden seien oder daß der griechische Geist orientalischen Einflüssen erlegen sei, wenn man nicht gleichzeitig gesagt bekommt, warum das geschah. Beide Behauptungen können in gewisser Hinsicht richtig sein, obwohl die qualifiziertesten Gelehrten unserer Tage zögern würden, einer der unbewiesenen Annahmen zuzustimmen, die im letzten Jahrhundert üblich waren.[86] Aber selbst wenn sie wahr sind, bedeuten solche allgemeinen Behauptungen keinen Fortschritt, wenn nicht Art und Gründe der angeblichen | Degeneration dargelegt werden können. Ich werde mich auch nicht damit begnügen, die Tatsache der Rassenmischung als hinreichende Erklärung zu akzeptieren, solange es nicht bewiesen ist, daß entweder kulturelle Verhaltensweisen im Keimplasma weitervererbt werden oder daß durch Kreuzung entstandene Rassen den „reinen" unterlegen sind.[87]

Wenn wir nach genaueren Antworten suchen sollen, müssen wir uns darum bemühen, sicherzugehen, daß sie wirklich zu den Tatsachen passen und nicht nur von unseren eigenen Vorurteilen diktiert sind. Das hat man nicht immer beachtet. Wenn ein bekannter englischer Gelehrter mir versichert, „es könne kaum Zweifel geben, daß die Überspezialisierung der Wissenschaften und die Entwicklung der Volksbildung zu einem Niedergang der geistigen Aktivität geführt haben"[88], dann fürchte ich, daß er nur seine Diagnose gewisser heutiger Mißstände in die Vergangenheit projiziert. Die Art der Spezialisierung, die wir heute erleben, war der griechischen Wissenschaft in all ihren Perioden gänzlich unbekannt, und einige der größten Namen aus allen Perioden sind die Namen von Nichtspezialisten. Das kann man erkennen, wenn man eine Aufstellung der Werke eines Theophrast oder Eratosthenes, eines Poseidonios, Galen oder Ptolemaios betrachtet. Und eine Allgemeinbildung war ebenfalls unbekannt: Es gibt bessere Anhaltspunkte für die Ansicht, daß das griechische Denken unter einer zu geringen Allgemeinbildung gelitten hat als unter einer zu weit fortgeschrittenen.

Ferner haben einige der beliebtesten soziologischen Erklärungsversuche den Nachteil, daß sie nicht ganz zu den historischen Fakten passen.[89] So mag zwar der Verlust der politischen Freiheit dazu beigetragen haben, den intellektuellen Wagemut zu hemmen, aber er war kaum der bestimmende Faktor. Denn die große Zeit des Rationalismus vom späten vierten bis zum späten dritten Jahrhundert war gewiß keine Epoche politischer Freiheit. Es ist auch nicht ganz leicht, alle Schuld auf Kriege oder wirtschaftliche Verarmung abzuwälzen. Es finden sich tatsächlich einige Hinweise, daß solche Situationen eine verstärkte Zuflucht zur Magie und zur Divination begünstigen[90] (Beispiele aus jüngster Zeit sind die Blüte des Spiritismus während und nach dem ersten Weltkrieg und die der Astrologie während und nach dem zweiten)[91]; und ich bin auch bereit zu glauben, daß die beunruhigende Situation des ersten Jahrhunderts v. Chr. mitgeholfen hat, die direkte Abwendung von der Vernunft ins Werk zu setzen, während die des dritten Jahrhunderts n. Chr. dazu beitrug, sie zu vollenden. Aber wenn nur diese Kraft am | Werke wäre, sollte man erwarten, daß die zwei dazwischenliegenden Jahrhunderte – eine außergewöhnlich lange Periode von Frieden im Inland, persönlicher Sicherheit und, aufs Ganze gesehen, maßvoller Herrschaft – eine Umkehrung dieser Tendenz aufzeigen statt ihres allmählichen Hervortretens.

Andere Gelehrte haben den *inneren* Zusammenbruch des griechischen Rationalismus betont. Er „schwand dahin", sagt Nilsson, „wie ein Feuer sich selbst verzehrt, weil die Nahrung fehlt. Während die Wissenschaft in fruchtlosen Wortgefechten und seelenlosen Kompilationen ausklang, bekam das religiöse Verlangen nach Glauben neue Lebenskraft."[92] Nach Festugières Worten «on avait trop discuté, on était las des mots. Il ne restait que la technique.»[93] Für ein modernes Ohr hat diese Darstellung einen bekannten und beunruhigenden Klang, aber es gibt zahlreiche antike Zeugnisse, die sie stützen. Wenn wir nun weiter fragen, warum frische Nahrung ausblieb, erhalten wir von beiden Autoren die alte Antwort, daß die griechische Wissenschaft es versäumt habe, die experimentelle Methode zu entwickeln.[94] Und wenn wir wiederum fragen, warum sie das versäumt habe, werden wir gewöhnlich belehrt, der griechische Denkstil sei deduktiv gewesen, was ich nicht sehr einleuchtend finde. Hier weiß die marxistische Analyse klügere Antworten zu geben: Das Experiment wurde nicht entwickelt, weil es keine ernstzunehmende Technologie gab; es gab keine solche Technologie, weil menschliche Arbeitskraft billig war; menschliche Arbeitskraft war billig, weil es Sklaven im Übermaß gab.[95] So wird in einem sauberen Kettenschluß das Aufkommen der mittelalterlichen Welt als bedingt durch die Institution der Sklaverei dargestellt. Einige dieser Kettenglieder könnten nach meiner Meinung einer Überprüfung bedürfen; für diese Aufgabe fühle ich mich allerdings nicht befähigt. Ich will es jedoch wagen, zwei fast unmittelbar einleuchtende Bemerkungen anzuführen. Die eine ist, daß die ökonomische Erklärungsweise den Stillstand der technischen Entwicklung nach Archimedes besser einsichtig machen kann als die Stagnation der Medizin nach Galen oder die der Astronomie nach Ptolemaios. Zum anderen kann die Auflösung des wissenschaftlichen Denkens im allgemeinen recht wohl die Langeweile und nervöse Unrast der Intellektuellen erklären, aber keineswegs ebenso die neue Einstellung der Massen. Die große Mehrheit derjenigen, die sich der Astrologie oder Magie zuwandten, die große Zahl der Anhänger des Mithraskultes oder des Christentums bildeten offensichtlich nicht die Art von Leuten, welche vom Stillstand der Wissenschaft *unmittelbar* und bewußt betroffen waren. Und ich halte es für sehr schwer, Gewißheit darüber zu erlangen, daß ihre religiöse Einstellung grundsätzlich anders gewesen wäre, wenn einige Wissenschaftler ihre ökonomische Lebensweise durch die Erfindung der Dampfmaschine geändert hätten.

Wenn zukünftige Historiker eine umfassendere Erklärung der Ereignisse finden wollen, so meine ich, daß sie — ohne den geistigen und den ökonomischen Faktor außer acht zu lassen — eine andere Art von Beweggrund mitberücksichtigen müssen, der weniger leicht ins Bewußtsein dringt und nicht ganz so säuberlich rational ist. Ich habe die Vermutung schon geäußert, daß sich hinter der Entscheidung für den astrologischen Determinismus unter anderem die Furcht vor der Freiheit verbirgt, ein unbewußtes Flüchten vor der schweren Last der individuellen Entscheidung, welche in offenen Gesellschaftsformen auf den Schultern der Mitglieder lastet. Wenn solch ein Motiv als *vera causa* akzeptiert wird (und es gibt sehr deutliche Hinweise, daß es für heutige Verhältnisse eine *vera causa* ist),[96] dann dürfen wir annehmen, daß es sich bei einer nicht unbeträchtlichen Anzahl von Erscheinungen auswirkt. Wir dürfen seinen Einfluß bei der Erstarrung philosophischer Spekulationen zu halbreligiösen Dogmen in Rechnung stellen, welche dem Individuum eine unveränderliche Lebensregel an die Hand geben; wir können es am Werk vermuten bei der Furcht vor unangebrachter Forschungstätigkeit, die sich sogar bei einem Kleanthes oder Epikur äußert; ferner, in späterer Zeit und auf niedrigerer Ebene, bei dem sehnlichen Wunsch nach einem Propheten oder einer heiligen Schrift; und noch allgemeiner in der pathetischen Ehrfurcht vor dem geschriebenen Wort, die für die spätrömische Zeit und das Mittelalter charakteristisch ist — nach den Worten Nocks eine Bereitwilligkeit, „Behauptungen zu akzeptieren, weil sie in Büchern stehen, oder sogar nur deshalb, weil man sagt, sie ständen in Büchern"[97]. Wenn sich ein Volk so weit der offenen Gesellschaft genähert hat wie die Griechen des dritten Jahrhunderts, dann erfolgt eine rückläufige Bewegung nicht schnell und nicht einheitlich. Sie vollzieht sich nicht schmerzlos für den Einzelmenschen. Wird die Verantwortung in irgendeinem Bereich abgelehnt, so muß dafür stets ein Preis entrichtet werden, gewöhnlich in der Form einer Neurose. Man kann als indirekten Beweis dafür, daß die Furcht vor der Freiheit nicht eine bloße Phrase ist, das Anwachsen irrationaler Angstempfindungen und die auffälligen Äußerungen neurotischer Schuldgefühle werten, welche sich in späteren[98] Entwicklungsstufen der rückschreitenden Bewegung beobachten lassen. Diese Phänomene waren für die religiöse Erfahrung der Griechen nicht neu: Wir sind ihnen schon bei der Behandlung der archaischen Zeit begegnet. Aber die Jahrhunderte des Rationalismus hatten ihren Einfluß auf das gesellschaftliche Leben gemindert und auf diese Weise, indirekt, ihre Macht über das Individuum geschwächt. Nun erscheinen sie in neuer | Form und mit neuer Intensität. Ich kann die einzelnen Zeugnisse hier nicht mehr anführen; aber wir können uns eine gewisse Vorstellung vom Ausmaß der Wandlung machen, wenn wir den „Abergläubischen" von Theophrast, der kaum mehr ist als ein altmodischer Beobachter überlieferter Tabus, mit Plutarchs Bild vom Abergläubischen vergleichen, der „mit Säcken oder schmutzigen Lumpen bekleidet auf den Plätzen der Stadt hockt oder sich nackt im Schlamm wälzt, während er lauthals das verkündet, was er seine Sünden nennt"[99]. Plutarchs Bild der religiösen Neurose kann aus einer großen Anzahl anderer Quellen bereichert werden: Einen treffenden individuellen Beitrag liefert Lukians ›Peregrinus‹, der sich aus seiner Sündhaftigkeit zunächst dem Christentum, dann der heidnischen Philosophie zuwandte und nach spektakulärem Selbstmord ein wunderwirkender heidnischer Heiliger wurde;[100] auch das Selbstporträt eines anderen interessanten Neurotikers, des Aelius Aristides, kann als Beispiel dienen.[101] Sodann erweist sich das Vorhandensein diffuser Angstgefühle bei den Massen deutlich nicht nur an der wiederauflebenden Furcht vor Strafen nach dem Tode,[102] sondern an den viel unmittelbareren Ängsten, die sich in überlieferten Gebetstexten und Amuletten offenbaren.[103] Heiden wie Christen beten in der späten Kaiserzeit um Schutz vor unsichtbaren Gefahren, vor dem bösen Blick und der dämonischen Besessenheit, vor dem „verführerischen bösen Geist" oder dem „Hund ohne Kopf".[104] Ein Amulett versprach Schutz „vor jeder Bosheit eines erschreckenden Traumgesichtes oder der Geister in der Luft"; ein zweites schützte „vor Feinden, Anklägern, Räubern, Schrecken und Traumerscheinungen"; ein drittes — ein christliches — vor „unreinen

Geistern", die sich unter dem Bett verbargen, in den Dachbalken oder sogar in der Abfallgrube.[105] Die Wiederkehr des Irrationalen, wie man an diesen wenigen Beispielen sehen kann, war eine recht vollständige.

Damit muß ich mein Thema verlassen. Ich möchte dieses Buch aber nicht schließen, ohne ein weiteres Eingeständnis zu machen. Ich bin mit Absicht sparsam mit Hinweisen auf moderne Parallelen gewesen, denn ich bin mir bewußt, daß solche Parallelen ebensooft irreführen wie erläutern.[106] Aber wie der Mensch nicht seinem Schatten entfliehen kann, so kann keine Generation über historische Probleme ein Urteil fällen ohne Bezug auf ihre eigene Problemlage, sei sie sich nun dessen bewußt oder nicht. Und ich habe nicht die Absicht, dem Leser zu verheimlichen, daß ich beim Schreiben dieser Kapitel und vorzüglich beim letzten unsere eigene Situation beständig vor Augen hatte. Auch wir haben den langsamen Zerfall eines ererbten Konglomerates erlebt. Er begann bei den gebildeten Schichten, berührt jetzt aber fast überall die breiten Schichten der Gesellschaft und ist noch recht weit von seinem Ende entfernt. Auch wir haben ein großes Zeitalter des Rationalismus erlebt, das durch einen wissenschaftlichen Fortschritt gekennzeichnet war, der über alles das hinausging, was frühere Zeiten für möglich gehalten haben. Er konfrontierte die Menschheit mit dem Entwurf einer Gesellschaft, die offener sein wird, als man je eine gekannt hat. Und in den letzten vierzig Jahren haben auch wir noch etwas anderes erlebt, eindeutige Symptome für ein Zurückschrecken vor dieser Aussicht. Es hat den Anschein, als ob — nach den Worten, die kürzlich André Malraux gebraucht hat — „die westliche Zivilisation angefangen hat, ihre eigenen Ausweispapiere zu bezweifeln".[107]

Was bedeuten dieses Zurückschaudern, dieser Zweifel? Sind sie das Zögern vor dem Sprung oder der Anfang von panischer Flucht? Ich weiß es nicht. Bei einer so entscheidenden Frage ist ein einfacher Professor für Griechisch nicht in der Lage, eine Meinung zu äußern. Aber eines kann er tun. Er kann seine Leser daran erinnern, daß vor Zeiten ein kultiviertes Volk auf diesen Sprung zuritt, zuritt und nicht sprang. Und er kann sie bitten, alle Begleitumstände dieser Weigerung zu prüfen.

War es das Pferd, welches den Sprung verweigerte, oder war es der Reiter? Das ist die eigentlich entscheidende Frage. Ich persönlich glaube, daß das Pferd sich weigerte, mit anderen Worten: jene irrationalen Faktoren des menschlichen Wesens, die ohne unser Wissen in so hohem Maße unser Verhalten bestimmen und so viel von dem, was wir für unsere Gedanken halten. Wenn ich in dieser Hinsicht richtig urteile, dann kann ich begründete Hoffnung hegen. Wie die vorstehenden Kapitel, so glaube ich, gezeigt haben, waren die Männer, welche den ersten europäischen Rationalismus heraufgeführt haben, niemals — bis in hellenistische Zeit — „bloße" Rationalisten:

das heißt, sie waren sich tief und anschaulich der Macht, des Wunderbaren und der Gefahr des Irrationalen bewußt. Aber sie konnten das, was unter die Schwelle der klaren Bewußtheit sank, nur in mythologischer oder symbolischer Sprache darstellen; sie besaßen kein Instrumentarium für sein Verständnis und noch viel weniger eins für seine Kontrolle. Sodann machten in der hellenistischen Zeit eine Reihe von ihnen den verhängnisvollen Fehler zu glauben, sie könnten diese Phänomene ignorieren. Der Mensch der heutigen Zeit dagegen beginnt, sich solche Instrumente zu erwerben. Sie sind zwar noch lange nicht perfekt, werden auch nicht immer mit Geschick gehandhabt. Auf | vielen Gebieten, einschließlich dem der Historie,[108] müssen ihre Möglichkeiten und ihre Grenzen noch geprüft werden. Doch scheint sich hier die Hoffnung aufzutun, daß wir unser Pferd vielleicht besser verstehen lernen, wenn wir die Instrumente klug gebrauchen; daß wir durch tieferes Verständnis und intensiveres Training seine Ängste überwinden lernen; und daß durch das Niederringen der Angst eines Tages Roß und Reiter den entscheidenden Sprung wagen werden und ihn erfolgreich wagen.

Anhang I

MÄNADEN

„In der Kunst sowohl wie in der Dichtung läßt sich die Darstellung dieses ungebändigten Zustandes der Verzückung offensichtlich auf die Vorstellungskraft allein zurückführen, denn in der Prosaliteratur findet man äußerst selten einen Hinweis, daß Frauen — in historischer Zeit — tatsächlich unter freiem Himmel Gelage[1] veranstaltet haben. Solch eine Gepflogenheit würde der Zurückgezogenheit widersprochen haben, welche das ganze Leben der Frauen in Griechenland bestimmte ... Die Feste der Thyiaden waren hauptsächlich auf den Parnaß beschränkt." So schreibt Sandys in der Einleitung zu seiner mit Recht gelobten Ausgabe der ›Bakchai‹. Andererseits berichtet uns Diodor (4, 3), daß „in vielen griechischen Staaten sich Frauenvereinigungen (βαχχεῖα) in jedem zweiten Jahre versammeln und die unverheirateten Mädchen den Thyrsus tragen dürfen und an der Ekstase der Älteren teilnehmen (συνενθουσιάζειν)". Und seit den Tagen von Sandys haben inschriftliche Bezeugungen aus verschiedenen Teilen der griechischen Welt die Darstellung des Diodor bekräftigt. Wir wissen heute, daß solche, alle zwei Jahre stattfindenden Feste (τριετηρίδες) in Theben, Opus, Melos, Pergamon, Priene und Rhodos gefeiert worden sind; und für Alea in Arkadien sind sie durch Pausanias bezeugt, für Mytilene durch Aelian und für Kreta durch Firmicus Maternus.[2] Der Charakter dieser Feste wird von Ort zu Ort recht verschieden gewesen sein, aber wir können kaum Zweifel hegen, daß sie gewöhnlich ὄργια der Frauen enthielten, und zwar von der ekstatischen oder quasi-ekstatischen Art, die Diodor beschrieben hat; und daß sie oft, wenn nicht immer, nächtliche ὀρειβασία oder Bergtänze mitumfaßten. Dieser seltsame Ritus, der in den ›Bakchai‹ geschildert wird und von Frauenvereinigungen an der delphischen τριετηρίς bis in Plutarchs Zeit hinein vollzogen wurde, ist gewiß auch anderswo ausgeführt worden: In Milet führte die Priesterin des Dionysos noch in späthellenistischer Zeit „die Frauen zum Berge";[3] in Erythrai deutet der Titel Μιμαντοβάτης auf eine ὀρειβασία auf dem Berg Mimas hin.[4] Dionysos selbst ist ὄρειος (Festus, S. 182), ὀρειμά-|νης

Diese Seiten bildeten ursprünglich einen Teil eines in der Harvard Theological Review 33 (1940) veröffentlichten Artikels. Sie sind hier mit einigen Korrekturen und Erweiterungen wieder abgedruckt. Herrn Professor A. D. Nock und Herrn Dr. Rudolf Pfeiffer sowie anderen habe ich für wertvolle Kritik zu danken.

[1] Anmerkungen zum Anhang I s. S. 268 ff.

(Tryph. 370), ὀρέσκιος, οὐρεσιφοίτης (Anth. Pal. 9, 524); und Strabon spricht bei der Behandlung dionysischer und anderer verwandter Mysterienkulte ganz allgemein von τὰς ὀρειβασίας τῶν περὶ τὸ θεῖον σπουδαζόντων (10, 3, 23). Die älteste literarische Anspielung findet sich im homerischen Demeter-Hymnus, 386: ἤϊξ' ἠΰτε μαινὰς ὄρος κατὰ δάσκιον ὕλης.

Die ὀρειβασία fand mitten im Winter in der Nacht statt und muß großes Unbehagen und einiges Risiko mit sich gebracht haben: Pausanias[5] berichtet, daß in Delphi Frauen auf den höchsten Gipfel des Parnaß (der ungefähr 2400 m hoch ist) gestiegen seien, und Plutarch[6] beschreibt ein Ereignis, das offenbar zu seiner Zeit passierte, daß nämlich die Frauen von einem Schneesturm überrascht und abgeschnitten wurden und man eine Rettungsmannschaft aussenden mußte; als sie zurückkehrten, waren ihre Kleider steifgefroren wie Bretter. Worum ging es eigentlich bei diesen Handlungen? Viele Völker tanzen, damit ihr Getreide wächst; das ist sympathetischer Zauber. Aber solche Tänze finden anderswo jährlich statt, wie die Ernte, und nicht nur alle zwei Jahre, wie die ὀρειβασία; ihre Zeit ist der Frühling, nicht der tiefe Winter, und ihre Szenerie sind Kornfelder, keine unfruchtbaren Bergkuppen. Spätgriechische Autoren hielten die Tänze in Delphi für Gedächtnisfeiern; man tanzt, sagt Diodor (4, 3), „zur Nachahmung der Mänaden, die in alten Zeiten mit dem Gotte verbunden gewesen sein sollen". Wahrscheinlich hat er im Hinblick auf seine eigene Zeit recht; aber ein Ritus ist gewöhnlich älter als der Mythos, mit dem das Volk ihn sich erklärt, und er ist tiefer im Psychischen verwurzelt. Es muß einst eine Zeit gegeben haben, als die Mänaden oder Thyiaden oder βάκχαι wirklich für ein paar Stunden oder Tage zu dem wurden, was ihre Namen besagen — rasende Frauen, deren menschliche Personalität zeitweilig durch eine andere verdrängt wurde. Ob das noch in Euripides' Zeit so war, können wir nicht sicher wissen; eine delphische Überlieferung, die Plutarch berichtet,[7] legt die Annahme nahe, daß der Ritus bisweilen eine wirkliche Störung der Persönlichkeit bis ins vierte Jahrhundert hinein bewirkte, aber die Bezeugung ist sehr schwach, und die Art dieses Wechsels gar nicht klar. Es gibt jedoch in anderen Kulturen parallele Erscheinungen, die uns das Verständnis der πάροδος der ›Bakchai‹ und der Bestrafung der Agaue erleichtern können.

In vielen Gesellschaften, vielleicht sogar in allen, gibt es Menschen, für die nach den Worten von Aldous Huxley „der rituelle Tanz ein religiöses Erlebnis bedeutet, das zufriedenstellender und überzeugender ist als irgendein anderes ... Mit ihren Muskeln erhalten sie am leichtesten Kenntnis vom Göttlichen."[8] Huxley meint, das Christentum habe einen Fehler begangen, als es den Tanz einer vollständigen Säkularisierung überantwortete,[9] da — mit den Worten eines mohammedanischen Weisen — „der, der die Macht des Tanzes kennt, in Gott wohnt". Aber die Macht des Tanzes ist eine gefährliche Macht. Wie bei anderen Formen der Selbstpreisgabe ist es leichter, den Anfang zu machen als ein Ende zu setzen. Bei den außergewöhnlichen Tanz-Epidemien, die vom vierzehnten bis zum siebzehnten Jahrhundert in periodischen Abständen Europa befielen, tanzten die Leute, bis sie niederfielen — wie der Tanzende in den ›Bakchai‹ (136) oder der Tänzer auf einer Berliner Vase, Nr. 2471 —[10] und bewußtlos lagen, während die Füße ihrer Mittänzer auf sie niederstampften.[11] Auch der Tanz selbst wirkt höchst ansteckend. Wie Pentheus feststellt, Bakch. 778, breitet er sich wie Lauffeuer aus. Der Wunsch zu tanzen ergreift die Menschen ohne ihre bewußte Zustimmung: So wird z. B. berichtet, daß in Lüttich im Jahre 1374 eine Schar Besessener halbnackt und mit Girlanden bekränzt tanzend in die Stadt gezogen sei, tanzend in St. Johannes' Namen; „viele Personen, an Körper und Geist augenscheinlich gesund, wurden plötzlich von Teufeln befallen und mischten sich unter die Tanzenden". Diese Leute verließen Haus und Hof, wie die Thebanerinnen des Dramas; junge Mädchen trennten sich sogar von ihrer Familie und ihren Freundinnen und zogen mit den Tanzenden fort.[12] Gegen eine ähnliche Manie, die im siebzehnten Jahrhundert Italien durchzog, „gewährte weder Jugend noch Alter Schutz", wie berichtet wird. „Selbst die Alten von neunzig Jahren warfen beim Klang der Tarantella ihre Krücken beiseite, und als ob ein Zaubertrank, welcher Jugend und Kraft wiedergibt, durch ihre Adern flösse, schlossen sie sich den wildesten Tänzern an."[13] Wie es scheint, hat sich die Kadmos-Teiresias-Szene der ›Bakchai‹ häufig wiederholt und damit des Dichters Bemerkung (206 ff.) bestätigt, daß Dionysos keine Altersgrenzen kenne. Selbst Skeptiker wie Agaue werden bisweilen gegen ihren Willen und im Gegensatz zu ihrer ausdrücklichen Überzeugung von der Tanzwut befallen.[14] Im Elsaß war man im fünfzehnten und sechzehnten Jahrhundert der Ansicht, man könne durch Verfluchung bewirken, daß der Verfluchte von dieser Tanzwut befallen werde.[15] In manchen Fällen trat diese Zwangsvorstellung in regelmäßigen Abständen auf, indem sie an Intensität bis zum Johannes- oder St.-Veits-Tag zunahm, dann zum Ausbruch kam und von einem Abklingen bis zum Normalzustand beendet wurde.[16] In Italien scheint sich die periodische und mit Hilfe von Musik und ekstatischem Tanz durchgeführte „Therapie" zu einem jährlichen Fest ausgeweitet zu haben.[17]

Dieser letzte Umstand kann die Richtung andeuten, in der sich die rituelle *oreibasia* zu bestimmten Zeiten in Griechenland aus spontanen Anfällen von Massenhysterie entwickelt hat. Indem solche Hysterie in einen geordneten Ritus geleitet wurde, welcher alle zwei Jahre einmal vollzogen wurde, hielt der Dionysoskult sie in Grenzen und gewährte ihr eine relativ harmlose Möglichkeit der Abreaktion. Was die πάροδος der ›Bakchai‹ darstellt, ist eine in den Dienst der Religion gestellte Hysterie; was auf dem Kithairon geschah, war ungedämmte Hysterie, die | gefährliche Form des Taumels,[18] der als Strafe die zu Soliden befällt und sie gegen ihren Willen mit sich fortreißt. Dionysos äußert sich in beiden Formen: Wie St. Johannes oder St. Veit ist er Ursache des Wahnes und zugleich Erlöser vom Wahn, Βάκχος und Λύσιος.[19] Diese Ambivalenz muß man im Gedächtnis behalten, wenn man das Drama richtig verstehen will. Dem Dionysos widerstehen heißt einen Teil der eigenen Natur unterdrücken. Die Strafe ist der plötzliche und vollständige Einsturz aller inneren Dämme, wenn das Elementare mit Naturgewalt durchbricht und die Kultureinflüsse hinwegschwemmt.

In manchen Einzelheiten gibt es sodann Übereinstimmungen zwischen der orgiastischen Religion der ›Bakchai‹ und entsprechenden Religionsformen an anderen Orten, die deswegen erwähnenswert sind, weil sie Hinweise darauf zu geben vermögen, daß die „Mänade" eine wirkliche Gestalt ist und kein Produkt mythenschaffender Überlieferung, und zwar eine Gestalt, die in sehr verschiedenen Zeiten und Gegenden unter mannigfachen Namen existiert hat. Die erste Übereinstimmung gilt in Hinsicht auf die Flöten und Tympana oder Tamburine, welche den Tanz der Mänaden in den ›Bakchai‹ und auf griechischen Vasen begleiten.[20] Für die Griechen waren sie die „orgiastischen" Instrumente par excellence[21]: Man verwandte sie in allen großen Tanzkulten, in dem der asiatischen Kybele und der kretischen Rhea ebenso wie im Kult des Dionysos. Sie konnten Wahnsinn verursachen, und in homöopathischen Dosen konnten sie ihn auch heilen.[22] Zweitausend Jahre später, im Jahr 1518, als die tollen Tänzer von St. Veit durch das Elsaß zogen, benutzte man eine ähnliche Musik — die Musik von Pfeifen und Trommeln — wiederum für denselben doppelsinnigen Zweck, Wahnsinn zu erzeugen und zu heilen: Wir besitzen noch ein Protokoll des Straßburger Stadtrats über diesen Vorfall.[23] Mit Gewißheit läßt sich dieses Ereignis nicht auf Überlieferung zurückführen, wahrscheinlich ist es keine zufällige Übereinstimmung. Man kann darin die Wiederentdeckung einer echten Kausalverknüpfung sehen, von der heute nur noch Kriegsministerien und die Heilsarmee eine schwache Ahnung haben.

An zweiter Stelle ist die Haltung des Kopfes während der dionysischen Ekstase beachtenswert. Sie wird wiederholt in den ›Bakchai‹ nachdrücklich geschildert: v. 150, „sein langes Haar gen Himmel schleudernd"; v. 241, „ich werde deinem Haare-Schütteln schon ein Ende setzen"; v. 930, „mein Haupt vorwärts und rückwärts werfend wie eine Bacchantin"; in ähnlicher Weise schleudert Kassandra in der Besessenheit „ihre goldenen Locken, wenn vom Gotte der zwingende Sturm der Prophezeiung weht" (I. A. 758). Derselbe Zug begegnet bei Aristophanes, Lysistrate 1312, ταὶ δὲ κόμαι σείονθ᾽ ἅπερ βακχᾶν; er wird, wenn auch weniger lebhaft beschrieben, bei späteren Autoren immer wieder erwähnt: Die Mänaden „schleudern ihre Haare" auch noch bei Catull, Ovid und Tacitus.[24] Man sieht das zurückgeworfene Haupt und die nach oben gewölbte Kehle auch auf antiken Kunstwerken, z. B. auf den Gemmen, die bei Sandys, S. 58 und 73, abgebildet sind, und bei der Mänade des Basreliefs im Britischen Museum (Statuen II, Taf. XIII, Sandys, S. 85).[25] Aber diese Körperhaltung ist nicht einfach eine Konvention griechischer Dichter und Kunst. Zu allen Zeiten und überall charakterisiert sich durch sie diese besondere Art religiöser Hysterie. Ich greife drei voneinander unabhängige Beschreibungen heraus: „Sie warfen fortwährend ruckartig ihre Köpfe zurück, wobei ihre langen schwarzen Haare umhergewirbelt wurden, was ihr wildes Aussehen erheblich steigerte"[26]. „Ihre langen Haare wurden durch die schnellen Hin-und-her-Bewegungen des Kopfes herumgeschleudert"[27]. „Der Kopf zuckte von einer Seite zur anderen oder wurde über einer geschwollenen und aufgeblähten Kehle weit nach hinten geworfen"[28]. Der erste Satz stammt aus der Darstellung eines Missionars, in welcher er einen Tanz von Kannibalen in Britisch-Kolumbien beschreibt, der dem Zerfleischen und Verspeisen des menschlichen Körpers voraufgeht; der zweite schildert einen sakralen Tanz der Ziegenbock-Esser in Marokko; der dritte ist einem klinischen Bericht über hysterische Besessenheit entnommen, den ein französischer Arzt abgefaßt hat.

Das ist aber nicht einmal die einzige Analogie, welche diese verstreuten Typen verbindet. Die ekstatischen Tänzer bei Euripides „trugen Feuer auf ihren Köpfen, und es versengte sie nicht" (757)[29]. Dasselbe läßt sich vom ekstatischen Tänzer aus anderen Gegenden berichten. In Britisch-Kolumbien tanzt er mit glühenden Kohlen in seinen Händen, hantiert mit ihnen unbekümmert und nimmt sie sogar in den Mund;[30] das gleiche wissen wir von Südafrika[31] und Sumatra[32]. In Siam[33] und in Sibirien behauptet er, so lange unverletzlich zu sein, wie der Gott in ihm wohne; genauso waren die Tanzenden auf dem Kithairon unverletzbar (Bakch. 761). Und unsere europäischen Ärzte haben dafür eine Erklärung oder wenigstens eine halbe Erklärung in ihren Kliniken gefunden: Während des Anfalls ist der hysterische Patient tatsächlich oft unempfindlich gegen Schmerzen, alle Empfänglichkeit für Schmerzgefühl ist ausgeschaltet.[35]

Eine interessante Darstellung vom Vorkommen des ekstatischen Tanzes und der ekstatischen Musik (Trompete, Trommel und Pfeife), sowohl in spontanen Fällen wie bei therapeutischen Bemühungen, findet man am Anfang des neunzehnten Jahrhunderts für Abessinien in: The Life and Adventures of Nathaniel Pearce, written by himself during a Residence in Abyssinia from the years 1810 to 1819, I 290 ff. Diese Schrift bietet mehrere Parallelen zur Beschreibung des Euripides. Beim Höhepunkt des Tanzes rennt die Patientin „mit solcher Schnelligkeit davon, daß der beste Läufer sie nicht einholen könnte (vgl. Bakch. 748. 1090), und in einer Entfernung von rund 200 Meter stürzt sie plötzlich wie erschossen zu Boden" (cf. Bakch. 136 und Anm. 11). Die Eingeborene in Pearces Bericht, die von der Raserei befallen war, tanzte und sprang „mehr wie ein Reh und nicht wie ein menschliches Wesen" (cf. Bakch. 866 ff. 166 ff.). „Ich habe sie bei solchen Anfällen mit einem Krug voll Maiswein auf dem Kopfe tanzen sehen, ohne daß sie einen Tropfen verschüttet hätten oder den | Krug hätten fallen lassen, obwohl sie ganz ungewöhnliche Körperstellungen einnahmen" (cf. Bakch. 775 f.; Nonnos 45, 294 ff.).

Die Beschreibung vom Überfall der Mänaden auf die Stadt Theben (Bakch. 748—764) entspricht insgesamt dem bekannten Verhalten vergleichbarer Gruppen in anderen Teilen der Welt. Bei vielen Völkern besitzen Personen, die sich in einem entweder natürlichen oder künstlich herbeigeführten abnormen Geisteszustand befinden, das Vorrecht, das Gemeinwesen zu plündern. Ihren Unternehmungen entgegenzutreten, wäre gefährlich, weil sie sich für diese Zeit im Kontakt mit dem Übernatürlichen befinden. Die Novizen in Liberia z. B., die sich im Busch der Initiation unterziehen, haben die Erlaubnis, benachbarte Dörfer zu überfallen und zu plündern, wobei sie alles wegschleppen, was ihnen gefällt; desgleichen die Mitglieder geheimer Bünde im Senegal, auf dem Bismarck-Archipel usw., während der Zeit, in der sie durch den Ritus von der Gemeinschaft getrennt sind.[36] Diese Zustände gehören zweifellos zu einer Entwicklungsstufe der sozialen Organisation, über die die Griechen im fünften Jahrhundert schon längst hinausgewachsen waren. Aber Mythos und Ritus mögen die Erinnerung daran bewahrt haben, und Euripides hat vielleicht solches Verhalten in Makedonien noch miterlebt. Blasse Spuren im Ritus kann man vielleicht heute noch in dem Verhalten der Mummentänzer der Wisa erblicken. „Allgemein kann alles, was herumliegt", so berichtet Dawkins, „als ein Pfand mitgenommen werden, das ausgelöst werden muß, und die Koritzia (Mädchen) entführen in dieser Absicht vor allem kleine Kinder."[37] Sind diese Mädchen vielleicht direkte Nachkommen der Kinder raubenden Mänaden aus den ›Bakchai‹ (754; sie erscheinen auch bei Nonnos und auf Vasen)?[38]

Ein anderes, offensichtlich primitives Element ist das Umgehen mit Schlangen (Bakch. 101 ff. 698. 768). Euripides hat das nicht verstanden, obwohl er weiß, daß Dionysos als Schlange erscheinen kann (1017 f.). Man findet es auf Vasen abgebildet, und nach Euripides wird es Teil des konventionellen literarischen Porträts der Mänade.[39] Aber es scheint, daß doch wohl nur in dem primitiveren Kult des Sabazios[40] und vielleicht in der makedonischen Form des Dionysoskultes[41] die lebendige Schlange als Medium des Gottes bei Kulthandlungen der klassischen Zeit angefaßt worden ist.[42] Daß eine solche Berührung auch dann, wenn jeglicher Glaube an die Göttlichkeit der Schlange fehlt, wesentlich dazu beitragen kann, religiöse Erregung zu erzeugen, beweist ein auffallender und mit Photographien belegter Bericht aus neuester Zeit[43] über ein Klapperschlangen-Ritual, das in der Holiness Church in abgelegenen Bergarbeitersiedlungen der Bezirke Leslie und Perry, Kentucky, vollzogen wird. Nach dieser Darstellung bildet das Berühren der Schlange (welches offensichtlich auf Markus 16, 18 zurückgeht: „Sie werden Schlangen aufheben") einen Teil des Gottesdienstes. Sowohl vorher als auch während der Zeremonie wird ein ekstatischer Tanz aufgeführt, dem ein Erschöpfungszustand folgt. Man nimmt die Schlangen aus Behältern und läßt sie von Hand zu Hand gehen (wobei sich augenscheinlich beide Geschlechter beteiligen); Photographien zeigen, wie sie hoch | über den Kopf eines Teilnehmers gehalten werden (cf. Demosth., de cor. 259, ὑπὲρ τῆς κεφαλῆς αἰωρῶν) oder dicht vor das Gesicht. „Ein Mann schob eine unter sein Hemd und fing, als sie hinausschlüpfte, sie auf, bevor sie auf den Boden fallen konnte" — eine überraschend exakte Parallele zur rituellen Handlung der Sabazios-Verehrer, wie sie von Clemens und Arnobius beschrieben wird.[44] Sie macht uns bedenklich gegenüber Dieterichs Behauptung,[45] diese Handlung „kann unmöglich etwas anderes bezeichnen als die sexuelle Vereinigung des Gottes mit dem Mysten"!

Es muß nun noch etwas über den Höhepunkt des dionysischen Wintertanzes gesagt werden, der zugleich auch Höhepunkt der kolumbischen und marokkanischen Tänze war, die wir oben erwähnt haben, nämlich das Zerreißen und rohe Verschlingen des Tieres, σπαραγμός und ὠμοφαγία. Die abschätzigen Darstellungen der christlichen Väter von dieser Handlung wird man mit Recht verwerfen, und man kann kaum wissen, welches Gewicht man den anonymen Bezeugungen durch Scholiasten und Lexikographen beimessen darf.[46] Aber diese Handlung nahm noch in den orgiastischen Kulten der klassischen Zeit einen gewissen Raum ein, wie nicht nur durch die achtbare Autorität eines Plutarch bestätigt wird,[47] sondern auch durch die Satzungen des Dionysoskultes von Milet aus dem Jahre 276 v. Chr.,[48] wo man lesen kann, μὴ ἐξεῖναι ὠμοφάγιον ἐμβαλεῖν μηθενὶ πρότερον ἢ ἡ ἱέρεια ὑπὲρ τῆς πόλεως ἐμβάλῃ. Der Ausdruck ὠμοφάγιον ἐμβαλεῖν hat den Gelehrten Rätsel aufgegeben. Ich glaube nicht, daß er bedeutet „ein Opfertier in eine Grube werfen" (Wiegand, z. St.) oder „ein Stück von einem geschlachteten Stier an einen geweihten Ort werfen" (Haussoulier, REG 32, 266). Ein blutigeres, aber überzeugenderes Bild entwirft Ernest Thesigers Bericht von einem Jahresfest in Tanger, dessen Zeuge er 1907 gewesen ist[49]: „Ein Bergstamm steigt zur Stadt herab, halbverhungert und im Zustand eines durch Drogen verursachten Deliriums. Nach dem üblichen Schlagen der Handtrommeln, Schrillen der Pfeifen und monotonen Tanz wird ein Schaf auf die Mitte des Platzes geworfen, woraufhin in alle Beteiligten Leben kommt, sie das Tier von Mund zu Mund weiterreichen und es roh verschlingen." Der Berichterstatter fügt eine Geschichte an, daß „in einem Jahr ein Maure aus Tanger, der die Vorgänge beobachtete, von der allgemeinen Raserei der Menge ergriffen wurde und sein kleines Kind unter sie schleuderte". Ob das letzte nun wahr ist oder nicht, jedenfalls bietet die Darstellung einen Schlüssel für die Bedeutung von ἐμβαλεῖν und illustriert zugleich die möglichen Gefahren ungeregelter ὠμοφαγία. Die Verantwortlichen in Milet waren mit der stets neu zu lösenden Aufgabe befaßt, dem Dionysos eine Zwangsjacke anzulegen.

In den ›Bakchai‹ wird der σπαραγμός zuerst am Vieh der Thebaner und dann an Pentheus vollzogen. In beiden Fällen wird er mit einem Behagen beschrieben, das | ein moderner Leser schwerlich teilen kann. Eine genaue Schilderung der ὠμοφαγία würde vielleicht sogar für die Mägen der athenischen Zuhörer zuviel gewesen sein. Euripides erwähnt sie zweimal, Bakchai 139 und Kreter, Fr. 472. Aber an beiden Stellen geht er schnell und diskret darüber hinweg. Man kann sich kaum den psychologischen Zustand vergegenwärtigen, den er mit den zwei Worten ὠμοφάγον χάριν beschreibt. Es ist aber bemerkenswert, daß die für ὠμοφαγία vorgesehenen Tage „unglückliche und schwarze Tage" waren,[50] und tatsächlich scheinen diejenigen, die heute einen solchen Ritus vollziehen, eine Mischung von höchster Verzückung und äußerstem Widerwillen zu erleben: Er ist für sie im selben Augenblick heilig und häßlich, Erfüllung und Besudelung, ein Sakrament und eine Befleckung — derselbe heftige Konflikt von Emotionen, der die ›Bakchai‹ durchzieht und die Wurzel aller religiösen Formen des dionysischen Typs ist.[51]

Spätgriechische Autoren haben die ὠμοφαγία so erklärt, wie sie das Tanzen erklärten und wie einige die christliche Kommunion erklären möchten: Es sei nur ein Erinnerungsritus, ein Gedächtnis des Tages, an dem das Dionysos-Knäblein selbst in Stücke gerissen und verschlungen worden sei.[52] Aber der Ritus scheint in Wahrheit auf einem sehr einfachen Teil der primitiven Logik zu beruhen. Die homöopathische Wirkung einer Fleischnahrung war in der ganzen Welt bekannt. Wenn man beherzt wie ein Löwe sein wollte, mußte man Löwenfleisch essen. Wollte man schlau sein, mußte man von der Schlange kosten. Wer Hühner und Hasen verspeist, wird ein Feigling, wer Schweinefleisch ißt, bekommt kleine Schweineaugen.[53] Mit analoger Begründung muß man, wenn man gottgleich sein will, den Gott essen (oder jedenfalls etwas, das θεῖον ist). Und man muß ihn rasch und unzubereitet verzehren, ehe das Blut herausgeflossen ist: Nur so kann man sein Leben mit dem eigenen verbinden, denn „das Blut ist das Leben". Aber Gott läßt sich nicht immer essen, und es würde auch nicht ungefährlich sein, ihn zu gewöhnlicher Zeit zu verzehren und ohne die gebührende Vorbereitung auf den Empfang des Sakraments. Doch einmal alle zwei Jahre ist er unter seinen Bergtänzern gegenwärtig: „Die Böotier", berichtet Diodor (4, 3), „und die anderen Griechen und Thraker glauben, daß zu dieser Zeit er seine Epiphanie unter den Menschen hält" — genau wie er es in den ›Bakchai‹ tut. Er kann in vielen Gestalten erscheinen, in Pflanzen, Tieren, Menschen; und er wird in vielen Gestalten gegessen. In Plutarchs Zeit wurde Efeu zerrupft und gekaut[54]: Das kann primitiv sein, aber auch Ersatz für blutigere Speise. Bei Euripides werden Stiere zerrissen,[55] der Bock zerrissen und verzehrt.[56] An anderer Stelle vernehmen wir von ὠμοφαγία der Rehkitze[57] und vom Zerreißen der Nattern.[58] Da wir in all diesen Tieren mit größerer oder geringerer Wahrscheinlichkeit die Verkörperung des Gottes erkennen dürfen, möchte ich Gruppes Ansicht[59] akzeptieren, daß die ὠμοφαγία ein Sakrament war, in dem der Gott in seinen Tiermedien | gegenwärtig war und in dieser Gestalt von seinem Volk zerrissen und gegessen wurde. Und ich habe an anderer Stelle dargelegt,[60] daß einmal eine mächtigere, weil grausigere Form dieses Sakraments existierte, nämlich das Zerreißen und vielleicht Verzehren des Gottes in der Gestalt eines Menschen; und daß der Mythos des Pentheus zum Teil diese Handlung widerspiegelt. Damit ergibt sich ein Gegensatz zu dem modernen Euhemerismus, der darin nur einen Anklang an einen geschichtlichen Konflikt zwischen den Missionaren des Dionysos und ihren Opponenten vernimmt.

Wir fassen zusammen: Ich habe zu zeigen versucht, daß Euripides' Darstellung des Mänadismus nicht nur mit dem Hinweis auf „die Vorstellungskraft allein" erklärt werden kann; daß die inschriftlichen Zeugnisse (trotz ihrer Lückenhaftigkeit) eine engere Verbindung mit dem tatsächlichen Kult bekunden, als es Gelehrte des neunzehnten Jahrhunderts wahrhaben wollten; und daß die Mänade, wie mythisch auch gewisse Handlungen von ihr sein mögen, in Wirklichkeit keine mythologische Gestalt ist,[61] sondern ein beobachteter und noch immer zu beobachtender Menschentyp. Dionysos findet immer noch seine Anhänger oder Opfer, obwohl wir sie mit anderen Namen bezeichnen; und Pentheus sah sich einem Problem gegenüber, das andere politisch Verantwortliche im wirklichen Leben haben lösen müssen.

Anhang II

THEURGIE

Das verflossene halbe Jahrhundert konnte einen bemerkenswerten Zuwachs unseres Wissens von den magischen Glaubensvorstellungen und Praktiken der Spätantike verzeichnen. Aber im Vergleich zu diesem allgemeinen Fortschritt ist der spezielle Zweig der Magie, der als Theurgie bekannt ist, eigentlich vernachlässigt worden und bislang noch nicht richtig verstanden. Der erste Schritt zu seinem Verständnis ist vor mehr als fünfzig Jahren von Wilhelm Kroll getan worden, als er die Fragmente der ›Chaldäischen Orakel‹ sammelte und kommentierte.[1] Nach ihm hat der verstorbene J. Bidez eine Anzahl interessanter byzantinischer Texte wiederentdeckt und erläutert[2], vor allem von Psellos, welche sich anscheinend aus Proklos' verlorenem Kommentar zu den ›Chaldäischen Orakeln‹ herleiten lassen und vielleicht durch das Werk von Proklos' christlichem Opponenten, Prokopios von Gaza, vermittelt worden sind. Auch Hopfner[3] und Eitrem[4] haben wertvolle Beiträge geleistet, besonders weil sie die Aufmerksamkeit auf die vielen gemeinsamen Züge lenkten, welche die Theurgie mit der graeko-ägyptischen Magie der Papyri verbinden.[5] Aber vieles ist noch dunkel und wird es wahrscheinlich bleiben, bis die verstreuten Texte zur Theurgie gesammelt und in ihrer Gesamtheit untersucht worden sind[6] (eine Aufgabe, die Bidez erwogen zu haben scheint, aber bei seinem Tode unvollendet hinterließ). Der vorliegende Aufsatz zielt nicht auf Vollständigkeit, noch weniger auf Endgültigkeit. Seine Absicht ist nur 1. die Beziehungen zwischen Neuplatonismus und Theurgie in ihrer historischen Entwicklung klarzustellen, und 2. den tatsächlichen *modus operandi* auf dem Gebiet zu überprüfen, welches die zwei Hauptzweige der Theurgie umfaßt zu haben scheint.

I. Der Begründer der Theurgie

Soweit wir wissen, war der erste, den man als θεουργός bezeichnen kann, ein gewisser Julianus,[7] der unter dem Kaiser Mark Aurel lebte.[8] Wahr-

Diese Seiten sind mit einigen leichten Veränderungen aus dem Journal of Roman Studies 37 (1947) wieder abgedruckt. Ich möchte den Professoren M. P. Nilsson und A. D. Nock meinen Dank dafür aussprechen, daß sie den Aufsatz durchgesehen haben und wertvolle Anregungen beisteuerten.

[1] Anmerkungen zum Anhang II s. S. 272 ff.

scheinlich hat er, wie Bidez annimmt,[9] die Bezeichnung erfunden, um sich von den bloßen θεολόγοι zu unterscheiden: Die θεολόγοι sprachen von den Göttern, er „wirkte auf sie ein", ja „er schuf" sie vielleicht sogar.[10] Von seiner Person wissen wir bedauerlicherweise wenig. Nach Suidas war er der Sohn eines „chaldäischen Philosophen" gleichen Namens,[11] welcher der Autor eines vierbändigen Werkes über die Dämonen war. Er selbst schrieb ›Θεουργικά, Τελεστικά, Λόγια δι' ἐπῶν‹. Daß diese „hexametrischen Orakel" — nach Lobecks Annahme — keine anderen als die ›Oracula Chaldaica‹ waren, zu denen Proklos einen umfangreichen Kommentar geschrieben hat (Marinus, vit. Procli 26), ist außer jeden vernünftigen Zweifel gestellt durch den Hinweis eines Scholiasten zu Lukian[12] auf τὰ τελεστικὰ Ἰουλιανοῦ ἃ Πρόκλος ὑπομνηματίζει, οἷς ὁ Προκόπιος ἀντιφθέγγεται, und durch Psellos' Behauptung, daß Proklos „sich in ἔπη verliebt hat, welche von ihren Bewunderern Λόγια genannt wurden, in denen Julianus die chaldäischen Lehren weiterausgebaut hatte"[13]. Nach seiner eigenen Darstellung hat Julianus diese Orakel von den Göttern erhalten: Sie waren θεοπαράδοτα.[14] Wo er sie tatsächlich erhalten hat, wissen wir nicht. Wie Kroll dargelegt hat, passen Stil und Inhalt besser in die Zeit der Antoninen als in irgendeine frühere Epoche.[15] Natürlich ist es möglich, daß Julianus sie gefälscht hat; aber ihre Diktion ist so wunderlich und bombastisch, ihre Gedanken so dunkel und unzusammenhängend, daß sie eher an die Trance-Äußerungen moderner „Kontrollgeister" als an wohlüberlegte Bemühungen eines Fälschers erinnern. Nach unserem heutigen Wissen von den späteren Entwicklungsstufen der Theurgie scheint es in der Tat nicht unmöglich zu sein, daß sie ihren Ursprung in den „Offenbarungen" irgendeines hellseherischen oder Trance-Mediums hat und daß die Rolle des Julianus darin bestand, sie in Verse zu setzen, was ja auch Psellos (oder seine Quelle Proklos) behauptet.[16] Das würde im Einklang mit der geübten Praxis der anerkannten Orakel stehen,[17] und die Umsetzung in Hexameter würde die Gelegenheit geboten haben, eine Andeutung von philosophischem Sinn und System in das verworrene Geschwätz zu bringen. Der fromme Leser aber empfände immer noch das dringende Bedürfnis nach einer Erklärung oder einem Kommentar in Prosa, und auch hier scheint Julianus Abhilfe geschaffen zu haben. Denn sicherlich führt ihn doch wohl Proklos (in Tim. III 124, 32) an als ὁ θεουργὸς ἐν τοῖς ὑφηγητικοῖς. Marinus bezieht sich wahrscheinlich auf denselben Kommentar, wenn er von τὰ Λόγια καὶ τὰ σύστοιχα τῶν Χαλδαίων συγγράμματα spricht (vit. Procli 26), ebenso Damaskios (II 203, 27), wenn er οἱ θεοὶ καὶ αὐτὸς ὁ θεουργός zitiert. Ob er mit den bei Suidas erwähnten ›Θεουργικά‹ identisch war, wissen wir nicht. Proklos (in Tim. III 27, 10) zitiert Julianus einmal ἐν ἑβδόμῃ τῶν Ζωνῶν; das klingt wie die Bezeichnung eines Abschnitts der ›Θεουργικά‹, die sich in sieben Kapiteln mit den sieben Planetensphären befaßten, durch welche die

Seele herab- und wieder hinaufsteigt (cf. in Remp. II 220, 11 ff.). Zum vermutlichen Inhalt der ›Τελεστικά‹ vgl. unten. Abschnitt IV. |
Die Frage nach dem Ursprung der ›Chaldäischen Orakel‹ mag nun auf sich beruhen. Mit Gewißheit enthielten sie nicht nur Vorschriften für einen Feuer- und Sonnenkult,[18] sondern auch Anweisungen für eine magische Beschwörung der Götter (s. u. S. 165 f.). Und spätere Tradition stellt die Juliani als mächtige Zauberer dar. Nach Psellos[19] hat der ältere Julianus seinen Sohn dem Geiste Platons „vorgestellt" (συνέστησε), und es scheint, daß sie den Anspruch erhoben haben, einen Zauber (ἀγωγή) zu kennen, mit dem sie die Erscheinung des Gottes Χρόνος herbeiführen konnten.[20] Sie konnten auch die Seele eines Menschen veranlassen, ihren Körper zu verlassen und wieder aufzusuchen.[21] Ihr Ruhm war auch nicht nur auf neuplatonische Kreise beschränkt. Das rechtzeitig einsetzende Unwetter, welches die römische Armee während Mark Aurels Feldzug gegen die Quaden im Jahr 173 n. Chr. rettete, ist von einigen den magischen Künsten des jüngeren Julianus zugeschrieben worden.[22] In der Version, die Psellos von dieser Geschichte gibt, fertigt Julianus eine Menschenmaske aus Ton, die „unwiderstehliche Blitze" gegen die Feinde freisetzt.[23] Sozomenos hat davon vernommen, daß er einen Stein durch Zauberei gespalten habe (Hist. Eccl. 1, 18), und eine anschauliche christliche Erzählung zeigt, wie er sich in der Entfaltung magischer Kräfte mit Apollonios und Apuleius mißt: Rom ist von einer Seuche befallen, und jedem Magier ist die medizinische Oberaufsicht über einen Sektor der Stadt zugeteilt worden; Apuleius übernimmt es, die Seuche in fünfzehn Tagen einzudämmen, Apollonios in zehn, aber Julianus macht ihr auf der Stelle durch ein einziges Befehlswort ein Ende.[24]

II. Theurgie in der neuplatonischen Schule

Der Begründer der Theurgie war ein Magier, keine Neuplatoniker. Und der Begründer des Neuplatonismus war weder ein Magier noch — ohne damit gewissen modernen Autoren nahetreten zu wollen — ein Anhänger der Theurgie.[25] Plotin wird weder von seinen Nachfolgern als θεουργός dargestellt, noch verwendet er den Ausdruck θεουργία oder Ableitungen davon in seinen Schriften. Es gibt tatsächlich keinen Beweis,[26] daß er jemals etwas von Julianus und seinen ›Chaldäischen Orakeln‹ gehört hat. Wenn er sie gekannt hätte, würde er sie wahrscheinlich der gleichen kritischen Behandlung unterworfen haben, welche er den Offenbarungen „des Zoroaster, Zostrianos, Nikotheos, Allogenes, Mesos und anderer dieser Art" hatte angedeihen lassen, indem er sie in seinem Seminar analysierte und bloßstellte.[27] Denn in seiner großen Verteidigung der griechischen rationalistischen Tradition, in der Abhandlung ›Gegen die Gnostiker‹ (Enn. 2, 9), äußert er ganz deutlich sowohl seinen Widerwillen gegen all diese größenwahnsinnigen „Privatoffenbarungen"[28] als auch seine Verachtung gegenüber τοῖς πολλοῖς, οἳ τὰς παρὰ τοῖς μάγοις δυνάμεις θαυμάζουσι (Kap. 14, I 203, 32 Volkmann). Nicht daß er die Wirksamkeit der Zauberei verneint hätte (hätte irgendein Mensch des dritten Jahrhunderts das vermocht?); aber sie interessierte ihn nicht. Er erblickte in ihr lediglich eine Anwendung der „wahren Magie" für niedrige persönliche Zwecke, einer Magie, „die die Summe von | Liebe und Haß im Universum ausmacht", der geheimnisvollen und in Wahrheit bewunderungswürdigen συμπάθεια, die den Kosmos eint. Die Menschen bestaunen ihre γοητεία mehr als den Zauber der Natur nur aus dem Grunde, weil dieser ihnen weniger vertraut ist.[29]

Trotzdem nennt der Artikel ›Theurgie‹ in einem kürzlich erschienenen Bande der RE Plotin einen Anhänger der Theurgie, und Eitrem hat jüngst noch von Plotin gesprochen, „von dem sich zweifellos die Theurgie herleitet"[30]. Die wesentlichen Gründe für diese Ansicht scheinen zu sein 1. seine angebliche[31] Herkunft aus Ägypten und die Tatsache, daß er in Alexandrien unter Ammonios Sakkas studiert hat; 2. seine angeblich profunden[32] Kenntnisse der ägyptischen Religion; 3. seine Erfahrung in der *unio mystica* (Porph. vit. Plot. 23); und 4. das Ereignis im Iseum zu Rom (ebd., 10, ausgeschrieben und erörtert im Abschnitt III, u., S. 156). Von diesen Punkten scheint mir nur der letzte wirklich wichtig zu sein. Zum ersten Punkt muß hier der Hinweis genügen, daß Plotinus ein römischer Name ist, daß seine Weise zu denken und zu sprechen in charakteristischer Weise griechisch ist und daß unter den wenigen Nachrichten, die wir über Ammonios Sakkas haben, keine ist, die uns berechtigte, ihn einen Jünger der Theurgie zu nennen. Seine Vertrautheit mit der ägyptischen Religion, soweit sie sich in den ›Enneaden‹ greifen läßt, bezeugt sich meiner Ansicht nach in nicht mehr als ein paar Hinweisen auf allbekannte Dinge: Porphyrios hat genausoviel oder mehr aus der Lektüre des Chairemon gelernt.[33] Und was die plotinische *unio mystica* angeht, muß es jedem sorgfältigen Leser von Stellen wie Enn. 1, 6, 9 oder 6, 7, 34 völlig klar sein, daß sie nicht durch irgendeinen Beschwörungsritus oder durch den Vollzug vorgeschriebener Handlungen erreicht wird, sondern durch eine innere Disziplin des Geistes, die kein zwanghaftes Element enthält und nichts mit Magie zu tun hat.[34] Es bleibt nur noch das Ereignis im Iseum. Hierbei handelt es sich um Theurgie oder etwas Verwandtes. Es ist allerdings nur in den Fabeleien seiner Schüler überliefert (s. u.). Und in jedem Fall macht ein einziger Besuch einer Séance aus einem Mann noch keinen Spiritisten, vor allem dann nicht, wenn er, wie Plotin, auf Veranlassung irgendeines anderen dort hingegangen ist.

Plotin ist nach den Worten Wilhelm Krolls ein Mann, der „sich durch angestrengte intellektuelle und moralische Bemühungen über die von Verwirrung beherrschte Atmosphäre seiner Umgebung erhob". Solange er lebte, zog er seine Schüler mit sich empor. Aber mit seinem Tode begann die Verwirrung sich erneut zu verdichten, und der spätere Neuplatonismus ist in vieler Hinsicht ein Rückfall in den kraftlosen Synkretismus, von dem loszukommen Plotin versucht hatte. Der Konflikt zwischen Plotins persönlichem Einfluß und dem Aberglauben seiner Zeit prägt sich ganz deutlich in der schwankenden Haltung seines Schülers Porphyrios aus,³⁵ der ein ehrenwerter, gelehrter und liebenswürdiger Mann war, aber in keiner Weise ein konsequenter oder schöpferischer | Denker. Tief religiös durch seine Veranlagung, hatte er eine unheilbare Schwäche für Orakel. Bevor er Plotin begegnete,³⁶ hatte er schon eine Sammlung unter dem Titel ›Περὶ τῆς ἐκ λογίων φιλοσοφίας‹ veröffentlicht.³⁷ Einige dieser 'Orakel' lassen sich auf Medien zurückführen und sind sicherlich von der Art, die wir als „Sitzungsraum"-Produkte bezeichnen würden (s. u., Abschnitt V). Aber es läßt sich keine Andeutung dafür finden, daß er in diesem Werk die ›Chaldäischen Orakel‹ zitiert habe (oder den Ausdruck Theurgie verwandte). Wahrscheinlich wußte er bei der Abfassung dieser Schrift noch nichts von ihrer Existenz. Später, als Plotin ihn gelehrt hatte, Fragen zu stellen, richtet er eine Reihe von entschieden kritischen und oft ironisch getönten Untersuchungen zur Dämonologie und zum Okkultismus an den Ägypter Anebo³⁸ und legt unter anderem dar, wie töricht es ist, auf Götter magischen Zwang ausüben zu wollen.³⁹ Es war vermutlich noch später,⁴⁰ nach dem Tode Plotins, daß er die ›Chaldäischen Orakel‹ aus ihrer Vergessenheit befreite, in der sie (wie es mit solchen Büchern zu geschehen pflegt) mehr als ein Jahrhundert überdauert hatten, dann einen Kommentar zu ihnen schrieb⁴¹ und sie in seiner Schrift ›De regressu animae‹ „immerfort erwähnte".⁴² In dem zuletzt genannten Werk vertrat er die Meinung, daß die τελεταί der Theurgie die πνευματικὴ ψυχή reinigen könnten und sie „aptam susceptioni spirituum et angelorum et ad videndos deos" machten. Aber er warnte seine Leser, weil die Praktik gefährlich sei und sowohl für gute als auch für schlechte Zwecke gebraucht werden könnte. Ferner leugnete er, daß man mit ihrer Hilfe die Rückkehr der Seele zu Gott erreichen könnte oder daß diese Praktik ein notwendiges Hilfsmittel dafür sei.⁴³ In seinem Herzen war er doch noch ein Schüler des Plotin geblieben.⁴⁴ Aber er hatte ein gefährliches Zugeständnis an die gegnerische Schule gemacht.

Die Antwort dieser Schule erfolgte in Iamblichos' Kommentar zu den ›Chaldäischen Orakeln‹⁴⁵ und in der noch vorhandenen Abhandlung ›De mysteriis‹⁴⁶. ›De mysteriis‹ ist ein Manifest des Irrationalismus; es gipfelt in der Behauptung, daß der Weg zum Heil nicht in der Vernunft, sondern im Ritual zu finden sei. „Nicht der Gedanke verbindet den Theurgen mit den Göttern. Denn was sollte sonst die theoretischen Philosophen hindern, sich der theurgischen Vereinigung mit den Göttern zu erfreuen? Das ist aber nicht der Fall. Die theurgische Vereinigung wird nur durch die Wirksamkeit der unaussprechlichen Akte erreicht, wenn sie in der rechten Weise ausgeführt werden; und durch die Kraft der das Ausdrucksvermögen übersteigenden Symbole, welche nur von den Göttern begriffen werden... Ohne gedankliche Anstrengungen unsererseits vollenden die Zeichen (συνθήματα) auf Grund ihrer eigenen Wirkung ihr eigentliches Werk" (de myst. 96, 13 Parthey). Den entmutigten Gemütern der Heiden des vierten Jahrhunderts bot eine solche Lehre verführerischen Trost. Die „theoretischen Philosophen" hatten nun über neun Jahrhunderte lang disputiert, und was war das Ergebnis? Der offenkundige Niedergang der Kultur, und das schleichende Anwachsen jener christlichen | ἀθεότης, die doch zu deutlich das Lebensblut des Hellenismus aussog. Wie die gemeine Zauberei gewöhnlich die letzte Zuflucht der persönlich Verzweifelten ist, derer also, denen sich Mensch und Gott in gleicher Weise versagt haben, so wurde die Theurgie zum Asyl der verzweifelnden Intelligenz, die schon *la fascination de l'abîme* verspürte.

Dennoch hat es wohl den Anschein, daß selbst in der Generation nach Iamblichos die Theurgie noch keineswegs gänzlich von der neuplatonischen Schule akzeptiert worden sei. Eunapios zeigt uns an einer lehrreichen Stelle (vit. soph. 474 f. Boissonade), daß Eusebios von Myndos, ein Schüler des Iamblichos-Schülers Aedesios, in seinen Vorlesungen die Behauptung aufgestellt hat, die Magie sei eine Sache für „verrückte Personen, die in verdrehter Weise gewisse Kräfte sorgfältig untersuchten, die sie von der Substanz herleiteten"; und daß er den künftigen Kaiser Julian vor „jenem effekthaschenden Wundertäter", dem Theurgen Maximos, warnte. Er schließt mit Worten, die an Plotin erinnern: σὺ δὲ τούτων μηδὲν θαυμάσῃς, ὥσπερ οὐδὲ ἐγώ, τὴν διὰ τοῦ λόγου κάθαρσιν μέγα τι χρῆμα ὑπολαμβάνων. Darauf erwiderte der Prinz: „Du magst dich an deine Bücher halten: Ich weiß jetzt, wohin ich gehe", und er begab sich zu Maximos. Kurz darauf, so erfahren wir, bittet der junge Julian seinen Freund Priscus, ihm eine gute Abschrift des Kommentars zu besorgen, den Iamblichos über seinen Namensvetter verfaßt hatte (über Julianus, den Theurgen); denn, sagt er, „in der Philosophie sehne ich mich nach Iamblichos und der Theosophie (θεοσοφία, d. h. Theurgie) nach meinem Namensvetter, im Vergleich zu denen ich alle anderen für nichts erachte"[47].

Julians Schutzherrschaft ließ die Theurgie zeitweilig zu einer Modeerscheinung werden. Als er sich als Kaiser anschickte, die heidnische Priesterschaft zu reformieren, fand sich der Theurg Chrysanthios als ἀρχιερεύς von Lydien wieder. Maximos aber wurde als theurgischer Berater des Kaiserhofes wohlhabend und einflußreiche graue Eminenz, weil ὑπὲρ τῶν παρόντων ἐπὶ τοὺς θεοὺς ἅπαντα ἀνέφερον (Eunap. p. 477 Boiss.; cf. Amm. Marc. 22, 7, 3 und 25, 4, 17). Aber Maximos büßte dafür in der nachfolgenden christlichen Reaktion: Er wurde mit einer Geldstrafe belegt, gefoltert und vielleicht im Jahr 371 auf Grund einer Anklage wegen Verschwörung gegen das Kaiserhaus hingerichtet (Eunap. p. 478; Amm. Marc. 29, 1, 42; Zosimos 4, 15). Eine Zeitlang nach diesem Ereignis hielten es die Theurgen für klug, sich zurückzuhalten;[48] aber ihre Kunst wurde in bestimmten Familien in aller Stille weitergegeben.[49] Im fünften Jahrhundert konnte sie wieder öffentlich gelehrt und von den Athener Neuplatonikern ausgeübt werden: Proklos verfaßte nicht nur eine Schrift ›Περὶ ἀγωγῆς‹ und weitere Kommentare zu den ›Chaldäischen Orakeln‹, sondern wurde auch privater Visionen teilhaftig (αὐτοπτουμένοις), in denen er leuchtende zauberhafte ('hekatische') Erscheinungen sah. Wie der Begründer des Kultes war er ein erfolgreicher Regenmacher.[50] Nach Justinian tauchte die Theurgie wieder | unter, ohne indes völlig unterzugehen. Psellos hat eine θεαγωγία beschrieben, die ein Erzbischof nach den Grundsätzen heidnischer Theurgie (τοῖς Χαλδαίων λόγοις ἑπόμενος) durchführte und die, wie er versichert, in Byzanz im elften Jahrhundert stattgefunden hat;[51] und Proklos' Kommentar zu den Orakeln war noch, direkt oder indirekt, dem Nikephoros Gregoras im vierzehnten Jahrhundert bekannt.[52]

III. Eine Séance im Iseum

Porphyrios, vita Plotini 10 (16, 12 ff. Volk.): Αἰγύπτιος γάρ τις ἱερεὺς ἀνελθὼν εἰς τὴν Ῥώμην καὶ διά τινος φίλου αὐτῷ (sc. Πλωτίνῳ) γνωρισθεὶς θέλων τε τῆς ἑαυτοῦ σοφίας ἀπόδειξιν δοῦναι ἠξίωσε τὸν Πλωτῖνον ἐπὶ θέαν ἀφικέσθαι τοῦ συνόντος αὐτῷ οἰκείου δαίμονος καλουμένου. τοῦ δὲ ἑτοίμως ὑπακούσαντος γίνεται μὲν ἐν τῷ Ἰσείῳ ἡ κλῆσις· μόνον γὰρ ἐκεῖνον τὸν τόπον καθαρόν φασιν εὑρεῖν ἐν τῇ Ῥώμῃ τὸν Αἰγύπτιον. κληθέντα δὲ εἰς αὐτοψίαν τὸν δαίμονα θεὸν ἐλθεῖν καὶ μὴ τοῦ δαιμόνων εἶναι γένους· ὅθεν τὸν Αἰγύπτιον εἰπεῖν· μακάριος εἶ θεὸν ἔχων τὸν δαίμονα καὶ οὐ τοῦ ὑφειμένου γένους τὸν συνόντα. μήτε δὲ ἐρέσθαι τι ἐκγενέσθαι μήτε ἐπιπλέον ἰδεῖν παρόντα, τοῦ συνθεωροῦντος φίλου τὰς ὄρνεις, ἃς κατεῖχε φυλακῆς ἕνεκα, πνίξαντος εἴτε διὰ φθόνον εἴτε καὶ διὰ φόβον τινά.

Diese merkwürdige Stelle ist von Hopfner, OZ II 125, und ausführlicher von Eitrem, Symb. Oslo. 22, 62 ff., erörtert worden. Man sollte ihr keinen zu großen historischen Wert beimessen. Porphyrios' Verwendung von φασίν[53] zeigt, daß seine Quelle weder Plotin selbst noch irgendeiner der tatsächlichen „Sitzer" gewesen ist. Und da er sagt, daß dieses Ereignis Plotin zur Abfassung seiner Abhandlung ›Περὶ τοῦ εἰληχότος ἡμᾶς δαίμονος‹ (Enn. 3, 4) veranlaßt habe, muß es ebenso wie die Abfassung jener Abhandlung vor der Ankunft des Porphyrios in Rom stattgefunden haben, und das heißt: wenigstens 35 Jahre vor der Veröffentlichung der ›Vita‹. Die Zeugnisse, auf denen seine Geschichte beruht, sind also weder aus erster Hand noch (wahrscheinlich) in zeitliche Nähe zu diesem Ereignis zu rücken. Sie können nicht, wie Eitrem mit Recht feststellt, „die Gültigkeit authentischer Bezeugungen haben"[54]. Trotzdem bietet die Erzählung einen interessanten, wenn auch quälenden Durchblick auf ein hervorragendes magisches Verfahren des dritten Jahrhunderts.

Weder Zweck noch Ort der Séance dürfen uns sehr überraschen. Der Glaube an einen innewohnenden δαίμων ist sehr alt und weit verbreitet. Platon und die Stoiker haben ihn übernommen und ihrer jeweiligen Art gemäß rational umgeformt.[55] Daß er eine Rolle in der graeko-ägyptischen Magie gespielt hat, wird durch PGM VII 505 ff. nahegelegt, wo eine Vorschrift, unglücklicherweise unvollständig erhalten, betitelt ist ›Σύστασις ἰδίου δαίμονος‹.[56] (Man darf diesen Glauben aber nicht mit der viel bekannteren Beschwörung eines | πάρεδρος oder „Schutzgeistes" verwechseln, dessen Verbindung mit dem Magier zum erstenmal durch das magische Verfahren hergestellt wird.) Zum δαίμων, der sich als ein Gott erweist, cf. außer Plot. Enn. 3, 4, 6 (I 265, 4 Volk.), δαίμων τούτῳ θεός (zitiert von Eitrem), Olympiodoros, in Alc. p. 20 Cr., wo, nach einer Unterscheidung der θεῖοι δαίμονες von denen niederen Ranges, uns berichtet wird, daß οἱ κατ' οὐσίαν ἑαυτῶν βιοῦντες καὶ ὡς πεφύκασι τὸν θεῖον δαίμονα ἔχουσιν εἰληχότα ... κατ' οὐσίαν δέ ἐστι ζῆν τὸ πρόσφορον αἱρεῖσθαι βίον τῇ σειρᾷ ὑφ' ἣν ἀνάγεται, οἷον στρατιωτικὸν μέν, ἐὰν ὑπὸ τὴν ἀρεϊκήν, κτλ. Die Wahl des Ortes ist hinreichend begründet mit der wohlbekannten Forderung nach einem τόπος καθαρός für magische Handlungen,[57] zusammen mit Chairemons Feststellung, daß die ägyptischen Tempel zu gewöhnlichen Zeiten nur denen zugänglich waren, die sich gereinigt und strenge Fasten auferlegt hatten.[58]

Aber was Eitrem in Verlegenheit brachte, ebenso wie es mich in Verlegenheit gebracht hat, ist die Rolle, welche die Vögel spielen, ἃς κατεῖχε φυλακῆς ἕνεκα, d. h. um die Agierenden vor den Angriffen übelgesinnter Geister zu schützen (und sicherlich nicht, um die Vögel zu hindern, davonzufliegen, wie MacKenna, Bréhier und Harder einmütig falsch übersetzen: Denn dann wäre ihr Vorhandensein völlig unerklärbar). Schutzmaßnahmen werden manchmal in den Papyri vorgeschrieben.[59] Aber wieso können Vögel als φυλακή dienen? Und wieso konnte ihr Tod die Erscheinung vertreiben? Hopfner meint, die Unreinheit des Todes habe den Gott vertrieben: Man hätte die Vögel mitgebracht, damit ihre Tötung im Bedarfsfalle als ἀπόλυσις gewirkt hätte.[60] Aber es wurde voreilig und ohne Not getan. Eitrem andererseits vergleicht PGM XII 15 ff., wo das Erwürgen von Vögeln Teil eines Rituals ist, das die Beseelung einer Wachsfigur des Eros bezweckte, und er nimmt an, die eigentliche Absicht müsse ein Opfer gewesen sein, und Porphyrios oder sein Gewährsmann hätten die Ereignisse mißverstanden: Er hält die dem φίλος zugeschriebenen Motive für „unwahrscheinlich". Zur Stützung seiner Ansicht hätte er noch Porphyrios' eigene Feststellung im ›Brief an Anebo‹ anführen können,[61] daß διὰ νεκρῶν ζῴων τὰ πολλὰ αἱ θεαγωγίαι ἐπιτελοῦνται, was Hopfners Erklärungsversuch indiskutabel erscheinen läßt. Es gibt jedoch noch eine andere Stelle bei Porphyrios, die zu besagen scheint, daß durch die Tötung der Vögel bei dieser Gelegenheit der φίλος eine Regel des theurgischen μυστήριον verletzt hat: In de abst. 4, 16 (255, 7 N.) sagt er, ὅστις δὲ φασμάτων φύσιν ἱστόρησεν, οἶδεν καθ' ὃν λόγον ἀπέχεσθαι χρὴ πάντων ὀρνίθων, καὶ μάλιστα ὅταν σπεύδῃ τις ἐκ τῶν χθονίων ἀπαλλαγῆναι καὶ πρὸς τοὺς οὐρανίους θεοὺς ἱδρυνθῆναι. Das trifft auf die Situation im Iseum so genau zu (denn ἀπέχεσθαι kann gewiß das Vermeiden der Tötung wie des Verzehrens bezeichnen), daß es der Mühe bedürfte, | um hier keine Anklänge zu vernehmen. Wir dürfen vielleicht auch die pythagoreische Regel als Vergleich heranziehen, nach der ausdrücklich das Opfern von Hähnen verboten war (Iamb. vit. Pyth. 147; Protrept. 21).

Aber wenn das so ist, warum waren dann die Vögel da? Möglicherweise, weil ihre Anwesenheit selbst schon eine φυλακή war. ὄρνιθες ohne nähere Kennzeichnung sind gewöhnlich Haushühner, κατοικίδιοι ὄρνιθες (vgl. L.-S.[9], s. v.). Und das Haushuhn brachte, wie Cumont nachgewiesen hat,[62] von seiner Heimat in Persien den Ruf mit, ein heiliger Vogel zu sein, der die Dunkelheit und damit die Dämonen vertreibt:[63] Plutarch z. B. weiß, daß κύνες καὶ ὄρνιθες zu Oromazes (Ormuzd) gehören.[64] Ist es nicht wahrscheinlich, daß in dieser Hinsicht ebenso wie in seinem Feuerkult die theurgische Tradition Spuren des religiösen Vorstellungsgutes der Iranier bewahrt hat und daß Porphyrios wenigstens, wenn nicht der ägyptische Priester, die Funktion der Vögel als apotropäische ansah und ihren Tod als Frevel an den himmlischen Erscheinungen? Es gibt tatsächlich eine spätere Stelle, welche diese Vermutung bestärkt: Denn wir erfahren bei Proklos nicht nur, daß die Hähne Geschöpfe der Sonne sind, μετέχοντες καὶ αὐτοὶ τοῦ θείου κατὰ τὴν ἑαυτῶν τάξιν, sondern daß ἤδη τινὰ τῶν ἡλιακῶν δαιμόνων λεοντοπρόσωπον φαινόμενον, ἀλεκτρυόνος δειχθέντος, ἀφανῆ γενέσθαι φασὶν ὑποστελλόμενον τὰ τῶν κρειττόνων συνθήματα.[65]

IV. Der Modus operandi: τελεστική

Großsprecherisch bestimmt Proklos die Theurgie als „eine Macht, die alle menschliche Weisheit übersteigt und in sich schließt die Segnungen der Prophetie, die reinigenden Kräfte der Weihung und mit einem Wort alle

Wirkungen göttlichen Erfülltseins" (Theol. Plat. p. 63). Man kann sie auch einfacher als eine auf religiöse Zwecke angewandte Zauberei bezeichnen, die auf einer angenommenen Offenbarung religiöser Art beruht. Während die gewöhnliche Zauberei Namen und Formeln religiösen Ursprungs für profane Zwecke gebraucht, wendet die Theurgie die Verfahrensweisen gewöhnlicher Zauberei vorzüglich mit religiöser Zielsetzung an: Ihr τέλος war ἡ πρὸς τὸ νοητὸν πῦρ ἄνοδος (de myst. 179, 8), wodurch ihre Anhänger instand gesetzt wurden, der εἱμαρμένη zu entgehen (οὐ γὰρ ὑφ' εἱμαρτὴν ἀγέλην πίπτουσι θεουργοί, Or. chald. p. 59 Kr.; cf. de myst. 269, 19 ff.) und die Sicherheit erhielten, τῆς ψυχῆς ἀπαθανατισμός teilhaftig zu werden (Prokl. in Remp. I 152, 10).⁶⁶ Aber sie bot auch einen unmittelbareren Vorteil: Buch III der Schrift ›De mysteriis‹ ist ganz den Methoden der Weissagung gewidmet, und Proklos behauptet von sich, durch die δαίμονες viele Offenbarungen über Vergangenheit und Zukunft erhalten zu haben (in Remp. I 86, 13).

Soweit wir urteilen können, waren die Verfahren der Theurgie weitgehend denen der gewöhnlichen Zauberei ähnlich. Wir können zwei Haupttypen unterscheiden: | 1. Verfahren, die ausschließlich auf der Anwendung von σύμβολα oder συνθήματα beruhen, und 2. Verfahren, die die Mitwirkung eines „Mediums" im Trancezustand voraussetzen.

Von diesen zwei Zweigen der Theurgie scheint der erste als τελεστική bekannt gewesen zu sein und sich hauptsächlich mit der Konsekration (τελεῖν, Prokl. in Tim. III 6, 13) und Beseelung magischer Statuen befaßt zu haben in der Absicht, Orakel von ihnen zu erhalten: Proklos, in Tim. III 155, 18: τὴν τελεστικὴν καὶ χρηστήρια καὶ ἀγάλματα θεῶν ἱδρῦσθαι ἐπὶ γῆς καὶ διά τινων συμβόλων ἐπιτήδεια ποιεῖν τὰ ἐκ μερικῆς ὕλης γενόμενα καὶ φθαρτῆς εἰς τὸ μετέχειν θεοῦ καὶ κινεῖσθαι παρ' αὐτοῦ καὶ προλέγειν τὸ μέλλον: Theol. Plat. I 28, p. 70, ἡ τελεστικὴ διακαθήρασα καί τινας χαρακτῆρας καὶ σύμβολα περιτιθεῖσα τῷ ἀγάλματι ἔμψυχον αὐτὸ ἐποίησε: dieselbe Wirkung wird beschrieben in Tim. I 51, 25; III 6, 12 ff.; in Crat. 19, 12.⁶⁷ Wir dürfen annehmen, daß wenigstens ein Teil dieser Lehre auf die ›Τελεστικά‹ des Julianus zurückgeht; die σύμβολα lassen sich mit Gewißheit auf die ›Chaldäischen Orakel‹ zurückführen.⁶⁸

Was waren diese σύμβολα, und wie wurden sie gebraucht? Die deutlichste Antwort findet man in einem Brief des Psellos⁶⁹: ἐκείνη γὰρ (sc. ἡ τελεστικὴ ἐπιστήμη) τὰ κοῖλα τῶν ἀγαλμάτων ὕλης ἐμπιπλῶσα οἰκείας ταῖς ἐφεστηκυίαις δυνάμεσι, ζῴων, φυτῶν, λίθων, βοτανῶν, ῥιζῶν, σφραγίδων, ἐγγραμμάτων, ἐνίοτε δὲ καὶ ἀρωμάτων συμπαθῶν, συγκαθιδρύουσα δὲ τούτοις καὶ κρατῆρας καὶ σπονδεῖα καὶ θυμιατήρια, ἔμπνοα ποιεῖ τὰ εἴδωλα καὶ τῇ ἀπορρήτῳ δυνάμει κινεῖ. Das ist echte theurgische Lehre, ohne Zweifel abgeleitet aus dem Kommentar des Proklos zu den ›Chaldäischen Orakeln‹. Die Tiere,

Pflanzen, Steine und Gerüche kommen auch in ›De mysteriis‹ vor (233, 10 ff.; cf. Aug. Civ. D. 10, 11), und Proklos stellt eine Liste auf von Zauberpflanzen, -steinen usw., die für verschiedene Zwecke gebraucht werden können.[70] Jeder Gott hat seine „sympathetische" Entsprechung im Reich der Tiere, Pflanzen und Mineralien, die entweder ein σύμβολον seines göttlichen Urhebers ist oder ein solches enthält und auf diese Weise in 'Rapport' mit ihm steht.[71] Diese σύμβολα wurden im Innern der Statue verborgen,[72] so daß sie nur dem τελεστής bekannt waren (Prokl., in Tim. I 273, 11). Die σφραγίδες (gravierte Edelsteine) und ἐγγράμματα (geschriebene Formeln) entsprechen den χαρακτῆρες καὶ ὀνόματα ζωτικά des Proklos (in Tim. III 6, 13). Die χαρακτῆρες (welche solche Dinge bezeichneten wie die sieben Vokale als Symbole für die sieben Planetengötter)[73] können entweder niedergeschrieben (θέσις) oder mündlich geäußert werden (ἐκφώνησις).[74] Die rechte Weise, sie auszusprechen, galt als Berufsgeheimnis und wurde nur mündlich weitergegeben.[75] Die Attribute eines Gottes konnte man ebenfalls mit magischer Wirkung in mündlicher Anrufung nennen.[76] Die „lebenspendenden Namen" umfaßten ferner | geheime Benennungen, welche die Götter selbst den Juliani offenbart hatten und ihnen dadurch die Möglichkeit gaben, Antwort auf ihre Gebete zu erhalten.[77] Diese Benennungen können unter den ὀνόματα βάρβαρα gewesen sein, die zufolge der ›Chaldäischen Orakel‹ ihre Wirksamkeit verlieren, wenn sie ins Griechische übertragen würden.[78] Einige von ihnen sind uns tatsächlich von den Göttern gedeutet worden;[79] falls im übrigen ein χαρακτήρ für uns bedeutungslos ist, αὐτὸ τοῦτό ἐστιν αὐτοῦ τὸ σεμνότατον (de myst. 254, 14 ff.).

In all diesen Einzelheiten ist die theurgische τελεστική weit davon entfernt, originell zu sein. Die antiken Pflanzen- und Edelsteinkataloge bieten „astrologische Botanik" und „astrologische Mineralogie" in Fülle. Sie teilten bestimmte Pflanzen und Steine bestimmten Planetengöttern zu, und ihr Ursprung reicht mindestens bis auf Bolos von Mendes (um 200 v. Chr.) zurück.[80] Diese σύμβολα wurden schon bei den graeko-ägyptischen Beschwörungen verwandt; so wird Hermes herbeibeschworen, indem man seine Pflanze und seinen Baum benennt, die Mondgöttin durch das Verlesen einer Liste von Tieren usw., die mit den Worten endete: εἴρηκά σου τὰ σημεῖα καὶ τὰ σύμβολα τοῦ ὀνόματος.[81] χαρακτῆρες, Zusammenstellungen der Attribute, ὀνόματα βάρβαρα gehören zur graeko-ägyptischen *materia magica* als Grundbestandteile. Die Verwendung der letzteren war dem Lukian vertraut (Menipp. 9 am Ende) und dem Celsus, und die Theorie von ihrer Unübersetzbarkeit wurde von Origenes hartnäckig gegen Celsus vertreten (c. Cels. 1, 24 f.). Ein Gott, der im Verlauf einer magischen Prozedur seinen wirklichen Namen offenbart, wird erwähnt PGM I 161 ff.; die Bedeutung der richtigen ἐκφώνησις wird PGM V 24 etc. hervorgehoben.

Der Modus operandi: τελεστική

Auch die Herstellung magischer Statuetten von Göttern war kein neuer Industriezweig oder ein Monopol der Theurgen.[82] Sie beruhte letztlich auf dem primitiven und weitverbreiteten Glauben an eine natürliche συμπάθεια, die das Bild mit dem Original verband;[83] es ist derselbe Glaube, der dem magischen Gebrauch menschlicher Bilder zum Zwecke der Behexung *(envoûtement)* zugrunde liegt. Sein Ausbreitungszentrum war offenbar Ägypten, wo er in den eingeborenen religiösen Vorstellungen wurzelte.[84] Der späte hermetische Dialog ›Asclepius‹ weiß von „statuas animatas sensu et spiritu plenas" zu berichten, welche die Zukunft „sorte, vate, somniis, multisque aliis rebus" vorhersagen und sowohl Krankheit verursachen als auch heilen können: Die Kunst, solche Statuen herzustellen, indem man in geweihte Bildwerke mit Hilfe von Pflanzen, Edelsteinen oder Aromata die Seelen von Dämonen oder Engeln einkerkerte, ist von den alten Ägyptern erfunden worden: „sic deorum fictor est homo."[85] Die Zauberpapyri bringen Anweisungen für die Konstruktion und Beseelung (ζωπυρεῖν, XII 318) solcher Bildwerke, z. B. IV 1841 ff., wo das Bildwerk hohl sein soll, wie die Statuen des Psellos, und einen magischen Namen, auf goldenem Blatte geschrieben, enthalten soll; 2360 ff., eine hohle Hermesstatue, die eine magische Formel enthält und durch eine Girlande und das Opfern eines Hahnes geweiht worden ist. Vom ersten Jahrhundert n. Chr.[86] an beginnen die Nachrichten über private[87] Herstellungsbetriebe und magischen Gebrauch vergleichbarer Bildwerke außerhalb Ägyptens. Nero besaß eins, ein Geschenk eines „plebeius quidam et ignotus", das ihn vor Verschwörungen warnte (Suet. Nero 56); Apuleius wurde, wahrscheinlich mit Recht, beschuldigt, ein solches Bild zu besitzen.[88] Lukian verspottet in seinem ›Philopseudes‹ den Glauben an solche Machwerke.[89] Philostratos erwähnt ihren Gebrauch als Amulette.[90] Im dritten Jahrhundert zitiert Porphyrios ein Hekate-Orakel,[91] welches Anweisungen für die Herstellung eines Bildwerkes gibt, das dem Gläubigen die Vision der Göttin im Schlaf vermitteln soll.[92] Aber die wirkliche Blütezeit dieser Kunst kam später und scheint auf Iamblichos zurückzugehen, der in ihr zweifellos die wirksamste Verteidigung des überlieferten Bilderkultes gegen den Spott christlicher Kritiker erblickte. Während Porphyrios' ›Περὶ ἀγαλμάτων‹ dem Anspruch keinen Vorschub geleistet zu haben scheint, daß die Götter in irgendeiner Weise in den Bildwerken anwesend seien, welche sie symbolisierten,[93] macht sich Iamblichos in seinem gleichnamigen Werk anheischig zu beweisen, „daß die Bilder göttlich sind und von göttlicher Gegenwart erfüllt", und versucht, seine Ansicht durch das Anführen von πολλὰ ἀπίθανα zu stützen.[94] Seine Schüler suchten ständig, Vorzeichen von den Statuen zu erhalten, und waren nicht träge, ihre eigenen ἀπίθανα beizusteuern: Maximos läßt eine Statue der Hekate lachen und die Fackeln in ihren Händen selbsttätig sich entzünden;[95] Heraiskos hat ein so feinfühliges

Gespür, daß er auf der Stelle „beseelte" von „unbeseelten" Statuen unterscheiden kann auf Grund der Empfindungen, die sie in ihm erzeugen.[96] Die Kunst, Orakel gebende Bildwerke herzustellen, ging von der sterbenden heidnischen Welt über in das Repertoire mittelalterlicher Zauberer, wo ihr ein langes Leben beschieden sein sollte, obgleich sie niemals so verbreitet war wie der Gebrauch von Bildern für die Behexung. So benennt eine Bulle Papst Johannes' XXII. aus dem Jahr 1326 oder 1327 Personen, die durch Zauber Dämonen in Bildwerken oder anderen Gegenständen einfingen, sie befragten und Antwort erhielten.[97] Und zwei weitere Fragen drängen sich im Zusammenhang mit der theurgischen τελεστική auf, obwohl ihnen hier nicht nachgegangen werden kann. Erstens, leistete sie einen Beitrag zu dem Glauben, der dem mittelalterlichen Italien wie dem gleichzeitigen Byzanz in gleicher Weise vertraut war und dessen Gegenstand τελέσματα (Talismane) oder „statuae averruncae" waren — also verzauberte Bilder, deren verborgene oder sichtbare Gegenwart die Macht hatte, natürliche Krankheiten oder militärische Niederlagen abzuwenden?[98] Waren einige dieser τελέσματα (gewöhnlich anonymen oder legendären Zauberern zugeschrieben) tatsächlich das Werk von Theurgen? Wir erfahren von Zosimos (4, 18), daß der Theurge Nestorios Athen vor einem Erdbeben im Jahr 375 n. Chr. bewahrt hat, weil er solch ein τέλεσμα (eine Statue des Achilleus) im Parthenon dedizierte, in Übereinstimmung mit einer Anweisung, die er in einem Traum erhalten hatte. Theurgisch war allem Anschein nach die Statue des Zeus Philios, die den μαγγανείαις τισὶ καὶ γοητείαις in Antiochia von einem Zeitgenossen des Iamblichos geweiht wurde, von dem fanatischen Heiden Theoteknos, der in Verbindung mit ihr τελεταί, μυήσεις und καθαρμοί praktizierte (Eus. Hist. Eccl. 9, 3; 9, 11). Einen ähnlichen Ursprung mag man für die mit goldenen Blitzen ausgerüstete Jupiter-Statue annehmen, die im Jahr 394 „mit bestimmten Riten geweiht" worden war, um dem heidnischen Thronprätendenten Eugenius gegen die Truppen des Theodosius beizustehen (Aug. Civ. D. 5, 26): Wir können hier Flavianus, den maßgeblichen Förderer des Eugenius, am Werke sehen. Er war bekannt für seine pfuscherhaften Versuche in heidnischem Okkultismus. Ferner scheint das ἄγαλμα τετελεσμένον, welches Rhegium vor den Feuern des Ätna und vor einer Invasion von der See her beschützte, mit στοιχεῖα versehen gewesen zu sein, und zwar in einer Weise, die an die σύμβολα der Theurgie und der Papyri erinnert: ἐν γὰρ τῷ ἑνὶ ποδὶ πῦρ ἀκοίμητον ἐτύγχανε, καὶ ἐν τῷ ἑτέρῳ ὕδωρ ἀδιάφθορον.[99]

Zweitens, hat die theurgische τελεστική den mittelalterlichen Alchimisten den Versuch nahegelegt, künstliche Menschenwesen („homunculi") zu schaffen, womit sie ja dauernd beschäftigt waren? Hier ist die Ideenverbindung weniger offensichtlich, aber bemerkenswerte Zeugnisse für eine historische

Verbindung sind kürzlich von dem Orientalisten Paul Kraus vorgebracht worden,[100] dessen unzeitiger Tod ein schwerer Verlust ist. Er legt dar, daß das große Corpus der Alchimie, das dem Jâbir b. Hayyan (Gebir) zugeschrieben wird, sich in diesem Zusammenhang nicht nur auf ein (unechtes?) Werk des Porphyrios bezieht mit dem Titel ›Das Buch der Zeugungen‹,[101] sondern daß es auch Gebrauch von neuplatonischen Spekulationen über Bildwerke in einer Weise macht, die es wahrscheinlich werden läßt, daß einige Kenntnisse der echten Werke des Porphyrios, vielleicht sogar einschließlich des ›Briefes an Anebo‹, vorhanden sein müssen.[102]

V. Der Modus operandi: Mediumistische Trance

Während die τελεστική versuchte, die Anwesenheit eines Gottes in einem beseelten „Gefäß" (ὑποδοχή) herbeizuführen, zielt ein anderer Zweig der Theurgie darauf hin, den Gott zeitweilig in einem menschlichen Wesen (κάτοχος, oder mit dem spezifischeren Ausdruck δοχεύς) zu inkarnieren (εἰσκρίνειν).[103] Wie die zuerst genannte Richtung auf der verbreiteteren Vorstellung von einer natürlichen und spontanen συμπάθεια zwischen Bild und Urbild beruhte, so ging die letztere auf den bekannten Glauben zurück, daß die spontan auftretende Alteration der Persönlichkeit die Folge der Besessenheit von einem Gott, Dämon oder einem Verstorbenen war.[104] Daß eine Technik, die der Herbeiführung solcher Alterationen diente, auf die Juliani zurückzuführen ist, darf man der Feststellung des Proklos entnehmen, nach der die Fähigkeit der Seele, den Körper zu verlassen und wieder in Besitz zu nehmen, verstärkt wird durch ὅσα τοῖς ἐπὶ Μάρκου θεουργοῖς ἐκδέδοται· καὶ γὰρ ἐκεῖνοι διὰ δή τινος τελετῆς τὸ αὐτὸ δρῶσιν εἰς τὸν τελούμενον.[105] Solche Techniken wurden auch von anderen angewendet, wie das Orakel zeigt, das Firmicus Maternus (err. prof. rel. 14) aus der Sammlung des Porphyrios anführt und das mit den Worten beginnt: „Serapis vocatus et intra corpus hominis collocatus talia respondit." Eine Anzahl der von Porphyrios zitierten Orakel scheint sich, wie Frederic Myers erkannt hat,[106] von den Äußerungen einiger Medien herleiten zu lassen, die eben zu diesem Zweck in Trance versetzt worden waren, und zwar nicht in öffentlichen Heiligtümern, sondern in privaten Zirkeln. Zu dieser Gruppe gehören auch die Anweisungen zur Beendigung der Trance (ἀπόλυσις), die ausdrücklich von dem Gott durch das eingeschläferte Medium gegeben werden[107] und ihre Analogien in den Papyri haben, aber kaum Teil der eigentlichen Orakelantwort gewesen sein können. Vom selben Typus ist das „Orakel", welches (nach Porphyrios?) von Proklos (in Remp. I 111, 28) angeführt wird: „οὐ φέρει με τοῦ δοχῆος ἡ τάλαινα καρδία", φησί τις θεῶν. Eine solche private εἴσκρισις unterschied sich von den öffentlichen Orakeln in der Hinsicht, daß man annahm, der Gott komme nicht auf Grund eines freiwilligen Gnadenaktes in den Körper des Mediums, sondern in Reaktion auf den Appell des Sitzungsleiters (κλήτωρ) oder sogar von ihm gezwungen.[108]

Dieser Zweig der Theurgie ist besonders interessant wegen seiner offensichtlichen Parallelen zum modernen Spiritismus: Wären wir genauer über ihn informiert, dann dürften wir hoffen, durch Vergleichung die psychologische und physiologische Grundlage beider Formen des Aberglaubens erhellen zu können. Aber unsere Informationen sind zum Verzweifeln unvollständig. Von Proklos erfahren wir, daß vor der „Sitzung" sowohl Leiter als Medium mit Hilfe von Feuer und Wasser gereinigt wurden[109] (in Crat. 100, 21) und daß man sie in besondere Gewänder und mit Gürteln, die der anzurufenden Gottheit angemessen waren, kleidete (in Remp. II 246, 23). Dies scheint der Νειλαίη ὀθόνη oder σινδών der porphyrischen Orakel zu entsprechen (Praep. Ev. 5, 9), deren Ablegen augenscheinlich ein wesentlicher Teil der ἀπόλυσις war (cf. PGM IV 89, σινδονιάσας κατὰ κεφαλῆς μέχρι ποδῶν γυμνόν ... παῖδα, die „lintea indumenta" der Magier bei Amm. Marc. 29, 1, 29, und das „purum pallium" bei Apuleius, Apol. 44). Das Medium war auch bekränzt, was magische Wirkungen erzielte,[110] und trug in den Händen oder im Gewand εἰκονίσματα τῶν κεκλημένων θεῶν[111] oder andere passende σύμβολα.[112] Was man sonst noch tat, um die Trance herbeizuführen, bleibt ungewiß. Porphyrios kennt Personen, die Besessenheit zu erzielen versuchen (εἰσκρίνειν), indem sie „auf χαρακτῆρες" stehen (wie die mittelalterlichen Zauberer), aber Iamblichos hält nicht viel von diesem Verfahren (de myst. 129, 13; 131, 3 ff.). Iamblichos erkennt die Verwendung von ἀτμοί und ἐπικλήσεις an (ebd. 157, 9 ff.), aber leugnet, daß sie irgendeine Wirkung auf den Geist des Mediums ausüben; Apuleius andererseits (Apol. 43) spricht davon, man schläfere das Medium ein „seu carminum avocamento sive odorum delenimento". Proklos weiß von dem Verfahren, die Augen mit Strychnin oder anderen Drogen zu bestreichen, um Visionen zu verursachen,[113] aber er schreibt es nicht den Theurgen zu. Wahrscheinlich resultieren die Wirkungen des theurgischen Verfahrens ebenso wie die des Spiritismus aus psychologischen, nicht physiologischen Faktoren. Iamblichos sagt, nicht jeder sei ein potentielles Medium; die brauchbarsten seien „junge und recht einfache Personen".[114] Hierin stimmt er mit der allgemeinen Ansicht der Antike überein;[115] und Erfahrungen aus moderner Zeit scheinen seine Ansicht im ganzen zu bestätigen, zumindest was den zweiten Teil seiner Feststellung betrifft.

Verhalten und psychologischer Zustand des Mediums sind von Iamblichos ziemlich ausführlich, aber unklar dargestellt worden (de myst. 3, 4–7); in schärferen Begriffen äußert sich Psellos (orat. 27, Scripta Minora I 248,

1 ff., auf Proklos zurückgehend: cf. auch CMAG VI 209, 15 ff. und Op. Daem. XIV, PG 122. 851). Psellos unterscheidet Fälle, in denen die Persönlichkeit des Mediums so völlig aufgehoben zu sein scheint, daß eine der anwesenden normalen Personen unbedingt auf das Medium achten muß, von solchen, bei denen das Bewußtsein (παρακολούθησις) wach bleibt θαυμαστόν τινα τρόπον, so daß das Medium weiß, τίνα τε ἐνεργεῖ καὶ τί φθέγγεται καὶ πόθεν δεῖ ἀπολύειν τὸ κινοῦν. Beide Formen der Trance sind auch heutzutage bekannt.[116] Die Symptome der Trance differieren nach Iamblichos sehr, je nach den einzelnen „Kommunikatoren" und den jeweiligen Umständen (111, 3 ff.); so gibt es z. B. Gefühllosigkeit, sogar gegen Feuer (110, 4 ff.); körperliche Bewegung oder völlige Unbeweglichkeit (111, 17); und schließlich Wechsel der Stimme (112, 5 ff.). Psellos erwähnt die Gefährdung durch ὑλικὰ πνεύματα, die krampfartige Bewegungen verursachen (κίνησιν μετά τινος βίας γενομένην), welche schwächere Medien nicht aushalten können;[117] an anderer Stelle spricht er von κάτοχοι, die auf die Lippen beißen und zwischen den Zähnen murmeln (CMAG VI 164, 18). Die Mehrzahl dieser Symptome kann man mit Stellen aus der klassischen Studie von Mrs. Henry Sidgwick über die Trance-Phänomene der Mrs. Piper belegen.[118] Ich glaube, es ist eine vernünftige Schlußfolgerung, daß die Zustände, welche antike und moderne Beobachter beschrieben haben, wenn nicht identisch, so doch wenigstens analoger Art sind. (Man kann die bezeichnende Beobachtung anfügen, die Porphyrios, apud Eus. Praep. Ev. 5, 8, von Pythagoras von Rhodos zitiert, daß nämlich „die Götter" zuerst nur widerstrebend kommen und sich erst dann leichter einstellen, wenn sie eine besondere Verhaltensweise herausgebildet haben, d. h. wenn sich eine Trance-Persönlichkeit geformt hat.)

Wir hören nichts davon, daß diese „Götter" irgendeinen Beweis ihrer Identität geliefert hätten, und es hat auch den Anschein, als ob ihre Identität tatsächlich oft umstritten gewesen sei. Porphyrios wollte gerne wissen, wie man die Anwesenheit eines Gottes von der eines Engels, Erzengels, δαίμων, ἄρχων oder einer menschlichen Seele unterscheiden könnte (de myst. 70, 9). Iamblichos gibt zu, daß unreine oder unerfahrene 'Sitzungsleiter' bisweilen den falschen Gott zitieren oder, noch schlimmer, einen jener bösen Geister, die ἀντίθεοι genannt werden[119] (ebd. 177, 7 ff.). Er selbst soll einen angeblichen Apollon entlarvt haben, der in Wirklichkeit nur der Geist eines Gladiators gewesen sei (Eunap. vit. soph. 473). Falsche Antworten werden von Synesios (de insomn. 142A) solchen zudringlichen Geistern zugeschrieben, die „hineinspringen und den Platz belegen, der für ein höheres Wesen bereitet war"; sein Kommentator Nikephoros Gregoras (PG 149. 540 A) führt diese Ansicht auf die Χαλδαῖοι (Julianus?) zurück und zitiert (aus den ›Chaldäischen Orakeln‹?) eine Anweisung, die sich auf solche Situationen bezieht.

Andere machen für falsche Antworten „schlechte Bedingungen"[120] (πονηρὰ κατάστασις τοῦ περιέχοντος, Porph., apud Eus. Praep. Ev. 6, 5 = Philop., de mundi creat. 4, 20) oder das Fehlen der ἐπιτηδειότης[121] verantwortlich; wiederum andere schieben die Schuld dem gestörten Seelenzustand des Mediums oder einer ungelegenen Einmischung des normalen Ich zu (de myst. 115, 10). Alle diese Weisen, ein Versagen zu entschuldigen, kommen in der spiritistischen Literatur wieder vor.

Neben der Offenbarung vergangener oder künftiger Geschehnisse durch den Mund des Mediums gewähren die Götter sichtbare (oder gelegentlich auch hörbare)[122] Zeichen ihrer Anwesenheit. Die Person des Mediums kann sichtbar vergrößert oder ausgedehnt werden[123] oder sogar in der Luft schweben (de myst. 112, 3).[124] Aber gewöhnlich nehmen die Manifestationen die Gestalt von Lichterscheinungen an. Ja, falls solche „glückliche Erscheinungen" fehlen, folgert Iamblichos, daß die Leiter nicht sicher wissen können, was sie tun (de myst. 112, 18). Es scheint, daß Proklos zwei Arten von Séancen unterschieden hat: die „autoptische" Séance, bei der der θεατής die Erscheinungen selber wahrnahm; und die „epoptische", bei der er mit einer Beschreibung derselben durch den κλήτωρ (ὁ τὴν τελετὴν διατιθέμενος) zufrieden sein mußte.[125] Im letzten Fall waren die Visionen natürlich dem Verdacht ausgesetzt, rein subjektiver Art zu sein, und Porphyrios scheint das ungefähr behauptet zu haben. Denn Iamblichos verwirft energisch die Vorstellung, daß ἐνθουσιασμός oder μαντική subjektiver Herkunft sein könnten (de myst. 114, 16; 116, 13), und beruft sich offensichtlich auf objektive Spuren, welche die „Götter" bei ihrem Besuch hinterlassen haben.[126] Spätere Schriftsteller geben sich Mühe zu erläutern, warum nur bestimmte Personen dank einer natürlichen Begabung oder der ἱερατικὴ δύναμις sich solcher Gesichte erfreuen können (Prokl. in Remp. II 167, 12; Hermeias, in Phaedr. 69, 7 Couvreur).

Die Lichterscheinungen gehen auf die ›Chaldäischen Orakel‹ zurück, welche versprachen, daß durch das Aussprechen bestimmter Zauberformeln dem Sitzungsleiter „Feuer in der Gestalt eines Knaben" erschiene oder „ein ungeformtes (ἀτύπωτον) Feuer, von dem eine Stimme ausging" oder verschiedene andere Dinge.[127] Man vergleiche die πυραυγῆ | φάσματα, die die „Chaldäer" dem Kaiser Julian vorgeführt haben sollen;[128] die φάσματα Ἑκατικὰ φωτοειδῆ, die Proklos gesehen haben wollte (Marin. vit. Procl. 28); und das Rezept des Hippolytos, feurige Erscheinungen der Hekate mit natürlichen, wenn auch etwas gewagten Mittel vorzutäuschen (Ref. Haer. 4, 36). In der Schrift ›De mysteriis‹ 3, 6 (112, 10 ff.) werden diese Phänomene eindeutig mit Medien in Verbindung gebracht: Der Geist kann als feurige oder leuchtende Gestalt erscheinen, wenn er den Körper des Mediums aufsucht (εἰσκρινόμενον) oder wieder verläßt; er kann dem Leiter (τῷ θεαγωγοῦντι), dem Medium (τῷ δεχομένῳ) und manchmal allen Anwesenden erscheinen. Der letzte Fall (Proklos' αὐτοψία), so wird berichtet, sei der überzeugendste. Die hier vorliegende offenkundige Analogie zu dem sogenannten „Ektoplasma" oder „Teleplasma", das Beobachter unserer Zeit von den Körpern gewisser Medien ausgehen und zu ihnen zurückkehren gesehen haben wollen, haben Hopfner[129] und andere schon bemerkt. Wie das „Ektoplasma" können die Erscheinungen ungeformt (ἀτύπωτα, ἀμόρφωτα) oder gestalthaft sein (τετυπωμένα, μεμορφωμένα): Eines der Orakel des Porphyrios (Praep. Ev. 5, 8) spricht von „dem reinen Feuer, das in heilige Formen (τύποι) gepreßt ist"; doch sind nach Psellos (PG 122. 1136C) die formlosen Erscheinungen die glaubwürdigsten, und Proklos (in Crat. 34, 28) begründet das: ἄνω γὰρ ἀμόρφωτος οὖσα διὰ τὴν πρόοδον ἐγένετο μεμορφωμένη. Die leuchtende Helle, welche ihnen regelmäßig zugesprochen wird, steht zweifellos in Zusammenhang mit dem „chaldäischen" (iranischen) Feuerkult; aber sie erinnert auch an die φωταγωγίαι der Papyri[130] ebenso wie an die „Lichter" in modernen Séance-Räumen. Proklos scheint berichtet zu haben, daß der Gestaltwerdungsprozeß „in einem Lichte" stattfindet[131]: Das läßt an eine λυχνομαντεία denken, ähnlich der, die in PGM VII 540 ff. beschrieben wird, wo der Magier sagt (561): ἔμβηθι αὐτοῦ (sc. τοῦ παιδός) εἰς τὴν ψυχήν, ἵνα τυπώσηται τὴν ἀθάνατον μορφὴν ἐν φωτὶ κραταιῷ καὶ ἀφθάρτῳ. Eitrem[132] möchte τυπώσηται hier mit „wahrnehmen" übersetzen (eine Bedeutung, die sonst nirgendwo belegt ist); aber im Hinblick auf die gerade angeführten Stellen meine ich, man müßte es mit „Gestalt geben" übersetzen („abbilden", Preisendanz) und vermute, daß es sich um eine Materialisation handelt. Das „starke unsterbliche Licht" verdrängt das sterbliche Licht der Lampe, gerade so, wie der Beobachter in PGM IV 1103 ff. das Licht der Lampe „bogenförmig" werden sieht und es dann von „einem sehr großen Licht innerhalb des leeren Raumes" ersetzt findet; dann erblickt er den Gott. Aber ob eine Lichtquelle in der Theurgie überhaupt eine Rolle gespielt hat, wissen wir nicht. Gewiß wurden einige Arten der φωταγωγία in Dunkelheit ausgeführt,[133] andere im Freien,[134] während Lychnomantie unter den verschiedenen Formen der φωτὸς ἀγωγή, die in de myst. 3, 14 aufgezählt werden, nicht vorkommt. Die Ähnlichkeit der Ausdrucksweise bleibt aber auffällig.

ANMERKUNGEN

Erstes Kapitel

[1] Last Lectures, 182 ff.
[2] Introduction à l'Iliade, 294.
[3] Rise of the Greek Epic⁴, 265.
[4] Tradition and Design in the Iliad, 222. Die Hervorhebung ist von mir. Ähnlich meint Wilhelm Schmid, daß Homers Auffassung der Götter „nicht religiös genannt werden kann". (Gr. Literaturgeschichte, I 1, 112 f.)
[5] Il. 19, 86 ff.
[6] 137 ff. Cf. 9, 119 f.
[7] 19, 270 ff.
[8] 1, 412.
[9] 9, 376.
[10] 1, 5.
[11] Il. 6, 357. Cf. 3, 164, wo Priamos sagt, daß nicht Helena, sondern die Götter wegen des Krieges getadelt werden müßten (αἴτιοι); und Od. 4, 261, wo sie von ihrer ἄτη spricht.
[12] Il. 12, 254 f.; Od. 23, 11 ff.
[13] Il. 17, 496 f.
[14] Il. 6, 234 ff.
[15] Cf. Wilamowitz, Die Ilias und Homer, 304 f. 145.
[16] Zu dieser Auffassung von ἄτη cf. W. Havers, Zur Semasiologie von griech. ἄτη, Ztschr. f. vgl. Sprachforschung 43 (1910) 225 ff.
[17] Die Entwicklung zu dieser Bedeutung kann man vielleicht Od. 10, 68; 12, 372 und 21, 302 beobachten. Andernfalls ist das Wort wohl nachhomerisch. L.-S. zitieren in diesem Sinn noch Il. 24, 480, aber ich glaube zu Unrecht: vgl. Leaf und Ameis-Hentze z. St.
[18] Der Plural scheint zweimal für Handlungen gebraucht zu sein, die charakteristisch für den Bewußtseinszustand sind, Il. 9, 115 und (falls die in Anm. 20 vorgetragene Ansicht richtig ist) Il. 10, 391. Das ist eine leichte und natürliche Ausweitung der ursprünglichen Bedeutung.
[19] 11, 61; 21, 297 ff.
[20] Il. 10, 391 wird gewöhnlich als einzige Ausnahme angeführt. Die Bedeutung ist jedoch wohl nicht die, daß Hektors unvernünftiger Rat in Dolon ἄτη hervorgerufen hat, sondern daß dieser Rat ein Symptom für Hektors eigene Lage war, in die er durch (göttliche inspirierte) ἄτη geraten war. ἄται werden dann im selben Sinn wie 9, 115 gebraucht sein, während die übliche Auffassung nicht nur eine spezielle Psychologie voraussetzt, sondern auch einen besonderen Gebrauch von ἄται im Sinne von „Handlungen, die Verblendung verursachen". Od. 10, 68 werden

die Gefährten des Odysseus als „Zweitursachen" zusammen mit dem ὕπνος σχέτλιος genannt.

[21] Il. 16, 805.
[22] ebd. 780.
[23] ebd. 684—891.
[24] Il. 11, 340.
[25] Cf. L. Lévy-Bruhl, Primitive Mentality, 43 ff.; Primitives and the Supernatural, 57 f. (Engl. Übers.)
[26] Od. 12, 371 f. Cf. 10, 68.
[27] Il. 9, 512: τῷ ἄτην ἅμ' ἕπεσθαι, ἵνα βλαφθεὶς ἀποτίσῃ.
[28] Il. 19, 91. Il. 18, 311 nimmt Athena, in ihrer Eigenschaft als Göttin des Rates, den Trojanern den Verstand, so daß sie Hektors schlechtem Rate zustimmen. Dieser Vorgang wird jedoch nicht ἄτη genannt. Aber in der „Telemachie" führt Helena ihre ἄτη auf Aphrodite zurück (Od. 4, 261).
[29] Il. 24, 49, wo der Plural sich wohl nur auf die „Anteile" der einzelnen Individuen bezieht (Wilamowitz, Glaube, I 360). Aber die „mächtigen Spinnerinnen" der Od. 7, 197 scheinen eine Art von persönlichem Schicksal zu sein, verwandt den Nornen des germanischen Mythos (cf. Chadwick, Growth of Literature, I 646).
[30] Cf. Nilsson, History of Greek Religion, 169. Cornfords Ansicht, daß μοῖρα „den noch primitiven Versuch, die Welt zu ordnen, bezeuge" und daß „der Begriff des individuellen Loses oder Schicksals zuletzt, nicht zuerst im Ablauf der Entwicklung steht" (From Religion to Philosophy, 15 ff.), scheint mir höchst unpassend zu sein. Sie wird sicherlich nicht durch den homerischen Gebrauch gestützt, der μοῖρα noch sehr konkret, z. B. für „eine Portion Fleisch" (Od. 20, 260), verwendet. Auch George Thomson überzeugt mich nicht mit seiner Meinung, daß die Μοῖραι entstanden seien „als Symbole der ökonomischen und sozialen Funktionen eines primitiven Kommunismus" oder daß „sie aus neolithischen Muttergottheiten erwachsen sind" (The Prehistoric Aegean, 339).
[31] Snell, Philol. 85 (1929—1930) 141 ff., und (ausführlicher) Chr. Voigt, Überlegung u. Entscheidung ... bei Homer, haben gezeigt, daß Homer kein Wort für Wahl oder Entscheidung kennt. Aber die Folgerung, daß bei Homer „der Mensch noch kein Bewußtsein von persönlicher Freiheit und selbstgetroffener Entscheidung hat" (Voigt, a. a. O., 103), scheint mir irreführend formuliert zu sein. Ich möchte lieber sagen, der homerische Mensch kenne den Willensbegriff nicht (der sich übrigens merkwürdigerweise spät in Griechenland entwickelt hat) und könne deswegen keine Vorstellung vom „freien Willen" besitzen. Das hindert ihn aber nicht daran, praktisch zwischen solchen Handlungen zu unterscheiden, die vom Ich verursacht sind, und solchen, die er der psychischen Beeinflussung zuschreibt: Agamemnon kann sagen: ἐγὼ δ' οὐκ αἴτιός εἰμι, ἀλλὰ Ζεύς. Und es schiene mir doch ein wenig gekünstelt, wollte man leugnen, daß an Stellen wie Il. 11, 403 ff. oder Od. 5, 355 ff. tatsächlich eine begründete Entscheidung getroffen wird, und zwar nach Erwägung möglicher Alternativen.
[32] Il. 16, 849 f. Cf. 18, 119; 19, 410; 21, 82 ff.; 22, 297—303 und zur „Überdetermination" Kap. II, S. 18 ff.

[33] Rh. Mus. 50 (1895) 6 ff. (=Kl. Schriften, II 229). Cf. Nilsson, Gesch. d. gr. Rel. I 91 f.; dagegen Wilamowitz in seiner Einleitung zur Übersetzung der Eumeniden und Rose, Handbook of Greek Mythology, 84.

[34] 15, 233 f.

[35] Il. 19, 418. Cf. Σ B z. St., ἐπίσκοποι γάρ εἰσιν τῶν παρὰ φύσιν.

[36] Fr. 94 D.-K.

[37] Mit einer Ausnahme (Od. 11, 279 f.) handelt es sich in allen Fällen um die Ansprüche lebender Personen. Das scheint sehr der Theorie zu widersprechen (die in den Tagen eines selbstsicheren Animismus aufgestellt worden ist), daß die ἐρινύες die rachsüchtigen Toten seien. Dem widerspricht auch a) die Tatsache, daß sie bei Homer nie einen Mörder bestrafen; b) die Tatsache, daß Götter sowohl wie Menschen „ihre" ἐρινύες haben. Die ἐρινύες der Hera (Il. 21, 412) haben genau dieselbe Funktion wie die der Penelope (Od. 2, 135), nämlich die (Rechts-)Stellung einer Mutter zu schützen durch Bestrafung eines pflichtvergessenen Sohnes. Man kann sagen, daß sie den mütterlichen Unwillen verkörpern, projiziert als ein persönliches Wesen. Die θεῶν ἐρινύς, die in der ›Thebais‹ (Fr. 2 Kinkel) den Fluch des (noch lebenden) Oidipus vernimmt, verkörpert in persönlicher Weise den Unwillen des im Fluche angerufenen Gottes: Daher können ἐρινύς und Fluch gleichgesetzt werden (Aisch. Hepta 70; Eum. 417). In dieser Sicht war Sophokles kein Neuerer, sondern bediente sich überlieferter Ausdrucksweise, als er Teiresias Kreon drohen ließ mit Ἄιδου καὶ θεῶν ἐρινύες (Ant. 1075); ihre Aufgabe ist es, Kreons Verletzung der μοῖρα zu bestrafen, des natürlichen Zuteilungsprinzips, nach dem der tote Polyneikes dem Hades, die lebende Antigone den ἄνω θεοί (1068—1073) gehört. Zu μοῖρα als (Rechts-)Stellung cf. Poseidons Anspruch, ἰσόμορος καὶ ὁμῇ πεπρωμένος αἴσῃ mit Zeus zu sein, Il. 15, 209. Nach Abfassung dieser Zeilen finde ich die enge Verknüpfung von ἐρινύς und μοῖρα auch bei George Thomson (The Prehistoric Aegean, 345) und Eduard Fraenkel (zu Ag. 1535 f.) betont.

[38] Il. 9, 454. 571; 21, 412; Od. 2, 135.

[39] Il. 15, 204.

[40] Od. 17, 475.

[41] Prom. 516, Μοῖραι τρίμορφοι μνήμονές τ' Ἐρινύες, auch Eum. 333 ff. und 961, Μοῖραι ματροκασιγνῆται. Euripides läßt in einem verlorenen Stück eine ἐρινύς ihre anderen Namen aufzählen: τύχη, νέμεσις, μοῖρα, ἀνάγκη (Fr. 1022). Cf. auch Aisch. Hepta 975—977.

[42] Eum. 372 ff. usw.

[43] Zu dem schon oft behandelten Problem des Verhältnisses der Götter zur μοῖρα (das nicht mit logischen Begriffen gelöst werden kann) vgl. besonders E. Leitzke, Moira u. Gottheit im alten griech. Epos, das das Material vollständig vorlegt; E. Ehnmark, The Idea of God in Homer, 74 ff.; Nilsson, Gesch. d. gr. Rel. I 338 ff.; W. C. Greene, Moira, 22 ff.

[44] Demeter Ἐρινύς und das Verbum ἐρινύειν in Arkadien, Paus. 8, 25, 4 ff. αἶσα im Arkadischen, IG V 2, 265. 269; im Kyprischen, GDI I 73.

[45] Cf. E. Ehnmark, The Idea of God in Homer, 6 ff.; zur Bedeutung des Wortes μένος, J. Böhme, Die Seele und das Ich im Homerischen Epos, 11 ff. 84 f.

[46] Il. 5, 125 f. 136; 16, 529.

⁴⁷ Daß Könige einmal im Besitz eines besonderen μένος gedacht wurden, das ihnen kraft ihres Amtes zugeteilt wurde, scheint der Gebrauch der Wendung ἱερὸν μένος (cf. ἱερὴ ἴς) vorauszusetzen, obwohl ihre Anwendung bei Homer nur durch metrische Bequemlichkeit geregelt ist (bei Alkinous, Od. 7, 167 etc., bei Antinous, Od. 18, 34). Cf. Pfister, RE s. v. ›Kultus‹, 2125 ff.; Snell, Die Entdeckung des Geistes, 35 f.

⁴⁸ Od. 24, 318.

⁴⁹ Pferde: Il. 23, 468: βοὸς μένος: Od. 3, 450; Il. 17, 456 erhalten Achills Pferde eine Zuteilung von μένος.

⁵⁰ Il. 6, 182; 17, 565. Die medizinischen Autoren sprechen auch vom μένος des Weins (Hipp., acut. 63), sogar vom μένος des Hungers (vet. med. 9), indem sie damit die innewohnende Kraft bezeichnen, die sich in der Auswirkung auf den menschlichen Organismus kundtut.

⁵¹ Il. 20, 242 Cf. den „Geist des Herrn", der „mächtig auf Samson herabkam" und ihn befähigte, übermenschliche Leistungen auszuführen (Richter 14, 6; 15, 14).

⁵² Il. 13, 59 ff. Die physische Übertragung von Kraft durch Berührung ist jedoch selten bei Homer und im griechischen Glauben überhaupt, im Gegensatz zu der Bedeutung, die der Handauflegung im Christentum (und in vielen primitiven Kulturen) zukommt.

⁵³ Il. 13, 61. 75. γυῖα δ' ἔθηκεν ἐλαφρά ist eine häufig gebrauchte Formel zur Beschreibung von übertragenem μένος (5, 122; 23, 772); cf. auch 17, 211 f.

⁵⁴ Vgl. Leafs Anmerkung zu 13, 73. In der ›Odyssee‹ (1, 323) bemerkt Telemachos eine Übertragung von Kraft, ohne daß gesagt wird, auf welche Weise sie stattgefunden hat.

⁵⁵ Il. 12, 449. Cf. Od. 13, 387—391.

⁵⁶ Il. 3, 381: ῥεῖα μάλ', ὥστε θεός, Aisch. Hik. 100: πᾶν ἄπονον δαιμονίων, usw.

⁵⁷ Il. 5, 330 ff. 850 ff.

⁵⁸ Il. 6, 128 ff.

⁵⁹ Il. 5, 136; 10, 485; 15, 592.

⁶⁰ Il. 15, 605 ff.

⁶¹ Il. 17, 210.

⁶² Od. 1, 89. 320 f.; cf. 3, 75 f.; 6, 139 f.

⁶³ Od. 22, 347 f. Cf. Demodokos 8, 44. 498; und Pindar, Nem. 3, 9, wo der Dichter die Musen bittet, ihm zu gewähren, daß „der Gesang in überreichem Maß aus meinem eignen Geist" hervorströme. MacKay hat dazu bemerkt, daß „die Muse Quelle seiner dichterischen Eigenständigkeit in höherem Maße ist als ein Ausdruck seiner Konventionalität" (The Wrath of Homer, 50). Chadwick, Growth of Literature, III 182, zitiert von Radloff eine auffällig exakte Parallele aus einer primitiven Kultur, den Sänger der Kirgisen, welcher erklärt: „Ich kann jedes beliebige Lied singen, denn Gott hat diese Gabe in mein Herz gegeben. Er legt mir die Worte auf meine Zunge, ohne daß ich nach ihnen suchen muß. Ich habe keins meiner Lieder gelernt. Alle entspringen meinem Innern."

⁶⁴ Od. 17, 518 f.; Hes. Theog. 94 f. (= H. Hymn. 25, 2 f.). Cf. Kap. III, S. 52 ff.

⁶⁵ Zum homerischen Gebrauch des Terminus δαίμων und dessen Verhältnis zu

θεός (das hier nicht erörtert werden kann) cf. Nilsson, Arch. f. Rel. 22 (1924) 363 ff., und Gesch. d. gr. Rel. I 201 ff.; Wilamowitz, Glaube, I 362 ff.; E. Leitzke, op. cit., 42 ff. Nach Nilsson war der δαίμων ursprünglich nicht nur nicht definiert, sondern auch unpersönlich, eine bloße „Kundgabe von Macht *(orenda)*"; aber in diesem Punkte bin ich geneigt, die Zweifel zu teilen, die Rose, Harv. Theol. Rev. 28 (1935) 243 ff., geäußert hat. Die Zeugnisse, die wir haben, legen eher nahe, daß sich μοῖρα von einem unpersönlichen „Los" oder „Anteil" zu einer persönlichen Schicksalsgöttin entwickelt hat, während δαίμων sich in entgegengesetzter Richtung abwandelte, von einem persönlichen „Zuteiler" (cf. δαίω, δαιμόνη) zu einem unpersönlichen „Glück". Es gibt einen Abschnitt, wo sich die Entwicklungslinien schneiden und die Wörter im Grunde genommen synonym sind.

[66] Gelegentlich auch dem Zeus (14, 273 usw.), der in solchen Wendungen vielleicht nicht so sehr ein individueller Gott ist als vielmehr der Repräsentant eines verallgemeinerten göttlichen Willens (Nilsson, Greek Piety, 59).

[67] 9, 381.

[68] 14, 178; cf. 23, 11.

[69] 19, 10; 19, 138 f.; 9, 339.

[70] 2, 124 f.; 4, 274 f.; 12, 295.

[71] 19, 485. Cf. 23, 11, wo ein Fehler bei der Identifizierung in gleicher Weise erklärt wird.

[72] 15, 172.

[73] 12, 38.

[74] 14, 488.

[75] Wenn die Beeinflussung verderblich ist, ist gewöhnlich vom δαίμων, nicht vom θεός die Rede.

[76] Diese Unterscheidung wurde zum erstenmal von O. Jørgensen, Hermes 39 (1904) 357 ff., gemacht. Zu Ausnahmen von der Jørgensenschen Regel cf. Calhoun, AJP 61 (1940) 270 ff.

[77] Cf. den δαίμων, der unglückliche oder unwillkommene Besucher herbeiführt, 10, 64; 24, 149; 4, 274 f.; 17, 446, und der an den ersten zwei Stellen κακός genannt wird; und den στυγερὸς δαίμων, der Krankheit verursacht, 5, 396. Wenigstens diese Stellen müssen als Ausnahmen von Ehnmarks verallgemeinerter Behauptung angesehen werden (Anthropomorphism and Miracle, 64), daß die δαίμονες der Odyssee nur nichtidentifizierte Olympier seien.

[78] 2, 122 ff.

[79] 1, 384 f.

[80] 1, 320 ff.

[81] Il. 15, 461 ff.

[82] E. Hedén, Homerische Götterstudien.

[83] Nilsson, Arch. f. Rel. 22, 379.

[84] The Idea of God in Homer, Kap. V. Cf. auch Linforth, Named and Unnamed Gods in Herodotus, Univ. of California Publications in Classical Philology, IX 7 (1928).

[85] Cf. z. B. die bei Lévy-Bruhl, Primitives and the Supernatural, 22 f., zitierten Stellen.

[86] Il. 4, 31. Cf. P. Cauer, Kunst der Übersetzung, 2. Aufl., 27.

[87] Ein besonders gutes, weil besonders triviales Beispiel für die Bedeutung, die dem Unerklärlichen beigemessen wird, ist die Tatsache, daß das Niesen — diese anscheinend grund- und sinnlose Verkrampfung — bei so vielen Völkern als ein Omen gilt, eingeschlossen die homerischen Griechen (Od. 17, 541), die der klassischen Zeit (Xen. Anab. 3, 3, 9) und die der römischen Jahrhunderte (Plut. gen. Socr. 581 F). Cf. Halliday, Greek Divination, 174 ff., und Tylor, Primitive Culture, I 97 ff.

[88] Ein Analogon zur ἄτη darf man vielleicht in dem Zustand erblicken, der „entrückt" (fey) oder „bezaubert" (fairy-struck) genannt wird und nach keltischem Glauben die Menschen plötzlich überkommt und „sie etwas tun läßt, das ihrer sonstigen Gewohnheit völlig widerspricht" (Robert Kirk, The Secret Commonwealth).

[89] Götter und Psychologie bei Homer, Arch. f. Rel. 22, 363 ff. Die Ergebnisse sind zusammengefaßt in seiner History of Greek Religion, 122 ff.

[90] Wie Snell nachweist (Die Entdeckung des Geistes, 45), zeigt die Überflüssigkeit so mancher göttlicher Eingriffe, daß sie nicht nur erfunden worden sind, um dem Dichter aus einer Schwierigkeit zu helfen (zumal der Lauf der Ereignisse auch ohne sie derselbe sein würde), sondern daß sie auf einer älteren Glaubensschicht aufruhen. Cauer meinte (Grundfragen, I 401), die „Natürlichkeit" zahlreicher homerischer Wunder sei eine Weiterentwicklung, die von der Zeit an datiere, da die Dichter daran waren, den Wunderglauben aufzugeben. Aber das unnötige Wunder ist tatsächlich typisch für primitives Denken. Cf. z. B. E. E. Evans-Pritchard, Witchcraft, Oracles and Magic among the Azande, 77. 508; und zur Kritik an Cauer, Ehnmark, Anthropomorphism and Miracle, Kap. IV.

[91] Zum Beispiel Il. 16, 712 ff. und öfter. Il. 13, 43 ff. stehen physische und psychische (60) Beeinflussung nebeneinander. Zweifellos fanden auch Göttererscheinungen in einer Schlacht eine gewisse Grundlage im Volksglauben (der ja auch die 'Angels at Mons' geschaffen hat), obwohl, wie Nilsson beobachtet hat, es in späterer Zeit gewöhnlich Heroen und keine Götter sind, die in dieser Weise erscheinen.

[92] Il. 1, 198.

[93] Cf. Voigt, Überlegung und Entscheidung ... bei Homer, 54 ff. Öfter wird die Warnung von einem Gotte gegeben, der sich hinter einer menschlichen Gestalt verbirgt; das wird sich wohl von einer älteren Form herleiten lassen, in der der Rat von der Person selbst auf Weisung eines Gottes oder δαίμων gegeben wurde (Voigt, a. a. O., 63).

[94] Hdt. 2, 53. Lowie hat beobachtet, daß die primitiven Künstler, wenn sie ihrem ästhetischen Impuls folgen, „dazu kommen können, einen Typus zu schaffen, der zwar alle wesentlichen Züge des herrschenden Glaubens verbindet, ohne ihnen in irgendeiner Einzelheit zu widersprechen, der aber zur gleichen Zeit eine Reihe von Strichen hinzusetzt, welche die Ausgangsvorstellung nicht nur nuancieren, sondern im wesentlichen verändern. Solange man nicht weitergeht, ist das neue Bild nur eine individuelle Abwandlung der allgemeinen Norm. Aber sobald diese Variante ... auf die Ebene einer allgemeinverbindlichen Darstellung erhoben wird,

wird sie nunmehr selbst ein bestimmender Faktor der allgemeinen Vorstellung" (Primitive Religion, 267 f.). Dies bezieht sich auf die bildenden Künste, bietet aber eine genaue Beschreibung der Art, nach welcher für mich die griechische Epik die griechische Religion beeinflußt hat.

[95] Snell, Die Entdeckung des Geistes, Kap. I. Cf. auch Böhme, op. cit., 76 ff., und W. Marg, Der Charakter i. d. Sprache der frühgriechischen Dichtung, 43 ff.

[96] Od. 20, 17.

[97] Il. 4, 43: ἑκὼν ἀέκοντί γε θυμῷ. Wie Pfister darstellt (RE XI 2117 ff.), ist diese relative Selbständigkeit des affektiven Elements unter primitiven Völkern weit verbreitet (cf. z. B. Warneck, Religion der Batak, 8). Zu der geringen Ausformung des „Ich-Bewußtseins" bei den Primitiven cf. auch Hans Kelsen, Society and Nature (Chicago, 1943), 8 ff.

[98] Od. 9, 299 ff. Hier identifiziert sich das Ich in erster Linie mit der ersten Stimme, vernimmt aber auch die Warnung der zweiten. Eine analoge Mehrzahl von Stimmen und eine ebensolche Aufspaltung der Selbstidentifikation scheint in der merkwürdigen Stelle Il. 11, 403—410 vorzuliegen (cf. Voigt, a. a. O., 87 ff.). Eine von Dostojewskis Gestalten aus dem ›Jüngling‹ beschreibt diese fließende Beziehung zwischen dem Ich und dem Nicht-Ich sehr fein. „Es ist gerade so, als ob das zweite Ich neben einem stände. Man selbst ist verständig und vernünftig, aber das andere Ich fühlt sich getrieben, etwas vollkommen Sinnloses, ja bisweilen sehr Seltsames zu tun. Und plötzlich bemerkst du, daß du dich danach sehnst, jenes Erheiternde zu tun, Gott weiß warum. Das heißt, du sehnst dich, gleichsam gegen deinen Willen. Obwohl du mit all deiner Kraft dagegen angehst, sehnst du dich."

[99] Zum Beispiel Il. 5, 676: τράπε θυμὸν Ἀθήνη; 16, 691: (Ζεὺς) θυμὸν ἐνὶ στήθεσσιν ἀνῆκε; Od. 15, 172: ἐνὶ θυμῷ ἀθάνατοι βάλλουσι. Folglich ist θυμός das Organ der Sehergabe, Il. 7, 44; 12, 228. (Cf. Aisch. Pers. 10: κακόμαντις ... θυμός; 224: θυμόμαντις. Auch Eur. Andr. 1073: πρόμαντις θυμός, und Trag. Adesp. Fr. 176: πηδῶν δ' ὁ θυμὸς ἔνδοθεν μαντεύεται.)

[100] Zum Beispiel Il. 16, 805: ἄτη φρένας εἷλε; Il. 5, 125: ἐν γάρ τοι στήθεσσι μένος ... ἧκα.

[101] Il. 9, 702 f. Cf. Od. 8, 44: „Ein Gott" hat dem Demodokos die Gabe verliehen zu singen, wie sein θυμός ihn antreibt.

[102] Cf. W. Marg, a. a. O., 69 ff.; W. Nestle, Vom Mythos zum Logos, 33 ff.

[103] Il. 24, 41; Od. 9, 189; 3, 277.

[104] Il. 16, 35. 356 f.

[105] Denselben Gedanken hat W. Nestle geäußert, NJbb 1922, 137 ff., der die sokratischen Paradoxien „echt griechisch" findet und bemerkt, daß sie schon der naiven Psychologie des Homer zugrunde liegen. Aber wir sollten uns davor hüten, diesen verbreiteten Intellektualismus als eine Haltung zu betrachten, die von den Wortführern eines „intellektuellen" Volkes bewußt eingenommen worden sei. Er ist lediglich das unvermeidliche Ergebnis des fehlenden Willensbegriffes (cf. L. Gernet, Pensée juridique et morale, 312).

[106] Eine leicht verständliche Erklärung dieser Begriffe findet man bei Ruth Benedict, The Chrysanthemum and the Sword, 222 ff. Wir selbst sind die Erben einer alten und mächtigen (obwohl jetzt zu Ende gehenden) Schuldkultur, eine

Tatsache, die vielleicht erklären kann, warum so viele Wissenschaftler Schwierigkeiten haben, die homerische Religion als „Religion" überhaupt zu erkennen.
[107] Il. 9, 315 ff. Über die Bedeutung von τιμή bei Homer cf. W. Jaeger, Paideia, I 7 ff.
[108] Cf. Kap. II, S. 18 ff.
[109] Il. 22, 105. Cf. 6, 442; 15, 561 ff.; 17, 91 ff.; Od. 16, 75; 21, 323 ff.; Wilamowitz, Glaube, I 353 ff.; W. J. Verdenius, Mnem. 12 (1944) 47 ff. Zur Bestärkung der αἰδώς dient νέμεσις, öffentliche Mißbilligung; cf. Il. 6, 351; 13, 121 f.; und Od. 2, 136 f. Die Anwendung der Begriffe καλόν und αἰσχρόν scheint ebenfalls bezeichnend für die Schamkultur zu sein. Diese Wörter bezeichnen nicht, daß eine Handlung vorteilhaft oder nachteilig für den Handelnden ist noch daß sie richtig oder falsch ist in den Augen einer Gottheit, sondern daß sie als „schön" bzw. „häßlich" in den Augen der öffentlichen Meinung erscheint.
[110] Nachdem einmal die Auffassung von der psychischen Beeinflussung Wurzeln geschlagen hatte, konnte sie natürlich das impulsive Verhalten fördern. Gerade so wie neuere Anthropologen — anstatt mit Frazer zu behaupten, die Primitiven glaubten an Magie, weil sie über Unvollkommenheit nachdachten — geneigt sind zu behaupten, daß jene über Unvollkommenheit nachdächten, weil sie durch die Gesellschaft dazu bestimmt seien, an Magie zu glauben; genauso sollten wir — anstatt mit Nilsson zu sagen, der homerische Mensch glaube an eine psychische Beeinflussung, weil er impulsiv ist — lieber sagen, daß er seinen Impulsen nachgibt, weil er von der Gesellschaft dazu gebracht worden ist, an psychische Beeinflussung zu glauben.
[111] Zur Bedeutung der Furcht vor Lächerlichkeit als sozialem Motiv cf. Paul Radin, Primitive Man as Philosopher, 50.

Zweites Kapitel

[1] Gewöhnlich läßt man die archaische Zeit mit den Perserkriegen enden, und für die politische Geschichte ist dies auch die deutlichste Trennungslinie. Aber für die Geistesgeschichte liegt der eigentliche Einschnitt später, nämlich beim Auftreten der Sophisten. Und selbst dabei ist die Abgrenzung noch chronologisch uneinheitlich. In seinem Denken, wenn auch nicht in seiner künstlerischen Technik, gehört Sophokles noch ganz (vielleicht seine späteren Stücke ausgenommen) zur älteren Welt; ebenso in fast jeglicher Hinsicht sein Freund Herodot (vgl. Wilamowitz, Hermes 34 [1899]; E. Meyer, Forschungen z. alt. Gesch. II 252 ff.; F. Jacoby, RE, Supp.-Bd. II 479 ff.). Aischylos andererseits ist in seinem Bemühen um Deutung und vernunftgemäße Auslegung des archaischen Erbes in vielfältiger Weise ein Künder der neuen Zeit.
[2] Das Gefühl der ἀμηχανία wird an den frühen lyrischen Dichtern gut dargestellt von B. Snell, Die Entdeckung des Geistes, 68 ff. Für die folgenden Seiten bin ich vor allem K. Lattes ausgezeichnetem Aufsatz verpflichtet: Schuld und Sünde i. d. griech. Religion, Arch. f. Rel. 20 (1920—1921) 254 ff.
[3] Alle weisen Männer des Herodot wissen das: Solon 1, 32; Amasis, 3, 40; Artabanus 7, 10 ε. Zur Bedeutung des Wortes φθόνος vgl. B. Snell, Aischylos und

das Handeln im Drama, 72, Anm. 108; Cornford, From Religion to Philosophy, 118; und zu seiner Verbindung mit ταραχή Pind. Isthm. 7, 39: ὁ δ' ἀθανάτων μὴ θρασσέτω φθόνος. Ταράσσειν wird regelmäßig für übernatürliche Eingriffe gebraucht, z. B. Aisch. Cho. 289; Platon, Gesetze 865 E.

[4] Il. 24, 525—533.

[5] Semonides von Amorgos, 1, 1 ff. Bergk. Zur Bedeutung von ἐφήμεροι vgl. H. Fränkel, TAPA 77 (1946) 131 ff.; zu der von τέλος F. Wehrli, Λάθε βιώσας, 8, Anm. 4.

[6] Theognis 133—136. 141—142. Zur mangelnden Einsicht des Menschen in seine eigene Lage cf. auch Heraklit, Fr. 78 Diels: ἦθος γὰρ ἀνθρώπειον μὲν οὐκ ἔχει γνώμας, θεῖον δὲ ἔχει; zum Fehlen der Möglichkeit, seine Lage zu beeinflussen, H. Apoll. 192 f., Simonides, Fr. 61. 62 Bergk; zu beidem, Solon, 13, 63 ff. Das ist auch die Lehre des Sophokles, für den alle Menschengeschlechter ein Nichts sind — ἴσα καὶ τὸ μηδὲν ζώσας, O. T. 1186 —, wenn man ihr Leben unter dem Aspekt der Zeit und vom Standpunkt des Gottes aus sieht; dann sind die Menschen nur Schemen oder Schatten (Aias 125).

[7] Agam. 750.

[8] Der noch nicht sittlicher Beurteilung unterworfene Glaube ist unter heutigen primitiven Völkern verbreitet (Lévy-Bruhl, Primitives and the Supernatural, 45). In seiner versittlichten Form ist er schon dem China der klassischen Periode bekannt: „Wenn du reich bist und von hohem Rang", sagt Tao Te Ching (4. Jh. v. Chr.?), „wirst du stolz und überläßt dich damit dem unvermeidlichen Untergang. Wenn alles gut geht, ist es klug, sich selbst im Hintergrund zurückzuhalten." Diese Auffassung hat auch im Alten Testament seine Spuren hinterlassen, z. B. Jesaja 10, 12 ff., „Ich will strafen ... den Glanz seiner hochmütigen Blicke. Denn er sprach: Mit der Kraft meiner Hände habe ich es vollführt und mit meiner Weisheit ... Soll die Axt sich brüsten gegen den, der mit ihr haut?" Zur Bedeutung von κόρος cf. Sprüche 30, 8 f.: „Gib mir weder Armut noch Reichtum, gib mir Nahrung, die mir zuträglich ist. Sonst würde ich satt und könnte dich verleugnen und sagen: ‚Wer ist der Herr?'."

[9] Od. 5, 118 ff. cf. 4, 181 f.; 8, 565 f. = 13, 173 f.; 23, 210 ff., alle Stellen gehören zu Reden. Die Belegstellen, die manche in der ›Ilias‹ zu finden behaupten, z. B. 17, 71, gehören zu einem anderen Typus und sind kaum echte Fälle von φθόνος.

[10] Pers. 353 f. 362. Das ist, streng genommen, keine neue Entwicklungsstufe. Wir haben eine analoge „Überdetermination" schon bei Homer beobachten können (Kap. I, S. 6 f., 14 f.). Sie ist unter heutigen Primitiven weit verbreitet. So berichtet z. B. Evans-Pritchard, daß bei den Azande „der Glaube an einen Tod infolge natürlicher Ursachen und der Glaube an einen Tod infolge Zauberei sich nicht gegenseitig ausschließen" (Witchcraft, Oracles, and Magic, 73).

[11] Solon, Fr. 13 Bergk (vgl. Wilamowitz, Sappho u. Sim., 257 ff.; Wehrli, op. cit., 11 ff. und Lattimore, AJP 68 [1947] 161 ff.); Aisch. Agam. 751 ff., wo der Gegensatz zur allgemeinen Anschauung vertreten wird; Hdt. 1, 34, 1.

[12] Zum Beispiel Hdt. 7, 10. Sophokles scheint an keiner Stelle diese Anschauung ins Sittliche umgedeutet zu haben; sie findet sich El. 1466; Phil. 776 und wird als

allgemeingültige Lehre dargestellt (wenn πάμπολύ γ' richtig ist) Ant. 613 ff. Cf. auch Aristophanes, Plut. 87—92, wo behauptet wird, daß Zeus in besonderer Weise gegen die χρηστοί mißgünstig gesonnen sei.

[13] Zur ὕβρις als dem πρῶτον κακόν vgl. Theognis, 151 f.; zu ihrer Allgemeingültigkeit, H. Apoll. 541: ὕβρις θ', ἣ θέμις ἐστὶ καταθνητῶν ἀνθρώπων, und Archilochos, Fr. 88: ὦ Ζεῦ ... σοὶ δὲ θηρίων ὕβρις τε καὶ δίκη μέλει. Cf. auch Heraklit, Fr. 43 D.: ὕβριν χρὴ σβεννύναι μᾶλλον ἢ πυρκαϊήν. Zur Gefahr des Glücks vgl. Murrays Bemerkung, daß „es in der griechischen Dichtung für jeden ein schlechtes Vorzeichen ist, wenn man ihn ‚einen glücklichen Menschen' nennt" (Aeschylus, 193).

[14] I. A. 1089—1097.

[15] Il. 9, 456 f. 571 f.; cf. Od. 2, 134 f.; 11, 280. Es ist beachtenswert, daß drei von diesen Stellen in Erzählungen vorkommen, von denen wir vermuten dürfen, daß sie der mutterländischen Epik entlehnt sind, während die vierte zur „Telemachie" gehört.

[16] Il. 16, 385 ff. Zum hesiodischen Klang der v. 387—388 vgl. Leaf z. St.; aber man braucht deshalb diese Verse nicht als „Interpolationen" zu betrachten (vgl. Latte, Arch. f. Rel. 20, 259).

[17] Vgl. Arthur Platt, Homer's Similes, J. Phil. 24 (1896) 28 ff.

[18] Wer anders argumentiert, scheint die Bestrafung des Meineides als eines Verstoßes gegen die göttliche τιμή (4, 158 ff.) und die Bestrafung von Verstößen gegen die Gastfreundschaft durch den Zeus Xeinios (13, 623 ff.) mit einem Interesse an der Gerechtigkeit als solcher zu verwechseln.

[19] Od. 7, 164 f.; 9, 270 f.; 14, 283 f. Man halte dagegen das Schicksal des Lykaon, Il. 21, 74 ff.

[20] Od. 6, 207 f.

[21] Od. 1, 32 ff. Zur Bedeutung dieser vielbehandelten Stelle vgl. K. Deichgräber, Gött. Nachr. 1940, und W. Nestle, Vom Mythos zum Logos, 24. Selbst wenn das καί v. 1, 33 als „auch" übersetzt werden muß, kann ich Wilamowitz nicht zustimmen (Glaube, II 118), daß „der Dichter des α also nichts Neues gesagt" hat.

[22] Od. 23, 67: δι' ἀτασθαλίας ἔπαθον κακόν, derselbe Ausdruck, den Zeus 1, 34 gebraucht hat. Wir müssen uns natürlich daran erinnern, daß die ›Odyssee‹, anders als die ›Ilias‹, in großem Umfang märchenhafte Elemente enthält und daß der Held einer Märchenerzählung am Ende als Sieger dastehen muß. Aber der Dichter, der dem Epos seine endgültige Gestalt gegeben hat, scheint diese Gelegenheit benutzt zu haben, um die Lehre von der göttlichen Gerechtigkeit hervorzuheben.

[23] Theognis 373—380. 733 ff. Cf. Hesiod, Erga 270 ff.; Solon 13, 25 ff.; Pindar, Fr. 201 B. (213 S.). Die Echtheit der Theognis-Stelle ist bestritten worden, aber mit nicht recht überzeugenden Argumenten (vgl. W. C. Greene, Moira, App. 8, und Pfeiffer, Philol. 84 [1929] 149).

[24] Poetik 1453 a 34.

[25] Solon 13, 31; Theognis 731—742. Cf. auch Sophokles, O. K. 964 ff. (Webster, Introduction to Sophocles, 31, irrt sicherlich, wenn er zu dieser Stelle bemerkt, daß Oidipus die Erklärung durch Erbschuld zurückweist.) Zu Aischylos' Einstellung vgl. dieses Kapitel, S. 26 ff. Herodot sieht diese aufgeschobene Bestrafung für

besonders θεῖον an und stellt sie der menschlichen Gerechtigkeit (τὸ δίκαιον) gegenüber, 7, 137, 2.

²⁶ Vgl. z. B. die Geschichte des Achan (Josua 7, 24 ff.), in der ein ganzes Haus, sogar die Tiere eingeschlossen, auf Grund einer geringfügigen religiösen Verfehlung eines seiner Mitglieder vernichtet wird. Aber solche Massenhinrichtungen wurden später verboten, und die Lehre von der Erbschuld wird von Jeremias (31, 29 f.) ausdrücklich verworfen, ebenso von Ezechiel (18, 20, „Der Sohn soll nicht die Freveltat des Vaters büßen"; cf. auch das ganze Kapitel). Gleichwohl erscheint die Lehre von der Erbschuld noch bei Johannes (9, 2) als Volksglaube; dort fragen die Jünger: „Wer hat gesündigt, dieser Mann oder seine Eltern, daß er blind geboren wurde?"

²⁷ Einige Beispiele wird man bei Lévy-Bruhl finden, The „Soul" of the Primitive, Kap. II, und Primitives and the Supernatural, 212 ff.

²⁸ Vgl. Kaibel, Epigr. graec. 402; Antiphon, Tetral. II 2, 10; Plutarch, ser. vind. 16, 559 D.

²⁹ Hdt. 1, 91: vgl. Gernet, Recherches sur le développement de la pensée juridique et morale en Grèce, 313, der den Begriff „choisisme" ('gewählte Entscheidung') geprägt hat, um diese Konzeption von ἁμαρτία zu umschreiben.

³⁰ Vgl. vor allem S. 403 ff., 604 ff.

³¹ Theait. 173 D, Pol. 364 BC. Cf. auch (Lys.) 6, 20; Dem. 57, 27; und die stillschweigende Kritik bei Isokrates, Busiris 25.

³² Ges. 856 C, πατρὸς ὀνείδη καὶ τιμωρίας παίδων μηδενὶ συνέπεσθαι. Diese Regel läßt allerdings Ausnahmen zu (856 D); und die Vererbbarkeit religiöser Schuld wird im Zusammenhang mit der Einsetzung der Priester anerkannt (759 C), ebenso beim Tempelraub (854 B, wo ich annehme, daß das die Schuld der Titanen gewesen ist, vgl. unten, Kap. V, Anm. 133).

³³ Plut. ser. vind. 19, 561 C ff. Wenn wir uns auf Diog. Laertios (4, 46) verlassen können, hatte Bion allen Grund, sich verbittert gegen die Lehre von der Erbschuld zu wenden: Er und seine ganze Familie waren in die Sklaverei verkauft worden auf Grund einer Verfehlung, die sein Vater sich hatte zuschulden kommen lassen. Seine *reductio ad absurdum* der Familienzusammengehörigkeit findet ihre Parallele in auch heute noch ausgeübten Praktiken: vgl. Lévy-Bruhl, The "Soul" of the Primitive, 87, und Primitive Mentality, 417.

³⁴ Theognis 147; Phokyl. 17. Gerechtigkeit ist die Tochter des Zeus (Hesiod, Erga 256; Aisch. Hepta 662) und sein πάρεδρος (Pindar, Ol. 8, 21; Soph. O. K. 1382). Man vergleiche die vorsokratische Deutung des Naturgesetzes als δίκη, die untersucht worden ist von H. Kelsen, Society and Nature, Kap. V, und von G. Vlastos in einem scharfsinnigen Aufsatz, CP 42 (1947) 156 ff. Diese Betonung der Gerechtigkeit, sei sie nun menschlicher, natürlicher oder übernatürlicher Art, scheint mir ein spezifisches Kennzeichen von Schuldkulturen zu sein. Die Art der psychologischen Verknüpfung ist aufgezeigt worden von Margaret Mead in einer Ansprache vor dem „International Congress on Mental Health" 1948: „Das Strafrecht, welches die angemessene Strafe für ein bewiesenes Verbrechen zumißt, ist das staatliche Gegenstück zu der Art von väterlicher Autorität, die jenen Typus eines internalisierten Vaterbildes entwickelt, welcher zur Ausbildung eines Schuld-

empfindens führt." Es dürfte wohl bedeutsam sein, daß in der ›Ilias‹ δίκαιος nur dreimal vorkommt und vielleicht nur soviel wie „recht und richtig" bedeutet.

[35] Il. 15, 12; 16, 431 ff.; 19, 340 ff.; 17, 441 ff.

[36] Vgl. Rohde, Kleine Schriften, II 324; P. J. Koets, Δεισιδαιμονία, 6 ff. Δεισίθεος erscheint in Attika vom sechsten Jahrhundert an (Kirchner, Prosopographia Attica, s. v.). Φιλόθεος ist nicht vor dem vierten Jahrhundert belegt (Hesperia 9 [1940] 62).

[37] L.-S. (und Campbell Bonner, Harv. Theol. Rev. 30 [1937] 122) sprechen irrigerweise θεοφιλῶς bei Isokrates (4, 29) aktive Bedeutung zu. Der Kontext zeigt, daß es sich auf Demeters Liebe zu Athen bezieht, πρὸς τοὺς προγόνους ἡμῶν εὐμενῶς διατεθείσης (28).

[38] M. M. 1208 b 30: ἄτοπον γὰρ ἂν εἴη εἴ τις φαίη φιλεῖν τὸν Δία. Die Möglichkeit einer φιλία zwischen Mensch und Gott wurde auch von Aristoteles E. N. 1159 a 5 ff. verneint. Aber man kann kaum bezweifeln, daß die Athener ihre Göttin liebten: cf. Aisch. Eum. 999: παρθένου φίλας φίλοι und Solon 4, 3 f. Dasselbe Verhältnis absoluten Vertrauens besteht in der ›Odyssee‹ zwischen Athene und Odysseus (cf. vor allem Od. 13, 287 ff.). Zweifellos leitet sich das letztlich von ihrer ursprünglichen Funktion als Schutzgottheit der mykenischen Könige her (Nilsson, Minoan-Mycenaean Religion, 2. Aufl., 491 ff.).

[39] Daß Homer überhaupt etwas von magischer κάθαρσις gewußt habe, wird von Stengel (Hermes 41, 241) und anderen geleugnet. Aber daß die Il. 1, 314 und Od. 22, 480 ff. beschriebenen Reinigungen als kathartisch im magischen Sinne verstanden werden sollten, scheint hinlänglich klar zu sein, im einen Fall durch die Beseitigung der λύματα, im anderen durch die Erwähnung des Schwefels als κακῶν ἄκος. Vgl. Nilsson, Gesch. I 82 f.

[40] Od. 15, 256 ff.; Antiphon, de caede Herodis 82 f. Zur älteren Einstellung vgl. auch Hesiod, Fr. 144.

[41] Od. 11, 275 ff.; Il. 23, 679 f. Cf. Aristarchos, ΣA zur Ilias 13, 426 und 16, 822; Hesiod, Erga 161 ff.; Robert, Oidipus, I 115.

[42] Vgl. L. Deubner, Oedipusprobleme, Abh. Akad. Berl. 1942, Nr. 4.

[43] Die ansteckende Wirkung des μίασμα wird zuerst von Hesiod bezeugt (Erga 240). Die *leges sacrae* von Kyrene (Solmsen, Insc. Gr. dial., 4. Aufl., Nr. 39) enthalten detaillierte Angaben über seinen Umfang in einzelnen Fällen; für das attische Gesetz cf. Dem. 20, 158. Daß diese Auffassung noch in klassischer Zeit verbreitet war, kann man an Stellen wie Aisch. Hepta, 597 ff.; Soph. O. K. 1482 f.; Eur. I. T. 1229; Antiph. Tetral. 1, 1, 3; Lys. 13, 79 erkennen. Euripides protestiert gegen sie Her. 1233 f.; I. T. 380 ff.; aber noch Platon will alle Menschen, die *freiwillig*, wenn auch noch so flüchtig mit unreinen Personen in Berührung kamen, von aller religiösen oder bürgerlichen Aktivität ausschließen, bis sie gereinigt sind (Ges. 881 DE).

[44] Die Unterscheidung ist zum erstenmal klar von Rohde herausgestellt worden (Psyche [engl. Übers.], 294 ff.). Die mechanische Wirkungsweise des μίασμα beweist sich nicht nur durch ihre Übertragbarkeit, sondern auch durch die einfältigen Kniffe, mit denen man ihm entgehen konnte: cf. Soph. Ant. 773 ff., mit Jebbs Anmerkung, und die athenische Gepflogenheit, Verbrecher durch den *von ihnen selbst in die Hand genommenen* Schierlingsbecher in den Tod zu schicken.

⁴⁵ The Psychological Frontiers of Society, 439.
⁴⁶ Vgl. F. Zuckers interessante Vorlesung, Syneidesis — Conscientia (Jenaer Akademische Reden, Heft 6, 1928). Es ist, wie ich meine, bezeichnend, daß neben den alten, nur die objektive Seite bezeichnenden Wörtern für religiöse Schuld (ἄγος, μίασμα) wir zum erstenmal im späten fünften Jahrhundert auf einen Ausdruck für das *Bewußtsein* von einer solchen Schuld stoßen (entweder als eine Art Gewissensnot wegen einer Schuld, in die man geraten könnte, oder als Gewissensbisse wegen einer schon vorhandenen Schuld). Der Terminus ist ἐνθύμιον (oder ἐνθυμία, Thuk. 5, 16, 1), ein Wort, das lange Zeit gebraucht wurde, um etwas zu bezeichnen, das „auf dem Gemüte lastet", aber von Herodot, Thukydides, Antiphon, Sophokles und Euripides besonders im Hinblick auf die religiöse Schuld verwandt worden ist (Wilamowitz, zu Herakles 722; Hatch, Harv. Stud. in Class. Philol. 19, 172 ff.). Demokrit gebraucht in der gleichen Bedeutung ἐγκάρδιον (Fr. 262). Die Sonderbedeutung ist auf diese besondere Periode beschränkt; sie verblaßt, wie Wilamowitz ausführt, mit dem Niedergang der alten Glaubensvorstellungen, deren psychologisches Korrelat sie war.

⁴⁷ Eur. Or. 1602—1604; Aristoph. Ran. 355, und die wohlbekannte Inschrift aus Epidauros (frühes viertes Jahrhundert?) bei Theophrast, apud Porph., abst. 2, 19, zitiert; sie definiert ἁγνεία als φρονεῖν ὅσια. (Ich übergehe Epicharm, Fr. 26 Diels, das ich nicht für echt halten kann.) Wie Rohde dargelegt hat (Psyche, IX, Anm. 80), wird der Standpunktwechsel gut illustriert durch Eur. Hipp. 316—318, wo mit μίασμα φρενός Phaidra unreine Gedanken meint, die Amme die Worte aber so versteht, als ob damit eine magische Beeinflussung bezeichnet sein sollte (μίασμα kann durch Verfluchung hervorgerufen werden, cf. z. B. Solmsen, Inscr. Gr. dial., 4. Aufl., 6, 29). Die Antithese von Hand und Herz kann tatsächlich anfangs lediglich den Unterschied zwischen einem äußeren und einem inneren physischen Organ bezeichnet haben, aber da dieses als Träger des Bewußtseins angesehen wurde, entwickelte sich seine physische Befleckung *auch* zu einer moralischen (Festugière, La Sainteté, 19 f.).

⁴⁸ Artikel κάθαρσις, RE, Suppl.-Bd. VI (dieser Artikel bietet, soweit ich sehe, die beste Analyse der religiösen Vorstellungen, die mit der Reinigung verknüpft sind). Zur ursprünglichen Einheit „objektiver" und „subjektiver" Aspekte und zur schließlich erfolgten Unterscheidung des letzteren vom ersten vgl. auch Gernet, Pensée juridique et morale, 323 f.

⁴⁹ Vgl. z. B. das kathartische Opfer für Zeus Meilichios an den Diasien, das nach Berichten dargebracht wurde μετά τινος στυγνότητος (Σ Lukian, Ikaromen. 24), nicht gerade „im Geist der Zerknirschung", aber „in einer Atmosphäre der Betrübnis", die durch das Empfinden der göttlichen Feindseligkeit hervorgerufen wurde.

⁵⁰ Die Belege für den lokrischen Tribut und Hinweise auf frühere Abhandlungen findet man bei Farnell, Hero Cults, 294 ff. Vgl. auch Parke, Hist. of the Delphic Oracle, 331 ff. In einen ähnlichen Vorstellungszusammenhang gehört der Brauch, ein schuldiges Volk dem Apollon „zu weihen" (δεκατεύειν). Das bedeutete seine Versklavung und die Unterstellung des Landes unter die Hoheit des Gottes; man hat dies Verfahren im sechsten Jahrhundert im Falle von Krisa angewandt und

den Perserfreunden 479 und Athen 404 angedroht. (Vgl. Parke, Hermathena, 72 [1948] 82 ff.)

[51] Eur. Hipp. 276.
[52] θυμός, Aisch. Hepta 686; Soph. Ant. 1097; φρήν, φρένες, Aisch. Hik. 850; Soph. Ant. 623.
[53] Aisch. Cho. 382 f. (Zeus); Soph. Aias 363. 976 (der von Athene gesandte Wahnsinn wird ἄτη genannt).
[54] Aisch. Eum. 372 ff. Cf. Soph. Ant. 603, und 'Ερινύες ἠλιθιῶναι (d. h. ἠλιθίους ποιοῦσαι) in einer attischen defixio (Wünsch, Def. Tab. Att., 108).
[55] So vielleicht Soph. Trach. 849 f. Cf. auch Herodots Vorstellung, daß verhängnisvolle Entscheidungen vom Schicksal derjenigen Person vorherbestimmt sind, welche sie fällt: 9, 109, 2: τῇ δὲ κακῶς γὰρ ἔδει πανοικίῃ γενέσθαι, πρὸς ταῦτα εἶπε Ξέρξῃ κτλ.; 1, 8, 2; 2, 161, 3; 6, 135, 3.
[56] Panyassis, Fr. 13, 8 Kinkel.
[57] Erga 214 ff.
[58] Theognis, 205 f.
[59] Aisch. Pers. 1037; Soph. Aias 307.
[60] Theognis 133; Aisch. Cho. 825 f.; Soph. O. K. 92; Soph. Ant. 185 f. Im dorischen Recht scheint ἄτη die religiöse Bedeutung völlig verloren zu haben und zum Terminus für gesetzliche Strafe geworden zu sein: leg. Gortyn. 11, 34 (GDI 4991).
[61] Eur. Tro. 530 (cf. Theognis 119); Soph. Ant. 533; Soph. O. K. 532, ist keine Parallele; dort nennt Oidipus seine Töchter ἄται, weil sie die Früchte seiner eigenen γάμων ἄτα (526) sind.
[62] Vergleiche die Ausdehnung des Gebrauchs, der zufolge die Wörter ἀλιτήριος, παλαμναῖος, προστρόπαιος nicht nur auf den schuldigen Menschen angewendet werden, sondern auch auf das übernatürliche Wesen, das ihn bestraft. (Vgl. W. H. P. Hatch, Harv. Stud. in Class. Phil. 19 [1908] 157 ff.) — μένος ἄτης, Aisch. Cho. 1076.
[63] In Leocratem 92. Cf. die ähnlich anonyme γνώμη, die Sophokles anführt, Ant. 620 ff.
[64] Theognis, 402 ff.
[65] Aisch. Pers. 354 (cf. 472. 724 f.); dagegen 808. 821 f. Die göttliche ἀπάτη ist also für Aischylos δικαία (Fr. 301). In seine Verurteilung derjenigen, welche die Götter zur Ursache des Bösen machen, schließt Platon Aischylos mit ein, und zwar auf Grund von Niobes Worten θεὸς μὲν αἰτίαν φύει βροτοῖς, ὅταν κακῶσαι δῶμα παμπήδην θέλῃ (Fr. 156, apud Plat., Pol. 380 A). Aber er hat es unterlassen, die Fortsetzung des Satzes anzuführen (δέ), die — wie wir jetzt aus dem Niobe-Papyrus wissen, D. L. Page, Greek Literary Papyri, I 1, p. 8 — eine Warnung vor ὕβρις, μὴ θρασυστομεῖν enthielt. Hier wie sonst hat Aischylos geflissentlich die Mitwirkung des Menschen an seinem eigenen Schicksal anerkannt.
[66] Aisch. Agam. 1486; cf. 160 ff. 1563 f.
[67] Ebd. 1188 ff. 1433. 1497 ff.
[68] Hdt. 6, 135, 3.
[69] Glotz, Solidarité, 408; K. Deichgräber, Gött. Nachr. 1940.
[70] Eur. Med. 122—130. Auch Phaidra führt ihren Zustand auf die δαίμονος ἄτη

zurück, Hipp. 241. Und aus einem Traktat des hippokratischen Corpus wissen wir (Virg. 1, VIII 466 L), daß seelische Verwirrung sich oft in Träumen oder Visionen von bösen Dämonen äußert.

[71] Aischin., in Ctes., 117. Aischines weiß, daß er in einer außergewöhnlichen, revolutionären Zeit lebt, in der die alten Machtzentren neuen weichen müssen (ebd. 132), und das bestimmte ihn, wie Herodot, überall das Wirken Gottes zu erkennen. Daher spricht er von den Thebanern als τήν γε θεοβλάβειαν καὶ τὴν ἀφροσύνην οὐκ ἀνθρωπίνως ἀλλὰ δαιμονίως κτησάμενοι (ebd. 133).

[72] Theognis 637 f.; Soph. Ant. 791 f. Zu 'Ελπίς vgl. Wehrli, Λάθε βιώσας, 6 ff.

[73] H. und H. A. Frankfort, The Intellectual Adventure of Ancient Man, 17.

[74] Sem. Amorg. 7, 102; Soph. O. T. 28. Vgl. auch Kap. III, Anm. 14, und zu ähnlichen Anschauungen der Inder Keith, Rel. and Phil. of Veda and Upanishads, 240.

[75] Zur Ansicht der heutigen Athener vgl. Lawson, Modern Greek Folklore and Ancient Greek Religion, 21 ff. Zur Personifizierung der Blutschuld als Erinys cf. Aisch. Cho. 283: προσβολὰς Ἐρινύων ἐκ τῶν πατρῴων αἱμάτων τελουμένας, mit Verrall z. St.; ebd. 402; Antiphon, Tetral. 3, 1, 4.

[76] Soph. Ant. 603. Vgl. das Verbum δαιμονᾶν, das sowohl auf Lokalitäten angewandt wird, die von Dämonen aufgesucht werden (Cho. 566), als auch auf „besessene" Personen (Hepta 1001; Phoin. 888).

[77] Eur. Or. 395 ff. Wenn die Briefe VII und VIII echt sind, glaubte sogar Platon an reale Wesenheiten, welche Blutschuld ahnden: VII. 336 B: ἤ πού τις δαίμων ἤ τις ἀλιτήριος ἐμπεσών (cf. 326 E); VIII 357 A: ξενικαὶ ἐρινύες ἐκώλυσαν.

[78] Hesiod, Erga 314: δαίμονι δ' οἷος ἔησθα, τὸ ἐργάζεσθαι ἄμεινον, und Phokyl. Fr. 15.

[79] Vgl. Kap. I, S. 5 f. Zusammen mit dem mehr personal gesehenen δαίμων lebte auch die homerische Vorstellung von einer individuellen μοῖρα weiter; sie ist in der Tragödie üblich. Cf. Archiloch., Fr. 16: πάντα τύχη καὶ μοῖρα, Περίκλεες, ἀνδρὶ δίδωσιν; Aisch. Agam. 1025 ff.; Cho. 103 f. usw.; Soph. O. T. 376, 713 usw.; Pind. Nem. 5, 40: πότμος δὲ κρίνει συγγενὴς ἔργων περὶ πάντων, und Platon, Gorg. 512 E: πιστεύσαντα ταῖς γυναιξὶν ὅτι τὴν εἱμαρμένην οὐδ' ἂν εἷς ἐκφύγοι. Die homerische Wendung θανάτου (-οιο) μοῖρα erscheint bei Aischylos wieder, Pers. 917; Agam. 1462. Manchmal werden μοῖρα und δαίμων zusammen erwähnt: Aristoph. Thesm. 1047: μοίρας ἄτεγκτε δαίμων (Tragödienparodie); Lys. 2, 78: ὁ δαίμων ὁ τὴν ἡμετέραν μοῖραν εἰληχώς.

[80] δαίμων (die religiöse Interpretation) und τύχη (der profane oder neutrale Aspekt) werden nicht als einander ausschließend empfunden und treten tatsächlich oft zusammen auf: Aristoph., Av. 544: κατὰ δαίμονα καί ⟨τινα⟩ συντυχίαν ἀγαθήν; Lys. 13, 63: τύχη καὶ ὁ δαίμων, (Dem.) 48, 24; Aischin., in Ctes. 115; Aristot., Fr. 44. Euripides jedoch betrachtet sie als Alternativen (Fr. 901, 2). Im Begriff der θεία τύχη (Soph. Phil. 1326, und oft bei Platon) gewinnt der Zufall die religiöse Bedeutung wieder, die das primitive Denken ihm zuerkannt hatte (vgl. Kap. I, Anm. 25).

[81] Theognis, 161—166.

[82] Hdt. 1, 8, 2. Vgl. Anm. 55, oben.

Anmerkungen

[83] Pindar, Pyth. 5, 122 f. Aber er sieht nicht überall in dieser Weise den Volksglauben vom sittlichen Standpunkt. Cf. Ol. 13, 105, wo das „Glück" eines γένος als ein δαίμων dargestellt wird.

[84] Der stoische δαίμων kommt der Freudschen Konzeption sogar noch näher als der platonische. Wie Bonhöffer dargestellt hat (Epiktet, 84), ist er „die ideale Persönlichkeit im Gegensatz zur empirischen"; und eine seiner Hauptaufgaben besteht in der Bestrafung des Ich für dessen fleischliche Sünden (vgl. Heinze, Xenokrates, 130 f.; Norden, Virgils Aeneis VI, S. 32 f.). Apuleius, d. Socr. 16, läßt den Dämon wohnen in ipsis penitissimis mentibus *vice conscientiae.*

[85] Phaidon 107 D; Pol. 617 DE. 620 DE (wo Platon den Fatalismus des Volksglaubens vermeidet, indem er die Seele sich einen eigenen Führer wählen läßt); Tim. 90 A—C (besprochen unten, Kap. VII, S. 112 ff.).

[86] Cf. M. Ant. 2, 13, mit Farquharsons Bemerkung; Plut. gen. Socr. 592 BC; Plot. 2, 4; Rohde, Psyche, XIV, Anm. 44; J. Kroll, Lehren des Hermes Trismegistos, 82 ff.; Norden, loc. cit., weist nach, daß die Anschauung von den christlichen Schriftstellern übernommen worden ist.

[87] Fr. Pfister, RE, Suppl.-Bd. VI 159 f. Vgl. seine Religion d. Griechen u. Römer (Bursians Jahresberichte, 229 [1930], 219).

[88] Die Belege für φαρμακοί sind bequem zusammengestellt bei Murray, Rise of the Greek Epic, Anh. A. Indem ich den Ritus als in erster Hinsicht kathartisch ansehe, folge ich Deubner, Attische Feste, 193 ff., und den Griechen selbst. Eine Zusammenfassung abweichender Meinungen findet man bei Nilsson, Gesch. I 98 f.

[89] RE, Suppl.-Bd. VI 162.

[90] Vgl. Nilsson, Gesch. I 570 ff., und Diels, Epimenides von Kreta, Berl. Sitzb. 1891, 387 ff.

[91] Einige Gelehrte möchten die Besonderheiten des Archaischen, die sich beim Vergleich mit der homerischen Religion herausstellen, auf das Wiederaufleben vorgriechischer, „minoischer" Vorstellungen zurückführen. Das wird sich in bestimmten Fällen ohne weiteres als richtig erweisen lassen. Aber die meisten Charakteristika, die ich in diesem Kapitel hervorgehoben habe, scheinen indoeuropäischen Ursprungs zu sein, und man sollte deshalb m. E. zögern, in diesem Zusammenhang die „minoische Religion" zu zitieren.

[92] Wenn sich ein Mensch einer bestimmten Situation nicht gewachsen fühlt, so führt Malinowski aus, „mag er ein Wilder sein oder zivilisiert, mag er im Besitz magischer Kräfte sein oder von deren Existenz überhaupt nichts wissen, so ist passive Untätigkeit das einzige, was ihm die Vernunft rät, und die letzte Haltung, bei der er sich beruhigen kann. Sein Nervensystem und sein ganzer Organismus treiben ihn zu Ersatzhandlungen an... Die Ersatzhandlung, in der sich die Gefühlserregung entladen kann und die durch Hilflosigkeit verursacht ist, hat subjektiv alle Qualitäten einer wirklichen Handlung, zu der die Gefühlsbewegung natürlicherweise geführt haben würde, wenn sie nicht behindert worden wäre" (Magic, Science, and Religion). Es gibt einige Hinweise darauf, daß dasselbe Prinzip auch für Sozialgebilde gilt: z. B. Lintons Bericht (in A. Kardiner, The Individual and His Society, 287 ff.), daß zu den Wirkungen, die durch eine schwere Wirtschaftskrise bei den Tanala-Stämmen auf Madagaskar hervorgerufen worden waren,

auch ein großes Anwachsen der abergläubischen Angst zu zählen war sowie das Auftreten eines Glaubens an böse Geister, der vorher nicht vorhanden war.

[93] Plut. Apophth. Lac. 223 A.

[94] Zum Beispiel Hesiod, Erga 5 f.; Archilochos, Fr. 56; Solon, Fr. 8. 13, 75; Aisch. Hepta 769 ff.; Agam. 462 ff. usw.

[95] Murray, Rise of the Greek Epic, 4. Aufl., 90; cf. Il. 5, 9; 13, 664 und Od. 18, 126 f. Diese Einstellung darf man in einer Schamkultur erwarten; Reichtum bringt τιμή (Od. 1, 392; 14, 205 f.). Noch in der Zeit des Hesiod war das so, und (obwohl er sich der vorhandenen Gefahren bewußt war) benutzt er diese Tatsache, um sein Evangelium von der Arbeit zu untermauern: Erga 313: πλούτῳ δ' ἀρετὴ καὶ κῦδος ὀπηδεῖ.

[96] Für die Belege vgl. Glotz, Solidarité, 31 ff.

[97] Aristot. Pol. 1, 2, 1252 b 20: πᾶσα γὰρ οἰκία βασιλεύεται ὑπὸ τοῦ πρεσβυτάτου. Cf. E. N. 1161 a 18: φύσει ἀρχικὸν πατὴν υἱῶν ... καὶ βασιλεὺς βασιλευομένων. Platon benutzt stärkere Ausdrücke; er spricht von der besonderen Stellung des jungen Menschen als πατρὸς καὶ μητρὸς καὶ πρεσβυτέρων δουλείαν (Ges. 701 B).

[98] Eur. Hipp. 971 ff. 1042 ff. (Hippolytos erwartet eher den Tod als die Verbannung); Alkmaionis, Fr. 4 Kinkel (apud [Apollod.] Bibl. 1, 8, 5); Eur. Or. 765 ff.; Il. 1, 590 ff. Die Mythen deuten darauf hin, daß in frühen Zeiten die Verbannung die notwendige Folge der ἀποκήρυξις war; diese Regel möchte Platon wieder in Kraft gesetzt wissen (Ges. 928 E).

[99] Vgl. Glotz, op. cit., 350 ff.

[100] Platon, Ges. 878 DE. 929 A—C.

[101] Die Eltern ehren folgt in dem Pflichtenkatalog direkt nach der Gottesfurcht: Pind. Pyth. 6, 23 ff. und Σ z. St.; Eur. Fr. 853; Isokr. 1, 16; Xenophon, Mem. 4, 4, 19 f. usw. Zu den besonderen übernatürlichen Sanktionen für Vergehen gegen die Eltern cf. Il. 9, 456 f.; Aisch., Eum. 269 ff.; Eur. Fr. 82. 852; Xenophon, Mem. 4, 4, 21; Platon, Euthyphron 15 D; Phaidon 114 A; Pol. 615 C; Ges. 872 E und bes. 880 E ff.; auch Paus. 10, 28, 4; Orph. Fr. 337 Kern. Zu den Empfindungen, die ein unvorsätzlicher Vatermord hervorruft, vgl. die Geschichte des Althaimenes, Diod. 5, 59 (aber man sollte bedenken, daß er vielleicht wie Oidipus heroisiert worden ist).

[102] Die Geschichte des Phoinix wie seine ganze Rede in der ›Ilias‹ (9, 432—605) scheinen eher mutterländische Verhältnisse vorauszusetzen: vgl. Kap. I, S. 5 f. Die anderen Erzählungen sind nachhomerisch (der Fluch des Oidipus ist erstmals in der ›Thebais‹ belegt, Fr. 2 und 3 K.; vgl. Robert, Oidipus, I 169 ff.). Noch Platon bekennt seinen Glauben an die Wirksamkeit des väterlichen Fluches, Ges. 931 C. E.

[103] Platon, Pol. 377 E—378 B. Der Kronos-Mythos hat, wie man erwarten darf, verschiedene Parallelen in vielen Kulturen. Aber eine Parallele, das churrisch-hethitische Kumarbi-Epos, ist so genau auch im Detail, daß hier der Gedanke an eine Entlehnung sehr nahe liegt (E. Forrer, Mél. Cumont, 690 ff.; R. D. Barnett, JHS 65 [1945] 100 f.; H. G. Güterbock, Kumarbi [Zürich, 1946], 100 ff.). Das mindert jedoch die Bedeutung des Kronos-Mythos nicht: Wir müssen in diesem Fall fragen, welche Empfindungen die Griechen veranlaßt haben, diesem monströsen

orientalischen Phantasieprodukt einen zentralen Platz in ihrer eigenen Göttermythologie einzuräumen. Man hat oft — und vielleicht mit Recht — gemeint, daß die „Trennung" des Uranos von der Gaia eine angenommene physikalische Trennung von Himmel und Erde, welche ursprünglich eine Einheit darstellten, in mythologischer Weise erklärt habe (vgl. Nilsson, Hist. of Greek Religion, 73). Aber das Motiv von der Entmannung des Vaters ist schwerlich ein natürliches und sicherlich kein notwendiges Element in einem solchen Mythos. Ich halte es für schwierig, sein Vorkommen in der hethitischen und der griechischen Theogonie anders zu erklären denn als Reflex von unbewußten menschlichen Wünschen. In der Geburt der Aphrodite aus dem abgetrennten Glied des alten Gottes (Hesiod, Theog. 188 ff.) kann man eine Bestätigung dieser Ansicht finden. Dieses Mythologem kann man als symbolische Darstellung für den Erwerb sexueller Freiheit durch den Sohn verstehen, indem er seinen Vater-Rivalen beseitigt. Sicher ist, daß man in der Klassik sich oft auf den Kronos-Mythos als Präzedenzfall für unkindliches Verhalten dem Vater gegenüber berufen hat: cf. Aisch. Eum. 640 ff.; Aristoph., Nub. 904 ff.; Av. 755 ff.; Platon, Euthyphron 5 E—6 A.

[104] Die Gestalt des πατραλοίας scheint die Phantasie der klassischen Zeit gefesselt zu haben: Aristophanes bringt ihn in persona auf die Bühne, Av. 1337 ff., und läßt ihn sich rechtfertigen, Nub. 1399 ff.; für Platon ist er das Standardbeispiel der Gottlosigkeit (Gorg. 456 D; Phaidon 113 E am Ende usw.). Man ist versucht, darin mehr als nur den Widerschein sophistischer Kontroversen oder ein besonderes „Generationenproblem" des späten fünften Jahrhunderts zu sehen, obwohl beides zweifellos geholfen hat, den πατραλοίας in den Vordergrund zu rücken.

[105] Platon, Pol. 571 C; Soph. O. T. 981 f.; Hdt. 6, 107, 1. Daß unverhüllte Oidipus-Träume verhältnismäßig häufig in der Spätantike auftraten und daß ihre Bedeutung von den ὀνειροκριτικοί lebhaft erörtert wurde, ergibt sich aus ihrer unangenehm detaillierten Behandlung bei Artemidoros, 1, 79. Man könnte meinen, das schlösse eine weniger tiefe und rigorose Unterdrückung blutschänderischer Wünsche ein, als es in unserer eigenen Gesellschaft der Fall ist. Platon jedoch bezeugt ausdrücklich nicht nur, daß der Inzest als αἰσχρῶν αἴσχιστον allgemein betrachtet wurde, sondern daß sehr viele Leute solche Triebe überhaupt nicht kannten (Ges. 838 B). Man sollte vielleicht eher sagen, daß die notwendige Verhüllung der verbotenen Triebe sich nicht im Traum selbst, wohl aber in einem darauffolgenden Deutungsvorgang vollzogen hatte, wodurch ihm eine harmlose symbolische Bedeutung gegeben wurde. Antike Schriftsteller erwähnen jedoch auch Träume, die man heute als verschlüsselte Oidipusträume bezeichnen würde, z. B. daß man davon träumte, im Wasser unterzutauchen (Hippokr., περὶ διαίτης 4, 90, VI 658 Littré).

[106] Vgl. S. Luria, Väter und Söhne in den neuen literarischen Papyri. Aegyptus 7 (1926) 243 ff., ein Aufsatz, der eine interessante Zusammenstellung der Zeugnisse enthält, die die Familienbeziehung der klassischen Zeit betreffen. Aber er scheint mir die Bedeutung intellektueller Einflüsse zu hoch einzuschätzen, besonders denjenigen des Sophisten Antiphon.

[107] G. M. Calhoun, Zeus the Father in Homer. TAPA 66 (1935) 1 ff. Umgekehrt

hielten es spätere Griechen für richtig, seinen Vater „wie einen Gott" zu behandeln: θεὸς μέγιστος τοῖς φρονοῦσιν οἱ γονεῖς (Dikaiogenes, Fr. 5 Nauck); νόμος γονεῦσιν ἰσοθέους τιμὰς νέμειν (Menander, Fr. 805 K.).

[108] Die Lehre vom göttlichen φθόνος ist oft als einfache Projektion des Unwillens aufgefaßt worden, den die Erfolglosen gegen die Hervorragenden empfinden (vgl. das sorgfältige, aber höchst einseitige Buch von Ranulf). Diese Theorie enthält zweifellos ein gewisses Maß an Wahrheit. Sicherlich haben göttlicher und menschlicher φθόνος vieles gemeinsam, z. B. wirken beide durch den 'bösen Blick'. Aber Stellen, wie Herodot 7, 46, 4: ὁ δὲ θεὸς γλυκὺν γεύσας τὸν αἰῶνα φθονερὸς ἐν αὐτῷ εὑρίσκεται ἐών, deuten m. E. in eine andere Richtung. Sie erinnern eher an Piagets Beobachtung, daß „Kinder manchmal das Gegenteil von dem denken, was sie wünschen, *als ob die Wirklichkeit es sich zur Aufgabe gesetzt hätte, ihr Verlangen zunichte zu machen*" (zitiert von A. R. Burn, The World of Hesiod, 93, der diese Feststellung mit eigenen Beobachtungen stützt). Eine solche Geisteshaltung ist eine typische Nebenerscheinung einer Schuldkultur, in der die Familiendisziplin streng und hemmend ist. Sie kann durchaus auch beim Erwachsenen noch weiterwirken und dann in quasi-religiösen Worten Ausdruck finden.

[109] Rohde macht aufmerksam auf die Ähnlichkeit, die zwischen den griechischen Vorstellungen von Befleckung und Reinigung und denen des frühen Indiens besteht (Psyche, Kap. IX, Anm. 78). Vgl. Keith, Religion and Philosophy of Veda and Upanishads, 382 ff., 419 f.; für Italien vgl. H. J. Rose, Primitive Culture in Italy, 96 ff., 111 ff., und H. Wagenvoort, Roman Dynamism (engl. Übers., 1947), Kap. V.

[110] Ich bin versucht zu behaupten, daß bei den tragischen Themen Aristoteles' Vorliebe für Greueltaten, welche ἐν ταῖς φιλίαις begangen worden sind (Poet. 1453 b 19), und unter diesen seine Vorliebe für Stoffe, in denen die Untat im letzten Moment durch eine ἀναγνώρισις (1454 a 4) verhindert wird, unbewußt dadurch bestimmt ist, daß sie eine größere Wirkung beim Abreagieren von Schuldgefühlen erzielen. Ich bin um so eher davon überzeugt, als gerade die Bevorzugung der zuletzt genannten Stoffe im ausdrücklichen Gegensatz zu seiner allgemeinen Auffassung von der Tragödie steht. Zur Katharsis als Abreaktion vgl. unten, Kap. III, S. 48 f., 50 f.

[111] Vgl. vor allem Kardiners Bücher ›The Individual and His Society‹ und ›The Psychological Frontiers of Society‹; auch Clyde Kluckhohn, Myths and Rituals: A General Theory, Harv. Theol. Rev. 35 (1942) 74 ff., und S. de Grazia, The Political Community (Chicago, 1948).

[112] Vgl. Lattes ausgezeichnete Bemerkungen, Arch. f. Rel. 20, 275 ff. Wie er darlegt, duldet das religiöse Bewußtsein moralische Paradoxien nicht nur, sondern erkennt in ihnen sogar oft die tiefste Offenbarung des tragischen Lebenssinnes. Und wir wollen uns daran erinnern, daß gerade dieses Paradox eine bedeutende Rolle im Christentum gespielt hat: Paulus glaubte, daß Gott „den verstockt sein läßt, den er will" (Röm. 9, 18), und das Vaterunser enthält die Bitte „führe uns nicht in Versuchung" (μὴ εἰσενέγκῃς ἡμᾶς εἰς πειρασμόν). Vgl. Rudolph Ottos Bemerkung, daß „für den Frommen des Alten Bundes der Zorn Gottes, weit davon entfernt, eine Minderung seiner Göttlichkeit zu bedeuten, vielmehr als ihr natürlicher Ausdruck erscheint, als ein Element der ‚Heiligkeit' selbst, und zwar als ein

völlig unentbehrliches" (The Idea of the Holy, 18). Ich glaube, das gilt in gleicher Weise für Menschen wie Sophokles. Dieselbe furchtgebietende „Heiligkeit" kann man an den Göttern der archaischen und der frühen klassischen Kunst wahrnehmen. Wie C. M. Robertson in seiner Antrittsvorlesung (London, 1949) ausgeführt hat, „sind sie zwar in menschlicher Gestalt konzipiert, aber ihre Göttlichkeit ist eine Menschlichkeit mit einem schrecklichen Unterschied. Für diese zeitlosen, unsterblichen Wesen gelten die gewöhnlichen Menschen so viel, wie die Fliegen für einen mutwilligen Jungen; diese Eigenschaft wird in ihren Statuen dargestellt, jedenfalls bis weit ins fünfte Jahrhundert hinein."
[113] Soph. Ant. 583 ff. [Die Übersetzung ist entnommen aus: Sophokles, Die Tragödien. Übersetzt und eingeleitet von Heinrich Weinstock. Stuttgart: Alfred Kröner Verlag [5]1967 = KTA 163. Die von E. R. Dodds vorgelegte Übersetzung versuchte, „die charakteristische Stellung des wiederholt vorkommenden Schlüsselwortes ἄτη und ebenso einige metrische Effekte nachzubilden". Anm. d. Übers.]

Drittes Kapitel

[1] Platon, Phaidros 244 A
[2] A. a. O., 244 B: τῶν παλαιῶν οἱ τὰ ὀνόματα τιθέμενοι οὐκ αἰσχρὸν ἡγοῦντο οὐδὲ ὄνειδος μανίαν, was besagt, daß man ihn zu Platons Zeit für αἰσχρόν hielt. Hippokrates, morb. sacr. 12, spricht von der αἰσχύνη, die von den Epileptikern empfunden wurde.
[3] A. a. O., 265 A.
[4] A. a. O., 265 B. Vgl. die ausführlichere Beschreibung der ersten drei Arten, 244 A—245 A.
[5] Vgl. unten, Kap. VII, S. 116 f.
[6] Hdt. 6, 84 (vgl. 6, 75, 3).
[7] Hdt. 3, 33. Vgl. auch Xenoph. Mem. 3, 12, 6.
[8] Caelius Aurel. morb. chron., 1, 5 = Diels, Vorsokr. 31 A 98. Vgl. A. Delatte, Les Conceptions de l'enthousiasme chez les philosophes présocratiques, 21 ff. Es läßt sich aber unmöglich mit Sicherheit sagen, daß die Lehre auf Empedokles selbst zurückgeht.
[9] O. Weinreich, Menekrates Zeus und Salmoneus, Tüb. Beitr., 18.
[10] Zur Verwechslung von Epilepsie und Besessenheit im einfachen Denken der verschiedenen Epochen vgl. O. Temkins umfassende historische Monographie, The Falling Sickness, Baltimore 1945, 15 ff. 84 ff. 138 ff. Viele der höchst anschaulichen Beschreibungen von „Dämonischen" aus dem Mittelalter und der Renaissance enthalten Symptome, die für die Epilepsie charakteristisch sind, z. B. das Vorstrecken der Zunge „wie ein Elefantenrüssel", die Zunge „ungeheuerlich groß, lang, aus ihrem Munde herabhängend", der Körper „gespannt und überall steif, während die Füße den Kopf berühren", „zurückgebeugt wie ein Bogen"; und das unwillkürliche Sichentleeren der Blase zum Abklingen des Anfalls (T. K. Oesterreich, Possession, Demoniacal and Other, engl. Übersetzung, 1930, S. 18. 22. 179. 181. 183). All dieses war den rationalistischen griechischen Ärzten als Symptome der

Epilepsie bekannt: Vgl. Aretaios, de causis et signis acutorum morborum, S. 1 ff. Kühn (der auch die Empfindung des Geschlagenwerdens erwähnt).

[11] Vgl. Hdt. 4, 79, 4: ἡμέας ὁ θεὸς λαμβάνει, und die Adjektive νυμφόληπτος, θεόληπτος usw.; Cumont, L'Égypte des astrologues, 169, A. 2. Aber ἐπίληπτος wird schon in ›De morbo sacro‹ ohne religiöse Anklänge gebraucht. Aretaios, op. cit., 73 K., führt vier Gründe an, warum die Epilepsie ἱερὰ νόσος genannt wurde: a) δοκέει γὰρ τοῖσι ἐς τὴν σελήνην ἀλιτροῖσι ἀφικνεῖσθαι ἡ νοῦσος (eine hellenistische Theorie, vgl. Temkin, a. a. O., 9 f. 90 ff.); b) ἢ μέγεθος τοῦ κακοῦ· ἱερὸν γὰρ τὸ μέγα; c) ἢ ἰήσιος οὐκ ἀνθρωπίνης ἀλλὰ θείης (vgl. morb. sacr. 1, VI 352, 8 Littré); d) ἢ δαίμονος δόξης ἐς τὸν ἄνθρωπον ἐσόδου. Der letzte Grund war vermutlich der ursprüngliche; aber die Ansichten des Volkes sind bei solchen Dingen immer ungenau und verworren gewesen. Platon, der nicht an den übernatürlichen Charakter der Epilepsie glaubte, verteidigte dennoch den Ausdruck ἱερὰ νόσος, weil sie das Haupt des Menschen in Mitleidenschaft ziehe, welches der „heilige" Körperteil sei (Tim. 85 AB). Im Elsaß wird sie immer noch „heiliges Weh" genannt.

[12] Morton Prince, The Dissociation of a Personality. Vgl. auch P. Janet, L'Automatisme psychologique; A. Binet, Les Altérations de la personnalité; Sidis und Goodhart, Multiple Personality; F. W. H. Myers, Human Personality, Kap. II. Die Bedeutung dieser Fälle für das Verständnis der antiken Vorstellungen von Besessenheit ist hervorgehoben worden von E. Bevan, Sibyls and Seers, 135 f., und war schon von Rohde, Psyche, App. VIII, gewürdigt worden.

[13] Vgl. Seligman, JRAI 54 (1924) 261: „Unter den einfacheren Leuten, die ich persönlich kenne, ... habe ich eine mehr oder weniger weit verbreitete Neigung zur Persönlichkeitsspaltung beobachten können."

[14] Auf Schlafwandeln wird in ›De morbo sacro‹ (c. 1, VI 354, 7 Littré) hingewiesen; es soll, nach Meinung unkritischer Ärzte, von Hekate und den Toten hervorgerufen werden (a. a. O., 362, 3); die Geister bemächtigen sich des lebenden Körpers, den sein Besitzer während des Schlafes nicht beansprucht. Vgl. trag. adesp. 375: ἔνυπνον φάντασμα φοβῇ χθονίας θ' Ἑκάτης κῶμον ἐδέξω. Zum übernatürlichen Ursprung des Fiebers vgl. die Fieber-Dämonen Ἠπιάλης, Τῖφυς, Εὐόπας (Didymos bei Σ Aristoph. Vesp. 1037); den Tempel der Febris in Rom, Cic. de nat. deor. 3, 63; Plin. n. h. 2, 15; und oben Kap. II, A. 74.

[15] Vgl. Oesterreich, a. a. O., 124 ff.

[16] Od. 18, 327. In der ›Ilias‹ andererseits deuten Ausdrücke wie ἐκ δὲ οἱ ἡνίοχος πλήγη φρένας (13, 394) auf nichts Übernatürliches hin: Daß der Wagenlenker momentan von lähmendem Schrecken befallen wird, hat verständliche menschliche Ursachen. Il. 6, 200 ff. soll vielleicht dargestellt sein, daß Bellerophons Sinne von den Göttern verwirrt worden sind. Aber die Ausdrucksweise ist dort recht ungenau.

[17] Od. 20, 377. Apoll. Soph. Lex. Hom. 73, 30 Bekker deutet ἐπίμαστος mit ἐπίπληκτος, Hesych mit ἐπίληπτος. Vgl. W. Havers, Indogerm. Forschungen 25 (1909) 377 f.

[18] Od. 9, 410 ff. Vgl. 5, 396: στυγερὸς δέ οἱ ἔχραε δαίμων (in einem Gleichnis); dort scheint jedoch die Krankheit physischer Art zu sein.

[19] Vgl. B. Schmidt, Volksleben der Neugriechen, 97 f.
[20] Hippokr. morb. sacr. 18 (VI 394, 9 ff. Littré). Vgl. aer. aqu. loc. 22 (II 76, 16 ff. L), das vielleicht ein Werk desselben Autors ist (Wilamowitz, Berl. Sitzb. 1901, I 16); und flat. 14 (VI 110 L). Aber selbst in dieser Frage war die Ansicht der Ärzte nicht einhellig. Der Autor des hippokratischen ›Prognostikon‹ scheint zu glauben, daß gewisse Krankheiten „etwas Göttliches" an sich haben (c. I, II 112, 5 Littré). Trotz Nestle, Griech. Studien, 522 f., scheint diese Ansicht abzuweichen von der in ›De morbo sacro‹: „Göttliche" Krankheiten sind eine besondere Art, die zu erkennen für die Ärzte von Wichtigkeit ist (weil sie mit menschlichen Mitteln nicht heilbar sind). Und die magische Behandlung der Epilepsie ist in der Tat niemals ausgestorben: (Dem.) 25, 80, z. B., weist darauf hin; und im späten Altertum berichtet Alexander von Tralles, daß Amulette und magische Vorschriften von „einigen" bei der Behandlung dieser Krankheit angewandt werden, nicht ohne Erfolg (I 557 Puschmann).
[21] Die Frage des Sklaven, Aristoph. Vesp. 8: ἀλλ' ἢ παραφρονεῖς ἐτεὸν ἢ κορυβαντιᾷς; enthält vielleicht eine Unterscheidung von „natürlichem" und „göttlichem" Wahnsinn. Aber der Unterschied zwischen παραφρονεῖν und κορυβαντιᾶν kann lediglich ein gradueller sein, indem den Korybanten die leichtere Art der Geistesstörung zugesprochen wird (vgl. unten, S. 49 ff.).
[22] Aristoph. Aves 524 f. (vgl. Plautus, Poenulus 527); Theophr. Char. 16 (28 J.) 14; Plinius, n. h. 28, 4, 35, „despuimus comitiales morbos, hoc est, contagia regerimus"; und Plautus, Captivi 550 ff.
[23] „Bewußtseinsstörungen, welche mir ungewöhnlich verbreitet unter den griechischen Bauern zu sein scheinen, trennen den Leidenden nicht nur von seinen Mitmenschen, sondern erhöhen ihn in gewisser Weise. Seine Äußerungen werden mit einer bestimmten Achtung vernommen und, soweit sie verständlich sind, als Prophezeiung angesehen" (Lawson, Mod. Greek Folklore and Anc. Greek Religion, 299). Zur Gabe der Prophezeiung, die den Epileptikern zugesprochen wird, vgl. Temkin, a. a. O., 149 ff.
[24] Soph. Aias 243 f. Es ist ein bei Primitiven weitverbreiteter Glaube, daß Personen im Zustand der Geistesgestörtheit eine besondere „göttliche" Sprache sprechen; vgl. z. B. Oesterreich, a. a. O., 232. 272; N. K. Chadwick, Poetry and Prophecy, 18 f. 37 f. Man vergleiche auch die Pseudo-Sprachen gewisser, unter Zwang (Automatie) stehender Personen und religiöser Enthusiasten, von denen oft gesagt wird, wie auch von Aias, daß sie die Sprachen von „den Geistern" gelernt haben (E. Lombard, De la glossolalie chez les premiers chrétiens et les phénomènes similaires, 25 ff.).
[25] Soph. O. T. 1258: λυσσῶντι δ' αὐτῷ δαιμόνων δείκνυσί τις. Der Bote sagt im folgenden, daß Oidipus zum richtigen Platz „geführt" wurde (1260, ὡς ὑφηγητοῦ τινος); mit anderen Worten: Ihm wird eine zeitlich begrenzte Hellsichtigkeit übernatürlichen Ursprungs zugesprochen.
[26] Platon, Tim. 71 E. Vgl. Aristoteles, div. p. somn. 464 a 24: ἐνίους τῶν ἐκστατικῶν προορᾶν.
[27] Heraklit, Fr. 92 D: Σίβυλλα δὲ μαινομένῳ στόματι ἀγέλαστα καὶ ἀκαλλώπιστα καὶ ἀμύριστα φθεγγομένη χιλίων ἐτῶν ἐξικνεῖται τῇ φωνῇ διὰ τὸν θεόν. Der

Drittes Kapitel: Anmerkungen 19—34   191

Zusammenhang, in dem das Fragment bei Plutarch (Pyth. or. 6, 397 A) steht, läßt es so gut wie sicher erscheinen, daß die Worte διὰ τὸν θεόν Teil des Zitats sind und daß der in Frage kommende Gott Apollon ist (vgl. Delatte, Conceptions de l'enthousiasme, 6, A. 1).

[28] Psyche, Engl. Übers., 260, 289 ff.
[29] Rohdes Ansicht gilt noch als erwiesen z. B. für Hopfner, R. E., s. v. μαντική; E. Fascher, Προφήτης, 66; W. Nestle, Vom Mythos zum Logos, 60; Oesterreich, Possession, 311. Dagegen: Farnell, Cults, IV 190 ff.; Wilamowitz, Glaube der Hellenen, II 30; Nilsson, Geschichte, I 515 f.; Latte, The Coming of Pythia, Harv. Theol. Rev. 33 (1940) 9 ff. Parke, Hist. of the Delphic Oracle, 14, neigt zu der Ansicht, daß Apollon die Pythia von dem primitiven Erdorakel in Delphi übernommen habe, und zwar deshalb, weil sich so ihr Geschlecht erklären ließe (man sollte erwarten, daß Apollon Männer als Priester habe); gegen dieses Argument hat sich aber, wie ich glaube überzeugend, Latte gewandt.
[30] Euripides läßt Teiresias behaupten, daß Dionysos unter anderem ein Gott der ekstatischen Prophetie sei (Bakch. 298 ff.); und aus Hdt. 7, 111 ergibt sich, daß weibliche Trance-Medien tatsächlich bei seinem thrakischen Orakel im Lande der Satren anzutreffen waren (vgl. Eur. Hek. 1267, wo er ὁ Θρῃξὶ μάντις genannt wird). In Griechenland jedoch fand er eine mantische Gottheit schon vor, und er scheint dementsprechend auf diese Funktion verzichtet zu haben oder doch auf jeden Fall zugelassen zu haben, daß sie in den Hintergrund trat. In römischer Zeit besaß er ein Trance-Orakel (mit männlichem Priester) in Amphikleia in Phokis (Paus. 10, 33, 11; IG IX, I 218); dieses ist aber nicht früher belegt, und der Kult weist orientalisierende Züge auf (Latte, a. a. O., 11).
[31] Phönizien: Gressmann, Altorientalische Texte u. Bilder zum A. T., I 225 ff. Hethiter: A. Götze, Kleinasiatische Forschungen, I 219; O. R. Gurney, Hittite Prayers of Mursili II, Liverpool Annals, XXVII. Vgl. C. J. Gadd, Ideas of divine Rule in the Ancient East (Schweich Lectures, 1945), 20 ff. Wir haben auch eine Reihe assyrischer Orakel, datierend von der Regierung Esarhaddons, in denen die Gottheit Ishtar ausdrücklich durch den Mund einer (sich in Trance befindenden?) Priesterin spricht, deren Name überliefert ist: Vgl. A. Guillaume, Prophecy and Divination among the Hebrews and other Semites, 42 ff. Wie von den θεομάντεις bei Platon, Apol. 22 C, wird von diesen Propheten gesagt, daß sie „aussprechen, was sie nicht wissen" (A. Haldar, Associations of Cult Prophets among the Ancient Semites, 25). Gadd hält die ekstatische Prophetie generell für älter als die berufsmäßige Weissagung („Orakel und Prophetie haben die Tendenz, in den Praktiken ritualisierter Weissagung zu erstarren"); Halliday ist derselben Meinung (Greek Divination, 55 ff.).
[32] Nilsson, Greek Popular Religion, 79, nach B. Hrozný, Arch. Or. 8 (1936) 171 ff. Unglücklicherweise wird die Lesart „Apulunas", welche Hrozný in einer hethitischen Hieroglyphen-Inschrift entziffert haben will, von anderen kompetenten Gelehrten bestritten: Vgl. R. D. Barnett, JHS 70 (1950) 104.
[33] Vgl. Wilamowitz, Apollon, Hermes 38 (1903) 575 ff.; Glaube, I 324 ff.
[34] Klaros, Paus. 7, 3, 1; Branchidai (Didyma), a. a. O., 7, 2, 4. Vgl. C. Pickard, Ephèse et Claros, 109 ff.

[35] Vgl. Farnells Erörterung, Cults, IV 224. Die antiken Zeugnisse sind dort zusammengestellt, 403 ff.

[36] Hdt. 1, 182. Vgl. A. B. Cook, Zeus, II 207 ff., und Latte, a. a. O.

[37] So Curtius, Meillet, Boisacq, Hofmann. Vgl. Platon, Phaidr. 244 c und Eur. Ba. 299.

[38] Od. 20, 351 ff. Ich kann Nilsson nicht beipflichten, Gesch. I 154, daß diese Szene „dichterisches Schauen (ist), nicht das sogenannte zweite Gesicht". Die Parallele zum Symbolismus keltischer Visionen, die Monro z. St. notiert, scheint für einen Zufall zu genau zu sein. Vgl. auch Aisch. Eum. 378 ff.: τοῖον ἐπὶ κνέφας ἀνδρὶ μύσους πεπόταται, καὶ δνοφεράν τιν' ἀχλὺν κατὰ δώματος αὐδᾶται πολύστονος φάτις, und zur symbolischen Vision von Blut Hdt. 7, 140, 3 und die Plutarch-Stelle, die in der nächsten Anmerkung zitiert wird; ferner die Njálssaga, Kap. 126.

[39] Plut. Pyrrh. 31: ἐν τῇ πόλει τῶν Ἀργείων ἡ τοῦ Λυκείου προφῆτις Ἀπόλλωνος ἐξέδραμε βοῶσα νεκρῶν ὁρᾶν καὶ φόνου κατάπλεω τὴν πόλιν.

[40] Es konnte für bestimmte Zeiten und Festtage nur verfügbar gemacht werden mit Hilfe eines Gerätes, das der mittelalterlichen „Kristallkugel" analog war. Diese Methode benutzte man vielleicht an dem kleineren Apollon-Orakel in Κυανέαι in Lykien, wo es nach Pausanias (7, 21, 13) möglich war, ἔσω ἐνιδόντα τινὰ ἐς τὴν πηγὴν ὁμοίως πάντα ὁπόσα θέλει θεάσασθαι.

[41] ἔνθεος besagt niemals, daß die Seele den Körper verlassen hat und sich nun „in Gott" befindet, wie Rohde an manchen Stellen anzunehmen scheint, sondern stets, daß der Körper einen Gott in sich aufgenommen hat, wie ἔμψυχος bedeutet, daß er eine ψυχή in sich hat (vgl. Pfister in Pisciculi F. J. Doelger dargeboten, Münster, 1939, 183). Ich kann auch nicht der Ansicht zustimmen, daß die Pythia ἔνθεος nur in dem Sinne wurde, daß sie sich „in einem Zustand der Begnadigung" befand, „der durch den Vollzug der Riten hervorgerufen war", und daß ihre „Inspirationsekstase" eine Erfindung Platons ist, wie P. Amandry in einer kürzlich erschienenen sorgfältigen und gelehrten Studie behauptet hat, die unglücklicherweise zu spät erschienen ist, so daß ich sie zur Vorbereitung dieses Kapitels nicht mehr benutzen konnte, La Mantique apollinienne à Delphes, Paris 1950, 234 f. Mit Recht weist er die „rasende" Pythia des Lukan und der Volkstradition zurück. Aber seine Argumentation wird durch die Annahme geschwächt, die immer noch unter denen verbreitet ist, die nie ein „Medium" in der Trance gesehen haben, daß „Besessenheit" notwendigerweise ein Zustand hysterischer Erregung sei. Er scheint auch Phaidr. 244 B mißzuverstehen, wo zweifellos nicht gemeint ist, daß die Pythia neben ihren Äußerungen im Trancezustand auch Orakel (minderer Qualität) im normalen Zustand gab (σωφρονοῦσα), sondern nur, daß sie abgesehen von ihrer Befähigung zum Medium keine besonderen Begabungen hatte (vgl. unten, A. 53).

[42] Aristot. apud Sext. Emp. adv. dogm. 3, 20 f. = Fr. 10 Rose (vgl. Jaeger, Aristotle, engl. Übers., 160 f.); Probl. 30, 954 a 34 ff.; R. Walzer, Un frammento nuovo di Aristotele, Stud. ital. di Fil. Class., N. S. 14 (1937) 125 ff.; Cic. de divin. I 18. 64. 70. 113; Plut. def. orac. 39 f. 431 E ff. Vgl. Rohde, Psyche, 312 f.

[43] Einige Autoren (z. B. Farnell, Greece and Babylon, 303) verwenden die Ausdrücke „Schamanismus" und „Besessenheit", als ob sie Synonyme wären. Aber die

Drittes Kapitel: Anmerkungen 35—50

charakteristische Eigentümlichkeit des Schamanismus ist nicht das Eindringen eines fremden Geistes in den Schamanen, vielmehr die Freisetzung seines eigenen Geistes, der den Körper verläßt und eine mantische Reise oder „psychische Exkursion" unternimmt. Übernatürliche Wesenheiten mögen ihn dabei unterstützen, entscheidendes Element aber ist seine eigene Persönlichkeit. Vgl. Oesterreich, a. a. O., 305 ff., und Meuli, Hermes 70 (1935) 144. Griechische Propheten des schamanistischen Typs sind weiter unten, Kap. V, behandelt.

[44] Vgl. Minuc. Felix, Oct. 26 f., und die Stellen, die Tambornino zusammengestellt hat, de antiquorum daemonismo (RGVV VII 3).

[45] „Deus inclusus corpore humano iam, non Cassandra, loquitur", sagt Cicero mit Bezug auf eine alte lateinische Tragödie, wahrscheinlich den ›Alexander‹ des Ennius. Aischylos stellt Kassandra eher hellsichtig denn als Medium dar. Es findet sich aber eine Annäherung an die Vorstellung der Besessenheit im Agamemnon, 1269 ff. Dort betrachtet sie plötzlich ihre eigene Handlung, das Ablegen der Symbole der Seherin (1266 f.), als eine Tat des Apollon selbst. Zur Besessenheit der Sibylle durch Apollon und der Bakis durch die Nymphen vgl. Rohde, Psyche, IX, A. 63. (Ich glaube nicht, daß Rohde recht hatte mit der Annahme, Bakis sei ursprünglich eine beschreibende Gattungsbezeichnung gewesen wie σίβυλλα, a. a. O., A. 58. Wenn Aristoteles von Σίβυλλαι καὶ Βακίδες καὶ οἱ ἔνθεοι πάντες [Probl. 954 a 36] spricht und Plutarch von Σίβυλλαι αὗται καὶ Βακίδες [Pyth. or. 10, 399 A], meinen sie doch wohl „Leute wie die Sibylle und Bakis". Der Ausdruck Εὐρυκλεῖς wurde ähnlich gebraucht [Plut. def. orac. 9, 414 E; Σ Plato, Soph. 252 c]; aber Eurykles war gewiß eine historische Person. Und wenn Philetas, apud Σ Aristoph. Pax 1071, drei verschiedene Βακίδες unterscheidet, so wendet er lediglich eine verbreitete Methode der alexandrinischen Gelehrten an, um widersprüchliche Aussagen über dieselbe Person zu vermeiden. Überall sonst erscheint Bakis als individuelle Prophetin.)

[46] Platon nennt sie θεομάντεις und χρησμῳδοί (Apol. 22 C, Menon 99 C), oder χρησμῳδοί und μάντεις θεῖοι (Ion 534 C). Sie fallen in ἐνθουσιασμός und verkünden (im Zustand der Trance?) Wahrheiten, von denen sie nichts wissen, und sind auf diese Weise deutlich von jenen μάντεις zu unterscheiden, die „auf die Vögel vertrauen" (Phil. 67 B), und von jenen χρησμολόγοι, die lediglich alte Orakel auslegen oder zitieren. Plato erwähnt nichts, was darauf hindeuten könnte, daß sie eine offizielle Stellung bekleideten. Vgl. Fascher, Προφήτης, 66 ff.

[47] Plut. def. orac. 9, 414 E, τοὺς ἐγγαστριμύθους, Εὐρυκλέας πάλαι, νυνὶ Πύθωνας προσαγορευομένους: Hesych, s. v. ἐγγαστρίμυθος· τοῦτόν τινες ἐγγαστρίμαντιν, οἱ δὲ στερνόμαντιν λέγουσι... τοῦτον ἡμεῖς Πύθωνα νῦν καλοῦμεν. Die würdevollere Bezeichnung στερνόμαντις stammt aus den Αἰχμαλωτίδες des Sophokles, Fr. 59 P. Über Medien im privaten Bereich der Spätantike vgl. Anhang II, S. 162 ff.

[48] Aristoph. Vesp. 1019 mit Schol.; Platon, Soph. 252 C mit Schol.

[49] ἐντὸς ὑποφθεγγόμενον, Platon, a. a. O. L.-S. nehmen an, ὑποφθεγγόμενον bedeute „in leisem Tone sprechen"; aber die andere Bedeutung, welche Cornford annimmt, paßt viel besser in den Zusammenhang.

[50] Wie Starkie, z. St., nachgewiesen hat, setzt Aristoph. Vesp. 1019 nicht unbe-

dingt Bauchrednerei in unserem heutigen Sinne voraus. Einige der anderen Anmerkungen schließen sie eindeutig aus. Vgl. Pearson zu Soph. Fr. 59.

⁵¹ Plut. def. orac., a. a. O.; dort ist ihr Zustand der Besessenheit verglichen mit demjenigen, der gewöhnlich der Pythia zugeschrieben wird, obwohl es nicht völlig klar ist, wie weit der Vergleich reicht. Schol. Platon, a. a. O., δαίμονα ... τὸν ἐγκελευόμενον αὐτῷ περὶ τῶν μελλόντων λέγειν. Suidas' Feststellung, sie riefen die Seelen der Toten herauf, verdient keinen Glauben: Er übernahm es von I Sam. 28 (Hexe von Endor) und nicht, wie Halliday behauptet, von Philochoros.

⁵² Hippokr. Epid. 5, 63 (= 7, 28), ἀνέπνεεν ὡς ἐκ τοῦ βεβαπτίσθαι ἀναπνέουσι, καὶ ἐκ τοῦ στήθεος ὑπεψόφεεν, ὥσπερ αἱ ἐγγαστρίμυθοι λεγόμεναι. Der Bericht eines kritischen Beobachters über das berühmte „Medium" Mrs. Piper stellt fest, daß in tiefer Trance „der Atem um die Hälfte langsamer als normal geht und sehr röchelnd ist", und vermutet sodann, daß „diese tiefgreifende Veränderung der Atemweise, verbunden mit der verminderten Sauerstoffversorgung des Blutes..., wahrscheinlich der Vorgang ist, durch den das normale Bewußtsein außer Funktion gesetzt wird." (Amy Tanner, Studies in Spiritualism, 14, 18).

⁵³ Plut. Pyth. orac. 22, 405 C. Aelius Aristides, orat. 45, 11 Dind., berichtet, daß die Pythia in ihrem normalen Zustand keine besondere ἐπιστήμη besitze und im Trancezustand keinen Gebrauch von solchen Kenntnissen mache, welche sie besitze. Tacitus versichert, daß der inspirierte Prophet in Klaros *ignarus plerumque litterarum et carminum* war (Ann. 2, 54).

⁵⁴ Beide Arten der Besessenheit kommen bei der Theurgie vor (s. Anh. II, S. 164 f.). Beide waren im vierten Jahrhundert n. Chr. Joh. Cassianus bekannt. „Einige Besessene", berichtet er, „sind so erregt, daß sie nicht darauf achten, was sie tun oder sagen; aber andere wissen es und erinnern sich nachher daran" (Collationes patrum 7, 12). Beide Arten erscheinen auch bei primitiven Besessenen und bei spiritistischen Medien.

⁵⁵ Über die Priesterinnen in Dodona ist das Zeugnis des Aelius Aristides klar und eindeutig: ὕστερον οὐδὲν ὧν εἶπον ἴσασιν (orat. 45, 11). Was er über die Pythien sagt, ist weniger deutlich: Er fragt im Hinblick auf sie, τίνα ἐπίστανται δή που τέχνην τότε (sc. ἐπειδὰν ἐκστῶσιν ἑαυτῶν), αἵ γε οὐχ οἷαί τέ εἰσι φυλάττειν οὐδὲ μεμνῆσθαι; (45, 10). Genaugenommen muß das nicht mehr besagen, als daß sie sich nicht erinnern können, warum sie sagten, was sie getan haben. Die Äußerungen anderer Autoren über die Pythien sind zu unbestimmt, um irgendwelche sicheren Folgerungen zuzulassen.

⁵⁶ Plut. def. orac. 51. 438 C: οὔτε γὰρ πάντας οὔτε τοὺς αὐτοὺς ἀεὶ διατίθησιν ὡσαύτως ἡ τοῦ πνεύματος δύναμις (Die Feststellung gilt allgemein, muß aber die Pythia miteinschließen, wie der Kontext zeigt).

⁵⁷ A. a. O., 438 B: ἀλάλου καὶ κακοῦ πνεύματος οὖσα πλήρης. „Stumme" Geister sind solche, die sich weigern, ihren Namen zu nennen (Lagrange zu Markus 9, 17; Cambell Bonner, The Technique of Exorcism, Harv. Theol. Rev. 36 (1943) 43 f.). „Eine stumme Ausdünstung" (Flacelière) ist kaum sinnvoll.

⁵⁸ ἀνείλοντο ... ἔμφρονα. Dies ist die Lesart aller vorhandenen Handschriften. Sie ist vernünftig und sinnvoll. Als ich früher einmal diese Stelle zitierte (Greek

Poetry and Life: Essays Presented to Gilbert Murray, 377), war ich so unachtsam, die Lesart ἔκφρονα von Wyttenbach zu übernehmen.

⁵⁹ Ich habe selbst ein Medium, das sich aus Liebhaberei zur Verfügung stellte, in der Trance auf ganz ähnliche Weise zusammenbrechen sehen, allerdings ohne denselben tödlichen Ausgang. Fälle von Besessenheit, die mit dem Tod endeten, führt Oesterreich an, a. a. O., 93. 118 f. 222 ff. 238. Es ist gänzlich unnötig, mit Flacelière anzunehmen, der Tod der Pythia müsse auf das Einatmen giftiger „Dämpfe" zurückgeführt werden (welche doch mit aller Wahrscheinlichkeit sie auf der Stelle getötet haben würden, wenn sie überhaupt tödlich waren, und die doch in jedem Fall die anderen anwesenden Personen hätten vergiften müssen). Lukans phantasievolle Schilderung vom Tod einer früheren Pythia (Phars. 5, 161 ff.) ist wahrscheinlich durch einen Vorfall veranlaßt worden, den Plutarch bezeugt und der in die Zeit von 57—62 n. Chr. zu datieren ist (J. Bayet, Mélanges Grat, I 53 ff.).

⁶⁰ Man kann sagen, daß der Text, genaugenommen, nur beweist, daß die Priester und die Fragesteller sich in Hörweite befanden (Flacelière, Le Fonctionnement de l'Oracle de Delphes au temps de Plutarque, Annales de l'École des Hautes Études à Gand (Études d'archéologie grecque), 2 [1938] 69 ff.). Aber er gibt keinen positiven Anhalt für Flacelières Ansicht, die Pythia sei durch eine Tür oder einen Vorhang von ihnen getrennt gewesen. Der Ausdruck δίκην νεὼς ἐπειγομένης legt vielmehr einen visuellen Eindruck nahe: Sie erschauderte wie ein Schiff im Sturm. In bezug auf das Verfahren, das in früheren Perioden in Delphi angewandt worden ist, kann ich zu keinem sicheren Urteil gelangen. Die literarischen Zeugnisse sind entweder zum Verzweifeln ungenau, oder sie stehen im Widerspruch zu den archäologischen Ergebnissen. Für Klaros legt Tacitus' Bericht nahe (Ann. 2, 54) und bestätigt Iamblichos ausdrücklich (de myst. 3, 11), daß der inspirierte Seher nicht sichtbar war. Aber im Orakel des Apollon Ptoos in Böotien hören die Fragesteller den inspirierten πρόμαντις sprechen und schreiben seine Worte nieder (Hdt. 8, 135).

⁶¹ Plut. Qu. conv. 1, 5, 2, 623 B: μάλιστα δὲ ὁ ἐνθουσιασμὸς ἐξίστησι καὶ παρατρέπει τό τε σῶμα καὶ τὴν φωνὴν τοῦ συνήθους καὶ καθεστηκότος. Die Tonhöhe der Stimme, mit der der Besessene sprach, war eins der Symptome, aus denen die καθαρταί Folgerungen über den besitznehmenden Geist zogen (Hippokr. morb. sacr. I, VI 360, 15 L). Aus allen Teilen der Welt wird von den Besessenen berichtet, daß sie mit veränderter Stimme sprechen: Vgl. Oesterreich, a. a. O., 10. 19—21. 133. 137. 208. 247 f. 252. 254. 277. So sprach auch die berühmte Mrs. Piper, wenn sie von einem männlichen „Kontroll"-Geist „besessen" war, „mit einer unverkennbar männlichen Stimme, allerdings recht heiser" (Proc. Society for Psychical Research, 8. 127).

⁶² Vgl. Parke, Hist. of the Delphic Oracle, 24 ff. und Amandry, a. a. O., Kap. XI—XIII, wo die antiken Zeugnisse für das Erwähnte erörtert werden. Die Berührung eines einem Gotte geweihten Baumes, um die Epiphanie dieses Gottes herbeizuführen, geht wohl in minoische Zeiten zurück (B. Al, Mnemosyne, Ser. III 12 [1944] 215). Zu den Techniken, die in der Spätantike angewandt wurden, um den Trancezustand herzustellen, vgl. Anh. II, S. 163 ff.

⁶³ Oesterreich, a. a. O., 319, A. 3.

⁶⁴ Für Klaros vgl. Maximus Tyrius 8, 1 C; Tac. Ann. 2, 54; Plinius, n. h. 2, 232. Plinius' Bemerkung, der Genuß des Wassers verkürze das Leben des Trinkenden, ist wahrscheinlich nur eine rationalistische Erklärung des weitverbreiteten Glaubens, daß Personen, die in Kontakt mit dem Übernatürlichen stehen, jung sterben. Das in Branchidai geübte Verfahren ist ungewiß, aber das Vorhandensein einer Quelle mit prophetischen Eigenschaften ist nun durch eine Inschrift gesichert (Wiegand, Abh. Berl. Akad. 1924, Heft 1, 22). Zu anderen Quellen, die Wahnsinn hervorrufen sollen, vgl. Halliday, Greek Divination, 124 f. Zum höchst primitiven Verfahren in Argos vgl. Paus. 2, 24, 1; dazu finden sich gute Parallelen aus dem Bereich primitiver Völker (Oesterreich, a. a. O., 137, 143 f.; Frazer, Magic Art, I 383).

⁶⁵ Wilamowitz, Hermes 38 (1904) 579; A. P. Oppé, The Chasm at Delphi, JHS 24 (1904) 214 ff.

⁶⁶ Oppé, a. a. O.; Courby, Fouilles de Delphes, II. 59 ff. Ich vermute aber, daß der Glaube an die Existenz irgendeiner Art von Spalt unter dem Tempel viel älter ist als die Theorie von den Dämpfen und daß er rationalistischen Denkern jene Theorie bei der Suche nach einer Erklärung nahegelegt hat. Cho. 953 ruft Aischylos' Chor Apollo an als μέγαν ἔχων μυχὸν χθονός, und die entsprechende Wendung v. 807, ὦ μέγα ναίων στόμιον, muß sich nach meiner Ansicht auch auf Apollon beziehen. Es ist aber doch wohl eine recht gekünstelte Ausdrucksweise, wenn der Dichter lediglich die Pleistos-Schlucht gemeint haben sollte; der Tempel liegt nicht in der Schlucht, sondern oberhalb von ihr. Es scheint sich hier vielmehr um eine traditionsbedingte Ausdrucksweise zu handeln, die in die Tage des Erd-Orakels zurückreicht; vgl. die Parallelen bei Hes. Theog. 119: Τάρταρά τ' ἠερόεντα μυχῷ χθονός; Aisch. Prom. 433: ᾍδος ... μυχὸς γᾶς; Pind. Pyth. 4, 44: χθόνιον ᾍιδα στόμα. Das στόμιον, das man später als Abzugöffnung für Dämpfe gedeutet hat (Strabo, 9, 3, 5, p. 419: ὑπερκεῖσθαι δὲ τοῦ στομίου τρίποδα ὑψηλόν, ἐφ' ὃν τὴν Πυθίαν ἀναβαίνουσαν δεχομένην τὸ πνεῦμα ἀποθεσπίζειν), war nach meiner Meinung ursprünglich als Eintrittspforte für Träume verstanden worden.

⁶⁷ Zum Beispiel Leicester B. Holland, The Mantic Mechanism of Delphi, AJA 1933, 201 ff.; R. Flacelière, Annales de l'École des Hautes Études à Gand, 2 (1938) 105 f. Vgl. dagegen E. Will, Bull. Corr. Hell. 66—67 (1942—1943) 161 ff., und jetzt Amandry, a. a. O., Kap. XIX.

⁶⁸ Hdt. 6, 66; vgl. Paus. 3, 4, 3. Entsprechend wurde bei späterer Gelegenheit Pleistoanax angeklagt, die Pythia bestochen zu haben (Thuk. 5, 16, 2). Thukydides drückt sich vielleicht ungenau aus, Herodot aber nicht, denn er gibt den Namen der Pythia an. Gleichwohl steht es natürlich Skeptikern frei zu behaupten, er verbreite nur die „offizielle" delphische Version der Ereignisse. (Amandry übergeht diese Stellen und ist geneigt, die Pythia zu einer Randfigur zu machen, a. a. O., S. 120 ff.)

⁶⁹ Parke, a. a. O., 37. Fascher bezweifelt in seiner Gegenüberstellung von griechischer und jüdischer Prophetie, ob „echte Prophetie in institutionalisiertem Rahmen möglich war" (a. a. O., 59); und im Hinblick auf Antworten, die von öffentlicher Bedeutung waren, scheint sein Zweifel gerechtfertigt zu sein. Beantwortungen privater Anfragen jedoch — die zu allen Zeiten die Mehrzahl ausgemacht

haben müssen, obwohl nur wenige echte Beispiele überliefert sind — sind wahrscheinlich in geringerem Maße von der politischen Absicht des Orakels bestimmt worden.

[70] Die Beantwortung in Versform, die erst in Plutarchs Tagen außer Gebrauch kam, ist mit großer Wahrscheinlichkeit die ältere Art; es wurde sogar behauptet, der Hexameter sei in Delphi erfunden worden (Plut. Pyth. orac. 17. 402 D; Plinius, n. h. 7, 205 etc.). Strabo versichert, die Pythia selbst habe bisweilen ἔμμετρα gesprochen (9, 3, 5, p. 419), und Tacitus berichtet dasselbe von dem Inspirationspropheten in Klaros (Ann. 2, 54). Diese Feststellungen von Strabo und Tacitus sind angezweifelt worden (jüngst von Amandry, a. a. O., 168), aber sie sind in keiner Weise unglaubwürdig. Lawson kannte einen modernen griechischen Weissager, „zweifellos wahnsinnig", der „eine ungewöhnliche Fähigkeit (besaß), Unterhaltungen in metrischer, wenn nicht sogar in höchst dichterischer Form zu bestreiten" (a. a. O., 300). Und der amerikanische Missionar Nevius hörte, wie eine „Besessene" in China stundenweise hintereinander Verse extemporierte: „Alles, was sie sagte, war im Versmaß gehalten und wurde in einer gleichbleibenden Melodie vorgetragen... Ihre schnellen, vollkommen gleichtönenden und lange andauernden Äußerungen schienen uns derart zu sein, daß sie unmöglich unecht oder vorher überlegt sein konnten" (J. L. Nevius, Demon Possession and Allied Themes, 37 f.). Unter den semitischen Völkern „war das Sprechen in Versen oder Knittelversen das Kennzeichen für jemanden, der Umgang mit den Geistern hatte" (A. Guillaume, Prophecy and Divination among the Hebrews and other Semites, 245). Reden unter dem Einfluß von Zwangsvorstellungen sowie inspirierte Rede streben immer danach, in metrische Form zu fallen (E. Lombard, De la glossolalie, 207 ff.). Aber gewöhnlich wurden die Äußerungen der Pythia ohne Zweifel von anderen in Verse gesetzt; Strabo, a. a. O., spricht davon, daß Dichter zu diesem Zweck herangezogen wurden, und Plutarch, Pyth. orac. 25. 407 B, äußert den Verdacht, daß sie in alten Zeiten manchmal mehr als ihre Pflicht getan hätten. In Branchidai ist für das zweite Jahrhundert v. Chr. die Existenz eines χρησμογράφιον (Einrichtung für das Entwerfen oder Aufzeichnen der Antworten?) inschriftlich bezeugt (Rev. de Phil. 44 [1920] 249, 251); und in Klaros unterschied man die Funktion des προφήτης (Medium?) von der des θεσπιῳδῶν (der die Antwort in Verse setzt?) mindestens in römischer Zeit (Dittenberger, OGI II, Nr. 530). Eine interessante Erörterung des ganzen Problems durch Edwyn Bevan kann man in der Dublin Review 1931 finden.

[71] Die Griechen waren sich natürlich bewußt, daß Betrug in besonderen Fällen möglich war; des Gottes Instrumente waren fehlbar. Das erschütterte aber nicht ihren Glauben an die Wirksamkeit göttlicher Inspiration. Selbst Heraklit bejaht sie (Fr. 93), trotz seiner Verachtung für die abergläubischen Elemente der zeitgenössischen Religion; und Sokrates ist als ein zutiefst aufrichtig Glaubender dargestellt. Zu Platons Haltung vgl. unten, Kap. VII, S. 115 ff., 120 ff. Aristoteles und seine Schule verwerfen zwar eine künstlich herbeigeführte Wahrsagerei, behalten aber — wie die Stoiker — den ἐνθουσιασμός bei; die Theorie, die ihn als ἔμφυτος oder als durch Dämpfe hervorgerufen erklärte, minderte nicht seinen göttlichen Charakter.

[72] Das war von Anfang an so; Delphi wurde ein Anteil an der Geldstrafe zugesprochen, den die Perserfreunde zu zahlen hatten (Hdt. 7, 132, 2); es erhielt auch den Zehnten der Beute nach der Schlacht von Plataiai (Hdt. 9, 81, 1); die Feuerstellen, welche durch die Anwesenheit der Eindringlinge entweiht worden waren, wurden auf Geheiß des Orakels von Apollons eigenem Feuer wieder entzündet (Plut., Aristides 20).

[73] Es verdient erwähnt zu werden, daß die größte Annäherung an eine kirchliche Organisation, die die einzelnen Stadtstaaten umfaßte, in dem System der ἐξηγηταὶ πυθόχρηστοι erreicht worden ist, welche Apollons sakrales Gesetz in Athen und zweifellos auch anderswo auslegten (vgl. Nilsson, Gesch. I 603 ff.).

[74] Aisch. Eum. 616 ff.: οὐπώποτ' εἶπον μαντικοῖσιν ἐν θρόνοις ... ὃ μὴ κελεύσαι Ζεὺς Ὀλυμπίων πατήρ.

[75] Cic. de divin. 2, 117: „quando ista vis autem evanuit? an postquam homines minus creduli esse coeperunt?" Zur gesellschaftlichen Basis der Veränderungen im religiösen Glaubensbereich vgl. Kardiner, Psychological Frontiers of Society, 426 f. Es ist bezeichnend, daß die wachsenden sozialen Spannungen und das Zunehmen neurotischer Ängste in der späten Kaiserzeit begleitet wurden von einem wiedererwachenden Interesse an Orakeln: Vgl. Eitrem, Orakel und Mysterien am Ausgang der Antike.

[76] Ivan M. Linforth, The Corybantic Rites in Plato, Univ. of Calif. Publ. in Class. Philology, Bd. 13 (1946), Nr. 5; Telestic Madness in Plato, Phaedrus 244 DE, a. a. O., Nr. 6.

[77] Maenadism in the Bacchae, Harv. Theol. Rev. 33 (1940) 155 ff. Vgl. Anhang I dieses Buches.

[78] Vgl. Eur. Bakch. 77 und Varro bei Serv. ad Verg. Georg. I 166: „Liberi patris sacra ad purgationem animae pertinebant." Wir dürfen damit vielleicht den Kult des Διόνυσος ἰατρός in Verbindung bringen, der den Athenern von Delphi empfohlen sein sollte (Athen. 22 E, cf. 36 B).

[79] Hesiod, Erga 614; Theog. 941; Hom. Il. 14, 325. Vgl. auch Pindar, Fr. 9. 4. Bowra (29 S.): τὰν Διονύσου πολυγαθέα τιμάν, und die Definition, die Eur. Bakch. 379 ff. von den Funktionen des Dionysos gegeben wird: θιασεύειν τε χοροῖς μετά τ' αὐλοῦ γελάσαι ἀποπαῦσαί τε μερίμνας, κτλ.

[80] Vgl. Eur. Bakch. 421 ff., und meine Anmerkungen z. St. Von daher erklärt sich die Unterstützung, die der Dionysoskult von Periander und den Peisistratiden erhielt, und vielleicht auch das sehr geringe Interesse, welches Homer ihm erweist (obwohl er Mänaden kannte, Il. 22, 460), sowie die Verachtung, mit der Heraklit ihn betrachtete (Fr. 14 macht seine Haltung hinlänglich klar, was auch immer der Sinn von Fr. 15 sein mag).

[81] Vgl. Kap. II, S. 32 f., und zu Λύσιος Anhang I, S. 144 f. Der Zusammenhang von „dionysischer" Massenhysterie und unerträglichen sozialen Zuständen wird durch den Artikel von E. H. Norman ausgezeichnet illustriert: Mass Hysteria in Japan, Far Eastern Survey 14 (1945) 65 ff.

[82] Vgl. Hom. Hym. 7, 34 ff. Nach meiner Ansicht wurde Dionysos als 'Meister der Illusion' zum Schutzgott einer neuen Kunst, der Kunst des Theaters. Das Aufsetzen einer Maske ist der bequemste Weg, das Selbstsein aufzugeben (vgl. Lévy-

Bruhl, Primitives and the Supernatural, 123 ff.). Der Gebrauch der Maske im Theater läßt sich vermutlich auf ihren magischen Gebrauch zurückführen: Dionysos wurde im sechsten Jahrhundert der Gott des Theaters, weil er schon lange der Gott der Vermummung gewesen war.

[83] Hdt. 4, 79, 3. Zur Bedeutung von μαίνεσθαι vgl. Linforth, Corybantic Rites, (Anm. 76) 127 f.

[84] Pfister hat Gründe aufgezeigt für die Annahme, daß ἔκστασις, ἐξίστασθαι ursprünglich nicht — wie Rohde angenommen hatte — die Vorstellung der Trennung der Seele vom Körper enthalten; diese Ausdrücke werden ganz allgemein von den Autoren der klassischen Zeit gebraucht, um jede plötzliche Veränderung im Sinn oder in der Stimmung zu bezeichnen („Ekstasis", Pisciculi F. J. Dölger dargeboten, 178 ff.). ὁ αὐτός εἰμι καὶ οὐκ ἐξίσταμαι, sagt Perikles zu den Athenern (Thuk. 2, 61, 2); τὰ μηδὲ προσδοκώμεν' ἔκτασιν φέρει, sagt Menander (Fr. 149); und zu Plutarchs Zeiten konnte eine Person sich selbst mit den Worten beschreiben ἐκστατικῶς ἔχων, womit sie nur ausdrücken wollte, daß sie, wie wir sagen, „außer sich war" oder „sich nicht mehr kannte" (Plut. gen. Socr. 588 A). Vgl. auch Jeanne Croissant, Aristote et les mystères, 41 ff.

[85] (Apollod.) Bibl. 2, 2, 2. Vgl. Rohde, Psyche, 287; Boyancé, Le Culte des Muses chez les philosophes grecs, 64 f. Es ist seit Rohde übliche wissenschaftliche Ansicht, daß Platon im Phaidr., 244 DE, die Melampus-Geschichte im Sinne habe; doch vgl. dagegen Linforth, Telestic Madness (Anm. 76), 169.

[86] Boyancé, a. a. O., 66 ff., versucht, Nachwirkungen der ursprünglichen kathartischen Funktion des Gottes (deren Bedeutung er mit Recht betont) selbst in seinen attischen Festen aufzuweisen. Aber seine Argumentation ist höchst spekulativ.

[87] Das ergibt sich aus Platon, Gesetze 815 CD, wo er gewisse „bacchische" mimetische Tänze, welche Nymphen, Pan, Silene und Satyrn nachahmen, beschreibt und als „unzivilisiert" (οὐ πολιτικόν) verwirft. Sie wurden ausgeführt περὶ καθαρμούς τε καὶ τελετάς τινας. Vgl. auch Aristides Quintilianus, de musica 3, 25, p. 93 Jahn: τὰς Βακχικὰς τελετὰς καὶ ὅσαι ταύταις παραπλήσιοι λόγου τινὸς ἔχεσθαί φασιν ὅπως ἂν ἡ τῶν ἀμαθεστέρων πτοίησις διὰ βίον ἢ τύχην ὑπὸ τῶν ἐν ταύταις μελῳδιῶν τε καὶ ὀρχήσεων ἅμα παιδιαῖς ἐκκαθαίρηται (zitiert von Jeanne Croissant, Aristote et les mystères, 121). An anderen Stellen, die bisweilen in diesem Zusammenhang zitiert werden, kann der Ausdruck βακχεία metaphorisch für jeden Erregungszustand verwendet werden, z. B. Platon, Gesetze 790 E (Vgl. Linforth, Corybantic Rites (Anm. 76), 132); Aisch. Cho. 698, was sich meiner Meinung nach auf den κῶμος der Ἐρινύες bezieht (Agam. 1186 ff., vgl. Eum. 500).

[88] Eur. Hipp. 141 ff.; Hippokr. morb. sacr. I, VI 360, 13 ff. L.

[89] Man glaubte, Pan verursache nicht nur Panik (Πανικὸν δεῖμα), sondern auch Ohnmacht und Kollaps (Eur. Med. 1172 und Σ). Es ist eine recht naheliegende Vermutung, daß die arkadischen Schafhirten ursprünglich die Auswirkungen des Hitzschlages auf den Unwillen des Herdengottes zurückführten; und daß man annahm, er verursache die Panik durch das plötzliche Erschrecken, welches manchmal eine Viehherde überfällt (Tambornino, Anm. 44, 66 f.). Vgl. Suidas' Definition, nach welcher Panik ausbricht, ἡνίκα αἰφνίδιον οἵ τε ἵπποι καὶ οἱ ἄνθρωποι ἐκταραχθῶσι, und Philodems Beobachtung, π. θεῶν, col. 13 (Scott, Fragm. Herc.,

Nr. 26), daß Tiere schlimmeren ταραχαί ausgesetzt sind als die Menschen. Die Verbindung des Apollon Νόμιος mit μανία mag einen ähnlichen Ursprung haben.

[90] Eur. Hipp. 143 f. spricht von beiden, als ob sie unterschieden würden, desgleichen Dion. Hal. Demosth. 22. Aber die Korybanten bildeten ursprünglich Kybeles Gefolge; sie konnte, wie diese, heilen (Pind. Pyth. 3, 137 ff.; Diog. trag. 1, 5, p. 776 N.[2]; Diodoros, 3, 58, 2); diese Funktion schloß die Heilung der μανία ein (Dionysos selbst wird vom Wahnsinn durch Rhea-Kybele „gereinigt" [Apollodor.] Bibl. 3, 5, 1). Und ich halte es für eine vernünftige Vermutung, daß zur Zeit Pindars der Ritus ähnlich, wenn nicht gleich war, da Pindar ἐνθρονισμοί (Suidas, s. v. Πίνδαρος), die man einerseits gewiß mit dem korybantischen Ritus der θρόνωσις oder des θρονισμός in Verbindung bringen kann und welche Platon, Euthyd. 277 D, und Dion Chrysost. Or. 12, 33. 387 R. beschreiben; andererseits mit dem Kult der Mutter, den Pindar selbst eingerichtet hatte (Σ Pind. Pyth. 3, 137; Paus. 9, 25, 3). Wenn das so ist, dürfen wir vermuten, daß der korybantische Ritus ein Sproß des Kybele-Kultes ist, der von der Gottheit die Funktion der Heilung übernommen hat und sich langsam zu einer unabhängigen Existenz entwickelte (vgl. Linforth, Corybantic Rites (Anm. 76), 157).

[91] Die jährliche τελετή der Hekate in Aigina, obwohl für uns nur von späten Autoren bezeugt (Zeugnisse bei Farnell, Cults, II 597, A. 7), ist zweifellos alt: Sie beanspruchte, von Orpheus begründet worden zu sein (Paus. 2, 30, 2). Ihre Wirkungen waren vermutlich kathartischer und apotropäischer Art (Dion Chrys., Or. 4, 90). Die Ansicht allerdings, daß sie in besonderer Weise darauf zielten, μανία zu heilen, scheint nur auf Lobecks Interpretation von Ar. Vesp. 122, διέπλευσεν εἰς Αἴγιναν, zu beruhen, der diesen Vers auf die τελετή bezieht (Aglaophamus, 242). Das ist aber kaum mehr als eine gefällige Vermutung.

[92] Ar. Vesp. 119; Plut. Amat. 16. 758 F; Longinus, Subl. 39, 2. Vgl. Croissant, a. a. O., 59 ff.; Linforth, Corybantic Rites (Anm. 76), 125 f.; und unten, Anhang I. Die wesentlichen Übereinstimmungen der beiden Riten erklärt, wieso Platon συγκορυβαντιᾶν und συμβακχεύειν als Synonyme gebrauchen kann (Sympos. 228 B. 234 D) und wieso er von αἱ τῶν ἐκφρόνων βακχειῶν ἰάσεις sprechen kann mit Bezug auf das, was er kurz zuvor beschrieben hat als τὰ τῶν Κορυβάντων ἰάματα (Gesetze 790 DE).

[93] Platon, Sympos. 215 E: πολύ μοι μᾶλλον ἢ τῶν κορυβαντιώντων ἥ τε καρδία πηδᾷ καὶ δάκρυα ἐκχεῖται. Ich stimme mit Linforth überein, daß hier auf die Wirkung der Riten Bezug genommen wird, obwohl ähnliche Effekte auch bei spontaner Besessenheit auftreten können (vgl. Menander, Theophoroumene 16—28 K.).

[94] Platon, Ion 553 E: οἱ κορυβαντιῶντες οὐκ ἔμφρονες ὄντες ὀρχοῦνται, Plinius, n. h. 11, 147: „Quin et patentibus dormiunt (oculis) lepores multique hominum, quos κορυβαντιᾶν Graeci dicunt." Die letzte Stelle kann sich kaum auf normalen Schlaf beziehen, wie Linforth annimmt (Corybantic Rites [Anm. 76], 128 f.), denn a) würde diese Feststellung falsch sein, wie Plinius gewußt haben muß, b) ist es schwer einzusehen, warum die Gewohnheit, mit offenen Augen zu schlafen, als Zeichen für Besessenheit gelten sollte. Ich stimme Rohdes Ansicht zu (Psyche IX, A. 18), daß das, was Plinius meint, ein Zustand ist, der auf Hypnose zurückgeführt

werden kann. Der ekstatische Ritualtanz kann durchaus bei empfänglichen Personen einen solchen Zustand herbeiführen. Lukian, Jup. Trag. 30, erwähnt κίνημα κορυβαντῶδες als eins der Symptome des beginnenden mantischen Trancezustandes. Zu den Wirkungen des vergleichbaren dionysischen Rituals vgl. Plut. Mul. Virt. 13, 249 E (Anhang I, S. 141 f.).

[95] Theophrast, Fr. 91 W.; Platon, Pol. 398 C—401 A. Vgl. Croissant, a. a. O., Kap. III; Boyancé, a. a. O., I. Kap. VI. Die Wirkung der Flötenmusik auf das Gemüt wird in wunderlicher Weise von zwei seltsamen pathologischen Fällen illustriert, die uns überliefert sind. Im ersten, der von Galen (VII 60 f. Kühn) berichtet wird, fühlte sich ein im übrigen gesunder Patient von eingebildeten Flötenspielern verfolgt, die er Tag und Nacht sehen und hören konnte (vgl. Aetios, Ἰατρικά 6, 8, und Platon, Kriton 54 D). Im anderen Fall befiel den Patienten Panik, sooft er beim Gelage Flötenspiel vernahm (Hippokr., Epid. 5, 81; V 250 L.).

[96] Gesetze 790 E: δείματα δι' ἕξιν φαύλην τῆς ψυχῆς τινα. Vgl. H. Orph. 39, 1 ff., wo der Daimon der Korybanten φόβων ἀποπαύστορα δεινῶν genannt wird.

[97] Corybantic Rites (Anm. 76), 148 ff.

[98] Vgl. oben A. 87. An anderer Stelle berichtet uns Aristoteles, daß ἐνθουσιασμοί im allgemeinen dazu führen, δεισιδαιμονίας τε καὶ ἀλόγους φόβους hervorzurufen, falls eine entsprechende Behandlung unterbleibt (de musica, p. 42 Jahn). J. Croissant hat Gründe für die Annahme angeführt, daß diese Aussagen aus einer guten peripatetischen Quelle, vermutlich Theophrast, stammen (a. a. O., 117 ff.). Es mag angemerkt sein, daß in dem hippokratischen Traktat ›De morbis‹ (2, 72; VII 108 f. L.) „ängstliche Besorgnis" (φροντίς) als eine besondere Art eines pathologischen Zustandes gilt; und daß religiöse Ängste, besonders die Furcht vor δαίμονες, in klinischen Beschreibungen vorkommen, z. B. Hippokr. virg. 1 (VIII 466 L.) und (Galen) XIX 702. Einbildungen übertriebener Verantwortlichkeit waren auch bekannt; so führt z. B. Galen (VIII 190) Fälle an, wo sich Melancholiker mit Atlas identifizieren, und Alexander von Tralles beschreibt eine seiner Patientinnen, die von der Angst besessen war, die Welt würde zusammenstürzen, wenn sie ihren Mittelfinger beuge (I 605 Puschmann). Hier eröffnet sich ein interessantes Untersuchungsfeld für einen Psychologen oder Psychotherapeuten, der Kenntnisse von der Antike hat und Verständnis für die soziale Gebundenheit seines Untersuchungsgegenstandes.

[99] Zitiert oben, A. 88.

[100] Wie Linforth, a. a. O., 151, festgestellt hat, wird nirgendwo ausdrücklich behauptet, daß die Störungen, welche die Korybanten heilten, auch von ihnen verursacht worden sind. Es ist aber ein gültiges Prinzip der magischen Medizin, daß nur der Verursacher einer Krankheit auch weiß, wie sie zu heilen ist (ὁ τρώσας καὶ ἰάσεται); daher rührt auch die Bedeutung, die der Identifizierung der besitzenden Macht im Falle einer Besessenheit beigemessen wird. Zur kathartischen Wirkung vgl. Aretaios' interessante Darstellung einer ἔνθεος μανία (morb. chron. 1, 6 a. E.), bei der die Leidenden ihre eigenen Glieder verletzen, θεοῖς ἰδίοις ὡς ἀπαιτοῦσι χαριζόμενοι εὐσεβεῖ φαντασίῃ. Nach diesem Erlebnis sind sie εὔθυμοι, ἀκηδέες, ὡς τελεσθέντες τῷ θεῷ.

[101] Aristoph. Vesp. 118 ff. Vgl. oben A. 91.

¹⁰² Platon, Ion 536 C. Von den zwei im Text dargestellten Ansichten entspricht die erste in weitem Maße der von Linforth vertretenen (a. a. O., 139 f.), obwohl er den Ausdruck „Angstzustand" nicht gutheißen dürfte; die zweite geht zurück auf Jahn (NJbb Supp.-Bd. X [1844] 231). Es ist, wie Linforth sagt, „schwierig, die Vorstellung eines in sich differenzierten Hörigkeitsverhältnisses für eine einzige Zeremonie anzunehmen". Doch wird Jahns Theorie nicht nur durch den sonstigen Gebrauch des Wortes κορυβαντιᾶν bei Platon unterstützt, sondern nach meiner Meinung auch durch Gesetze 791 A, wo Plato mit offenkundigem Bezug auf τὰ τῶν Κορυβάντων ἰάματα (790 D) von den geheilten Patienten als den ὀρχουμένους τε καὶ αὐλουμένους μετὰ θεῶν οἷς ἂν καλλιεροῦντες ἕκαστοι θύωσι spricht. Linforth schließt daraus, daß sich hier ein Übergang vollzieht „vom Besonderen zum Allgemeinen, von den korybantischen Riten des Anfangs zur Gesamtheit jener Riten, die Wahnsinn mit sich bringen" (a. a. O., 133). Aber die naheliegendere Deutung der zwei Stellen, wenn man sie zusammensieht, ist doch, daß die korybantischen Riten umfassen 1. eine musikalische Diagnose; 2. das Opfer eines jeden Patienten an den Gott, auf dessen Musik er angesprochen hat, und eine Beobachtung der Vorzeichen; 3. den Tanz derjenigen, deren Opfer angenommen worden waren, an dem die versöhnten Götter (vielleicht von Priestern dargestellt?) teilnahmen, wie man glaubte. Eine solche Deutung würde auch der eigentümlichen Ausdrucksweise im Symp. 215 C präziseren Sinn geben können, wo berichtet wird, daß die Weisen, die man dem Olympos oder dem Marsyas zuschrieb, „für sich allein (d. h. ohne von Tanz begleitet zu werden, vgl. Linforth, a. a. O., 142) Besessenheit verursachen und diejenigen finden lassen können, welche der Götter und der Riten bedürfen (τοὺς τῶν θεῶν τε καὶ τελετῶν δεομένους, offensichtlich dieselben Personen, auf die mit τῶν Κορυβαντιώντων 215 E Bezug genommen wird)". Nach der vorgeschlagenen Deutung würde das der Personenkreis sein, der Ion 536 C οἱ κορυβαντιῶντες genannt wird, und in beiden Fällen würde auf die erste oder diagnostische Stufe der korybantischen Riten hingewiesen.

¹⁰³ In hellenistischer und christlicher Zeit war die Diagnose (d. h. die Nötigung des eingedrungenen Geistes, seine Identität preiszugeben) in ähnlicher Weise eine Vorbedingung für den Erfolg des Exorzismus: Vgl. Bonner, Harv. Theol. Rev. 36 (1943) 44 ff. Zu den Opfern, die Wahnsinn heilen sollten, vgl. Plaut. Men. 288 ff., Varro, r. r. 2, 4, 16.

¹⁰⁴ Platon, Euthyd. 277 D: καὶ γὰρ ἐκεῖ χορεία τίς ἐστι καὶ παιδιά, εἰ ἄρα καὶ τετέλεσαι (erörtert von Linforth, a. a. O., 124 f.). Ein solcher Appell an die Erfahrung eines τετελεσμένος scheint mir nur auf den Lippen eines Menschen verständlich zu sein, der selbst τετελεσμένος ist.

¹⁰⁵ Vgl. Kap. VII, S. 115 f.

¹⁰⁶ Platon, Gesetze 791 A; Aristot. Pol. 1342 a 7 ff. Vgl. Croissant, a. a. O., 106 f.; Linforth, a. a. O., 162.

¹⁰⁷ Aristoxenos, Fr. 26 Wehrli; vgl. Boyancé, a. a. O., 103 ff.

¹⁰⁸ Theophrast, Fr. 88 Wimmer (=Aristoxenos, Fr. 6), scheint ein musikalisches Heilverfahren zu beschreiben, das (mit der Flöte) von Aristoxenos durchgeführt wurde, obwohl eine Textverderbnis den Sinn dieser Stelle verdunkelt. Vgl. auch Aristoxenos, Fr. 117, und Martianus Capella, 9, p. 493 Dick: „ad affectiones animi

tibias Theophrastus adhibebat ... Xenocrates organicis modulis lymphaticos liberabat."

[109] Theophrast, a. a. O. Er behauptete auch, falls die Wiedergabe korrekt ist, daß Musik gut sei gegen Ohnmacht, langdauernden Verlust des Verstandes, Ischias (!), Epilepsie.

[110] Censorinus, de die natali 12 (vgl. Celsus III 18); Caelius Aurelianus (d. i.: Soranus), de morbis chronicis 1, 5. Antike medizinische Theorien der Geisteskrankheit und ihre Behandlung sind brauchbar zusammengefaßt in Heibergs Broschüre ›Geisteskrankheiten im klass. Altertum‹.

[111] Od. 8, 63 f. Die Musen schlugen auch Thamyris, Il. 2, 594 ff. Die Gefährlichkeit des Zusammentreffens mit ihnen ist verständlich, wenn man Recht hat mit der Annahme, μοῦσα sei mit *mons* verwandt, und wenn man sie als ursprüngliche Bergnymphen betrachtet, weil man es immer schon für gefährlich gehalten hat, mit einer Nymphe zusammenzutreffen.

[112] Hesiod, Theog. 94 ff.

[113] Il. 3, 65 f.: οὔ τοι ἀπόβλητ' ἐστὶ θεῶν ἐρικυδέα δῶρα / ὅσσα κεν αὐτοὶ δῶσιν· ἑκὼν δ' οὐκ ἄν τις ἕλοιτο.

[114] Vgl. W. Marg, Der Charakter in der Sprache der frühgriechischen Dichtung, 60 ff.

[115] Il. 11, 218; 16, 112; 14, 508. Die letzte dieser Stellen ist sowohl von den Alexandrinern als auch von modernen Textkritikern als später Einschub angesehen worden; und sie alle sehen hier nur einen der üblichen Formelverse. Auch wenn der Anruf selber konventionell ist, so bleibt doch seine Stellung im Ablauf des Ganzen ein bedeutsamer Anhaltspunkt dafür, daß er ursprünglich die Bedeutung von „Inspiration" hatte. Ähnlich beansprucht Phemios, von den Göttern nicht nur sein dichterisches Talent, sondern seine Gesänge selbst erhalten zu haben (Od. 22, 347 f., vgl. Kap. I, S. 9 f.). „Die Gabe der Gottheit bleibt", wie Marg (a. a. O., 63) mit Recht sagt, „noch auf das Geleistete, das dinghafte ἔργον ausgerichtet." Es entspricht dem, was Bernard Berenson „das Planchette-Element in der Feder" genannt hat, „welches oft größeres und tieferes Wissen besitzt als die Person, die sie führt".

[116] Il. 2, 484 ff. Die Musen waren die Töchter der Erinnerung und wurden an manchen Stellen oft selbst Μνεῖαι genannt (Plut., Q. Conv. 743 D). Ich fasse die Stelle aber so auf, daß das, worum der Dichter hier bittet, nicht so sehr eine exakte Erinnerung ist — denn so notwendig diese auch ist, würde sie doch lediglich an ein ungenaues κλέος erinnern —, als vielmehr eine momentane Vision des Vergangenen als Ergänzung des κλέος. Solche Visionen, die aus den unbekannten Tiefen des Gemütes aufsteigen, müssen einmal als etwas unmittelbar „Gegebenes" empfunden worden sein und eben wegen dieser Unmittelbarkeit für glaubwürdiger gegolten haben als die mündliche Tradition. So folgert Odysseus, als er bemerkt, daß Demodokos vom Trojanischen Krieg singen kann, „als ob er dort gewesen sei oder durch einen Augenzeugen davon erfahren habe", daß eine Muse, oder Apollo, ihn das „gelehrt" haben muß (Od. 8, 487 ff.). Es gab auch ein κλέος über dieses Thema (8, 74), aber das reichte offensichtlich nicht aus, um die meisterhafte, exakte Schilderung des Details zu erklären. Vgl. Latte, Hesiods Dichterweihe, Antike und

Abendland, II (1946) 159; und zur tatsächlichen Inspiration der Dichter anderer Kulturkreise N. K. Chadwick, Poetry and Prophecy, 41 ff.

[117] Besondere Kenntnisse nicht weniger als technische Fertigkeiten sind die kennzeichnenden Eigentümlichkeiten eines Dichters bei Homer: Er ist der Mann, der „durch die Gnade der Götter singt und erfreuende Gesänge weiß" (Od. 17, 518 f.). Vgl. Solons Beschreibung des Dichters, Fr. 13, 51 f. B.: ἱμερτῆς σοφίης μέτρον ἐπιστάμενος.

[118] Verschiedene indoeuropäische Sprachen haben eine gemeinsame Bezeichnung für „Dichter" und „Seher" (lat. vates, irisch fili, isländisch thulr). „Es ist deutlich, daß überall in den alten Sprachen des nördlichen Europa die Vorstellungen von Dichtung, Beredsamkeit, Unterweisung (vorzüglich in alter Gelehrsamkeit) und Prophetie eng zusammenhängen" (H. M. und N. K. Chadwick, The Growth of Literature, I 637). Hesiod scheint einen Zug dieser ursprünglichen Einheit bewahrt zu haben, wenn er dieselbe Kenntnis von „gegenwärtigen, zukünftigen und vergangenen Dingen" den Musen zuschreibt (Theog. 38) und für sich selbst in Anspruch nimmt (Theog. 32), welche Homer dem Kalchas zuschreibt (Il. 1, 70); diese Formel dient ohne Zweifel, wie die Chadwicks sagen (a. a. O., 625), als „stehende Beschreibung eines Sehers".

[119] Hesiod, Theog. 22 ff. Vgl. Kap. IV, S. 68, und den interessanten Aufsatz von Latte, zitiert oben, A. 116.

[120] „Die Lieder machten mich, nicht ich sie", sagte Goethe. „Ich bin es nicht, der denkt", sagte Lamartine; „meine Gedanken sind es, die für mich denken". „Der schaffende Geist", sagte Shelley, „ist wie eine verglühende Kohle, die ein unsichtbarer Einfluß, einem unsteten Winde gleich, zu flüchtigem Glanze erweckt."

[121] Pindar, Fr. 150 S. (137 B.): μαντεύεο, Μοῖσα, προφατεύσω δ' ἐγώ. Vgl. Pai. 6, 6 (Fr. 40 B.), wo er sich selbst ἀοίδιμον Πιερίδων προφάταν nennt, und Fascher, Προφήτης, 12. Zu Pindars Hochschätzung der Wahrheit vgl. Norwood, Pindar, 166. Eine ähnliche Konzeption der Muse als Enthüllerin verborgener Wahrheit liegt dem Gebet des Empedokles zugrunde: Sie solle ihm mitteilen, ὧν θέμις ἐστὶν ἐφημερίοισιν ἀκούειν (Fr. 3, 4 D.-K.; vgl. Pindar, Pai. 6, 51 ff.). Vergil steht ganz in dieser Tradition, wenn er die Musen bittet, ihm die Geheimnisse der Natur zu erschließen, Geo. 2, 475 ff.

[122] Dieselbe Verbindung liegt vor Pyth. 4, 279: αὔξεται καὶ Μοῖσα δι' ἀγγελίας ὀρθᾶς: Der Dichter ist der „Bote" der Musen (vgl. Theognis, 769). Das darf nicht mit der platonischen Konzeption der Dichter verwechselt werden: ἐνθουσιάζοντες ὥσπερ οἱ θεομάντεις καὶ οἱ χρησμῳδοί (Apol. 22 C). Für Platon ist die Muse im Dichter selbst wirksam: Krat. 428 C: ἄλλη τις Μοῦσα πάλαι σε ἐνοῦσα ἐλελήθει.

[123] Gesetze 719 C.

[124] Die Inspirationstheorie der Dichtung ist direkt mit Dionysos verknüpft durch die traditionelle Ansicht, daß die besten Dichter Inspiration durch Trinken gesucht und gefunden haben. Die klassische Aussage darüber findet sich in den Zeilen, die dem Kratinos zugeschrieben werden: οἶνός τοι χαρίεντι πέλει ταχὺς ἵππος ἀοιδῷ, ὕδωρ πίνων οὐδὲν ἂν τέκοι σοφόν (Fr. 199 K.). Von dort übernahm es Horaz (epist. 1, 19, 1 ff.), der es zu einem Gemeinplatz literarischer Tradition gemacht hat.

¹²⁵ Demokrit, Fr. 17, 18. Er scheint Homer als ein Beispiel angeführt zu haben (Fr. 21).

¹²⁶ Vgl. die sorgfältige Studie von Delatte, Les Conceptions de l'enthousiasme, 28 ff., die den geistreichen Versuch unternimmt, Demokritos' Ansicht von der Inspiration mit seiner übrigen Psychologie in Zusammenhang zu bringen; vgl. auch F. Wehrli, Der erhabene und der schlichte Stil in der poetisch-rhetorischen Theorie der Antike, Phyllobolia für Peter von der Mühll, 9 ff.

¹²⁷ Zu den Allüren, die sich die Dichter auf Grund der Überzeugungskraft dieser Theorie zulegten, vgl. Horaz, Ars poet., 295 ff. Die Auffassung, daß Exzentrizität eine wichtigere Qualifikation sei als künstlerische Zuständigkeit, ist natürlich eine Verdrehung der demokritischen Theorie (vgl. Wehrli, a. a. O., 23); aber sie ist eine verhängnisvoll bequeme Verdrehung.

Viertes Kapitel

¹ Zur Haltung der Primitiven gegenüber Traumerlebnissen vgl. L. Lévy-Bruhl, Primitive Mentality (Eng. Übers., 1923), Kap. III und L'Expérience mystique, Kap. III.

² Theophrast, Charakt. 16 (28 J.).

³ Vgl. Malinowski, Sex and Repression in Savage Society, 92 ff., und bes. J. S. Lincoln, The Dream in Primitive Cultures (London, 1935). Vgl. auch Georgia Kelchner, Dreams in Old Norse Literature and Their Affinities in Folklore (Cambridge, 1935), 75 f.

⁴ C. G. Jung würde sagen, daß solche Träume auf „archetypischen Bildern" basieren, welche durch ein angenommenes Gedächtnis der Rasse überliefert werden. Aber wie Lincoln dargelegt hat (op. cit., 24), deutet ihr Verschwinden infolge des Niedergangs einer Kultur darauf hin, daß sie mit der Kultur zusammen tradiert werden. Jung selbst (Psychology and Religion, 20) teilt das bezeichnende Eingeständnis eines Medizinmannes mit, der „mir bekannte, daß er keine Träume mehr hatte, denn sie hätten statt dessen jetzt den Distriktkommissar. ‚Seitdem die Engländer im Lande sind, haben wir keine Träume mehr', sagte er. ‚Der Distriktkommissar weiß alles über Krieg und Krankheiten und wo wir leben sollen.'"

⁵ Jane Harrison, Epilegomena to the Study of Greek Religion, 32. Zur Verbindung zwischen Traum und Mythos vgl. W. H. R. Rivers, Dreams and Primitive Culture, Bull. of John Rylands Library, 1918, 26; Lévy-Bruhl, L'Expérience mystique, 105 ff.; Clyde Kluckhohn, Myths and Rituals: A General Theory, Harv. Theol. Rev. 35 (1942) 45 ff.

⁶ Primitive Culture in Greece, 151.

⁷ Pindar, Fr. 116 B. (131 S.). Vgl. Kap. V, unten, S. 72.

⁸ Die neueste und gründliche Studie über die Träume bei Homer ist von Joachim Hundt, Der Traumglaube bei Homer (Greifswald, 1935), von dem ich eine Menge gelernt habe. „Objektive" Träume sind in seiner Terminologie „Außenträume", im Gegensatz zu „Innenträumen", die als rein seelisches Erlebnis betrachtet werden, selbst wenn sie durch eine äußere Ursache hervorgerufen sein mögen.

[9] ὄνειρος als „Traumerlebnis" scheint bei Homer nur in dem Ausdruck ἐν ὀνείρῳ vorzukommen (Il. 22, 199; Od. 19, 541, 581 = 21, 79).

[10] Ein Geist, Il. 23, 65 ff.; ein Gott, Od. 6, 20 ff.; ein Traumbote, Il. 2, 5 ff., wo Zeus den ὄνειρος zu einem Botengang aussendet genauso wie sonst die Iris; εἴδωλον ad hoc geschaffen, Od. 4, 795 ff. Im zweiten Buch der ›Ilias‹ und in den zwei Träumen der ›Odyssee‹ erscheint die Traumfigur in der Gestalt einer lebenden Person (s. unten, S. 61); aber ich finde keinen Grund, mit Hundt anzunehmen, daß wirklich die „Bildseele" oder Schattenseele der erwähnten Person die „Bildseele" des Träumenden besucht (vgl. die Kritik von Böhme im Gnomon 11 [1935]).

[11] Eindringen und Hinausgehen durch das Schlüsselloch, Od. 4, 802, 838; στῆ δ' ἄρ' ὑπὲρ κεφαλῆς, Il. 2, 20; 23, 68; Od. 4, 803; 6, 21; cf. auch Il. 10, 496 (wo es sich sicherlich um einen echten Traum handelt).

[12] Il. 23, 99.

[13] Il. 2, 23; 23, 69; Od. 4, 804. Cf. Pindar, Ol. 13, 67: εὕδεις, Αἰολίδα βασιλεῦ; Aisch. Eum. 94: εὕδοιτ' ἄν.

[14] Vgl. Hundt, op. cit., 42 f., und G. Björck, ὄναρ ἰδεῖν: De la perception de la rêve chez les anciens, Eranos 44 (1946) 309.

[15] Cf. Herodot 6, 107, 1, und andere Beispiele zitiert bei Björck, a. a. O., 311.

[16] φοιτᾶν, Sappho, P. Oxy. 1787; Aisch. Prom. 657 (?); Eur. Alk. 355; Hdt. 7. 16 β; Platon, Phaidon 60 E; Parrhasios apud Athen. 543 F. ἐπισκοπεῖν, Aisch. Agam. 13; πωλεῖσθαι, Aisch. Prom. 645; προσελθεῖν, Platon, Kriton 44 A.

[17] Hdt. 1, 34, 1; 2, 139, 1; 141, 3; 5, 56; 7, 12: Vgl. Hundt, op. cit., 42 f.

[18] ἰάματα, Nr. 4. 7 usw. (Vgl. Anm. 55); Lindische Tempelchronik ed. Blinkenberg, D 14, 68, 98; Isokrates, 10, 65; ApGesch. 23, 11. Viele andere Beispiele für diesen Gebrauch sind bei L. Deubner, de incubatione, 11. 71, gesammelt.

[19] Pindar, Ol. 13, 65 ff. Cf. auch Pausanias 10, 38, 13, wo die Traumfigur des Asklepios einen Brief hinterläßt. Alte norwegische Inkubationsträume beweisen ihre Echtheit auf die gleiche Weise; vgl. z. B. Kelchner, op. cit., 138. Die Träume von Operationen in Epidauros (vgl. Anm. 72) sind Variationen zum selben Thema. Zu den „Apporten" bei der Theurgie vgl. Anh. II, Anm. 126.

[20] Il. 22, 199 ff. Aristarch scheint diese Verse athetiert zu haben; aber die Gründe, die in den Scholien angeführt werden — daß sie „an Stil und Gedanken von geringem Wert" seien und „den Eindruck von Achills Schnelligkeit zerstören" —, sind einfach töricht, und die Einwände einiger moderner Autoren sind nicht viel gewichtiger. Leaf, der v. 200 für „tautologisch und unpassend" hält, hat es versäumt, die Ausdruckskraft dieser Wortwiederholung zu bemerken, in der die Bedeutung des Scheiterns sich mitteilt. Vgl. H. Fränkel, Die homerischen Gleichnisse, 78, und Hundt, op. cit., 81 ff. Wilamowitz fand das Gleichnis bewundernswert, aber in diesem Kontext „unerträglich" (Die Ilias und Homer, 100); seine Analyse scheint mir hyperkritisch zu sein.

[21] Od. 19, 541 ff. Einige Gelehrte haben es für einen Fehler in diesem Traum gehalten, daß Penelope um ihre Gänse trauert, während sie doch im Wachen keine Sympathien für die Freier empfindet, welche die Gänse symbolisieren. Aber solch eine „Umkehrung des Affekts" ist im echten Traum häufig (Freud, The Interpretation of Dreams, 2. engl. Aufl., 375).

Viertes Kapitel: Anmerkungen 9—28

²² Il. 5, 148 ff. Der ὀνειροπόλος kann hier nur ein Traumdeuter sein (ἐκρίνατ' ὀνείρους). Aber an der einzigen anderen Stelle bei Homer, an der dieses Wort vorkommt, Il. 1, 63, kann es einen besonders begabten Träumer bezeichnen (vgl. Hundt, op. cit., 102 f.), was das Alter des „gesuchten" Traumes in Griechenland bezeugen würde.

²³ Cf. Sirach 31 (34), 1 ff.; Laxdælasaga, 31, 15; usw. Wie Björck dargelegt hat (Anm. 14, 307), hätte sich die Kunst der ὀνειροκριτική niemals ohne eine Scheidung von bedeutsamen und unbedeutenden Träumen halten können. Wenn es jemals eine Zeit gegeben hat, vor dem Auftreten Freuds, in der die Menschen alle Träume für bedeutsam hielten, so liegt sie sehr weit zurück. „Die Primitiven schenken nicht allen Träumen unterschiedslos Glauben. Gewisse Träume verdienen Glauben, andere nicht" (Lévy-Bruhl, Primitive Mentality, 101).

²⁴ Od. 19, 560 ff.; cf. Hdt. 7, 16; Galen, περὶ τῆς ἐξ ἐνυπνίων διαγνώσεως (VI 832 ff. R.); usw. Die Unterscheidung liegt bei Aisch., Cho. 534, zugrunde, wo wir, wie ich glaube, mit Verrall interpungieren sollten: οὔτοι μάταιον· ἀνδρὸς ὄψανον πέλει: „es ist nicht nur ein einfacher Alptraum: Es ist die *symbolische* Vision eines Mannes." Artemidoros und Macrobius kennen das ἐνύπνιον ἀσήμαντον und noch einen anderen Typus unbedeutender Träume, φάντασμα genannt, welche nach Macrobius umfassen a) den Alptraum (ἐφιάλτης) und b) durch den Schlaf bedingte („hypnopompische") Visionen, die manchen Personen zwischen Schlafen und Wachen erscheinen und zuerst von Aristoteles beschrieben worden sind (Insomn. 462 a 11).

²⁵ Artemid. 1, 2, p. 5 Hercher; Macrobius, in Somn. Scip. 1, 3, 2; (Aug.) de spiritu et anima, 25 (P. L. XL 798); Joann. Saresb., Polycrat. 2, 15 (P. L. CXCIX. 429 A.); Nikephoros Gregoras, in Synesium de insomn. (P. G. CXLIX 608 A.). Die Stellen sind gesammelt und ihre Beziehungen zueinander untersucht bei L. Deubner, de incubatione, 1 ff. Die im Text angeführten Definitionen stammen von Macrobius.

²⁶ Das ist von J. H. Waszink, Mnemosyne 9 (1941) 65 ff. nachgewiesen worden. Die Klassifikation des Chalcidius kombiniert Platoniker mit jüdischen Vorstellungen; Waszink vermutet, daß Chalcidius sie über Porphyrios von Numenios hergeleitet hat. Direkter Umgang mit einem Gott kommt auch in der Klassifikation des Poseidonios vor, Cic. div. 1, 64.

²⁷ Chalcidius, in Tim. 256, der Kriton 44 B und Phaidon 60 E anführt.

²⁸ Aetios, Placita 5, 2, 3: Ἡρόφιλος τῶν ὀνείρων τοὺς μὲν θεοπέμπτους κατ' ἀνάγκην γίνεσθαι· τοὺς δὲ φυσικοὺς ἀνειδωλοποιουμένης ψυχῆς τὸ σύμφερον αὐτῇ καὶ τὸ πάντως ἐσόμενον· τοὺς δὲ συγκραματικοὺς ἐκ τοῦ αὐτομάτου κατ' εἰδώλων πρόσπτωσιν... ὅταν ἃ βουλόμεθα βλέπωμεν, ὡς ἐπὶ τῶν τὰς ἐρωμένας ὁρώντων ἐν ὕπνῳ γίνεται. Der letzte Teil dieser Behauptung hat manche Schwierigkeit geboten (vgl. Diels ad loc., Dox. Gr. 416). Ich glaube, „gemischte" Träume (συγκραματικούς) sind Träume von Ungeheuern (φαντάσματα), die nach Demokrits Theorie aus einer zufälligen Verbindung von εἴδωλα entstehen, ubi equi atque hominis casu convenit imago (Lucr. 5, 741). Aber der Traum von der Geliebten ist kein „gemischter" Traum, weder in diesem noch in irgendeinem anderen Sinne. Galen hat συγκριματικούς, was Wellmann als „organisch" deutet (Arch. f. Gesch. d. Med. 16 [1925] 70 ff.). Aber das paßt nicht zu κατ' εἰδώλων πρόσπτωσιν. Ich

vermute, daß ὅταν ἃ βουλόμεθα κτλ. eine vierte Art darstellt, den Traum, der aus der ψυχῆς ἐπιθυμία entsteht (cf. Hippokrates, περὶ διαίτης, 4, 93), dessen Erwähnung unterblieben ist.

[29] Hdt. 1, 34, 1; 5, 56; Platon, Kriton 44 A; Plutarch, Alex. 26 (nach Herakleides). Die Einheitlichkeit der literarischen Tradition wurde von Deubner bemerkt (de incubatione 13); er führt viele andere Beispiele an. Dieser Typus ist im frühen Christentum in gleicher Weise wie in der heidnischen Literatur verbreitet (Festugière, L'Astrologie et les sciences occultes, 51).

[30] Zum Beispiel Paus. 3, 14, 4, läßt die Frau eines frühen spartanischen Königs einen Tempel der Thetis erbauen κατὰ ὄψιν ὀνείρατος. Träume von Kultstatuen, Paus. 3, 16, 1; 7, 20, 4; 8, 42, 7; Parrhasios apud Athen. 543 F. Sophokles weihte infolge eines Traumes ein Heiligtum, Vit. Soph. 12; Cic. div. 1, 54.

[31] Dittenberger, Sylloge, 3. Aufl., bietet folgende Belegstellen: κατ' ὄναρ, 1147, 1148, 1149; κατὰ ὄνειρον, 1150; καθ' ὕπνους, 1152; ὄψιν ἰδοῦσα ἀρετὴν τῆς θεοῦ (Athene), 1151. Wahrscheinlich beziehen sich καθ' ὅραμα, 1128, und κατ' ἐπιταγήν, 1153, ebenfalls auf Träume; 557, eine ἐπιφάνεια der Artemis, kann eine visuelle Halluzination sein. Vgl. auch Edelstein, Asclepius, I, Nr. 432. 439—442, und zu den Kulten, die auf Grund einer solchen Erscheinung gestiftet worden sind, u. S. 68 und die Lindische Chronik A 3: τὸ ἱερὸ]ν τᾶς 'Αθάνας τᾶς Λινδίας ... πολλοῖς κ[αὶ καλοῖς ἀναθέμασι ἐξ ἀρχαιοτ] άτων χρόνων κεκόσμηται διὰ τὰν τᾶς θεοῦ ἐπιφάνειαν.

[32] Syll., 3. Aufl., 663. 985. Vgl. auch P. Cair. Zenon I 59034, die Träume des Zoilos (der ein Bauunternehmer gewesen zu sein scheint und daher allen Grund hatte zu träumen, daß Sarapis einen neuen Tempel wünschte). Viele Träume des Aristides schreiben Opfer oder andere Kulthandlungen vor.

[33] Platon, Gesetze 909 E—910 A; Epin. 985 C. Die Inschriften sind geeignet, Platons Urteil über den Personenkreis zu bekräftigen, der auf Grund eines Traumes etwas geweiht hat; die Mehrzahl bilden entweder Weihungen für die Heilgottheiten (Asklepios, Hygieia, Sarapis) oder Weihungen von Frauen.

[34] Gadd, Ideas of Divine Rule, 24 ff.

[35] Il. 2, 80 ff. scheint vorauszusetzen, daß die Traumerlebnisse eines Oberkönigs glaubwürdiger sind als die des einfachen Mannes (vgl. Hundt, op. cit., 55 f.). Eine spätere griechische Auffassung war, daß der σπουδαῖος das Vorrecht genoß, nur bedeutsame Träume zu erhalten (Artemidoros, 4 praef.; cf. Plutarch, gen. Socr. 20. 589 B), was der besonderen Stellung als Träumer entspricht, die von Primitiven dem Medizinmann eingeräumt wird; dies kann man wohl auf pythagoreische Ideen zurückführen (cf. Cic. div. 2, 119).

[36] Gadd, op. cit., 73 ff.

[37] Stimme: z. B. Lincoln, op. cit., 198, cf. I. Samuel 3, 4 ff.; großer Mann: z. B. Lincoln, op. cit., 24, vgl. Deubner, op. cit., 12. Einige der Patienten von C. G. Jung berichten auch von Träumen, in denen sie eine Orakelstimme vernahmen, die entweder körperloser Natur war oder „von einer Autoritätsperson" ausging; er nennt es „ein grundlegendes religiöses Phänomen" (Psychology and Religion, 45 f.).

[38] Vgl. Seligman, JRAI 54 (1924) 35 f.; Lincoln, op. cit., 94.

[39] Lincoln, op. cit., 96 f.

⁴⁰ Il. 2, 20 ff. (Nestor, die idealisierte Ersatzperson für den Vater!); Od. 4, 796 ff.; 6, 22 f. (kaum Ersatzpersonen für die Mutter, da sie ὁμήλικες mit dem Träumenden sind).

⁴¹ Aristides, orat. 48, 9 (II 396, 24 Keil); vgl. Deubner, op. cit., 9, und christliche Beispiele, ebd. 73, 84. Einige Primitive sind weniger leicht zu befriedigen: vgl. z. B. Lincoln, op. cit., 255 f., 271 ff.

⁴² Strabo, 14, 1, 44; Philostratos, vit. Apoll. 2, 37. Andere Beispiele bei Deubner, op. cit., 14 f.

⁴³ Paus. 1, 34, 5. Andere Beispiele bei Deubner, op. cit., 27 f. Vgl. auch Halliday, Greek Divination, 131 f., der den sonderbaren gälischen Inkubationsritus „Taghairm" anführt, bei dem der Fragesteller in die Haut eines Stieres eingewickelt wurde.

⁴⁴ Vgl. Kap. V, S. 78 f., 79 f.

⁴⁵ Vgl. Anm. 79.

⁴⁶ Lorbeerzweig: Fulgentius, Mythologiae, 1, 14 (nach Antiphon und anderen). Zaubersprüche: Artemidoros, 4, 2, S. 205 f. H. Verkauf von Träumen: Juv. 6, 546 f. Zu den ὀνειραιτητά in den Papyri vgl. Deubner, op. cit. 30 ff.

⁴⁷ Man hat geglaubt, die Σελλοὶ ἀνιπτόποδες χαμαιεῦναι in Dodona (Il. 16, 233 ff.) praktizierten Inkubation. Aber falls sie es taten, wußte Homer davon?

⁴⁸ Vgl. Gadd, op. cit., 26 (Tempelinkubation Amenophis' II und Thotmes' IV, um die Billigung des Gottes für ihre Usurpation zu bekommen). Für die minoische Zeit haben wir keinen direkten Beweis; aber die Terrakotten von Petsofa auf Kreta (BSA 9, 356 ff.), die menschliche Glieder darstellen und ein Loch zum Aufhängen hatten, sehen jedenfalls wie Votivgaben aus, die man im Heiligtum eines Heilgottes geweiht hat. — Zu einem wahrscheinlichen Fall von Inkubation im frühen Mesopotamien vgl. Ztschr. f. Assyr. 29 (1915) 158 ff. und 30 (1916) 101 ff.

⁴⁹ Eur. I. T. 1259 ff. (cf. Hek. 70 f.: ὦ πότνια χθών, μελανοπτερύγων μῆτερ ὀνείρων). Die Glaubwürdigkeit dieser Überlieferung ist angezweifelt worden. Aber hat irgendeine andere Orakelart diesen Grad von Wahrscheinlichkeit? Weder Inspirationsprophetie noch Losdivination ist, soweit wir wissen, einem Erdorakel angemessen. Andererseits aber kennt der Dichter von Od. 24, 12, wie es scheint, die Träume schon als chthonisch (vgl. Hundt, op. cit., 74 ff.).

⁵⁰ Pindar, Ol. 13, 75 ff. Cf. eine Inschrift von der athenischen Akropolis, Syll., 3. Aufl., 1151: ᾽Αθηνάᾳ ... ὄψιν ἰδοῦσα ἀρετὴν τῆς θεοῦ (nicht notwendiger Weise ein gesuchter Traum, aber bezeichnend für die Haltung der Göttin); und die (vielleicht erdichtete) Erscheinung der Athene in einem Traum, Blinkenberg, Lindische Tempelchronik, 34 ff.

⁵¹ Hdt. 5, 92 η. Melissa war eine βιαιοθάνατος, was der Grund dafür gewesen sein kann, daß ihr εἴδωλον vielleicht für Befragungen leichter zugänglich war. Ihre Klage über die Kälte kann man mit der norwegischen Geschichte von einem Mann vergleichen, der in einem Traum erschien und sagte, daß seine Füße kalt seien, weil die Zehen seines Leichnams unbedeckt geblieben seien (Kelchner, op. cit., 70).

⁵² Der (spontane) Traum der Pelias, in dem die Seele des Phrixos darum bittet, man möge sie heimbringen (Pindar, Pyth. 4, 159 ff.), spiegelt wahrscheinlich die Ängstlichkeit der späten archaischen Zeit wider, Reliquien zu überführen. Deshalb

kann man ihn wohl als Traum klassifizieren, der durch die Kulturform bestimmt ist. Andere Träume, in denen Tote erscheinen, bilden zumeist Spezialfälle des 'toten Rächers' (z. B. der Traum der Erinyen, Aisch., Eum. 94 ff., oder der gesuchte Traum des Pausanias, Plutarch, Kimon 6, Paus. 3, 17, 8 f.) bzw. des 'dankbaren Toten' (z. B. der Traum des Simonides, Cic. div. 1, 56). Traumerscheinungen kürzlich Verstorbener bei ihren Hinterbliebenen sind gelegentlich auf den Grabmälern erwähnt als Beweis für die Fortdauer ihrer Existenz (vgl. Rohde, Psyche, 576 f.; Cumont, After Life in Roman Paganism, 61 f.). Solche Träume sind natürlich in allen Gesellschaftsformen anzutreffen; aber (abgesehen von Achills Traum bei Homer) sind alle überlieferten Beispiele dieser Art meiner Meinung nach hauptsächlich nachklassisch.

[53] Alexander Polyhistor apud Diog. Laert. 8, 32 (= Diels, Vorsokr., 5. Aufl., 58 B 1 a); Poseidonios apud Cic. div. 1, 64. Wellmann glaubte (Hermes 54 [1919] 225 ff.), daß Alexanders Darstellung auf eine Quelle des 4. Jh. zurückginge, welche alt-pythagoreische Ansichten wiedergegeben habe. Doch vgl. Festugière, REG 58 (1945) 1 ff., der Gründe für eine Datierung der Quelle oder Quellen ins 3. Jh. aufzeigt und unsere Stelle mit den Ansichten der Alten Akademie und des Diokles von Karystos in Beziehung bringt.

[54] Vgl. Kap. VI, S. 104 f.

[55] ἰάματα τοῦ ᾿Απόλλωνος καὶ τοῦ ᾿Ασκλαπιοῦ, IG, IV, 2. Aufl., I 121—124. Es gibt eine Sonderausgabe von R. Herzog, Die Wunderheilungen von Epidaurus (Philol. Suppl. III. 3); und die weniger verstümmelten Teile sind wiedergegeben und übersetzt bei Edelstein, Asclepius, I, Nr. 423.

[56] Die Szene aus Aristophanes' ›Plutos‹ wurde angeführt als Bekräftigung der letzten Ansicht. Aber ich bezweifle, daß der Dichter darauf hindeuten wollte, daß der Priester von v. 676 identisch war mit „dem Gott", der später auftritt. Karions Erzählung scheint nicht etwa das darzustellen, was nach Aristophanes' Ansicht sich wirklich zugetragen hat, sondern eher das phantasievolle Bild eines Durchschnittspatienten von dem, was während seines Schlafes vor sich gegangen war.

[57] O. Weinreich, Antike Heilungswunder (RGVV, VIII 1), 1909; R. Herzog, op. cit., 1931; E. J. und L. Edelstein, Asclepius: A Collection and Interpretation of the Testimonies (2 Bde., 1945). Mary Hamilton's Incubation (1906) bietet eine gut lesbare allgemeine Darstellung für den Nicht-Fachmann.

[58] E. B. Tylor, Primitive Culture, II 49. Vgl. G. W. Morgan, Navaho Dreams, American Anthropologist, 34 (1932) 400: „Die Mythen beeinflussen die Träume, und diese Träume ihrerseits helfen mit, die Wirkung der Zeremonien zu gewährleisten."

[59] Diog. Laert. 6, 59.

[60] Plautus, Curc. 216 ff. (= Nr. 430 Edelstein). Spätere Frömmigkeit stellt den Fehlschlag als Zeichen für die moralische Mißbilligung des Gottes dar, wie im Falle des Alexander Severus (Dio Cass. 78, 15, 6 f. = Nr. 395) und des betrunkenen Jünglings bei Philostratos (vit. Apoll. 1, 9 = Nr. 397). Es gab aber auch Tempellegenden, die die Enttäuschten aufmuntern sollten (ἰάματα 25). Edelstein meint, daß diese in der Minderheit gewesen sein müßten (op. cit., II 163); aber die Geschichte von Lourdes und anderen wundertätigen Heiligtümern legt doch nahe,

daß eine solche Annahme unnötig sei. „Wenn nichts geschieht", so berichtet Lawson von der Inkubation in griechischen Kirchen heutzutage, „so kehren sie nach Hause zurück, um eine Hoffnung ärmer, aber im Glauben nicht erschüttert" (Modern Greek Folklore and Ancient Greek Religion, 302).

[61] Vgl. z. B. Lincoln, op. cit., 271 ff.; und zu Verzögerungen in Epidauros, Herzog, op. cit., 67. In manchen Berichten von Inkubation im Mittelalter muß der Patient ein ganzes Jahr warten (Deubner, op. cit., 84), und Lawson spricht von heutigen Bauern, die wochen- und monatelang warten.

[62] Aristides, orat. 48, 31 ff. (= Nr. 417). Maximos von Tyrus behauptet, im wachen Zustand eine Vision von Asklepios gehabt zu haben (9, 7: εἶδον τὸν Ἀσκληπιόν, ἀλλ' οὐχί ὄναρ). Und Iamblichos (myst. 3, 2, p. 104 P.) hält das „Schlafwachen" für besonders günstig für das Empfangen göttlicher Visionen.

[63] γνώμης ὄγκος ἀνεπαχϑής. ὄγκος war gewöhnlich ein Anzeichen von Stolz und beleidigte deshalb die Götter.

[64] ἰάματα 17; Ar. Plut. 733 ff.; ἰάματα 20, 26. Zur heilenden Kraft des Hundespeichels vgl. H. Scholz, Der Hund in der gr.-röm. Magie u. Religion, 13. Ein Relief aus dem 4. Jh. im National-Museum in Athen, Nr. 3369, ist von Herzog (op. cit., 88 ff.) als Parallele zu ἰάματα 17 gedeutet worden. Von einem dankbaren Inkubanten dem Heilheros Amphiaraos geweiht, zeigt es nebeneinander a) die Heilung einer verletzten Schulter durch Amphiaraos persönlich (der Traum?), b) eine Schlange, die sie beleckt (das objektive Ereignis?).

[65] IG, II, 2. Aufl., 4962 (= Nr. 515); Plutarch, soll. anim. 13, 969 E; Aelian, N. A. 7, 13 (= Nr. 731a, 731). Zum Opfer „für die Hunde und ihre Führer (κυνηγέταις)" vgl. Farnell, Hero Cults, 261 ff.; Scholz, op. cit., 49; Edelstein, op. cit., II 186, Nr. 9. Der Komiker Platon formt den Ausdruck zu einer indezenten Zweideutigkeit um (Fr. 174, 16 K.), die möglicher Weise darauf hindeutet, daß einige Athener dieses Opfer als ebenso sonderbar empfanden wie wir. Sind die „Hundeführer" Geister, die den Hund zu dem entsprechenden Patienten führen? Sie sind jedenfalls, wie ich glaube, keine „Jäger" (huntsmen), weder göttlicher noch menschlicher Art: Xen. Kyneg. 1, 2 ist kein Beweis dafür, daß Asklepios jemals auf Jagd gegangen ist.

[66] Herodas, 4, 90 f. (= Nr. 482). Es ist sicherlich eine lebendige Schlange, keine aus Bronze. Bronzeschlangen leben nicht in Höhlen, und τρώγλη bedeutet nicht „Mund" (wie Edelstein, loc. cit. und II 188, interpretiert, indem er ein Versehen von Knox übernimmt), noch scheint es wahrscheinlich, daß eine Geldbüchse τρώγλη genannt werden konnte (so Herzog, Arch. f. Rel. 10 [1907] 205 ff.). Das ungezwungene richtige Verständnis wird gestützt durch Paus. 2, 11, 8 (= Nr. 700 a).

[67] The Interpretation of Dreams, 391.

[68] Vgl. ἰάματα 31 und die zahlreichen Beispiele bei Deubner, op. cit., 12.

[69] ἰάματα 1 ist ein deutliches Beispiel, wie Herzog aufgezeigt hat. Vgl. auch G. Vlastos, Religion and Medicine in the Cult of Asclepius, Review of Religion, 1949, 278 ff.

[70] Aristides, orat. 23, 16 (= Nr. 402): οὔτε χοροῦ σύλλογος πρᾶγμα τοσοῦτον οὔτε πλοῦ κοινωνία οὔτε διδασκάλων τῶν αὐτῶν τυχεῖν, ὅσον χρῆμα καὶ κέρδος εἰς Ἀσκληπιοῦ τε συμφοιτῆσαι καὶ τελεσϑῆναι τὰ πρῶτα τῶν ἱερῶν.

[71] Ar. Plut. 742 ff.

[72] Aristides, orat. 50, 64 (= Nr. 412). Chirurgische Operationen an schlafenden Patienten werden auch in dem Fragment eines Tempelberichtes vom Asklepieion in Lebena auf Kreta berichtet (Inscr. Cret. I. XVII 9 = Nr. 426); sie werden auch den hl. Kosmas und Damian zugeschrieben (Deubner, op. cit., 74). Zu einem alten norwegischen Operations-Traum vgl. Kelchner, op. cit., 110.

[73] Augenblickliche Heilungen kommen auch in der christlichen Inkubation vor (Deubner, op. cit., 72. 82) und sind charakteristisch für die primitive Medizin allgemein (Lévy-Bruhl, Primitive Mentality, 419 f. [engl. Übers.]).

[74] Edelstein betont mit Recht den ersten Punkt (op. cit., II 167, „der Gott ließ die Leute in ihren Träumen sich auf all das verlassen, worauf sie selbst sich verließen"); aber er übersieht den zweiten. Die ältere Ansicht, welche die Heilungen dem medizinischen Geschick der Priester zuschrieb und die Asklepieia als Sanatorien verstehen wollte (vgl. Farnell, Hero Cults, 273 f., Herzog, op. cit., 154 ff.), ist von Edelstein mit Recht verworfen worden. Nach seiner Darstellung gibt es recht wenig Hinweise darauf, daß in Epidauros oder sonst Ärzte bzw. medizinisch geschulte Priester eine Rolle bei den Tempelheilungen spielten (op. cit., II 158). Das Asklepieion in Kos wurde als Ausnahme angesehen. Aber die dort gefundenen medizinischen Instrumente können recht wohl Weihgaben von Ärzten sein. (Jedoch vgl. Aristides, orat. 49, 21 f., wo er von einer Salbe träumt und der νεωκόρος sie ihm besorgt; und eine Inschrift in JHS 15 [1895] 121, wo der Patient sowohl dem Arzt als dem Gotte dankt.)

[75] IG, IV, 2. Aufl., I 126 (= Nr. 432). Cf. Aristides, orat. 49, 30 (= Nr. 410): τὰ μὲν (τῶν φαρμάκων) αὐτὸς συντιθείς, τὰ δὲ τῶν ἐν μέσῳ καὶ κοινῶν ἐδίδου (ὁ θεός), und Zingerles Studie über die Vorschriften, die dem Granius Rufus gegeben worden sind, Comment. Vind. 3 (1937) 85 ff.

[76] Schlangengift: Galen, Subfig. Emp. 10, p. 78 Deichgräber (= Nr. 436); Asche: Inscr. Cret. I, XVII 17 (= Nr. 439); Hahn: IG XIV 966 (= Nr. 438). Vgl. Deubner, op. cit., 44 ff.

[77] Vgl. Edelstein, op. cit. II 171 f.; und, dagegen, Vlastos, a. a. O., (Anm. 69), 282 ff. In ihrer Bewunderung der rationalen Prinzipien der griechischen Medizin sind Philosophen und Historiker geneigt gewesen, die irrationale Beschaffenheit zahlreicher Heilmittel nicht zu beachten oder zu übergehen, welche von den antiken Ärzten angewandt worden sind (und auch von allen Ärzten bis beinahe in jüngste Zeit hinein). Zur Schwierigkeit, vor der Entwicklung der chemischen Analyse Heilmittel zu prüfen, vgl. Temkin, The Falling Sickness, 23 f. Gleichwohl muß man noch Vlastos zustimmen, daß „hippokratische Medizin und die Heilverfahren des Asklepios im Prinzip polare Gegensätze sind".

[78] Aristoteles, Insomn. 461 b 6.

[79] Aristides, orat. 36, 124; 47, 46—50. 65; 48, 18 ff. 27. 74 ff. Aristides' zwanghaftes Schuldgefühl verrät sich auch an zwei eigenartigen Stellen (orat. 48, 44 und 51, 25), wo er den Tod eines Freundes als den Ersatz für den eigenen deutet; solche Gedanken sind symptomatisch nicht so sehr für gefühllose Selbstbezogenheit als für eine tiefwurzelnde Neurose. Zum Traum von der Opferung eines Fingers (orat. 48, 27 = Nr. 504) cf. Artemidoros, 1, 42. Das wirkliche Opfern eines Fingers

Anmerkungen

⁸² In der Hypsipyle Fr. 31 Hunt (= Kern, O. F. 2) steht das ganz geläufige Adjektiv ἀρωτόγονος in keiner nachweisbaren Gedankenverbindung zur älteren orphischen Literatur, während ῎Ερως und Νύξ durch Konjektur in den Text gekommen sind. Auch Fr. 472 (aus den Kretern) steht in keiner beweisbaren Beziehung zum „Orphismus" (Festugière, REG 49, 309).

⁸³ Vgl. dagegen Thomas, 43 f.

⁸⁴ Vgl. dagegen Wilamowitz, II 202 ff.; Festugière, Rev. Bibl. 44, 381 f.; Thomas, 134 ff.

⁸⁵ Daß diese Annahme überflüssig und gänzlich unbeweisbar ist, ist die zentrale These in Thomas' Buch.

⁸⁶ Vgl. dagegen Linforth, 56 ff.; D.W. Lucas, Hippolytus, CQ 40 (1946) 65 ff. Man kann hinzufügen, daß in der pythagoreischen Überlieferung ausdrücklich Jäger mit Fleischern zusammen als unreine Personen angesehen werden (Eudoxos, Fr. 36 Gisinger = Porph. vit. Pyth. 7). Die orphische Ansicht kann sich kaum sehr davon unterschieden haben.

⁸⁷ Dieser uralte Irrtum ist in den letzten Jahren immer wieder vorgetragen worden: Vgl. R. Harder, Über Ciceros Somnium Scipionis, 121, Anm. 4; Wilamowitz, II 199; Thomas, 51 f.; Linforth, 147 f. Aber da er von hochgeachteten Wissenschaftlern immer noch wiederholt wird, scheint es der Mühe wert zu sein, noch einmal zu sagen, a) daß das, was von Platon, Krat. 400 C, den ἐν ἄλλῳ ᾽Ορφέα zugeschrieben wird, eine Ableitung des Wortes σῶμα (τοῦτο τὸ ὄνομα) von σῴζειν ist, ἵνα σῴζηται (ἡ ψυχή): Das wird außer allen Zweifel gestellt durch die Worte καὶ οὐδὲν δεῖν παράγειν οὐδ᾽ ἓν γράμμα, die σῶμα-σῷζω in Gegensatz zu σῶμα-σῆμα und σῶμα-σημαίνω stellen; b) daß die σῶμα-σῆμα-Lehre an derselben Stelle τινὲς zugeschrieben wird, ohne nähere Einzelheiten; c) daß, wenn ein Autor sagt „Einige verbinden σῶμα mit σῆμα, aber ich glaube, daß es die orphischen Dichter waren, welche das Wort prägten, indem sie es von σῴζω ableiteten", wir nicht annehmen dürfen, „die orphischen Dichter" seien entweder identisch mit „einige" oder in diesem Ausdruck mitgemeint (ich möchte glauben, daß dies richtig bleibt, selbst wenn ἰμάλιστα als nähere Bestimmung zu ὡς ἐμοὶ δοκοῦσιν κτλ. verstanden wird).

⁸⁸ „Der moderne Leser", sagt D. W. Lucas (CQ 40, 67), „verwirrt und erschreckt von der offensichtlichen Roheit eines großen Teils der konventionellen griechischen Religion, ist geneigt, überall nach Hinweisen auf den Orphismus Ausschau zu halten, weil er fühlt, daß das, was er von der Religion zu erwarten gelernt hat, mehr ist, und er ist nicht bereit zu glauben, daß es die Griechen nicht auch vermißt haben." Vgl. auch W. Jaeger, Theology, 61. Ich kann nicht umhin zu vermuten, daß „die historische orphische Kirche", wie sie z. B. in Toynbees Study of History, V 84 ff., dargestellt wird, eines Tages als klassisches Beispiel für die Art der historischen Täuschung angeführt werden wird, welche sich einstellt, wenn die Menschen unbewußt ihre eigenen Vorurteile in eine entfernte Vergangenheit projizieren.

⁸⁹ Festugière, REG 49, 307; Linforth, XIII f.

⁹⁰ Parallelen zwischen Platon oder Empedokles und diesen späten Kompilationen gewähren nach meiner Meinung keine solche Garantie; es sei denn, wir könnten in jedem einzelnen Fall die Möglichkeit ausschließen, daß der Kompilator den

Fünftes Kapitel: Anmerkungen 64—81

gang scheint der Pythagoras-Legende zugrunde zu liegen; man „glaubte von ihm, er habe einen Adler gezähmt, indem durch bestimmte Rufe ihn in seinem Flug hemmte, während dieser über ihm schwebte, und ihn herunterrief" (Plut. Numa 8). Das kann man mit dem Glauben der Völker am Jenissei vergleichen, nach dem „die Adler die Helfer der Schamanen sind" (Nioradze, op. cit., 70). Er hat auch ein anderes Tier gezähmt, das für die nördlichen Schamanen von großer Bedeutung ist, den Bär (Iamb. vit. Pyth. 60).

[76] Chadwick, loc. cit., 305 (Fahrt des Kan Märgän in die Unterwelt, um seine Schwester zu suchen), und Poetry and Prophecy, 93; Mikhailovski, Anm. 30, 63, 69 f.; Czaplicka, op. cit., 260, 169; Meuli, Anm. 30, 149.

[77] Vgl. Guthrie, op. cit., 35 ff.

[78] Zum Beispiel der prophezeiende Kopf des Mimir, Ynglingasaga, Kap. IV und VII. In Irland „sind spreizende Köpfe ein wohlbezeugtes Phänomen seit mehr als tausend Jahren gewesen" (G. L. Kittredge, A Study of Gawain and the Green Knight, 177, wo zahlreiche Parallelen aufgeführt werden). Vgl. auch W. Déonna, REG 38 (1925) 44 ff.

[79] Wilamowitz, Glaube, II 193 ff. (1932). Festugière, Revue Biblique, 44 (1935) 372 ff.; REG 49 (1936) 306 ff.; H. W. Thomas, Ἐπέκεινα (1938); Ivan M. Linforth, The Arts of Orpheus (1941). Ein geistvoller Gegenangriff gegen diesen „reaktionären" Skeptizismus wurde 1942 von Ziegler geführt, der die alte Garde der „Pan-Orphisten" vertritt: er bedient sich dazu eines Artikels in einem Nachschlagewerk (RE, s. v. ›Orphische Dichtung‹). Aber während es ihn keine Mühe kostet, einige direkte Treffer bei seinem unmittelbaren Gegner Thomas zu erzielen, kann ich nicht sagen, daß Ziegler meine Zweifel bezüglich der Fundamente ausgeräumt hat, auf denen die traditionelle Darstellung des „Orphismus" beruht, selbst dann nicht, wenn er in der gemäßigten Form von so sorgfältigen Wissenschaftlern wie Nilsson (Early Orphism, Harv. Theol. Rev. 28 [1935]) und Guthrie (op. cit.) vertreten wird.

[80] Vgl. dagegen Wilamowitz, II 199. Für seine generelle Behauptung, kein Autor der klassischen Zeit spreche von Ὀρφικοί, kann Herodot 2. 81 nur dann als mögliche Ausnahme angesehen werden, wenn wir den „kurzen Text" (die Lesart von ABC) für diese umstrittene Stelle übernehmen. Aber ein zufälliger Ausfall in einem Antezessor von ABC, durch Homoioteleuton verursacht und zu einer entsprechenden Veränderung des Numerus führend, scheint mir viel wahrscheinlicher zu sein als eine Interpolation in DRSV; und ich kann mich der Einsicht nicht verschließen, daß die Wahl des Wortes ὀργίων im nächsten Satz bestimmt worden ist durch das Wort Βυξιχοῖσι in dem „langen Text" (vgl. Nock, Studies Presented to F. Ll. Griffith, 248, und Boyancé, Culte des Muses, 94 Anm. 1).

[81] Vgl. dagegen Bidez, op. cit., 141 ff. Nach meinem Urteil läßt es sich eher rechtfertigen, Empedokles in die pythagoreische Tradition einzuordnen (Bidez, 122 ff.; Wilamowitz, Berl. Sitzb. 1929, 655; Thomas, 115 ff.) als ihn mit irgendeiner Richtung in Verbindung zu bringen, die nachweisbar und eindeutig frühorphisch ist (Kern, Kranz etc.). Es ist aber wahrscheinlich falsch, ihn als Mitglied einer „Schule" zu betrachten: Er war ein unabhängiger Schamane, der seine eigene Art hatte, die Dinge zu sehen.

Anmerkungen

Herodot) — alle „eine volkstümliche Form der Überlieferung voraus, die in ihm einen Albertus Magnus erblickte" (Parmenides, 236). Vgl. I. Lévy, Recherches sur les sources de la légende de Pythagore, 6 ff. und 19.

⁶⁵ Der Wind-Zauber geht auf Timaios (Fr. 94 M. = Diog. L. 8, 60) zurück; die anderen Erzählungen auf Herakleides Pontikos (Fr. 72. 75. 76 Voss = Diog. L. 8, 60 f. 67 f.). Bidez, La Biographie d'Empédocle, 35 ff., beweist überzeugend, daß der Bericht von Empedokles' körperlicher Entrückung älter ist als der von seinem Tode im Krater des Ätna, und daß er nicht von Herakleides erfunden worden ist. Analog berichtet die sibirische Tradition, wie große Schamanen der Vergangenheit mit ihrem Körper entrückt worden sind (Czaplicka, op. cit., 176) und wie sie Tote zum Leben erweckten (Nioradze, op. cit., 102).

⁶⁶ Fr. 111, 3. 9.; 112, 4.

⁶⁷ Fr. 112, 7 ff. Vgl. Bidez, op. cit., 135 ff.

⁶⁸ Die erste ist von Bidez, op. cit., 159 ff., und Kranz, Hermes 70 (1935) 115 ff., vertreten worden, die zweite von Wilamowitz (Berl. Sitz. 1929, 655), nach Diels (Berl. Sitz. 1898, I 39 ff.) und anderen. Gegen beide Ansichten wenden sich W. Nestle, Philol. 65 (1906) 545 ff., A. Dies, Le Cycle mystique, 87 ff., Weinreich, NJbb 1926, 641, und Cornford, CAH IV 568 f. Die Versuche von Burnet und anderen, in späterer Zeit zwischen „wissenschaftlichen" und „religiösen" Pythagoreern zu unterscheiden, beleuchten die gleiche Tendenz, nämlich moderne Dichotomien in eine Welt hineinzusehen, die noch nicht die Nötigung verspürt hat, zwischen „Wissenschaft" und „Religion" zu scheiden.

⁶⁹ Diese Deutung (von Karsten) ist von Wilamowitz und Burnet übernommen worden. Doch vgl. dagegen Bidez, op. cit., 166, und Nestle, loc. cit., 549, Anm. 14. ⁷⁰ Im Lichte dieser Stellen muß Wilamowitz' Beschreibung des Gedichtes ›Über die Natur‹ („durchaus materialistisch", loc. cit., 651) als eindeutig irreführend erscheinen, obwohl natürlich Empedokles wie andere Männer seiner Zeit über seelische Kräfte in materialistischen Begriffen dachte.

⁷¹ Jaeger, Theology, 132.

⁷² Vgl. Rohde, Psyche, 378. Zum zweiten Feld schamanistischer Betätigung vgl. Chadwick, Growth of Literature, I 637 ff., und Poetry and Prophecy, Kap. I und III. Die homerische Gesellschaft ist fortschrittlicher: Dort sind der μάντις, der ἰητρός und der ἀοιδός Mitglieder verschiedener Berufsgruppen. Die archaischen griechischen Schamanen waren ein Rückfall auf eine ältere Entwicklungsstufe.

⁷³ Spätere Tradition, die den Geheimnischarakter der Lehre des Pythagoras betonte, behauptete, er habe nichts schriftlich niedergelegt. Vgl. jedoch Gigon, Unters. z. Heraklit, 126. Es scheint, daß sich im fünften Jahrhundert diese Tradition noch nicht durchgesetzt hatte, weil Ion von Chios dem Pythagoras orphische Gedichte zuschreiben konnte (unten, Anm. 96).

⁷⁴ Vgl. W. K. C. Guthrie, Orpheus and Greek Religion, Kap. III.

⁷⁵ Chadwick, JRAI 66 (1936) 300. Heutige Schamanen haben diese Fähigkeit eingebüßt, aber sie umgeben sich noch bei der Ausübung ihrer Funktionen mit hölzernen Abbildungen von Vögeln und Tieren oder mit deren Fellen, um sich der Hilfe der animalischen Geister zu versichern (Meuli, Anm. 30, 147); sie ahmen auch die Rufe dieser Helfer nach (Mikhailovski, Anm. 30, 74, 94). Derselbe Vor-

Fünftes Kapitel: Anmerkungen 52—64

sāhen leibhaft und ohne zu sterben versetzt werden (αὐτοῖ ῥεγεύντες, cf. Bacchyl. 3, 58 ff., und Krappe, CPh 37 [1942] 353 ff.): daher die Gleichsetzung von Zalmoxis und Kronos (Mnaseas, FHG III, Fr. 23); vgl. Czaplicka, op. cit. 176: "Es gibt Berichte von Schamanen, die noch lebendig von der Erde in den Himmel entrückt werden."; b) das Verschwinden des Schamanen, der für lange Zeit in einer heiligen Höhle untertaucht: Herodots ὀλίγον κατάγαιον οἴκημα und Strabons ἀντρῶδές τι χωρίον ἄβατον τοῖς ἄλλοις (7, 3, 5) scheinen rational gedeutete Versionen von einer Höhle zu sein, wo ohne zu sterben ein ἀνθρωποδαίμων wohnt, Rhesus, 970 ff., vgl. Rohde, Psyche, 279; c) vielleicht auch der Glaube an eine Seelenwanderung (Rohde, loc. cit.); cf. die ausdrückliche Feststellung bei Mela, daß einige Thraker "redituras putant animas obeuntium" (2, 18), und Phot., Suid., Etym. Magn. s. v. Ζάμολξις; aber in Herodots Bericht steht nichts von "Seelen".

61 Herodot weiß, daß Zalmoxis ein δαίμων ist (4, 94, 1), aber er läßt die Frage offen, ob er einst ein Mensch gewesen ist (96, 2). Strabons Bericht (7, 3, 5) weist stark darauf hin, daß er entweder ein heroisierter Schamane war — alle Schamanen werden Ὅρ, Heroen, nach ihrem Tode (Sieroszewski, Anm. 30, 228 f.) — oder sonst ein göttlicher Protoryp der Schamanen (vgl. Nock, CR 40 [1926] 185 f. und Meuli, Anm. 30, 163). Wir können damit auch die Stellung vergleichen, welche nach Aristoteles (Fr. 192 R. = Iamb. vit. Pyth. 31) die Pythagoreer für den Gründer ihrer Gemeinschaft beanspruchten: τοῦ λογικοῦ ζῴου τὸ μέν ἐστι θεός, τὸ δὲ ἄνθρωπος, τὸ δὲ οἷον Πυθαγόρας. Die Tatsache, daß Zalmoxis einer besonderen Art von Gesang und Tanz seinen Namen gegeben hat (Hesych, s. v.), bestärkt wohl die Annahme, daß er mit schamanistischen Übungen vertraut war. Die Analogien, welche zwischen der Zalmoxis-Sage und der des Epimenides und Aristeas bestehen, hat Rhys Carpenter mit Recht betont (Folktale, Fiction, and Saga in the Homeric Epics, Sather Classical Lectures, 1946, 132 f. 161 f.), obwohl ich die geistreiche Identifikation aller drei mit einem Bären im Winterschlaf nicht akzeptieren kann (war Pythagoras auch ein Bär?). Minar, der den historischen Kern der Zalmoxis-Geschichten herauszuschälen sucht, übersieht ihren religiösen Hintergrund.

62 Vgl. Delatte, Études sur la litt. pyth. 77 ff.

63 Pythagoras und Abaris: Iamb. vit. Pyth. 90—93. 140. 147, der Abaris zu Pythagoras' Schüler macht (Suidas, s. v. Πυθαγόρας, kehrt das Verhältnis um); Initiation, ebd. 146. Prophetie, Bilokation und Identität mit dem hyperboreischen Apollon: Aristot., Fr. 191 R. (= Vorsokr., Pyth. A 7). Heilungen: Aelian, V. H. 4, 17; Diog. L. 8, 12 etc.; Fahrten in die Unterwelt: Hieronymos von Rhodos apud Diog. L. 8, 21. cf. 41. Gegen die Ansicht, daß die ganze Pythagoras-Legende als eine Erfindung später Romanciers zu übergehen sei, vgl. O. Weinreich, NJbb 1926, 638, und Gigon, Ursprung d. gr. Philosophie, 131; zur Irrationalität zahlreicher frühpythagoreischer Gedanken vgl. L. Robin, La Pensée hellénique, 31 ff. Ich unterstelle natürlich nicht, daß der Pythagoreismus völlig als ein Entwicklungsprodukt des Schamanismus erklärt werden könnte; andere Elemente wie Zahlenmystik und Spekulationen über Weltharmonie haben seit früher Zeit auch eine bedeutende Rolle gespielt.

64 Wie Reinhardt sagt, setzen die frühesten Hinweise auf Pythagoras — bei Xenophanes, Heraklit, Empedokles und Ion (und man kann hinzufügen: bei

225

224 Anmerkungen

ἀλλὰ περὶ τῶν γεγονότων, ἀδήλων δέ. Eine andere Deutung dieser Behauptung findet man bei Boudé-Leclercq, Hist. de la divination, II 100.

53 H. Diels, (Anm. 40), 395.

54 Apud Diog. L. 8, 4. Vgl. Rohde, Psyche, App. X, und A. Delatte, La Vie de Pythagore de Diogène Laërce, 154 ff. Andere Autoren haben für ihn eine andere Abfolge von Wiederverkörperungen aufgestellt (Dikaiarchos, Fr. 36 W.).

55 Empedokles, Fr. 129 D. (vgl. Bidez, La Biographie d'Empédocle, 122 f.; Wilamowitz, Die Καθαρμοί des Empedokles, Berl. Sitzb. 1929, 651); Xenophanes, Fr. 7 D. Ich finde Rathmanns Versuch, diese beiden Überlieferungen als unzuverlässig zu erweisen, nicht überzeugend (Quaestiones Pythagoreae, Orphicae, Empedocleae, Halle, 1933). Xenophanes macht sich wohl auch über die langatmigen Geschichten von Epimenides lustig (Fr. 20). Burnets Versuch, das Fragment des Empedokles zu übersetzen — „obwohl er zehn, ja zwanzig Menschenalter früher lebte" (EGPh, 1. Aufl. 236) — die jede Beziehung zu Pythagoras unmöglich machen würde —, ist sprachlich völlig unhaltbar.

56 Mikhailovski, (Anm. 30), 85, 133; Sieroszewski, (Anm. 30), 314; Czaplicka, op. cit., 213, 280. Czaplicka erkennt einen allgemeinen Glauben an die Reinkarnation bei einer Anzahl von sibirischen Völkern (130, 136, 287, 290).

57 Aiakos scheint eine alte, vielleicht minoische, sakrale Gestalt zu sein: Er war zu Lebzeiten Regenmacher (Isokrates, Euag. 14 etc.) und wurde nach seinem Tode zum Wächter des Höllentors bestellt (Ps.-Apollod. 3, 12, 6; cf. Eur. Peirithoos Fr. 591, Aristoph. Ran. 464 ff.) oder sogar zum Richter der Toten (Platon, Apol. 41 A; Gorg. 524 A; cf. Isokr. Euag. 15).

58 Diog. L. 8, 4. Eine andere frühere Lebensform (Avatara) des Pythagoras, Aithalides, soll nach Pherekydes von Syros mit der Kraft der Wiedergeburt in besonders privilegierter Weise begabt gewesen sein (Σ Apoll. Rhod. 1, 645 = Pherekydes Fr. 8). Ich stimme Wilamowitz zu (Platon, I 251, Anm. 1), daß solche Geschichten nicht Ergebnisse philosophischer Theorie sind, sondern daß im Gegenteil die Theorie eine Verallgemeinerung darstellt, die (wenigstens zum Teil) durch die Erzählungen mitbedingt ist. Zur Reinkarnation als Privileg nur für Schamanen vgl. P. Radin, Primitive Religion, 274 f.

59 Die soziale Stellung, die in der pythagoreischen Gemeinde den Frauen eingeräumt wurde, bildet eine Ausnahme in der griechischen Gesellschaft der klassischen Zeit. Es ist aber bemerkenswert, daß in zahlreichen sibirischen Völkergruppen heute Frauen in gleicher Weise wie Männer für das Amt des Schamanen in Frage kommen können.

60 Hdt. 4, 95. Cf. 4, 93: Λέγει τοὺς ἀθανατίζοντας, 5. 4: Λέγει οἱ ἀθανατίζοντες, und Platon, Charm. 156 D: τῶν Θρᾳκῶν τῶν Ζαλμόξιδος ἰατρῶν, οἱ λέγονται καὶ ἀπαθανατίζειν. Diese Stellen besagen nicht, daß die Geten „an die Unsterblichkeit der Seele glauben", sondern daß sie ein Rezept kennen, um dem Tode zu entgehen (Linforth, CPh 13 [1918] 23 ff.). Die Art dieser Flucht vor dem Tode, die „Zalmoxis" seinen Anhängern versprach, ist völlig unklar. Es scheint möglich zu sein, daß Herodots Gewährsleute verschiedene Vorstellungen zu einer einzigen Erzählung verschmolzen haben, nämlich a) das irdische Paradies des „hyperboreischen Apollon", in das — wie in das ägäische Elysium — manche Men-

Fünftes Kapitel: Anmerkungen 38—52

griechischen Geschichtsschreiber, in Unkenntnis der religiösen Bedeutung dieses Zeichens, mit dem Hinweis darauf erklärten, daß er Gefangener von Piraten gewesen sei, die ihn mit einem Brandmal für den Sklavenmarkt versehen hätten (Dionysophanes apud Porph. vit. Pyth. 15; Delatte, Politique pyth., 228, hat sicher unrecht, wenn er die erdichteten λήσταί mit lokalen anti-pythagoreischen Aufrührern gleichsetzt). Daß die Thraker sakrale Tätowierung kannten, war den Vasenmalern bekannt: Thrakische Mänaden mit tätowiertem Rehkitz erscheinen auf mehreren Vasen (JHS 9 [1888], Taf. VI; P. Wolters, Hermes 38 [1903] 268; Furtwängler-Reichhold, III, Tafel 178, wo einige auch mit einer Schlange tätowiert sind). Zur Tätowierung als Zeichen der Weihe an einen Gott cf. auch Hdt. 2, 113 (ägyptisch) und die Beispiele aus verschiedenen Quellen, die Dölger diskutiert hat, Sphragis, 41 ff. Tätowierung wird in gleicher Weise von den Sarmaten und Dakern praktiziert (Plinius, n. h. 22, 2), von den Illyrern (Strabo 7, 3, 4), von den „picti Agathyrsi" in Transsilvanien (Siebenbürgen), die Vergil als Verehrer des (hyperboreischen) Apollon darstellt (Aen. 4, 146) und von anderen Balkan- und Donauvölkern (Cook, Zeus, II 123). Die Griechen aber hielten es für αἰσχρόν καὶ ἄτιμον (Sextus Emp. Pyrrh. Hyp. 3, 202; vgl. Diels, Vorsokr., 5. Aufl. 90 [83] 2, 13).

45 Frazer, Pausanias, II 121 ff.

46 Vgl. Rohde, Psyche, Kap. IX, Anm. 117; Halliday, Greek Divination, 91, Anm. 5; zum langen Schlaf der Schamanen: Czaplicka, op. cit. 179; Holmberg, op. cit., 496, führt den Fall eines Schamanen an, der „ohne Bewegung und bewußtlos" gelegen hatte während der Zeit seiner „Berufung". Man beachte auch, daß Zalmoxis lange Zeit in unterirdischer Zurückgezogenheit lebte (unten, Anm. 60). Diels (Anm. 40, 402) meinte, der lange Schlaf sei erfunden worden, um die chronologischen Diskrepanzen in den verschiedenen Berichten über Epimenides zu beseitigen. Wäre das aber das einzige Motiv, dann müßte ein langer Schlaf sehr häufig in der frühen griechischen Geschichte vorkommen.

47 Ich übergehe hier die gewagten Spekulationen Meulis über die schamanistischen Elemente in der griechischen Epik (Anm. 30, 164 ff.). Rhys Carpenter, AJA 52 (1948) 1 ff., hat darauf hingewiesen, daß die Griechen erst spät einen Zugang zum Schwarzen Meer fanden, und hat eine Begründung dafür gegeben.

48 Das war schon von Rohde, Psyche, 301 f., klar erkannt worden.

49 Proklos, in Remp. II 122, 22 ff. Kr. (= Kleardhos, Fr. 7 Wehrli). Die Erzählung kann jedoch unglücklicher Weise nicht als historisch angesehen werden (vgl. Wilamowitz, Glaube, II 256, und H. Lewy, Harv. Theol. Rev. 31 [1938] 205 ff.).

50 Aristot. Met. 984 b 19; vgl. Diels zu Anaxagoras A 58, Zeller-Nestle, I 1269, Anm. 1, wollen Aristoteles' Feststellung als völlig unbegründet übergehen. Aber Iamb. Protrept. 48, 16 (= Ar. Fr. 61) unterstützt den Gedanken, daß sich Anaxagoras auf die Autorität des Hermotimos berief.

51 Diog. L. 1, 114 (Vorsokr. 3 A 1): λέγεται δὲ ὡς καὶ πρῶτος (πρῶτον Casaubon, αὑτὸς Diels) αὑτὸν Αἰακὸν λέγοι ... προσποιηθῆναι τε πολλάκις ἀναβεβιωκέναι. Die Wörter αὑτὸν Αἰακὸν λέγοι zeigen, daß ἀναβεβιωκέναι sich nicht einfach auf eine Seelenexkursion beziehen können, wie Rohde vorgeschlagen hat (Psyche, 331).

52 Aristot. Rhet. 1418 a 24: ἐκεῖνος γὰρ περὶ ὧν ἐρωτηκώς τῶν ἐσομένων οὐκ ἐμαντεύετο.

222   Anmerkungen

(Nioradze, op. cit., 2). Seelenvögel sind weit verbreitet, aber es ist unsicher, ob das frühe Griechenland sie kannte (Nilsson, Gesch. I 182 f.).

39 Soph. El. 62 ff. Der Ton ist rationalistisch und läßt an den Einfluß seines Freundes Herodot denken. Er hat zweifellos Erzählungen im Sinn wie die eine, die Herodot von Zalmoxis berichtet (4, 95) und welche den thrakischen Schamanismus auf vernünftige Weise zu erklären sucht. Die Lappen glaubten gewöhnlich, daß ihre Schamanen nach dem Tode „umgingen" (Mikhailovski, Anm. 30, 150 f.); und im Jahre 1556 sah ein englischer Reisender, Richard Johnson, einen samojedischen Schamanen „sterben" und dann lebendig wieder erscheinen (Hakluyt, I 317 f.).

40 H. Diels, Über Epimenides von Kreta, Berl. Sitzb. 1891, I 387 ff. Die Fragmente jetzt Vorsokr. 3 B (früher 68 B). Vgl. auch H. Demoulin, Epiménide de Crète (Bibl. de la Fac. de Phil. et Lettres Liège, Fasc. 12). Wilamowitz' Skeptizismus (Hippolytos, 224, 243 f.) scheint übers Ziel hinauszuschießen, obwohl einige von Epimenides' Orakeln sicherlich gefälscht sind.

41 Das Ansehen der kretischen καθαρταί in der archaischen Zeit wird durch die Sage bezeugt, daß Apollon nach der Tötung des Python von dem Kreter Karmanor entsühnt wurde (Paus. 2, 30, 3 etc.); cf. auch den Kreter Thaletas, der im 7. Jh. eine Seuche aus Sparta vertrieben hat (Pratinas, Fr. 8 B.). Zum kretischen Höhlenkult vgl. Nilsson, Minoan-Myc. Religion, 2. Aufl. 458 ff. Epimenides wurde νέος Κούρης genannt (Plut. Sol. 12; Diog. L. 1, 115).

42 Die Überlieferung von der Seelenexkursion ist möglicherweise von Aristeas auf Epimenides übertragen worden; Suidas spricht die Fähigkeit einem jeden von ihnen mit fast denselben Worten zu. Auf ähnliche Art kann die Erscheinung des Epimenides nach seinem Tode (Proklos, in Remp. II 113 Kr.) der des Aristeas nachgebildet sein. Die Geschichte von der Zaubernahrung aber sieht älter aus, allein schon wegen des unerklärlichen Rinderhufs. Sie läßt sich bis auf Herodoros (Fr. 1 J.) zurückverfolgen, den Jacoby um 400 v. Chr. ansetzt; auch Platon scheint sich auf sie bezogen zu haben, Ges. 677 E. Es ist verlockend, sie in Beziehung zu setzen zu a) der Überlieferung von Epimenides' unnatürlich langem Leben und zu b) dem thrakischen „Rezept, um dem Tod zu entfliehen" (Anm. 60, unten).

43 τὸ δέμα εὐρήσθαι γόμματα κατάστικτον, Suid. s. v. (= Epimenides A 2). Die Quelle hierfür kann der spartanische Geschichtsschreiber Sosibios, ca. 300 v. Chr., sein (Diog. L. I, 115). Suidas fügt hinzu, daß τὸ Ἐπιμενίδειον δέμα sprichwörtlich für alles Verborgene gebraucht wurde (ἐπὶ τῶν ἀποθέτων). Aber ich kann die merkwürdige Theorie von Diels (op. cit., 399) und Demoulin (op. cit., 69) nicht akzeptieren, daß dieser Ausdruck sich ursprünglich auf eine Pergamenthandschrift der Dichtungen des Epimenides bezogen habe und später mißverstanden worden sei, als ob er sich auf seine tätowierte Haut bezöge. Eventuell kann man zu Vergleich Σ Lukian, p. 124 Rabe, heranziehen, ἐλέγετο γὰρ ὁ Πυθαγόρας ἐντετυπῶσθαι τῷ δεξίῳ αὐτοῦ μηρῷ τὸν Ἀπόλλω. Ist das ein Erklärungsversuch für die mysteriöse „goldene Lende"? Oder war der historische Kern dieser Geschichte ein sakrales Tätowierungszeichen, oder ein natürliches Muttermal?

44 Hdt. 5, 6, 2: τὸ μὲν ἐστίχθαι εὐγενές κέκριται, τὸ δὲ ἄστικτον ἀγενές. Der thrakische Schamane „Zalmoxis" hatte eine Tätowierung an der Stirn, welche die

(Anm. 76), die zwei Seelen (Anm. 111), und Übereinstimmungen in den katharischen Methoden (Anm. 118. 119). Einiges geht sehr wahrscheinlich auf Zufall zurück; einzeln genommen ist kein Beispiel entscheidend; aber zusammen scheinen sie mir doch ein beträchtliches Gewicht zu haben.

[33] Diese Überlieferung, obwohl sie nur von späten Autoren bewahrt wird, scheint älter zu sein als Herodots rationalisierende Version (4, 36), nach der Abaris den Pfeil trägt (sein Motiv wird nicht erwähnt). Vgl. Corssen, Rh. Mus. 67 (1912) 40, und Meuli, Anm. 30, 159 f.

[34] Dies scheint mir im Gebrauch der Pfeile durch den burjatischen Schamanen vorzuliegen, der mit ihnen die Seelen der Kranken zurückruft, ebenso bei Begräbnissen (Mikhailovski, Anm. 30, 128. 135). Schamanen weissagen nach dem Flug der Pfeile (ebd. 69. 99); und man berichtet, daß die vom Körper losgelöste Seele ("external soul") des tatarischen Schamanen bisweilen in einem Pfeile wohnt (N. K. Chadwick, JRAI 66 [1936] 311). Andere Schamanen können auf Pferdestöcken ("horse-staff") durch die Luft reiten wie die Hexen auf dem Besenstil (G. Sandschejew, Anthropos 23 [1928] 980).

[35] Hdt. 4, 36.

[36] Zum „hyperboreischen Apollon" vgl. Alkaios, Fr. 72 Lobel (2 B.); Pindar, Pyth. 10, 28 ff.; Bacchyl. 3, 58 ff.; Soph. Fr. 870 N.; A. B. Cook, Zeus, II 459 ff. A. H. Krappe, CPh 37 (1942) 353 ff., hat dargelegt, daß mit großer Wahrscheinlichkeit die Ursprünge dieses Gottes in Nordeuropa gesucht werden müssen: Er wird im Zusammenhang mit einem nördlichen Produkt, dem Bernstein, und mit einem Vogel aus dem Norden, dem Singschwan, erwähnt. Sein „alter Garten" liegt hinter dem Nordwind (denn diese naheliegende Etymologie des Wortes „hyperboreisch" ist wahrscheinlich doch die richtige). Die Griechen haben allem Anschein nach, als sie von ihm durch Missionare wie Abaris vernahmen, ihn mit ihrem Apollon gleichgesetzt (wahrscheinlich auf Grund der Ähnlichkeit ihrer Namen, wenn Krappe recht hat, indem er ihn zum Gotte von Abalus, der „Apfelinsel", dem mittelalterlichen Avalon, macht) und diese Identität dadurch bewiesen, daß sie ihm einen Platz in der Tempellegende von Delos einräumten (Hdt. 4, 32 ff.).

[37] Aristeas, Fr. 4 und 7 Kinkel; Alföldi, Gnomon 9 (1933) 567 f. Ich kann hinzufügen, daß die blinden „schwanengestaltigen Mädchen" des Aischylos, die niemals die Sonne erblicken (Prom. 794 ff., vielleicht von Aristeas) auch eine gute Parallele in den „Schwanenmädchen" des zentralasiatischen Glaubens finden, die in der Dunkelheit leben und Augen von Blei haben (N. K. Chadwick, JRAI 66 [1936] 313. 316). Hinsichtlich des Aristeas ist Herodots Darstellung unklar (4, 13 f.) und spiegelt vielleicht den Versuch wider, die Geschichte rational zu erklären (Meuli, Anm. 30, 157 f.). Bei Maximos von Tyros, 38, 3, ist es eindeutig die Seele des Aristeas, welche in schamanistischer Weise die Hyperboreer besucht. Die von Herodot angeführten Einzelheiten jedoch legen den Gedanken an eine wirkliche Reise nahe (4, 16).

[38] Hdt. 4, 15, 2; Plinius, n. h. 7, 174. Man vergleiche die Seelenvögel der Jakuten- und Tungusenstämme (Holmberg, op. cit., 473. 481); ferner die Vogelkostüme, die sibirische Schamanen bei ihren Tätigkeiten tragen (Chadwick, Poetry and Prophecy, 58 und Tafel 2); und den Glauben, daß die ersten Schamanen Vögel waren

48, anführt). Eine Herleitung aus Indien ist unbewiesen und wirklich unwahrscheinlich (Keith, Rel. and Phil. of Veda and Upanishads, 601 ff.). Es scheint jedoch möglich, daß der Glaube der Inder und der Griechen letztlich auf dieselbe Wurzel zurückgeht; vgl. unten, Anm. 97.

30 Zum Wesen und zur Verbreitung der schamanistischen Kultur vgl. K. Meuli, Scythica, Hermes 70 (1935) 137 ff., ein ausgezeichneter Aufsatz, dem ich den Plan für dieses Kapitel verdanke; G. Nioradze, Der Schamanismus bei den Sibirischen Völkern (Stuttgart, 1925); und das interessante, wenn auch spekulative Buch von Mrs. Chadwick, Poetry and Prophecy (Cambridge, 1942). Eine genaue Beschreibung von Schamanen findet man bei W. Radloff, Aus Sibirien (1885); V. M. Mikhailovski, JRAI 24 (1895) 62 ff., 126 ff.; W. Sieroszewski, Rev. de l'hist. des rel. 46 (1902) 204 ff., 299 ff.; M. A. Czaplicka, Aboriginal Siberia (1914), mit ausführlicher Bibliographie; I. M. Kasanovicz, Smithsonian Inst. Annual Report, 1924; U. Holmberg, Finno-Ugric and Siberian Mythology (1927). Die Verwandtschaft skythischer religiöser Vorstellungen mit den ural-altaischen wurde von dem ungarischen Wissenschaftler Nagy bemerkt und von Minns akzeptiert (Scythians and Greeks, 85).

31 Es hat den Anschein, daß in einigen modernen Formen des Schamanismus die Dissoziation nur eine fingierte ist; für andere Formen ist es jedoch evident, daß sie tatsächlich vorkam (vgl. Nioradze, op. cit., 91 f.; 100 f.; Chadwick, op. cit., 18 ff.). Die letztere Art ist vermutlich die ältere, welche von der zuerst genannten in konventioneller Weise imitiert wird. A. Ohlmarks, Arch. f. Rel. 36 (1939) 171 ff., behauptet, daß die echte schamanistische Trance auf die arktische Region beschränkt ist und sich auf eine „arktische Hysterie" zurückführen läßt; doch vgl. die Kritik von M. Eliade, Rev. de l'hist. des rel.) 131 (1946) 5 ff. Die Seele kann den Körper auch während einer Krankheit verlassen (Nioradze, op. cit., 95; Mikhailovski, Anm. 30, 128) und während des gewöhnlichen Schlafes (Nioradze, op. cit., 21 ff.; Czaplicka, op. cit., 287; Holmberg, op. cit., 472 ff.).

32 Zu diesen „griechischen Schamanen" vgl. auch Rohde, Psyche, 299 ff. und 327 ff., wo die meisten Zeugnisse über sie zusammengestellt und erörtert sind; H. Diels, Parmenides' Lehrgedicht, 14 ff.; und Nilsson, Gesch. I 582 ff., der Meulis Auffassung übernimmt. Man könnte vielleicht einwenden, daß schamanistisches Verhalten in der psychischen Veranlagung der Menschen wurzele und daß deswegen einiges dieser Art bei den Griechen unabhängig von fremdem Einfluß vorgekommen sei. Dagegen läßt sich aber dreierlei einwenden: 1. Solches Verhalten wird erst von dem Zeitpunkt an bezeugt, da das Schwarze Meer für die griechische Kolonisation offensteht, vorher nicht; 2. Von den frühesten überlieferten Schamanen ist einer ein Skythe (Abaris), ein anderer ein Grieche, der Skythien besucht hat (Aristeas); 3. Es gibt genügend Übereinstimmung in konkreten Einzelheiten zwischen dem griechisch-skythischen und dem modernen sibirischen Schamanismus, so daß die Hypothese einer einfachen „Konvergenz" recht unwahrscheinlich ist. Beispiele sind der Geschlechtswechsel des Schamanen in Skythien und Sibirien (Meuli, Anm. 30, 127 ff.), die religiöse Bedeutung des Pfeils (unten, Anm. 34), Zurückgezogenheit aus religiösen Gründen (Anm. 46), die Stellung der Frauen (Anm. 59), die Macht über Tiere und Vögel (Anm. 75), die Fahrt in die Unterwelt, um eine Seele loszukaufen

Fünftes Kapitel: Anmerkungen 8—29

¹⁸ IG I, 2. Aufl. 920 (= Friedländer, Epigrammata, 59), ψυχ[ὴ] ὅλετ᾿ [ν ὅαἱ] (ca. 500 v. Chr.); cf. Eur. Hel. 52 f., ψυχαὶ δὲ πολλαὶ δι᾿ ἐμέ ... ἔθανον, und Tro. 1214 f., ψυχὴν οὐδὲν ἔκτεινε. Pindar, Ol. 9, 33 ff.: οὐδ᾿ Ἀΐδας ἀκινήταν ἔχε ῥάβδον, βρότεα σώμαθ᾿ ᾇ κατάγει ψυχὰς πρὸς ἀγυιὰν θνᾳσκόντων (cf. Verg. Georg. 4, 475 = Aen. 6, 306).

¹⁹ The Hertz Lecture, 1916, Proc. Brit. Acad. VII. L—S, s. v. ψυχή, haben es versäumt, Burnets Forschungsergebnisse zu berücksichtigen. Für die Tragödie ist das lexikographische Material gesammelt von Martha Assmann, Mens et Animus, I (Amsterdam, 1917).

²⁰ Soph. Ant. 176. Cf. 707, wo ψυχή im Gegensatz zu φρονεῖν steht, und Eur. Alk. 108.

²¹ Zum Beispiel Antiphon, 5, 93; Soph. El. 902 f.

²² Ich bin bereit, mit Burnet anzunehmen, daß dies der Sinn von Eur. Tro. 1171 f. sein muß; es ist kaum vernünftig, ὅτι ψυχή anders als mit γνοῦς zu konstruieren.

²³ Eur. Hek. 87.

²⁴ Vgl. die Ausdrücke wie διὰ μυχῶν βλέπουσα ψυχή, Soph. Phil. 1013, und πρὸς ἄκρον ἥκει ψυχῆς, Eur. Hipp. 255.

²⁵ Soph. Ant. 227.

²⁶ Daß das Wort ψυχή keine puritanischen Assoziationen verursachte, geht klar aus Ausdrücken hervor wie ψυχὴ τῶν ἀγαθῶν καφυγμένος (Sem. Amorg. 29, 14), ψυχῇ διδόντες ἡδονήν καθ᾿ ἡμέραν (Aisch. Pers. 841), βοᾷς ψυχὴν ἐκκλήσουν (Eur. Ion 1169). Und wie weit es in der Alltagssprache von religiösen oder metaphysischen Anklängen entfernt war, beweist sehr schön die Stelle des frommen Xenophon (wenn sie von ihm ist): Als er sich ansdickt, einem Phantasielosen eine Reihe von passenden Hundenamen vorzulegen, fällt ihm zuerst der Name Ψυχή ein (Kynēg. 7, 5).

²⁷ Wie θυμός im H. Apoll. 361 f. wird auch ψυχή manchmal als im Blute wohnend gedacht: Soph. El. 785, τοιοῦτον ἐκπέπωκ᾿ ἀεί ψυχῆς ἀκρατον αἷμα, und Aristoph. Nub. 712 τὴν ψυχήν ἐκπίνουσιν (oί κόρεις). Das ist die volkstümliche Ausdrucksweise, keine philosophische Spekulation wie bei Empedokles, Fr. 105. Aber die medizinischen Autoren streben danach — wie man das erwarten darf —, die enge gegenseitige Abhängigkeit von Seele und Leib hervorzuheben sowie die Bedeutung affektiver Elemente für beide. Vgl. W. Muri, Bemerkungen zur hippokratischen Psychologie, Festschrift Tièche (Bern, 1947).

²⁸ E. Rohde, Die Religion der Griechen, 27 (Kl. Schriften, II 338).

²⁹ Gruppes Behauptung, der Orphismus stamme aus Kleinasien, ist kürzlich von Ziegler, RE, s. v. ›Orphische Dichtung‹, 1385, wiederholt worden. Die Schwäche dieser These besteht aber darin, daß die Göttergestalten des späteren Orphismus, welche gewiß asiatischer Herkunft sind — Erikepaios, Misa, Hipta und der vielgestaltige geflügelte Chronos —, sich nicht in der frühen orphischen Literatur nachweisen lassen und leicht Übernahmen einer späteren Zeit sein können. Die Ableitung der Wiedergeburt-Lehre aus Ägypten durch Herodot ist unmöglich, weil es bewiesen ist, daß die Ägypter eine solche Theorie nicht kannten (vgl. Mercer, Religion of Ancient Egypt, 323, und die Zeugnisse, die Rathmann, Quaest. Pyth.

Anmerkungen

Brandgräbern gefunden (Nock, Harv. Theol. Rev. 25 [1932] 332). In Olynthos, wo man nahezu 600 Bestattungsstellen des 6. bis 4. Jh. v. Chr. untersucht hat, finden sich Grabbeigaben tatsächlich am häufigsten in Brandgräbern (D. M. Robinson, Excavations at Olynthus, XI 176). Das muß eins von beiden bedeuten: Entweder geschah die Verbrennung doch nicht in der Absicht, wie Rohde dachte, um die Seele vom Körper zu trennen, indem man diesen vernichtete; oder aber die alten unvernünftigen Gewohnheiten der Pflege waren zu tief verwurzelt, als daß sie durch solche Maßnahmen hätten gestört werden können. Meuli, (Anm. 6), legt dar, daß noch in Tertullians Zeiten die Leute ihre verbrannten Toten mit Nahrungsmitteln versahen (carn. resurr. 1, [vulgus] defunctos atrocissime exurit, quos post modum gulosissime nutrit); und daß trotz der anfänglichen Mißbilligung der Kirche diese Nährpietäten bis fast in unsere Zeit hinein auf dem Balkan in Gebrauch waren. Vgl. auch Lawson, Mod. Gr. Folklore, 528 ff., und zur ganzen Frage Cumont, Lux Perpetua, 387 ff.

⁹ Plut. Solon 21; Cic. de legg. 2, 64—66. Vgl. auch Platons Protest gegen den verschwenderischen Begräbnisaufwand, Ges. 959 C, und das Gesetz der Labyadai, welches u. a. das Bekleiden des Leichnams mit zu aufwendigen Totenkleidern verbietet (Dittenberger, Syll. 2. Aufl., II 438. 134). Aber die Einbildung von dem noch beseelten Leichnam ist natürlich nur eines von den Gefühlen, die durch eine kostspielige Bestattung befriedigt werden (vgl. Nock, JRS 38 [1948] 155).

¹⁰ Il. 3, 278 f.; 19, 259 f. Es ist äußerst unklug, Folgerichtigkeit in eschatologischen Gedanken Homer (oder irgend jemand anderem) aufzubürden auf Kosten von Emendationen, Eliminationen oder Mißdeutungen des klaren Wortsinns. Diese Eidesformeln der ›Ilias‹ künden noch von einem Glauben, der älter war als die neutrale Vorstellung Homers vom Hades (denn solche Formeln bewahren den archaischen Charakter, sie veränderten nichts) und der eine weitaus größere Lebenskraft hatte.

¹¹ H. Dem. 480 ff. Zur wahrscheinlichen Datierung dieses Hymnus (die jede Wahrscheinlichkeit „orphischer" Beeinflussung ausschließt) vgl. Allen und Halliday, The Homeric Hymns, 2. Aufl., 111 ff.

¹² Das wurde von Wilamowitz in seiner stürmischen Jugend behauptet (Hom. Untersuchungen, 199 ff.); aber später hat er es widerrufen (Glaube, II 200).

¹³ Aisch. Eum. 267 ff. 339 f.; Hik. 414 ff. Vgl. Wehrli, Λάθε βιώσας, 90. Daß in der klassischen Zeit die Furcht vor einer Bestrafung nach dem Tode nicht auf „orphische" oder pythagoreische Kreise beschränkt war, scheint durch Demokrit, Fr. 199. 297, und Platon, Pol. 330 D, nahegelegt zu werden.

¹⁴ Pindar, Fr. 114 B. (130 S.). Zu den Pferden vgl. Il. 23, 171, Wiesner, op. cit. 136³ 152₁₁; 160 etc.; zu den τέσσαι, Wiesner, 146.

¹⁵ Anakreon, Fr. 4; Semonides von Amorgos, Fr. 29, 13 D (= Simonides von Keos, Fr. 85 B.); IG XII 9, 287 (Friedländer, Epigrammata, 79). Bei Hipponax findet sich ein ähnlicher Gebrauch von ψυχή, Fr. 42 D. (43 B.).

¹⁶ G. R. Hirzel, Die Person, Münch. Sitzb. 1914, Abh. 10.

¹⁷ Soph. O. T. 64 f. 643. Aber obgleich jeder Ausdruck durch ein Personalpronomen ersetzt werden könnte, sind sie doch nicht (wie Hirzel unterstellt) austauschbar. σῶμα hätte v. 64 nicht gebraucht werden können, ψυχή nicht v. 643.

218

Philosophers, 75 f. — Die Ansicht, daß das erlebende Subjekt im Traum ein unwandelbares „tieferes" Ich sei, wird natürlich der Vernunft durch die Art und Weise nahegelegt, in der eine schon längst tote, ja sogar vergessene Vergangenheit im Schlaf wieder vergegenwärtigt werden kann. Ein moderner Autor hat es so formuliert: „Im Traum sind wir nicht nur frei von den gewöhnlichen Grenzen von Raum und Zeit, kehren wir nicht nur in unsere Vergangenheit zurück oder schreiten möglicherweise vor in unsere Zukunft, vielmehr ist das Ich, das diese seltsamen Abenteuer erlebt, ein wesentlicheres Ich von keinem bestimmten Alter" (J. B. Priestley, Johnson over Jordan).

² Xen. Kyrup. 8, 7; 21.

³ Platon, Pol. 571 D ff.: Wenn das λογιστικόν im Schlaf αὐτὸ καθ' αὑτὸ μόνον καθαρόν (was nicht immer der Fall ist), kann es etwas wahrnehmen, was es vorher nicht gekannt hat, entweder in der Vergangenheit, der Gegenwart oder in der Zukunft, und τῆς ἀληθείας ἐν τῷ τοιούτῳ μάλιστα ἅπτεται. Aristoteles, Fr. 10 = Sext. Emp. adv. Phys. 1, 21: ὅταν γὰρ ἐν τῷ ὑπνοῦν καθ' αὑτὴν γένηται ἡ ψυχή, τότε τὴν ἴδιον ἀπολαβοῦσα φύσιν προμαντεύεται τε καὶ προαγορεύει τὰ μέλλοντα. τοιαύτη δέ ἐστι καὶ ἐν τῷ κατὰ τὸν θάνατον χωρίζεσθαι τῶν σωμάτων, vgl. W. Jaeger, Aristotle, 162 f.; Vgl. auch Hipp. περὶ διαίτης, 4, 86, zitiert oben, Kap. IV, Anm. 104; und Aisch. Eum. 104 f. wo der Dichter den alten „objektiven" Traum mit der Vorstellung kombiniert hat, daß die Seele selbst im Schlaf mit einem Vorwissen begabt ist. Das scheint sich von einer anderen Glaubensform herzuleiten. Zur Bedeutung, welche die Pythagoreer den Träumen beimaßen, cf. Cic. div. 1, 62; Plut. gen. Socr. 585 E; Diog. L. 8, 24.

⁴ „Die Frage, ob das persönliche Bewußtsein eines Menschen nach seinem Tode weiterlebe, ist von fast allen Menschenrassen positiv beantwortet worden. In dieser Hinsicht sind skeptische oder agnostische Völker fast, wenn nicht gänzlich, unbekannt." Frazer, The Belief in Immortality, I 33.

⁵ Das archäologische Beweismaterial ist zweckdienlich zusammengetragen und vergleichen in Joseph Wieners Buch Grab und Jenseits (1938), obwohl man an der Richtigkeit einiger seiner Schlußfolgerungen zweifeln mag.

⁶ Vgl. Lévy-Bruhl, The "Soul" of the Primitive, 202 f. 238 ff., und L'Exp. mystique, 151 ff. Daß der Glaube an ein Weiterleben ursprünglich nicht durch irgendeinen logischen Denkprozeß erreicht wurde (was Tylor und Frazer angenommen hatten), sondern eher durch einen Verzicht auf das Denken, durch ein unwillkürliches Sich-blind-Stellen einer unwillkommenen Evidenz gegenüber, wird heute von den meisten Anthropologen vertreten: Vgl. z. B. Elliot Smith, The Evolution of the Dragon, 145 f.; Malinowski, Magic, Science, and Religion, 32 f.; K. Meuli, Griech. Opferbräuche, in: Phyllobolia für Peter von der Mühll (1946); Nilsson in: Harv. Theol. Rev. 42 (1949) 85 f.

⁷ Il. 23, 103 f.; Od. 11, 216—224. Die Bedeutung dieser Stellen sowie das Bewußtsein der Neuheit ist mit Recht von Zielinski hervorgehoben worden (La Guerre à l'outretombe, in: Mélanges Bidez, II 1021 ff., 1934), obwohl er ein wenig zu weit geht, wenn er die homerischen Dichter als religiöse Reformer betrachtet, die an Ernsthaftigkeit mit den hebräischen Propheten verglichen werden könnten.

⁸ Nicht nur Grabbeigaben, sondern wirkliche Nährpipetten hat man sogar in

Anmerkungen

System des Artemidoros und jenem nachgewiesen, welches heute in Zentralafrika verbreitet ist (Man, 26 [1926] 211 f.). Vgl. auch Latte, Gnomon 5, 159.

108 Ebd. 87; vgl. Palm, op. cit. 75 ff. Der Aberglaübische bei Theophrast befragt jedesmal, wenn er einen Traum gehabt hat, die ὀνειροκρίται, τίνι θεῷ ἢ θεᾷ προσεύχεσθαι δεῖ (Char. 16).

109 Platon, Tim. 71 A–E.

110 Insomn. 458 b 25 ff.; 460 b 3 f.

111 Div. p. somn. 463 b 15 ff.; 464 a 20 ff.

112 Ebd. 463 b 14; vgl. Freud, Interpretation of Dreams, 2. Ich kann Boyancé (Culte des Muses, 192) nicht zustimmen, daß Aristoteles, wenn er die Träume δαιμόνια nennt, an die pythagoreische (? nadaristotelische) Doktrin denkt, nach der Träume von den δαίμονες in der Luft verursacht werden (vgl. Anm. 53). Und Boyancé hat gewiß unrecht, wenn er Aristoteles zu einem unkritischen Gläubigen den mantischen Träumen gegenüber macht.

113 περὶ φιλοσοφίας, Fr. 10. Vgl. Jaeger, Aristotle, 162 f. 333 f. (engl. Ausg.).

114 Div. p. somn. 464 a 5.

115 Ebd. 463 a 4 ff.; 27 ff.

116 Ebd. 464 a 6 ff. Aristoteles nimmt ferner an, daß die Seele am besten auf so geringfügige Reize reagiert, wenn sie leer und passiv ist, wie bei manchen Arten von Geisteskrankheit (464 a 22 ff.); und daß sich dabei ein selektives Moment auswirken muß, weil Wahrträume in der Regel Freunde betreffen, nicht Fremde (464 a 27 ff.).

117 Cf. Cic. div. 1, 70 f. Cicero spricht die religiöse Einstellung sogar dem Aristoteles-Schüler Dikaiarchos zu (ebd. 1, 113; 2, 100); aber das läßt sich nicht leicht mit den anderen Ansichten des Dikaiarchos, soweit sie überliefert sind, in Einklang bringen und kann wohl auf einem Mißverständnis beruhen (F. Wehrli, Dikaiarchos, 46).

118 Cic. div. 2, 150. Der kultivierte Rationalismus von ›De divinatione‹, Buch 2, der sich in diesem Schlußabschnitt ausspricht, ist kaum hinreichend gewürdigt worden.

119 Vgl. die schreckenerregende Liste von Aufträgen durch ὀνειροκρίτικὴ bei Bouché-Leclercq, Hist. de la Divination, I 277. Traumbücher werden immer noch eifrig in Griechenland studiert (Lawson, op. cit., 300 f.). Mark Aurels Aufzählung seiner persönlichen Dankesschuld gegenüber der Vorsehung schließt ein τὸ δι' ὀνειράτων βοηθήματα δοθῆναι ἄλλα τε καὶ ὡς μὴ πτύειν αἷμα καὶ μὴ ἰλιγγιᾶν (I 17, 9); cf. auch Fronto, Epist. 3, 9, 1 f. Zu Plutarchs Vertrauen auf Traum-Ratschläge cf. Qu. Conv. 2, 3, 1, 635 E. Zu Galens Vertrauen vgl. seinen Kommentar zu Hippokr. περὶ χυμῶν 2, 2 (XVI 219 ff. K.). Dio Cassius wird in einem Traum von seinem δαιμόνιον angewiesen, Geschichte zu schreiben, 72, 23.

Fünftes Kapitel

1 Pindar, Fr. 116 B. (131 S.). Rohde hat mit Recht die Bedeutung dieses Fragments betont (Psyche, 415), obwohl er zu Unrecht einige seiner Vorstellungen auf Homer zurückführt (a. a. O., 7); vgl. W. Jaeger, Theology of the Early Greek

Viertes Kapitel: Anmerkungen 89—107

Zeitgenosse des Sokrates (Diog. Laert. 2, 46 = Aristoteles, Fr. 75 R. = Vorsokr. 87 A 5). Er wird oft — nach dem Zeugnis von Hermogenes, a. a. O., und Suidas — mit dem Sophisten Antiphon gleichgesetzt. Das kann man aber nicht ohne weiteres akzeptieren. a) Es fällt einem schwer, dem Autor von περὶ ἀληθείας tiefen Respekt vor Träumen und Vorzeichen zuzusprechen, da er doch „an Vorsehung nicht glaube" (Vorsokr. 87 B 12; vgl. Nestle, Vom Mythos zum Logos, 389); b) Artemidoros und Suidas nennen den Verfasser des Traumbuches einen Athener (Vorsokr. 80 B 78, A 1), während Sokrates' Äußerung περὶ ψήγων in Xen. Mem. 1, 6, 13 vorauszusetzen scheint, daß der Sophist ein Fremder war (was auch die Identifizierung des Sophisten mit dem Redner nicht zulassen würde).

[101] Jaeger, Paideia, III 33 ff. Frühere Gelehrte hatten allgemein die Schrift περὶ διαίτης in das späte 5. Jh. datiert.

[102] Daß Träume ein wichtiges Krankheitssymptom sein können, wird allenthalben im hippokratischen Corpus anerkannt (Epidem. 1, 10, II 670 L.; Hum. 4, V 480; Hebd. 45, IX 460). Besonders Angstträume galten als wichtiges Symptom von Geisteskrankheit, Morb. 2, 72; VII 110; Int. 48; VII 286. Aristoteles berichtet, daß bestausgebildete Ärzte die Träume höchst ernsthaft beachten, div. p. somn. 463 a 4. Aber der Autor von περὶ διαίτης wendet dies im wesentlichen richtige Prinzip in übertriebenem Maße an.

[103] περὶ διαίτης 4, 87 (VI 640 L.): ὁπόσα μὲν οὖν τῶν ἐνυπνίων θεῖά ἐστι καὶ προσημαίνει τινὰ συμβησόμενα ... εἰσιν οἱ κρίνουσι περὶ τῶν τοιούτων ἀκριβῆ τέχνην ἔχοντες, und ebd. 93: ὁπόσα δὲ δοκεῖ ὁ ἄνθρωπος θεωρεῖν τῶν συνήθων, ψυχῆς ἐπιθυμίην σημαίνει.

[104] Ebd. 86: ὁπόταν δὲ τὸ σῶμα ἡσυχάζῃ, ἡ ψυχὴ κινευμένη καὶ ἐπεξέρπουσα τὰ μέρη τοῦ σώματος διοικέει τὸν ἑωυτῆς οἶκον κτλ. Vgl. Kap. V, S. 72, und Galens Beobachtung, daß „im Schlaf die Seele in die Tiefe des Körpers zu sinken scheint und sich von den äußeren Sinnesobjekten zurückzieht und auf diese Weise sich des Körperzustandes bewußt wird" (περὶ τῆς ἐξ ἐνυπνίων διαγνώσεως, VI 834 Kühn). Der Einfluß „orphischer" Ideen auf περὶ διαίτης ist nachgewiesen worden von A. Palm, Studien zur Hippokratischen Schrift περὶ διαίτης, 62 ff.

[105] Ebd. 90. 92. Zur genauen Entsprechung von Makrokosmos und Mikrokosmos cf. Hebd. 6 (IX 436 L.).

[106] Freud, op. cit., 299: „Jeder Traum handelt von der eigenen Person."

[107] Zum Baum als Symbol der Zeugung cf. Hdt. 1, 108 und Soph. El. 419 ff.; eine ähnliche Symbolik findet sich in einigen alten norwegischen Träumen (Kelchner, op. cit. 56). Parallelen in den Deutungen von περὶ διαίτης und alten indischen Traumbüchern haben zu der Annahme geführt, daß bei dem griechischen Autor oder in dem Traumbuch, das er gebrauchte, orientalische Einflüsse vorhanden seien (Palm, Studien zur Hipp. Schrift περὶ διαίτης, 83 ff., gefolgt von Jaeger, Paideia III 39). Andere haben aus dem gleichen Grund ein frühgriechisches Traumbuch als gemeinsame Quelle für Artemidoros und περὶ διαίτης angenommen (C. Fredrich, Hippokratische Untersuchungen, 213 f.). Aber solche Schlüsse sind nicht zwingend. Die Kunst der ὀνειροκριτική war (und ist) eine Fähigkeit, Analogien zu finden (Aristot. div. p. somn. 464 b 5), und die auffälligeren Analogien kann man schwerlich übersehen. H. J. Rose hat bis ins einzelne gehende Parallelen zwischen dem

214   Anmerkungen

89 Sir Ernest Shackleton, South, 209.

90 Hippokrates, Int. 48 (VII 286 L.): αὕτη ἡ νοῦσος προσπίπτει μάλιστα ἐν φιλοσοφίῃ, καὶ ἦν κου ἐφήμην ὁδῷ βαδίζῃ καὶ ὁ φόβος αὐτὸν λάβῃ ἐκ φαύσιος. Der Einfluß der wilden Umgebung auf die religiösen Vorstellungen der Griechen ist mit Eloquenz von Wilamowitz hervorgehoben worden (Glaube, I 155, 177 f. u. ö.), aber diese Stelle scheint ihm entgangen zu sein.

91 Heraklit, Fr. 89 D.; cf. Fr. 73 und Sext. Emp. adv. dogm. 1, 129 f. (= Heraklit, A 16). Fr. 26 scheint sich ebenfalls auf eine Traumerfahrung zu beziehen, ist aber zu korrupt und dunkel, um irgendwelche Schlüsse zuzulassen (O. Gigon, Unters. zu Heraklit, 95 ff.). Ich kann auch Chalcidius' Feststellung über die Ansichten von „Heraklit und den Stoikern" bezüglich der Prophetie keinen rechten Glauben schenken (in Tim. 251 = Heraklit A 20).

92 Fr. 2.

93 Cic. div. 1, 5; Aetios, 5, 1, 1 (= Xenophanes A 52).

94 Hdt. 7, 16 β, ἐνύπνια τὰ ἐς ἀνθρώπους πεπλανημένα. Cf. Lucr. 5, 724, „rerum simulacra vagari" (von Demokrit?). Zu den Träumen, die die Gedanken des Tages reflektieren, cf. auch Empedokles, Fr. 108.

95 Dies ist von Bjõrck festgestellt worden, der in Demokrits Theorie ein Beispiel dafür sieht, wie von Denkern volkstümliche Anschauungen systematisiert werden (Eranos 44 [1946] 313). Es ist aber ebenso ein Versuch, den „übernatürlichen" Traum auf natürliche Gesetze zurückzuführen, indem man ihm eine mechanistische Erklärung gibt (Vlastos, Anm. 69, 284).

96 Fr. 166 und Plut. Qu. Conv. 8, 10, 2, 734 F (= Demokrit A 77). Vgl. Delatte, Enthousiasme, 46 ff., und meinen Aufsatz in: Greek Poetry and Life: Essays Presented to Gilbert Murray, 369 f.

97 In der Umgangssprache wurden Ausdrücke wie θεόπεμπτος weitgehend ihres religiösen Gehaltes beraubt: Artemidoros berichtet, daß zu seiner Zeit jedes unerwartete Ereignis umgangssprachlich θεόπεμπτον genannt wurde (1, 6).

98 Vgl. Kap. V, S. 72.

99 Ar. Vesp. 52 f.; Demetrios von Phaleron apud Plut. Aristides 27. Cf. auch Xen. Anab. 7, 8, 1, wo die Lesart τὰ ἐνύπνια ἐν Λυκείῳ γεγραφότος wahrscheinlich intakt ist (Wilamowitz, Hermes 54 [1919] 65 f.). ὀνειροκρίτης wurden von der frühen Komödie (Magnes, Fr. 4 K.) erwähnt und scheinen in den ›Telmessern‹ des Aristophanes satirisch dargestellt worden zu sein. S. Luria, Studien zur Geschichte der antiken Traumdeutung, Bull. Acad. des Sciences de l'U. R. S. S 1927, 1041 ff., hat vielleicht recht, wenn er in der klassischen Zeit zwei Richtungen der Traumdeutung unterscheidet, eine konservative und religiös ausgerichtete, eine andere pseudowissenschaftliche; ich kann ihm jedoch nicht in allen Einzelheiten folgen. Das Vertrauen in diese Kunst war nicht auf die Masse beschränkt; sowohl Aischylos als auch Sophokles erkennen die Traumdeutung als bedeutenden Zweig der μαντική an (Prom. 485 f.; El. 497 ff.).

100 Antiphon ὁ τερατοσκόπος, welcher vermutlich der Autor des Traumbuches ist, das Cicero und Artemidoros zitieren (cf. Hermogenes, de ideis, 2, 11, 7 = Vorsokr. 87 A 2, ὁ καὶ τερατοσκόπος καὶ ὀνειροκρίτης λεγόμενος γενέσθαι), war ein

Viertes Kapitel: Anmerkungen 71—88

wird von Primitiven für recht verschiedene Zwecke praktiziert (Frazer zu Paus. 8, 34, 2). Ein Ziel ist, bedeutsame Träume oder Visionen zu bekommen: vgl. Lincoln, op. cit., 147. 256, wo die Praktik als Versöhnung der Vater-Gestalt gedeutet wird, deren Erscheinen man wünscht. Der Akt symbolisiere die Selbstkastrierung.

[80] Campbell Bonner, Some Phases of Religious Feeling in Later Paganism. Harv. Theol. Rev. 30 (1937) 126.

[81] Cic. N.D. 3, 91 (= Nr. 416 a). Cf. Cic. div. 2, 123 (= Nr. 416). Zum Schaden, der zugefügt werden kann, wenn man sich auf medizinische Träume verläßt, cf. Soranus' Forderung, daß eine Krankenschwester nicht abergläubisch sein soll, „damit nicht Träume oder Vorzeichen oder Vertrauen auf die überlieferten Ritualien sie dazu verführen, die richtige Behandlung zu vernachlässigen" (1, 2, 4, 4, Corp. Med. Graec. IV 5, 28).

[82] Eine „Zählung der Halluzinationen", die von der English Society for Psychical Research (Proc. S. P. R. 10 [1894] 25 ff.) vorgenommen wurde, scheint auszusagen, daß ungefähr eine Person unter zehn zu einer gewissen Zeit in ihrem Leben eine Halluzination erlebt, welche nicht auf körperliche oder geistige Krankheit zurückzuführen ist. Eine neuere Untersuchung derselben Gesellschaft (Journ. S. P. R. 34 [1948] 187 ff.) hat dies Ergebnis bestätigt.

[83] Chalcidius, in Tim. 256: spectaculum, ut cum vigilantibus offert se videndam caelestis potestas clare iubens aliquid aut prohibens forma et voce mirabili. Die Frage, ob solche Epiphanien wirklich sich ereigneten, war in hellenistischer Zeit der Gegenstand einer lebhaften Kontroverse (Dion. Hal. Ant. Rom. 2, 68). Einen genaueren Bericht von einem Ereignis, bei dem dieselbe göttliche Person zur gleichen Zeit von einer Person im Traum, von einer anderen in einer Vision erblickt worden ist, findet man P. Oxy. XI 1381, 91 ff.

[84] Vgl. Wilamowitz, Glaube, I 23; Pfister, RE, Suppl. IV, s. v. „Epiphanie", 3, 41. Wie Pfister darlegt, kann kein Zweifel bestehen, daß die Masse der antiken Epiphanie-Berichte auf irgendeinen Umstand der religiösen Erfahrung der damaligen Zeit zurückgeht, selbst wenn man selten oder niemals sicher sein kann, daß eine bestimmte Geschichte einen historischen Kern hat.

[85] K. Latte, Hesiods Dichterweihe, Antike und Abendland, II (1946) 154 ff.

[86] Hesiod, Theog. 22 ff. (vgl. Kap. III, S. 52 f.). Hesiod behauptet nicht, daß er die Musen gesehen hat, sondern nur, daß er ihre Stimmen vernommen hat. Sie waren vermutlich κεκαλυμμέναι ἠέρι πολλῇ (Theog. 9). Einige Handschriften und Zitationen, die in v. 31 ἐδέψαντο lesen, lassen die Musen einen Lorbeerzweig abpflücken und ihn dem Dichter überreichen. Dieses würde die Vision in die Klasse der „Apport"-Berichte einreihen (vgl. Anm. 19). Aber man sollte wohl lieber die weniger einleuchtende Lesart ἐδέψαντο wählen, „sie erlaubten mir, für mich selbst zu pflücken", sc. einen Zweig des heiligen Baumes — die symbolische Handlung drückt dann die positive Antwort auf die „Berufung" aus.

[87] Hdt. 6, 105. Auch hier kann das Erlebnis rein akustischer Art gewesen sein, obwohl im Kap. 106 — hierauf bezüglich — φαντάζω gebraucht wird.

[88] Aristodemos, apud Schol. Pind. Pyth. 3, 79 (137); cf. Paus. 9, 25, 3, und Kap. III, Anm. 90.

Fünftes Kapitel: Anmerkungen 82—96   229

Ausdruck oder Gedanken jenen anerkannten Meistern des mystischen Denkens entliehen hat.

[91] Unter den Skeptikern scheinen sich Herodot, Ion von Chios, Epigenes (unten, Anm. 96) und ebenso Aristoteles befunden zu haben: Man vgl. Linforths bewundernswerte Erörterung, 155 ff.

[92] Pol. 364 E. Etymologie wie Gebrauch des Wortes ὅμαδος legen nahe, daß das, was Platon im Sinne hatte, nicht so sehr der verworrene Lärm geschwätziger Rezitation war als vielmehr die verworrenen Äußerungen einer Anzahl von Büchern, von denen ein jedes sein eigenes Patentrezept vorlegt; es bedarf mehr als eines Buches, um einen ὅμαδος zu erzielen. Euripides' Ausdruck πολλῶν γραμμάτων καπνούς (Hipp. 954) betont auch die Vielzahl orphischer Autoritäten, aber ebenso ihre Wertlosigkeit. Wie Jaeger (Theology, 62) ausführt, ist es anachronistisch, für die klassische Zeit ein einheitliches orphisches „Dogma" zu postulieren.

[93] Platon, Krat. 400 C; Eur. Hipp. 952 f. (cf. Aristoph. Ran. 1032; Platon, Ges. 782 C); Platon, Pol. 364 E—365 A.

[94] Ziegler, Anm. 79, 1380, scheint mir in diesem Punkte gegen den überskeptischen Thomas recht zu behalten. Aristoteles Ausführungen in de anima 410 b 19 (= O. F. 27) sind weit davon entfernt, die Seelenwanderung aus dem Bereich des orphischen Glaubens auszuschließen; sie bestätigen vielmehr in gewisser Weise ihre Einbeziehung durch die Bemerkung, daß einige Schreiber von 'Ορφικά gewiß an eine präexistente, ablösbare Seele geglaubt haben.

[95] Pythagoreer wurden in der Mittleren Komödie durch ihre Behauptung charakterisiert, sie seien strikte Vegetarier (Antiphanes, Fr. 135 K.; Aristophon, Fr. 9, etc.) und lebten sogar nur von Wasser und Brot (Alexis, Fr. 221). Aber die pythagoreische Lehre hatte viele Formen. Die älteste wird wohl nur das Verzehren gewisser „geheiligter" Tiere oder Teile von Tieren verboten haben (Nilsson, Early Orphism, (Anm. 79), 206 f.; Delatte, Études sur la litt. pyth., 289 ff.). Die σῶμα-φρουρά-Vorstellung wurde von Klearchos einem wirklichen oder nur angenommenen Pythagoreer namens Euxitheos in den Mund gelegt (Fr. 38 W.). (Platon, Phaidon 62 B, stützt nach meiner Meinung die Ansicht nicht, daß diese Vorstellung von Philolaos entwickelt worden sei; ich glaube überhaupt nicht recht an die Echtheit von „Philolaos", Fr. 15.) Zur pythagoreischen κάθαρσις (vgl. unten, Anm. 119, und zur generellen großen Ähnlichkeit zwischen alt-pythagoreischen und alt-orphischen Ideen E. Frank, Platon u. d. sogenannten Pythagoreer, 67 ff. 356 ff., und Guthrie, op. cit., 216 ff. Die am klarsten erkennbaren Unterschiede sind nicht solche der Lehre, sondern betreffen den Kult (Apollon ist die zentrale Gestalt des Pythagoreismus, Dionysos offensichtlich die der 'Ορφικά) und die soziale Stellung (Pythagoreismus ist aristokratisch, die 'Ορφικά waren es wahrscheinlich nicht); vor allem aber werden die Unterschiede daran deutlich, daß das orphische Denken auf der mythologischen Stufe verharrte, während die Pythagoreer schon in früher Zeit, wenn nicht von Anfang an, versuchten, diese Art des Denkens in mehr oder weniger rationale Begriffe zu übertragen.

[96] Diog. L. 8, 8 (= Kern, Test. 248); Clem. Alex. Strom. 1, 21. 131 (= Test. 222). Ich halte es für schwierig, Linforths Gleichsetzung dieses Epigenes mit einem obskuren Mitglied des Kreises um Sokrates zu akzeptieren (op. cit., 115 ff.); die

Art seines linguistischen Interesses, welches ihm Clemens (op. cit., 5, 8, 49 = O. F. 33) und Athenaios (468 C) zusprechen, läßt sehr an die alexandrinische Wissenschaft denken. Jedenfalls war er aber ein Mann, der besonders die orphische Dichtung studiert hat, und angesichts der Armut unseres eigenen Wissens scheint es mir unklug zu sein, seine Feststellungen mit derselben Unbedachtheit wie Delatte (Études sur la litt. pyth., 4 f.) zu übergehen. Wir wissen zwar nicht, worauf seine jeweiligen Zuweisungen basieren; aber für seine grundsätzliche Auffassung, daß frühe Pythagoreer bei der Anfertigung von 'Ορφικά ihre Hand mit im Spiel hatten, kann er sich auf gute Zeugnisse aus dem 5. Jh. berufen, nicht nur auf Ion von Chios, sondern nach meiner Meinung auch auf Herodot, wenn ich den berühmten Satz 2, 81, richtig so verstehe: „Diese ägyptischen Gebräuche stimmen überein (ὁμολογέει RSV) mit Praktiken, die orphische oder dionysische genannt werden und die ihren Ursprung wirklich in Ägypten haben und (von denen einige) durch Pythagoras von dort mitgebracht worden sind" (zum Text vgl. oben, Anm. 80). Da Herodot an anderer Stelle (2, 49) das Einführen der βακχικά dem Melampus zuspricht, sind die von Pythagoras eingeführten Praktiken vermutlich auf die 'Ορφικά begrenzt. Cf. 2, 123, wo er behauptet, die Plagiatoren, deren Namen er nicht nennen will, zu kennen, welche die Lehre von der Seelenwanderung aus Ägypten übernommen und als ihre eigene dargestellt haben.

[97] Etwas Ähnliches mag sich in Indien ereignet haben, wo der Glaube an die Wiedergeburt auch relativ spät aufkommt und weder einheimisch noch Teil des Glaubens der indoeuropäischen Einwanderer zu sein scheint. W. Ruben, Acta Orientalia 17 (1939) 164 ff., findet seinen Ausgangspunkt in den Berührungen mit der schamanistischen Kultur Zentralasiens. Als *eine* interessante Tatsache kann gelten, daß in Indien wie in Griechenland die Lehre von der Wiedergeburt und die Deutung des Traumes als Seelenexkursion von Anfang an zusammen auftauchen (Br. Upanishad 3, 3 und 4, 3; vgl. Ruben, loc. cit., 200). Es sieht so aus, als seien sie Elemente derselben Glaubensform. Wenn das stimmt, und wenn der Schamanismus die Quelle für das zuletzt genannte Element ist, dann ist er vermutlich auch Quelle für beide.

[98] Rohde, Orpheus, Kl. Schriften, II 306.

[99] Eranos 39 (1941) 12. Vgl. dagegen Gigon, Ursprung, 133 f.

[100] Heraklit, Fr. 88 D.; cf. Sext. Emp. Pyrrh. Hyp. 3, 230 (zitiert unten, Anm. 109); Platon, Phaidon 70 C—72 D (das „Argument von der ἀνταπόδοσις").

[101] „Diese Lehre von der Seelenwanderung oder Reinkarnation der Seele findet sich bei vielen Stämmen der Wilden", Frazer, The Belief in Immortality, I 29. „Der Glaube an irgendeine Form der Reinkarnation ist überall vorhanden in den einfachen Sammler- und Fischer-und-Jäger-Kulturen", P. Radin, Primitive Religion, 270.

[102] Cf. Platon, Phaidon 69 C; Pol. 363 D etc., und zum pythagoreischen Glauben an den Tartarus Aristoteles, Anal. Post. 94 b 33 (= Vorsokr. 58 C 1). Eine „Fahrt in die Unterwelt" ist unter den Gedichten, die von Epigenes dem Pythagoreer Kerkops zugewiesen werden (Anm. 96). Die eigentümliche Vorstellung einer „Schlammhöhle" wird gewöhnlich als „orphisch" bezeichnet, und zwar auf Grund der nicht sehr eindrucksvollen Autorität des Olympiodoros (in Phaed. 48, 20 N.). Aristides, orat. 22, 10 K. (p. 421 Dind.) führt sie auf Eleusis zurück (cf. Diog. L.

6, 39). Platon, Pol. 363 D und Phaidon 69 C, ist unbestimmt. Ich vermute, daß hier eine alte volkstümliche Vorstellung vorliegt, die sich aus der Konsubstantialität von Körper und Geist ableitet und aus der folgerichtigen Verwechslung von Hades und Grab: Die einzelnen Entwicklungsstufen kann man in Homers Ἀΐδεω δόμον εὐρώεντα (Od. 10, 512, cf. Soph. Ai. 1166, τάφον εὐρώεντα) erkennen, in Aischylos' λάμπα oder λάπα (Eum. 387, vgl. Blass z. St.) und in Aristophanes' βόρβορον πολὺν καὶ σκῶρ ἀείνων (Ran. 145). An einem bestimmten Punkte in dieser Entwicklung wurde der Hades gedeutet als die angemessene Strafe für die Uneingeweihten oder „Unreinen" (τῶν ἀκαθάρτων); dies kann der Beitrag von Eleusis oder von den Ὀρφικά oder von beiden sein.

[103] Auf die Frage, τί ἀληθέστατον λέγεται; antwortete der alte pythagoreische Katechismus, ὅτι πονηροὶ οἱ ἄνθρωποι (Iamb. vit. Pyth. 82 = Vorsokr. 45 C 4).

[104] Ges. 872 DE. Cf. die pythagoreische Ansicht von der Gerechtigkeit Aristot. E. N. 1132 b 21 ff.

[105] γνώσει δ' ἀνθρώπους αὐθαίρετα πήματ' ἔχοντας, als pythagoreisch zitiert von Chrysippos apud Aul. Gell. 7, 2, 12. Vgl. Delatte, Études, 25.

[106] Vgl. oben, Kap. II.

[107] Gegen Burnets Zuweisung der platonischen ἀνάμνησις an die Pythagoreer (Thales to Plato, 43) vgl. L. Robin, Sur la doctrine de la réminiscence, REG 32 (1919) 451 ff. (= La Pensée hellénique, 337 ff.) und Thomas, 78 f. zum pythagoreischen Gedächtnistraining vgl. Diod. 10, 5 und Iamb. vit. Pyth. 164 ff. Diese Autoren verbinden damit nicht den Versuch, Erinnerungen an vergangene Leben zu wecken, aber es scheint eine vernünftige Vermutung zu sein, daß dies ursprünglich sein eigentlicher Zweck war. Ἀνάμνησις in diesem Sinne ist eine außergewöhnliche Leistung, nur auf Grund einer besonderen Begabung oder eines besonderen Trainings zu erreichen; sie ist eine hochgeschätzte geistige Leistung im heutigen Indien. Der Glaube an diese Fähigkeit wurde wahrscheinlich bestärkt durch die eigenartige psychologische Täuschung, der einige Menschen unterliegen und die als „déjà vu" bekannt ist.

[108] Iamb. vit. Pyth. 85 (= Vorsokr. 58 C 4). Cf. Krantor apud (Plut.) cons. ad Apoll. 27, 115 B, der „vielen weisen Männern" die Ansicht zuschreibt, daß das menschliche Leben eine τιμωρία ist; und Aristot. Fr. 60, wo dieselbe Ansicht Leuten zugeschrieben wird, οἱ τὰς τελετὰς λέγοντες (orphische Dichter?).

[109] Heraklit, Fr. 62. 88; cf. Sext. Emp. Pyrrh. Hyp. 3, 230: ὁ δὲ Ἡράκλειτός φησιν ὅτι καὶ τὸ ζῆν καὶ τὸ ἀποθανεῖν καὶ ἐν τῷ ζῆν ἡμᾶς ἐστι καὶ ἐν τῷ τεθνάναι· ὅτε μὲν γὰρ ἡμεῖς ζῶμεν, τὰς ψυχὰς ἡμῶν τεθνάναι καὶ ἐν ἡμῖν τεθάφθαι, ὅτε δὲ ἡμεῖς ἀποθνήσκομεν, τὰς ψυχὰς ἀναβιοῦν καὶ ζῆν, und Philon, Leg. alleg. 1, 108. Sextus' Zitat ist zweifellos kein wörtliches; aber es scheint mir nicht angebracht, dieser Stelle gänzlich zu mißtrauen, wie einige das wegen ihrer „pythagoreischen" Sprache tun. Zu einer ähnlichen Ansicht, die von Empedokles vertreten wird, vgl. unten, Anm. 114; und zu den weiteren Entwicklungen dieses Gedankens Cumont, Rev. de Phil. 44 (1920) 230 ff.

[110] Aristoph. Ran. 420, ἐν τοῖς ἄνω νεκροῖσι, und die Parodie des Euripides, ebd. 1477 f. (Cf. 1082, καὶ φασκούσας οὐ ζῆν τὸ ζῆν, wo die Lehre als Superlativ der Verdrehtheit dargestellt wird.)

¹¹¹ Pherekydes, A 5 Diels. Zu den zwei Seelen in Empedokles vgl. Gomperz, Greek Thinkers, I 248 ff. (engl. Übers.); Rostagni, Il Verbo di Pitagora, Kap. VI; Wilamowitz, Berl. Sitzb. 1929, 658 ff.; Delatte, Enthousiasme, 27. Fehlende Unterscheidung von ψυχή und δαίμων hat verschiedene Wissenschaftler dazu verführt, einen imaginären Widerspruch zwischen den Reinigungen und dem Gedicht „Über die Natur" zu entdecken, und zwar im Hinblick auf die Unsterblichkeit. Offenkundige Widersprüche bezüglich desselben Gegenstandes bei Alkmaion kann man vielleicht auf dieselbe Weise erklären (Rostagni, loc. cit.). Ein anderer Aspekt des überlebenden „okkulten" Ich, das von Aristoteles „einigen Pythagoreern" zugeschrieben wird (de anima 404 a 17), stellt es als ein winziges Materieteilchen dar (ξύσμα), eine Vorstellung, die eine Fülle von primitiven Parallelen findet. Dies ist wiederum völlig verschieden von der Atem-Seele, die das Lebensprinzip auf der normalen empirischen Ebene ist. Die Vorstellung von einer Mehrzahl von „Seelen" ist vielleicht der schamanistischen Tradition entnommen worden: Die meisten sibirischen Völkerschaften glauben heute an zwei oder mehr Seelen (Czaplicka, op. cit., Kap. XIII). Aber, wie Nilsson kürzlich gesagt hat, „ist die pluralistische Lehre von der Seele in der Natur der Dinge begründet, und nur unsere Denkgewohnheit läßt es verwunderlich erscheinen, daß der Mensch verschiedene ‚Seelen' haben soll" (Harv. Theol. Rev. 42 [1949] 89).

¹¹² Empedokles, A 85 (Aetios, 5, 25, 4), cf. Fr. 9–12. Rückkehr der ψυχή oder des πνεῦμα zum Feuer-Äther: Eur., Hik. 533, Fr. 971, und das Epitaph von Potidaia (Kaibel, Epigr. gr. 21). Das scheint auf der einfachen Vorstellung zu beruhen, daß die ψυχή Atem oder warme Luft ist (Anaximenes, Fr. 2), die danach strebt, aufwärts zu steigen, wenn sie mit dem Tod in die Atmosphäre entlassen wird (Empedokles, Fr. 2, 4, καπνοῖο δίκην ἀρθέντες).

¹¹³ Ein ähnliches Paradox schreibt Clemens dem Heraklit zu (Paedag. 3, 2, 1). Aber was in den Fragmenten des Heraklit fehlt, ist die empedokleische Idee von der voraufgehenden Schuld. Wie Homer befaßt er sich offenbar mehr mit der τιμή (Fr. 24).

¹¹⁴ Rohdes Ansicht, daß der „ungewohnte Ort" (Fr. 118) und „die Wiese der Ate" (Fr. 121) einfach die Menschenwelt bezeichnen, hat antike Autorität für sich. Sie scheint mir fast mit Sicherheit richtig zu sein. Sie ist von Maas und Wilamowitz verworfen worden, fand aber Anklang bei Bignone (Empedocle, 492), Kranz (Hermes 70 [1935] 114, Anm. 1) und Jaeger (Theology, 148 f., 238).

¹¹⁵ Die dichterischen Qualitäten der ‚Reinigungen' sind gut von Jaeger, Theology, Kap. VIII, besonders 147 f., herausgestellt worden. Empedokles war ein echter Dichter, nicht ein Philosoph, der zufällig Verse schrieb.

¹¹⁶ Vgl. oben, S. 23 ff. Gewisse kathartische Funktionen werden von den primitiven sibirischen Schamanen ausgeübt (Radloff, op. cit., II 52 ff.); daher konnte die Rolle des καθαρτής sehr leicht auf seinen griechischen Nachahmer übergehen.

¹¹⁷ O. F. 32 (c) und (d).

¹¹⁸ Pol. 364 E: διὰ θυσιῶν καὶ παιδιᾶς ἡδονῶν. Empedokles, Fr. 143, schreibt das Waschen mit Wasser vor, welches man in ein Bronzegefäß aus fünf Quellen geschöpft hat. Das erinnert an die „nutzlose Vorschrift", die ein Sprecher bei Menander macht (Fr. 530, 22 K.), ἀπὸ κρουνῶν τριῶν ὕδατι περιρρᾶναι, und an

die Reinigung, die von den Burjat-Schamanen mit Wasser vollzogen wird, das man aus drei Quellen geschöpft hat (Mikhailovski, Anm. 30, 87).

[119] Aristoxenos, Fr. 26 und Wehrlis Anmerkung; Iamb. vit. Pyth. 64 f. 110—114. 163 f.; Porph. vit. Pyth. 33; Boyancé, Le Culte des Muses, 100 ff., 115 ff. Musik wird sehr oft von heutigen Schamanen gebraucht, um die Geister herbeizurufen oder zu bannen; sie ist „die Sprache der Geister" (Chadwick, JRAI 66 [1936] 297). Und es ist wohl wahrscheinlich, daß die pythagoreische Anwendung der Musik sich wenigstens zum Teil aus der schamanistischen Tradition ableiten läßt: Man vgl. die ἐπῳδαί, mit denen die thrakischen Jünger des Zalmoxis „die Seelen heilen" sollen (Platon, Charm. 156 D—157 A).

[120] Empedokles, Fr. 117.

[121] Aristoph. Ran. 1032 (vgl. Linforth, 70); Eudoxos apud Porph. vit. Pyth. 7. Vegetarische Lebensweise wird von Euripides (Fr. 472) und Theophrast (apud Porph. de abst. 2, 21) mit kretischen Mysterienkulten verbunden, und es ist durchaus möglich, daß der kretische Vegetarier Epimenides eine Rolle bei der Verbreitung dieser Lebensweise gespielt hat. Aber die andere Form der pythagoreischen Regel, die nur das Essen gewisser „geheiligter" Lebewesen verbot, wie z. B. das Verzehren des weißen Hahnes (oben, Anm. 95), läßt sich vielleicht vom Schamanismus ableiten, da heutzutage „Lebewesen und besonders Vögel, die eine Rolle im Schamanen-Glauben spielen, nicht getötet, ja nicht einmal belästigt werden dürfen" (Holmberg, op. cit., 500); ein generelles Fleischverbot wird nur von gewissen Sippen der Burjaten berichtet (ebd., 499).

[122] Das „pythagoreische Schweigen" ist seit Isokrates (11, 29) sprichwörtlich. Iamblichos weiß von fünfjährigem, absolutem Schweigen der Novizen zu berichten (vit. Pyth. 68. 72), aber das kann eine spätere Übertreibung sein. Sexuelle Einschränkung, Aristoxenos, Fr. 39 W.; Iamb. vit. Pyth. 132. 209 ff.; Schädlichkeit sexueller Beziehungen Diog. L. 8, 9; Diod. 10, 9, 3 ff.; Plut. Q. Conv. 3, 6, 3, 654 B. Ehelosigkeit wird für die modernen sibirischen Schamanen nicht gefordert. Es ist aber erwähnenswert, daß nach Poseidonios der Zölibat von bestimmten heiligen Männern (Schamanen?) bei den thrakischen Geten gehalten wurde (Strabon, 7, 3, 3 f.).

[123] Hippolytos (Ref. haer. 7, 30 = Empedokles B 110) beschuldigt Markion, daß er im Wettstreit mit den καθαρμοί des Empedokles versuche, die Ehe abzuschaffen: διαιρεῖ γὰρ ὁ γάμος κατὰ Ἐμπεδοκλέα τὸ ἓν καὶ ποιεῖ πολλά. Dies wird durch eine andere Feststellung erläutert, die er dem Empedokles zuweist (a. a. O, 7, 29 = Empedokles B 115), daß der Sexualverkehr das zerstörende Werk des Streites fördere. Es wird jedoch nicht deutlich, ob Empedokles schließlich den Rassenselbstmord propagiert hat.

[124] Hippodamas apud Iamb. vit. Pyth. 82.

[125] Paus 8, 37, 5 (= Kern, Test. 194).

[126] Wilamowitz, Glaube, II 193, 378 f.

[127] Bemerkenswerter Weise von Festugière, Rev. Bibl. 44 (1935) 372 ff. und REG 49 (1936) 308 f. Andererseits wird das Alter des Mythos — nicht immer mit Gründen, die mir die stärksten zu sein scheinen — behauptet von Guthrie (107 ff.), Nilsson (Early Orphism, Anm. 79, 202), Boyancé (Remarques sur le salut selon

l'Orphisme, REA 43 [1941] 166). Die vollständigste und sorgfältigste Übersicht über die Bezeugungen findet man bei Linforth, op. cit., Kap. V. Er neigt im ganzen der älteren Datierung zu, obwohl seine Ergebnisse in manchen anderen Hinsichten negativ sind.

[128] Zur mutmaßlichen Bedeutung der Zuweisung an Onomakritos vgl. Wilamowitz, Glaube, II 379, Anm. 1; Boyancé, Culte des Muses, 19 f.; Linforth, 350 ff. Man sollte ebenso Bedenken tragen, weitreichende Schlüsse aus den Funden vom Kabeirion in Theben zu ziehen (Guthrie, 123 ff.), die bedeutend eindrucksvoller als Beweis gelten könnten, wenn sie sich in irgendeiner Weise direkt mit den Titanen oder dem σπαραγμός verbinden ließen. Auch S. Reinachs geistvolle Entdeckung einer Anspielung auf den Mythos (Rev. Arch. 1919, I 162 ff.) in einem der „angefügten" aristotelischen προβλήματα (Didot Aristoteles, IV 331, 15) hilft uns nicht weiter, solange die Datierung dieses πρόβλημα unsicher bleibt. Athenaios 656 AB genügt nicht, um zu zeigen, daß dieses πρόβλημα dem Philochoros bekannt war.

[129] Vgl. Anhang I, S. 147 ff.; zum Zusammenhang zwischen Ritus und Mythos vgl. Nilsson, Early Orphism, Anm. 79, 203 f. Wer mit Wilamowitz annimmt, die älteren Ὀρφικά hätten keinerlei Beziehung zu Dionysos, muß den Hinweis bei Herodot (2, 81) weginterpretieren (oder die Stelle eliminieren, indem er die paläographisch weniger wahrscheinliche Lesart wählt).

[130] Vgl. oben, S. 21 ff.

[131] Pindar, Fr. 127 B. (133 S.) = Platon, Menon 81 BC. Diese Interpretation ist von Tannery, Rev. de Phil. 23, 126 f., vorgetragen worden. Die Argumente für sie sind überzeugend von Rose vorgetragen worden: Greek Poetry and Life: Essays Presented to Gilbert Murray, 79 ff. (vgl. auch seine Bemerkung in Harv. Theol. Rev. 36 [1943] 247 ff.).

[132] Platon, Ges. 701 C. Der Gedankengang ist unglücklicherweise ebenso unvollständig wie der Satzbau verworren. Aber alle Erklärungsversuche, welche annehmen, daß τὴν λεγομένην παλαιὰν Τιτανικὴν φύσιν sich nur auf den Kampf der Götter und Titanen beziehe, scheitern an dem Ausdruck ἐπὶ τὰ αὐτὰ πάλιν ἐκεῖνα ἀφικομένους (oder ἀφικομένοις, Schanz), der keinen erkennbaren Sinn erhält, wenn man ihn auf die Titanen bezieht, und kaum sinnvoll ist (angesichts des πάλιν), wenn man ihn auf die Menschen anwendet, es sei denn, das Menschengeschlecht entstamme den Titanen. Auf Linforths Entgegnung (op. cit., 344), Platon spreche nur von Entarteten, während doch nach dem Mythos die Τιτανικὴ φύσις ein bleibender Bestandteil der gesamten menschlichen Natur sei, läßt sich sicherlich sagen, daß zwar alle Menschen titanisches Wesen in ihrer Brust beherbergen, aber nur die Degenerierten „es zur Schau stellen und nachahmen". (ἐπιδεικνῦσι deutet darauf hin, daß sie stolz sind, Titanisches in sich zu haben, während μιμουμένοις bedeutet, daß sie dem Vorbild ihrer mythischen Ahnen nacheifern.)

[133] A. a. O., 854 B: Zu einer Person, die sich krankhaft zur Tempelschändung angetrieben fühlt, muß man sagen: ὦ θαυμάσιε, οὐκ ἀνθρώπινόν σε κακὸν οὐδὲ θεῖον κινεῖ τὸ νῦν ἐπὶ τὴν ἱεροσυλίαν προτρέπον ἰέναι, οἶστρος δέ σέ τις ἐμφυόμενος ἐκ παλαιῶν καὶ ἀκαθάρτων τοῖς ἀνθρώποις ἀδικημάτων, περιφερόμενος ἀλιτηριώδης. Die ἀδικήματα hält man gewöhnlich für Verbrechen, die von den

unmittelbaren Vorfahren der betreffenden Person begangen worden sind (so England etc.) oder von der Person selbst in einem früheren Leben (Wilamowitz, Platon, I 697). Aber a) wenn die Versuchung in irgendeiner Weise aus vergangenen menschlichen Handlungen resultiert, warum wird sie dann οὐκ ἀνθρώπινον κακόν genannt? b) Warum ist es dann gerade eine Versuchung zur Tempelschändung? c) Warum sind die ursprünglichen Taten ἀκάθαρτα τοῖς ἀνθρώποις (diese Wörter gehören natürlich zusammen und müssen so verstanden werden, weil sie offensichtlich überleiten zu dem im nächsten Satz folgenden Rat, Reinigung von den Göttern zu erflehen)? Ich kann mich der Konsequenz nicht entziehen (zu der, wie ich sehe, Rathmann, Quaest. Pyth., 67, auf Grund anderer Tatsachen gelangt ist), daß Platon an die Titanen denkt, von denen unaufhörlich irrationale Reize (οἶστρος) ausgehen, die den unglücklichen Menschen verfolgen, wo er sich auch immer befinden mag (περιφερόμενος), und ihn verlocken, deren Freveltat nachzuahmen. Cf. Plut. de esu carn. I 996 C: τὸ γὰρ ἐν ἡμῖν ἄλογον καὶ ἄτακτον καὶ βίαιον, οὐ θεῖον ⟨ὂν⟩ ἀλλὰ δαιμονικόν, οἱ παλαιοὶ Τιτᾶνας ὠνόμασαν (was von Xenokrates zu stammen scheint); zum οἶστρος als Folge eines schlechten Erbteils des Menschen vgl. Olymp. in Phaed. 87, 13 ff. N. (= O. F. 232).

[134] Olymp. in Phaed. 84, 22 ff.: ἡ φρουρά ... ὡς Ξενοκράτης, Τιτανική ἐστιν καὶ εἰς Διόνυσον ἀποκορυφοῦται (= Xenokrates, Fr. 20). Vgl. Heinze z. St.; E. Frank, Platon und die sog. Pythagoreer, 246; und die vorsichtigen Ansichten von Linforth, 337 ff.

[135] Man muß Linforth zugestehen, daß keiner der älteren Autoren das Göttliche im Menschen ausdrücklich dem Dionysischen gleichstellt. Aber ich glaube, man kann zeigen, daß diese Gleichsetzung nicht (wie Linforth behauptet, S. 330) die Erfindung des Olympiodoros ist (in Phaed. 3. 2 ff.) noch, wie man vielleicht annehmen könnte, die seines Gewährsmannes Porphyrios (cf. Olymp. a. a. O., 85. 3). a) Sie erscheint bei Olympiodoros nicht nur „als ein aus der Verzweiflung geborener Kunstgriff, um eine rätselhafte Stelle bei Platon zu erklären" (Linforth, S. 359); sie bietet vielmehr in mythologischen Begriffen eine Erklärung für den moralischen Konflikt und die Erlösung des Menschen, in Phaed. 87, 1 ff.: τὸν ἐν ἡμῖν Διόνυσον διασπῶμεν ... οὕτω δ' ἔχοντες Τιτᾶνές ἐσμεν· ὅταν δὲ εἰς ἐκεῖνο συμβῶμεν, Διόνυσοι γινόμεθα τετελειωμένοι ἀτεχνῶς. Wenn Linforth (S. 360) behauptet, die Verbindung dieser Probleme mit dem Titanen-Mythos „wird von Olympiodoros nicht nahegelegt und ist lediglich eine grundlose Behauptung moderner Wissenschaftler", so scheint er diese Stelle übersehen zu haben. b) Iamblichos weiß von den alten Pythagoreern zu berichten (vit. Pyth. 240): παρήγγελλον γὰρ θαμὰ ἀλλήλοις μὴ διασπᾶν τὸν ἐν ἑαυτοῖς θεόν. Es ist offensichtlich unbeachtet geblieben, daß er hier auf dieselbe Lehre anspielt wie Olympiodoros (der Gebrauch des Verbums διασπᾶν macht das hinreichend gewiß). Wir kennen seine Quelle nicht; aber selbst Iamblichos würde kaum etwas als ein altpythagoreisches σύμβολον bezeichnet haben, das gerade erst von Porphyrios erfunden worden ist. Das tatsächliche Alter kann nicht genau bestimmt werden. Aber man ist berechtigt zu vermuten, daß Porphyrios diese Lehre ebenso wie den Titanen-Mythos selbst bei Xenokrates gefunden hat. Wenn das stimmt, dann wird Platon gewiß davon gewußt haben. Aber er hatte seine Gründe, dieses Element des Mythos nicht zu verwenden:

Er konnte zwar die irrationalen Antriebe mit den Titanen gleichsetzen, aber das Göttliche im Menschen mit dem Dionysischen zu identifizieren, widersprach einer rationalistischen Philosophie.
[136] Keith, Rel. and Phil. of Veda and Upanishads, 579.

Sechstes Kapitel

[1] G. Murray, Greek Studies, 66 f.

[2] Kap. II, S. 26 ff.

[3] Dies wird, wenn auch mit einiger Übertreibung, sehr eindringlich von Pfister, Religion der Griechen u. Römer, Bursians Jahresbericht 229 (1930) 219, hervorgehoben. Vgl. Kap. II, S. 30 f.

[4] Vgl. besonders das kürzlich erschienene Buch von Wilhelm Nestle, Vom Mythos zum Logos, dessen Absicht es ist, „die fortschreitende Verdrängung des mythologischen Denkens durch das rationale bei den Griechen" darzustellen.

[5] Hekataios, Fr. 1 Jacoby; vgl. Nestle, op. cit., 134 ff. Hekataios deutete mythologische Schreckgespenste wie den Kerberos (Fr. 27) und möglicher Weise alle anderen Scheusale ἐν "Αιδου rational. Daß er selbst ἀδεισιδαίμων war, ergibt sich aus dem Rat für seine Landsleute, die Schätze des Apollon-Orakels von Branchidai weltlichen Zwecken zuzuführen (Hdt. 5, 36, 3). Vgl. Momigliano, Atene e Roma, 12 (1931) 139, und die Art, in der Diodoros und Plutarch eine ähnliche Aktion des Sulla darstellen (Diod. 38/9, Fr. 7; Plut. Sulla 12).

[6] Xenophanes, Fr. 11 und 12 Diels.

[7] Cicero, div. 1, 5; Aetios, 5, 1, 1 (= Xenophanes, A 52). Cf. seine naturalistische Erklärung des Regenbogens (Fr. 32) und des St.-Elms-Feuers (A 39), welche seit alters anerkannte Vorzeichen sind.

[8] Xenophanes, Fr. 15 (cf. Fr. 14 und 16).

[9] Fr. 23. Vgl. W. Jaeger, Theology, 42 ff. Murray, op. cit., 69: „Das ‚noch an Gedanken' gibt Anlaß genug zum Nachdenken. Es erinnert an einen mittelalterlichen arabischen Mystiker, der sagte, daß es ein ebenso törichter Anthropomorphismus sei Gott ‚gerecht' zu nennen, wie von ihm zu behaupten, er habe einen Bart." Man vergleiche den Gott des Heraklit, für den die menschlichen Unterscheidungen von „gerecht" und „ungerecht" gegenstandslos sind, da er alles als gerecht empfindet (Fr. 102 Diels).

[10] Fr. 34.

[11] Cf. Heraklit, Fr. 28; Alkmaion, Fr. 1; Hippokr. vet. med. I, mit Festugière z. St.; Gorgias, Hel. 13; Eur. Fr. 795.

[12] Vgl. Kap. IV, S. 68 f.

[13] Heraklit, Fr. 5. Wenn Fr. 69 echt ist, verdammte Heraklit nicht gänzlich die Vorstellung von κάθαρσις; aber er wird sie wohl, wie Platon, auf die moralische und intellektuelle Ebene gehoben haben.

[14] Fr. 14. Die vorausgehende Erwähnung von βάκχοι und λῆναι läßt vermuten, daß er die dionysischen (nicht die „orphischen") Mysterien vor allem meinte. Aber der überlieferte Wortlaut erlaubt nicht, sein Verdammungsurteil nur auf diese zu

beschränken. Ob es in seiner Absicht lag, die Mysterien als solche zu verwerfen oder nur ihre Methoden, läßt sich, wie ich meine, nicht mit Sicherheit entscheiden, obwohl aus dem Zusammenhang, in dem er sie erwähnt, deutlich wird, daß er wenig Sympathie für die μύσται aufbrachte. Fr. 15 steuert zu dieser Frage nichts bei, selbst wenn wir uns über seine Bedeutung klar wären: Die φαλλικά waren kein μυστήριον. Die vielerörterte Gleichsetzung von Dionysos und Hades verstehe ich als ein heraklitisches Paradox, nicht als eine „orphische Mysterienlehre", und ich bin geneigt, denen zuzustimmen, die darin eine Verurteilung der φαλλικά und nicht eine Rechtfertigung erblicken (das Leben der Sinne ist der Tod der Seele, cf. Fr. 77. 117, und Diels, Herakleitos, 20).

[15] Fr. 96. Cf. Platon, Phaidon 115 C; und zu den kritisierten Gefühlen Kap. V, S. 72 ff.

[16] Fr. 119; vgl. Kap. II, S. 29 ff. Fr. 106 greift entsprechend die abergläubische Beachtung der „Glücks"- und „Unglückstage" an.

[17] Fr. 5. Zur modernen Verehrung der Ikonen (Statuen sind verboten!) vgl. B. Schmidt, Volksleben, 49 ff.

[18] Glaube, II 209. Heraklits Bedeutung als 'Aufklärer' wird richtig von Gigon, Untersuchungen zu Heraklit, 131 ff., und (trotz der m. E. fragwürdigen Interpretation von Fr. 15) von Nestle, op. cit. 98 ff., hervorgehoben. Seine Lehre bietet natürlich noch andere und nicht weniger bedeutsame Aspekte, aber sie gehören nicht zum Thema dieses Buches.

[19] Cf. Xenophanes, Fr. 8; Heraklit, Fr. 1. 57. 104 usw.

[20] Die Ähnlichkeit zwischen Eur. Fr. 282, und Xenophanes, Fr. 2, wurde von Athenaios bemerkt und scheint zu groß zu sein, als daß sie zufällig wäre; cf. auch Eur. Her. 1341—1346 mit Xenophanes A 32 und B 11 und 12. Andererseits ist bei Aischylos, Hik. 100—104, der Anklang an Xenophanes, Fr. B 25. 26, zwar interessant, aber kaum spezifisch genug, um zu beweisen, daß Aischylos den Ionier gelesen oder gehört hat.

[21] Diog. L. 2, 22. Heraklits Kritik an dem vernunftwidrigen Ritual findet tatsächlich bei Euripides Widerhall (Nestle, Euripides, 50. 118); das brauchen jedoch keine direkten Entlehnungen zu sein (Gigon, op. cit., 141). Euripides wird als Büchersammler beschrieben (Athen. 3 A; cf. Eur. Fr. 396, über das Vergnügen am Lesen, und Aristoph., Ran. 943).

[22] Eur. Fr. 783.

[23] Vgl. P. Decharme, Euripide et l'esprit de son théâtre, 96 ff.; L. Radermacher, Rh. Mus. 53 (1898) 501 ff.

[24] F. Heinimann, Nomos und Physis (Basel, 1945). Eine Bibliographie von früheren Studien findet man bei W. C. Greene, Moira, App. 31.

[25] Cf. Hdt. 1, 60, 3: ἀπεκρίθη ἐκ παλαιτέρου τοῦ βαρβάρου ἔθνεος τὸ Ἑλληνικόν, ἐὸν καὶ δεξιώτερον καὶ εὐηθίης ἠλιθίου ἀπηλλαγμένον μᾶλλον.

[26] Platon, Prot. 327 CD.

[27] Einen Eindruck vom schnellen Schwinden des Optimismus vermittelt der Wechsel der Tonart bei dem Sophisten, der als „Anonymus Iamblichi" bekannt ist (Vorsokr. 5. Aufl., 89). Er teilt Protagoras' Glauben an den νόμος und war vielleicht dessen Schüler. Wir dürfen annehmen, daß er in den letzten Jahren des

Peloponnesischen Krieges schrieb, und er spricht mit der mutlosen Stimme eines Mannes, der die ganze soziale und sittliche Ordnung um sich hat zerbröckeln sehen.

[28] Daß die Identifizierung von „gut" und „nützlich" schon alt ist, bemerkt Snell, Die Entdeckung des Geistes, 131 ff. Zum sokratischen Utilitarismus cf. Xen. Mem. 3, 9, 4 usw.

[29] Vgl. Kap. I, S. 15. Solange man ἀρετή in positiver Weise als Tüchtigkeit („fähig sein, etwas auszuführen") verstand, glaubte man selbstverständlich daran, daß sie von dem Wissen abhängig war, wie etwas ausgeführt werden mußte. Aber für die Mehrzahl der Menschen des fünften Jahrhunderts (wenn man nach Prot. 352 B und Gorg. 491 D urteilen darf) war der negative Aspekt der ἀρετή als Beherrschung der Leidenschaften wichtiger. Hier ist der intellektuelle Faktor weniger offensichtlich.

[30] Platon, Prot. 352 A—E.

[31] Ebd. 327 E. Der Vergleich stammt aus dem fünften Jahrhundert und wurde wahrscheinlich von dem historischen Protagoras angewandt, da er im selben Zusammenhang auch bei Euripides auftaucht, Hik. 913 ff. Im allgemeinen möchte ich mit Taylor, Wilamowitz und Nestle annehmen, daß das Gespräch mit Protagoras (320 C—328 D) weithin als zuverlässige Wiedergabe von Ansichten gelten kann, die Protagoras wirklich geäußert hat; freilich handelt es sich hier nicht um ein Exzerpt oder eine Zusammenfassung aus einem seiner Werke.

[32] Vgl. R. Hackforth, Hedonism in Plato's Protagoras, CQ, 22 (1928) 39 ff., gegen dessen Argumentation man kaum Einwände wird erheben können.

[33] Prot. 319 A—320 C. Das ist oft „bloß ironisch" genannt worden, weil man auf diese Weise den Unterschied zwischen dem skeptischen Sokrates dieses Dialogs und dem Sokrates des ›Gorgias‹ verwischen zu können glaubte, der doch entdeckt hatte, worin echte Staatskunst besteht. Aber diese Auffassung würde gerade dem Paradox die Spitze nehmen, mit dem der Dialog endet (361 A). Platon muß empfunden haben, daß es in der Lehre seines Meisters an diesem Punkt eine wirkliche Inkonsequenz oder in jedem Fall eine Unklarheit gab, die der Klärung bedurfte. Im ›Gorgias‹ brachte er die Klärung, schritt aber damit zugleich über die Position des historischen Sokrates hinaus.

[34] Das wechselseitige Aufeinanderbezogensein der Tugenden ist eine der wenigen unzweifelhaften Lehren, die wir mit Gewißheit dem historischen Sokrates zusprechen können (cf. Prot. 329 D ff.; Laches; Charmides; Xen. Mem. 3, 9, 4 f. usw.).

[35] Vgl. Festugière, Contemplation et vie contemplative chez Platon, 68 f.; Jaeger, Paideia, II 65 ff.

[36] Platon, Apol. 33 C: ἐμοὶ δὲ τοῦτο, ὡς ἐγώ φημι, προστέτακται ὑπὸ τοῦ θεοῦ πράττειν καὶ ἐκ μαντείων καὶ ἐξ ἐνυπνίων. Zu den Träumen cf. Kriton 44 A, Phaidon 60 E; zu den Orakeln Apol. 21 B, Xen., Mem. 1, 4, 15 (wo Sokrates auch an τέρατα glaubt), Anab. 3, 1, 5. Aber Sokrates warnt seine Hörer auch davor, die μαντική als Ersatz für „Zählen, Messen und Wägen" anzusehen (Xen. Mem. 1, 1, 9); sie diente als Ergänzung und (wie im Falle von Chairephons Orakel) als ein Ansporn zum rationalen Denken, nicht als sein Surrogat.

[37] Xen. Apol. 12, θεοῦ μοι φωνὴ φαίνεται. Cf. Mem. 4, 8, 6; Platon (?), Alk. I, 124 C.

Sechstes Kapitel: Anmerkungen 27—47

[38] Platon, Prot. 352 BC.
[39] Ebd. 353 A.
[40] Ebd. 356 C—357 E.
[41] Aristoteles, E. N. 1147 a 11 ff.
[42] Kap. I, S. 4 ff.; Kap. II, S. 25 ff.
[43] Combarieu, La Musique et la magie (Études de philologie musicale, III [Paris, 1909], 66 f., zitiert bei Boyancé, Culte des Muses, 108). Platon bezeichnet Tiere, die von der sexuellen Begierde erfaßt sind, als νοσοῦντα (Symp. 207 A); und Hunger, Durst und sexuelle Leidenschaft als τρία νοσήματα (Ges. 782 E—783 A).
[44] Eur. Med. 1333; Hipp. 141 ff. 240. A. Rivier, in seinem interessanten und originellen Essai sur le tragique d'Euripide (Lausanne, 1944), glaubt, daß diese Meinungen ernst genommen werden wollen: Medea ist buchstäblich von einem Teufel besessen (S. 59), und eine übernatürliche Hand gießt das Gift in Phaidras Seele. Aber ich finde das kaum akzeptabel, jedenfalls was Medea betrifft. Sie, die tiefer die Dinge durchschaut als der konventionell denkende Iason, macht von dieser religiösen Sprache keinen Gebrauch (man halte dagegen Klytaimestra bei Aischylos, Agam. 1433. 1475 ff. 1497 ff.). Auch Phaidra, als sie endlich soweit ist, sich ihre Lage einzugestehen, analysiert diese mit rein menschlichen Begriffen (zur Bedeutung der Aphrodite vgl. Euripides the Irrationalist, CR 43 [1929] 102). Entscheidend für die Haltung des Dichters sind die ›Troades‹, wo Helena die Verantwortung für ihr fehlerhaftes Verhalten auf göttliches Eingreifen abzuschieben sucht (940 f. 948 ff.). Sie wird aber sofort durch Hekubas scharfer Erwiderung zurückgewiesen, μὴ ἀμαθεῖς ποίει θεοὺς τὸ σὸν κακὸν κοσμοῦσα, μὴ οὐ πείσῃς σοφούς (981 f.).
[45] Med. 1056 ff. Cf. Heraklit, Fr. 85: θυμῷ μάχεσθαι χαλεπόν· ὃ γὰρ ἂν θέλῃ, ψυχῆς ὠνεῖται.
[46] Ebd. 1078—1080. Wilamowitz tilgte v. 1080, der vom Standpunkt eines modernen Regisseurs aus die Wirkung des „Vorhangs" schwächt. Aber es liegt im Rahmen der geistigen Disposition des Euripides, wenn er Medea aus ihrer Selbstanalyse verallgemeinernde Schlüsse ziehen läßt. Phaidra tut das gleiche. Mein Fall, so gibt sie zu verstehen, ist kein einzelner: In jedem menschlichen Herzen herrscht Bürgerkrieg. Tatsächlich sind diese Verse ein Musterbeispiel für innere Konflikte geworden (vgl. unten, Kap. VIII, Anm. 16).
[47] Wilamowitz, Einleitung i. d. gr. Tragödie, 25, Anm. 44; Decharme, Euripide et l'esprit de son théâtre, 46 f.; besonders Snell, Philologus, 97 (1948) 125 ff. Ich habe viel größere Zweifel im Hinblick auf die Annahme von Wilamowitz (loc. cit.) und anderen, daß Prot. 352 B ff. Platons (oder Sokrates') „Antwort" auf die Phaidra sei. Warum sollte Platon es für nötig halten, auf beiläufige Bemerkungen zu antworten, die eine Gestalt in einem Stück macht, das mehr als dreißig Jahre früher geschrieben war? Und wenn er es täte, oder wenn er wußte, daß Sokrates es getan hatte, warum sollte er dann nicht Euripides beim Namen nennen, wie es sonst seine Gepflogenheit war? (Phaidra hätte Sokrates nicht beim Namen nennen können, aber Sokrates konnte Phaidra zitieren!) Ich sehe keine Schwierigkeit bei der Annahme, daß „die Vielen" in Prot. 352 B eben die Vielen sind: Der einfache Mann

hat niemals die Macht der Leidenschaft verkannt, weder in Griechenland noch sonstwo, und an dieser Stelle werden ihm keine Scharfsinnigkeiten zugemutet.

[48] Hipp. 375 ff.

[49] Einen Versuch, die ganze Stelle auf die dramatische Situation und auf Phaidras Psychologie zu beziehen, findet man CR 39 (1925) 102 ff. Doch vgl. Snell, Anm. 47, 127 ff., dem ich jetzt wohl zustimmen möchte.

[50] Cf. Fr. 572. 840. 841 und Pasiphaes Rede zu ihrer eigenen Verteidigung (Berl. Kl. Texte, II 73 = Page, Gk. Lit. Papyri, I 74). An den zwei letzten Stellen wird die traditionelle religiöse Sprache verwandt.

[51] Vgl. W. Schadewaldt, Monolog und Selbstgespräch, 250 ff.: Die „Tragödie des Ertragens" ersetzt die „Tragödie des πάθος". Ich möchte jedoch annehmen, daß der ›Chrysippos‹, obgleich ein spätes Stück (zusammen mit den ›Phoinissen‹ aufgeführt), eine Tragödie des πάθος war: Sie wurde, wie die ›Medea‹, zum Standard-Beispiel für den Konflikt zwischen Vernunft und Leidenschaft (vgl. Nauck zu Fr. 841) und hob erneut deutlich die Bedeutung der menschlichen Irrationalität hervor.

[52] Rivier, op. cit., 96 f. Vgl. meine Ausgabe dieses Stückes, S. XL ff.

[53] CR 43 (1929) 97 ff.

[54] Aristoph. Nub. 1078.

[55] Zitiert bei Menander, Epitrep. 765 f. Koerte, aus der ›Auge‹ (von der ein Teil schon früher bekannt war, Fr. 920 Nauck).

[56] Chrysippos, Fr. 840.

[57] Aiolos, Fr. 19, τί δ' αἰσχρὸν ἦν μὴ τοῖσι χρωμένοις δοκῇ; der Sophist Hippias argumentierte, daß das Inzestverbot konventioneller Art, nicht „göttlicherseits eingepflanzt" oder durch Instinkte gesichert sei, da es nicht überall beachtet würde (Xen. Mem. 4, 4, 20). Aber Euripides' Vers beschwor verständlicher Weise einen Skandal herauf; zeigte er doch, wohin schrankenloser ethischer Relativismus führen konnte. Cf. Aristophanes' Parodie (Ran. 1475); die Nutzanwendung der Dirne, die gegen den Autor gerichtet ist (Machon apud Athen. 582 CD) und die späteren Geschichten, die Antisthenes oder Platon veranlaßten, sich dagegen zu wenden (Plut. aud. poet. 12, 33 C; Serenos apud Stob. 3, 5, 36 H.).

[58] Her. 778; Or. 823; Ba. 890 ff.; I. A. 1089 ff. Vgl. Murray, Euripides and His Age, 194, und Stier, Nomos Basileus, Philol. 83 (1928) 251.

[59] So Murray, Aristophanes, 94 ff., und neuerlich Wolfg. Schmid, Philol., 97 (1948) 224 ff. Ich bin mir in dieser Hinsicht weniger sicher als sie.

[60] Lysias, Fr. 73 Th. (53 Scheibe), apud Athen. 551 E.

[61] Wohlbekannt als die bevorzugte Zielscheibe des aristophanischen Spottes (Aves 1372—1409 und öfter). Man beschuldigte ihn, das Heiligtum der Hekate entweiht zu haben (Σ Aristoph. Ran. 366), was genau dem Geist des Klubs entsprechen würde, da die Ἑκάταια Brennpunkte des Volksaberglaubens bildeten (vgl. Nilsson, Gesch. I 685 f.). Platon führt ihn als typisches Beispiel für die Art von Dichtern an, die nach Effekt haschen statt sich bemühen, ihre Zuhörerschaft zu bessern (Gorg. 501 E).

[62] Das Jahr 432 wird von Diod. 12, 38 f. und Plut. Per. 32 für das Dekret des Diopeithes angegeben. Adcock, CAH V 478, neigt dazu, das Jahr 430 anzunehmen

und das Dekret in Verbindung zu setzen mit „den Emotionen, die durch die Pest, das sichtbare Zeichen des Götterzorns, hervorgerufen worden waren"; das kann durchaus richtig sein.

[63] τὰ θεῖα μὴ νομίζειν (Plut. Per. 32). Zur Bedeutung dieses Ausdrucks vgl. R. Hackforth, Composition of Plato's Apology, 60 ff., und J. Tate, CR 50 (1936) 3 ff.; 51 (1937) 3 ff. ἀσέβεια im Sinne eines Sakrilegs hat zweifellos immer als Verstoß gegolten; neu war das Verbot, Kulthandlungen zu versäumen und antireligiöse Lehren zu verbreiten. Nilsson, der noch der alten Vorstellung anhängt, daß „in Athen absolute Freiheit des Denkens und der Meinungsäußerung bestand" (Greek Piety, 79), versucht, die Auswirkung der Verfolgungen auf Verstöße gegen den Kult einzuengen. Aber die Überlieferung berichtet einhellig, daß Anaxagoras und Protagoras auf Grund ihrer theoretischen Ansichten verfolgt worden sind, nicht wegen irgendwelcher Handlungen. Eine Gesellschaft, die dem einen verbot, die Sonne als materiellen Gegenstand zu beschreiben, dem anderen, seine Ungewißheit hinsichtlich der Existenz der Götter zu äußern, gewährte sicherlich nicht „absolute Freiheit des Denkens".

[64] λόγους περὶ τῶν μεταρσίων διδάσκειν (Plut., a. a. O.). Das zielte zweifellos besonders auf Anaxagoras, aber die Mißbilligung der μετεωρολογία war weitverbreitet. Man hielt sie nicht nur für töricht und vermessen (Gorg. Hel. 13; Hippokr. vet. med. 1; Platon, Pol. 488 E etc.), sondern auch für eine Gefährdung der Religion (Eur. Fr. 913; Platon, Apol. 19 B; Plut. Nikias 23); sie wurde vom Volk vor allem mit den Sophisten in Verbindung gebracht (Eupolis, Fr. 146; Aristoph. Nub. 360; Platon, Polit. 299 B). Vgl. W. Capelle, Philol. 71 (1912) 414 ff.

[65] Taylors Datierung des Prozesses gegen Anaxagoras ins Jahr 450 (CQ 11 [1917] 81 ff.) würde den Beginn der Aufklärung in Athen und der Reaktion gegen sie viel früher beginnen lassen, als die übrigen Bezeugungen nahelegen. Seine Argumentation scheint mir von E. Derenne, Les Procès d'impiété, 30 ff., und J. S. Morrison, CR 35 (1941) 5, Anm. 2, widerlegt worden zu sein.

[66] Burnet (Thales to Plato, 112) und andere nach ihm verwerfen den gutbezeugten Prozeß gegen Protagoras als unhistorisch auf Grund von Platon, Menon 91 E. Aber Platon spricht da von Protagoras' internationalem Ruf als Lehrer, der durch die athenische Ketzerverfolgung keine Einbuße erleiden würde; er war ja nicht beschuldigt worden, die Jugend zu verderben, sondern wegen Gottlosigkeit. Der Prozeß kann nicht erst 411 stattgefunden haben, aber die Überlieferung berichtet das auch nicht (vgl. Derenne, op. cit., 51 ff.).

[67] Satyros, vit. Eur. Fr. 39, Sp. X (Arnim, Suppl. Eur. 6). Vgl. Bury, CAH V 383 f.

[68] Es ist übereilt, anzunehmen, außer den Anklagen, von denen wir zufällig hören, habe es keine weiteren gegeben. Die Wissenschaft hat bislang kaum genügend Aufmerksamkeit auf das verwandt, was Platon den Protagoras sagen läßt (Prot. 316 C—317 B) über die Gefahren, die das Sophisten-Gewerbe begleiten, wodurch sie sich „großer Eifersucht und anderen Formen der Böswilligkeit und Nachstellung" ausgesetzt sehen, „so daß die meisten von ihnen es für notwendig halten, unter einem Vorwand zu wirken". Er selbst hatte seine privaten Sicherungen (die Freundschaft mit Perikles?), die ihn so weit vor Schaden schützten.

⁶⁹ Diog. L. 9, 52; Cic. nat. deor. 1, 63 etc. Zu den Gefahren, die aus der Vorliebe für das Lesen entstehen können, cf. Aristophanes, Fr. 490: τοῦτον τὸν ἄνδρ' ἢ βυβλίον διέφθορεν ἢ Πρόδικος ἢ τῶν ἀδολεσχῶν εἷς γέ τις.
⁷⁰ Das kann durchaus ein zufälliges Ergebnis unserer lückenhaften Überlieferung sein. Sonst würde es dem Anspruch widersprechen, den Platon Sokrates erheben läßt (Gorg. 461 E), daß Athen größere Freiheit der Rede gewähre als irgendeine andere Stadt in Griechenland (das fiktive Datum dieses Gespräches liegt nach dem Dekret des Diopeithes!). Es ist jedoch bemerkenswert, daß Lampsakos den Anaxagoras mit einem Staatsbegräbnis ehrte, nachdem Athen ihn des Landes verwiesen hatte (Alkidamas apud Aristot. Rhet. 1398 b 15).
⁷¹ Nilsson, Greek Popular Religion, 133 ff.
⁷² Plut. Perikles 6.
⁷³ Platon, Apol. 40 A: ἡ εἰωθυῖά μου μαντικὴ ἡ τοῦ δαιμονίου.
⁷⁴ Xen. Apol. 14: οἱ δικασταὶ ἐθορύβουν, οἱ μὲν ἀπιστοῦντες τοῖς λεγομένοις, οἱ δὲ καὶ φθονοῦντες, εἰ καὶ παρὰ θεῶν μειζόνων ἢ αὐτοὶ τυγχάνοι. Trotz Taylors geistreicher Argumentation für das Gegenteil (Varia Socratica, 10 ff.) halte ich es für unmöglich, die Anklage wegen Einführung von καινὰ δαιμόνια von dem δαιμόνιον zu trennen, mit dem sowohl Platon als auch Xenophon sie verbinden. Vgl. A. S. Ferguson, CQ 7 (1913) 157 ff.; H. Gomperz, NJbb 1924, 141 ff.; R. Hackforth, Composition of Plato's Apology, 68 ff.
⁷⁵ Cf. Thuk. 5, 103, 2: Die Massen, wenn die Dinge schlecht stehen, ἐπὶ τὰς ἀφανεῖς (ἐλπίδας) καθίστανται, μαντικήν τε καὶ χρησμούς. Man halte dagegen Platon, Euthyphron 3 C: ὅταν τι λέγω ἐν τῇ ἐκκλησίᾳ περὶ τῶν θείων, προλέγων αὐτοῖς τὰ μέλλοντα, καταγελῶσιν ὡς μαινομένου.
⁷⁶ R. Crawshay-Williams, The Comforts of Unreason, 28.
⁷⁷ Hesiod, Erga 240; cf. Platon, Ges. 910 B, und Kap. II, Anm. 43. Lysias' Einstellung ist erhellend: „Unsere Vorfahren haben uns", so sagt er, „indem sie die vorgeschriebenen Opferfeiern vollzogen, eine Stadt hinterlassen, die die größte und glücklichste in Griechenland ist: Sicherlich sollten auch wir dieselben Opfer darbringen wie sie, wenn auch nur wegen des Wohlstandes, der aus diesen religiösen Übungen entstanden ist" (30, 18). Diese pragmatische Auffassung der Religion muß recht weit verbreitet gewesen sein.
⁷⁸ Thuk. 6, 27 f. 60. Thukydides betont natürlich den politischen Aspekt dieser Affäre, und tatsächlich kann man 6, 60 nicht lesen, ohne an politische „Säuberungen" und „Hexenjagden" unserer eigenen Zeit zu denken. Aber die eigentliche Ursache der allgemeinen Erregung war δεισιδαιμονία: Die Tat galt als οἰωνὸς τοῦ ἔκπλου (6. 27. 3).
⁷⁹ Thuk. 3, 82, 4.
⁸⁰ Nigel Balchin, Lord, I was afraid, 295.
⁸¹ G. Murray, Greek Studies, 67. Vgl. Frazers Meinung, daß „die Gesellschaft im großen Ausmaß auf der Grundlage der Religion aufruht und durch sie zusammengehalten wird, und es ist unmöglich, den Zusammenhalt zu lösen und die Grundlage zu erschüttern, ohne das Gebäude in Gefahr zu bringen" (The Belief in Immortality, I 4). Daß tatsächlich ein ursächlicher Zusammenhang zwischen dem Niedergang einer religiösen Tradition und dem ungehemmten Anwachsen der

Machtpolitik besteht, scheint auch durch Erfahrungen aus anderen alten Kulturen, vornehmlich aus China, bestätigt zu werden, wo der profane Positivismus der Fa Hia-Schule seine praktische Entsprechung im unbarmherzigen Militarismus des Ts'in-Kaisertums fand.

[82] Kap. IV, S. 63 ff.

[83] So Kern, Rel. der Griechen, II 312, und W. S. Ferguson, The Attic Orgeones, Harv. Theol. Rev. 37 (1944) 89, Anm. 26. Aus einem gleichen Anlaß ist der Asklepios-Kult in Rom 293 v. Chr. eingeführt worden. Er war tatsächlich, mit Nocks Worten, „eine Religion der Bedrängten" (CPh 45 [1950] 48). Den ersten greifbaren Hinweis auf Inkubation im Asklepios-Tempel findet man in den ›Wespen‹, die wenige Jahre nach Abklingen der Pest geschrieben sind.

[84] Thuk. 2, 53, 4: κρίνοντες ἐν ὁμοίῳ καὶ σέβειν καὶ μὴ, ἐκ τοῦ πάντας ὁρᾶν ἐν ἴσῳ ἀπολλυμένους.

[85] IG, II 2, 4960. Einzelheiten findet man bei Ferguson, loc. cit., 88 ff.

[86] Glaube, II 233. Die einleuchtendste Deutung dieser Überlieferung scheint zu sein, daß Asklepios im Traum oder in einer Vision erschienen ist (Plutarch, *non posse suaviter* 22. 1103 B) und gesagt hat, „Holt mich aus Epidauros", woraufhin man ihn holte δράκοντι εἰκασμένον, geradeso wie die Bewohner von Sikyon verfahren bei einer von Pausanias berichteten Gelegenheit (2, 10, 3; cf. 3, 23, 7).

[87] Zum Beispiel ›De vetere medicina‹, den Festugière auf die Zeit von 440—420 datiert; ›De aeribus, aquis, locis‹ (von Wilamowitz und anderen für älter als 430 gehalten); ›De morbo sacro‹ (wahrscheinlich etwas später, vgl. Heinimann, Nomos und Physis, 170 ff.). In Analogie dazu erscheinen die ersten „Traumbücher" (Kap. IV, S. 69 f.) zur gleichen Zeit, in der auch die ersten Versuche unternommen werden, Träume in natürlicher Weise zu erklären: Hier zeigt sich ebenfalls die Polarisation.

[88] Der Zweite Punische Krieg sollte sehr ähnliche Wirkungen in Rom hervorrufen (cf. Livius, 25, 1, und J. J. Tierney, Proc. RIA. 51 [1947] 94).

[89] Harv. Theol. Rev. 33 (1940) 171 ff. Aus jüngerer Zeit vgl. Nilsson, Gesch. I 782 ff., und den wichtigen Artikel von Ferguson (oben, Anm. 83), der die Einbürgerung von thrakischen und phrygischen Kulten in Athen und ihre Verbreitung unter der athenischen Bevölkerung gut beleuchtet. Die Einrichtung des Staatskultes der Bendis kann jetzt, wie Ferguson an anderer Stelle gezeigt hat (Hesperia, Suppl. 8 [1949] 131 ff.), auf das Pestjahr 430—429 datiert werden.

[90] Über 300 Beispiele sind von A. Audollent, Defixionum tabellae (1904) gesammelt und untersucht worden. Weitere hat man seitdem gefunden. Eine ergänzende Aufstellung aus Zentral- und Nordeuropa hat Preisendanz gemacht, Arch. f. Rel. 11 (1933).

[91] Lawson, Mod. Greek Folklore, 16 ff.

[92] Vgl. Globus 79 (1901) 109 ff. Audollent, op. cit., CXXV f., führt auch eine Anzahl von Beispielen an, unter ihnen den Fall „eines wohlhabenden und gebildeten jungen Mannes" aus der Normandie, der, als sein Heiratsantrag abgelehnt worden war, eine Nadel durch die Stirn einer Photographie der jungen Dame stieß und die Worte hinzuschrieb: „Gott verdamme dich!". Diese Anekdote vermag die psychologisch einfachen Wurzeln dieser Art von Magie gut aufzuzeigen. Guthrie

hat ein interessantes Beispiel aus Wales aus dem 19. Jh. angeführt (The Greeks and Their Gods, 273).

[93] Die attischen Beispiele, die vor 1897 bekannt geworden sind (über 200), sind gesondert von R. Wünsch ediert worden, IG III 3, Appendix. Weitere attische defixiones sind seitdem von Ziebarth veröffentlicht worden, Gött. Nachr. 1899, 105 ff., und Berl. Sitzb. 1934, 1022 ff. Andere sind am Kerameikos (W. Peek, Kerameikos, III 89 ff.) und auf der Agora gefunden worden. Unter all diesen sind offenbar nur zwei Beispiele (Kerameikos 3 und 6), die mit Gewißheit ins 5. Jh. oder früher datiert werden können; andererseits gibt es eine ganze Anzahl, die sich durch die erwähnten Namen als zum 4. Jh. gehörend erweisen, außerdem viele, bei denen die Orthographie und die Form der Buchstaben auf dieselbe Zeit hindeuten (R. Wilhelm, Öst. Jahreshefte 7 [1904] 105 ff.).

[94] Wünsch, Nr. 24; Ziebarth, Gött. Nachr. 1899, Nr. 2; Berl. Sitzb. 1934, Nr. 1 B.

[95] Platon, Ges. 933 A—E. Auf κατάδεσμοι bezieht er sich auch Pol. 364 C; sie werden für ihre Klienten von ἀγύρται καὶ μάντεις ausgeführt, und Ges. 909 B wird die Nekromantie von ähnlichen Leuten ausgeübt. Die Hexe Theoris (unten, Anm. 98) beanspruchte eine gewisse Art von religiösem Rang: Harpokration, s. v., nennt sie eine μάντις, Plutarch, Dem. 14, eine ἱέρεια. Es gab also keine scharfe Linie, die den Aberglauben von der „Religion" trennte. Tatsächlich sind ja auch die Götter, die bei den älteren attischen καταδέσεις angerufen werden, die chthonischen Gottheiten des allgemeinen griechischen Glaubens, am häufigsten Hermes und Persephone. Gleichwohl bleibt es bemerkenswert, daß die sinnlosen Formeln (Ἐφέσια γράμματα), die für die spätere Magie charakteristisch sind, schon in Gebrauch kommen, wie aus Anaxilas, Fr. 18 Kock, und mit größerer Sicherheit aus Menander, Fr. 371, hervorgeht.

[96] Ges. 933 B: κηρινὰ μιμήματα πεπλασμένα, εἴτ' ἐπὶ θύραις εἴτ' ἐπὶ τριόδοις εἴτ' ἐπὶ μνήμασι γονέων. Soweit ich weiß, findet sich der früheste erhaltene Hinweis auf diese Technik in einer Inschrift des frühen vierten Jahrhunderts aus Kyrene, nach der κηρινά von Staats wegen zur Sanktionierung eines Eides gebraucht worden sein sollen. Dieser Eid wurde z. Z. der Gründung von Kyrene geleistet (Nock, Arch. f. Rel. 24 [1926] 172). Diese wächsernen Abbilder sind natürlich zerstört worden. Aber Figürchen aus beständigerem Material, deren Hände auf den Rücken gebunden waren (eine wörtliche κατάδεσις) oder die andere Spuren eines magischen Angriffs zeigten, sind recht oft gefunden worden, wenigstens zwei von ihnen in Attika: Vgl. Ch. Dugas' Liste, Bull. Corr. Hell. 39 (1915) 413.

[97] Ges. 933 A: ταῦτ' οὖν καὶ περὶ τοιαῦτα σύμπαντα οὔτε ῥᾴδιον ὅπως ποτὲ πέφυκεν γιγνώσκειν οὔτ' εἴ τις γνοίη, πείθειν εὐπετὲς ἑτέρους. Der zweite Teil dieses Satzes deutet vielleicht auf einen höheren Grad von Skeptizismus hin, als er ausdrücken wollte, zumal der Ton von Pol. 364 C (und ebenso von Ges. 909 B) entschieden skeptisch ist.

[98] (Dem.) 25, 79 f., der Fall einer φαρμακίς von Lemnos, mit Namen Theoris, die in Athen „mit ihrer ganzen Familie" zum Tode verurteilt wurde auf Grund der Aussage ihrer Dienerin. Daß diese φαρμακίς nicht nur eine Giftmischerin war, geht aus dem Hinweis desselben Satzes auf ihre φάρμακα καὶ ἐπῳδάς hervor (cf. Aristoph. Nub. 749 ff.). Nach Philochoros, apud Harpokration, s. v. Θεωρίς, lautete

die formelle Anklage auf ἀσέβεια, und das kann wohl richtig sein: Die barbarische Hinrichtung der ganzen Familie deutet auf eine Befleckung der Gemeinde hin. Plutarch (der einen anderen Bericht über die Anklage gibt) sagt, Dem. 14, daß der Ankläger Demosthenes gewesen sei, der, wie wir gesehen haben, mehr als einmal Objekt eines Schadenzaubers gewesen ist.

[99] Lassen wir einmal die Mythologie beiseite, dann finden sich überraschend wenig direkte Hinweise auf die aggressive Magie in der attischen Literatur des fünften Jahrhunderts, anders als auf Liebestränke (Eur. Hipp. 509 ff.; Antiphon, 1, 9, etc.) und auf die ἐπῳδὴ Ὀρφέως, Eur. Kykl. 646. Der Autor von ›morb. sacr.‹ spricht von Personen, die angeblich πεφαρμακευμένους sind, „unter dem Einfluß eines Zaubers stehen" (VI 362 L.), und dasselbe wird wohl bei Aristoph., Thesm. 534, gemeint sein. Sonst muß man vielleicht die große Annäherung in dem Wort ἀναλύτης sehen, das einen „Unschädlichmacher" von Zaubersprüchen bezeichnet und von dem frühen Komödiendichter Magnes (Fr. 4) gebraucht sein soll. Schutzbringende oder „weiße" Magie war zweifellos verbreitet: Zum Beispiel trug man Ringe als Amulette (Eupolis, Fr. 87; Aristoph. Plut. 883 f. und Σ). Aber wenn man eine wirklich mächtige Hexe nötig hatte, mußte man sie aus Thessalien kaufen (Aristoph. Nub. 749 ff.).

[100] Im neunzehnten Jahrhundert hatte sich eine vergleichbare Kluft gebildet zwischen dem Niedergang des christlichen Glaubens bei der Intelligenz und dem Aufkommen von Spiritismus und ähnlichen Bewegungen innerhalb der halbgebildeten Schichten (von denen aus einige sich sogar unter den Gebildeten breitmachen konnten). Aber im Falle Athen kann die Möglichkeit nicht ausgeschlossen werden, daß das Wiederaufleben der aggressiven Magie aus den verzweiflungsvollen letzten Jahren des Peloponnesischen Krieges datiert. Andere mögliche Gründe, die zu ihrer Popularität im vierten Jahrhundert beigetragen haben können, findet man bei Nilsson, Gesch. I 759 f. Ich kann mir nicht denken, daß die Zunahme der „defixiones" zu dieser Zeit lediglich die Zunahme der Fähigkeit zu schreiben widerspiegelt, wie man vermutet hat; denn sie konnten ja von berufsmäßigen Zauberern geschrieben werden, die man für diesen Zweck heranzog (Platon äußert sich so, als ob das der Fall wäre, Pol. 364 C). Nach Audollent, op. cit., XIV, wurden „defixiones" wahrscheinlich oft von diesen Leuten geschrieben.

Siebentes Kapitel

[1] „Plato and the Irrational", JHS 65 (1945) 16 ff. Dieser Aufsatz wurde geschrieben, bevor dieses Buch geplant war. Er läßt einige von den Problemen unberührt, mit denen ich mich hier befasse; andererseits behandelt er einige Aspekte an Platons Rationalismus und Irrationalismus, die den Rahmen dieses Bandes überschreiten.

[2] Platon wurde im Todesjahr des Perikles oder in dem darauffolgenden geboren; er starb 347, ein Jahr vor dem Frieden des Philokrates und neun Jahre vor der Schlacht von Chaironea.

[3] Vgl. Kap. VI, Anm. 31—33.

⁴ Xen. Mem. 4, 3, 14; Platon, Apol. 30 AB; Laches 185 E.
⁵ Gorgias 493 A—C. Franks Auffassung von der Bedeutung dieser Stelle (Platon und die sog. Pythagoreer, 291 ff.) scheint mir im ganzen richtig zu sein, obwohl ich manche Einzelheiten in Frage stellen möchte. Platon unterscheidet, wie 493 B 7 beweist, a) τις μυθολογῶν κομψὸς ἀνήρ, ἴσως Σικελός τις ἢ 'Ιταλικός, den ich für den anonymen Autor einer (nicht unbedingt „orphischen") „Unterweltfahrt" halte, die im westgriechischen Bereich verbreitet war und sich etwa an den Stil der Goldtäfelchen anlehnte; b) den Gewährsmann des Sokrates (τις τῶν σοφῶν), der dem alten Gedicht eine allegorische Deutung gab (fast so, wie Theagenes von Rhegion den Homer allegorisch ausgelegt hatte). Diesen σοφός möchte ich für einen Pythagoreer halten, weil Platon solche Wendungen regelmäßig dann gebraucht, wenn er den Sokrates pythagoreische Anschauungen aussprechen läßt: 507 E, φασὶ δ' οἱ σοφοί, daß es eine sittliche Weltordnung gibt (vgl. Thompson, z. St.); Menon 81 A, ἀκήκοα ἀνδρῶν τε καὶ γυναικῶν σοφῶν, über die Seelenwanderung; Pol. 583 B, δοκῶ μοι τῶν σοφῶν τινὸς ἀκηκοέναι, daß die leiblichen Genüsse trügerisch sind (vgl. Adam, z. St.). Ferner wird die Ansicht, daß die Unterweltmythen Allegorien des wirklichen Lebens sind, bei Empedokles (vgl. Kap. V, Anm. 114) und im späten Pythagoreismus (Macrob. in Somn. Scip. I 10, 7—17) vertreten. Ich kann Linforth nicht zustimmen (Soul and Sieve in Plato's Gorgias, Univ. Calif. Publ. Class. Philol. 12 [1944] 17 ff.), daß „alles, wovon Sokrates erklärt, daß er es von einem anderen gehört habe, ... Platons eigene Gedanken waren". Wenn das so wäre, dann hätte er den Sokrates dies alles kaum als ἐπιεικῶς ὑπό τι ἄτοπα (493 C) darstellen lassen oder es als das Ergebnis einer gewissen Schule (γυμνασίου, 493 D) bezeichnet.
⁶ Phaidon 67 C, cf. 80 E, 83 A—C. Zur Bedeutung von λόγος („religiöse Lehre") cf. 63 C, 70 C, Epist. VII 335 A etc. Als Platon die alte Überlieferung von der Bedeutung der dissozierten Zustände in dieser Weise neu deutete, war er zweifellos von Sokrates' Gewohnheit beeinflußt, die im Symposion, 174 D—175 C und 220 CD, als länger andauernde geistige Versenkung beschrieben und, wie es scheint, in den ›Wolken‹ parodiert wird: Vgl. Festugière, Contemplation et vie contemplative chez Platon, 69 ff.
⁷ Vgl. Kap. V, Anm. 107.
⁸ Proklos, in Remp. II 113, 22, führt als Vorläufer Aristeas, Hermotimos (so Rohde statt Hermodoros) und Epimenides an.
⁹ Wie der sibirische Schamane nach dem Tode ein Üör wird (Sieroszewski, Rev. de l'hist. des rel. 46 [1902] 228 f.), so werden die Angehörigen von Platons „goldener Rasse" nach ihrem Tode nicht nur Verehrung als Heroen erfahren — das würde sich noch im Rahmen der derzeit üblichen Praxis gehalten haben —, sondern (Delphis Zustimmung vorausgesetzt) als δαίμονες verehrt werden (Pol. 468 E—469 B). In der Tat können solche Männer schon zu Lebzeiten δαίμονες genannt werden (Krat. 398 C). An beiden Stellen bezieht sich Platon auf Hesiods „goldenes Geschlecht" (Erga 122 f.). Er ist aber nahezu mit Sicherheit auch durch eine andere, weniger weit zurückliegende mythische Auffassung beeinflußt, durch die pythagoreische Tradition nämlich, die dem θεῖος oder δαιμόνιος ἀνήρ eine besondere Stellung anwies (vgl. oben, Kap. V, Anm. 61). Die Pythagoreer hatten — genau wie die

sibirischen Schamanen heutzutage — für das Begräbnis eines ihrer Mitglieder einen eigenen Ritus entwickelt, der ihnen ein μακαριστὸν καὶ οἰκεῖον τέλος sicherte (Plut. gen. Socr. 16, 585 E, vgl. Boyancé, Culte des Muses, 133 ff.; Nioradze, Schamanismus, 103 f.). Dieser Ritus kann durchaus das Modell für die wohldurchdachten und ungewöhnlichen Vorschriften gewesen sein, die in den ›Gesetzen‹ für das Begräbnis der εὔθυνοι niedergelegt sind (947 B—E, vgl. O. Reverdin, La Religion de la cité platonicienne, 125 ff.). Zur viel erörterten Frage, ob Platon selbst nach seinem Tode Verehrung als Gott (oder Dämon) erfahren habe, vgl. Wilamowitz, Aristoteles und Athen, II 413 ff.; Boyancé, op. cit., 250 ff.; Reverdin, op. cit., 139 ff.; dagegen Jaeger, Aristotle, 108 f.; Festugière, Le Dieu cosmique, 219 f.

[10] Pol. 428 E—429 A, cf. Phaidon 69 C.
[11] Phaidon 82 AB, Pol. 500 D und die Stellen, die unten aus dem ›Philebos‹ und den ›Gesetzen‹ angeführt werden.
[12] Politikos 297 DE, 301 DE; cf. Gesetze 739 DE.
[13] Philebos 21 DE.
[14] Pol. 486 A.
[15] Gesetze 663 B; cf. 733 A.
[16] Ebd. 663 D.
[17] Ebd. 653 B: ὀρθῶς εἰθίσθαι ὑπὸ τῶν προσηκόντων ἐθῶν.
[18] Ebd. 664 A.
[19] Apol. 38 A. Hackforth hat den Beweis zu erbringen versucht (CR 59 [1945] 1 ff.), daß Platon sein ganzes Leben hindurch dieser Maxime treu geblieben sei. Aber obwohl er gewiß bis zur Abfassungszeit des ›Sophistes‹ (230 C—E) diese Überzeugung wenigstens nach außen hin vertrat, kann ich mich der Folgerung nicht entziehen, daß die Erziehungspolitik der ›Politeia‹ und noch deutlicher die der ›Gesetze‹ in Wirklichkeit auf ganz anderen Voraussetzungen aufruht. Platon hätte sich niemals eingestehen können, daß er ein sokratisches Prinzip aufgegeben habe; das hielt ihn jedoch nicht davon ab, solches zu tun. Sokrates' θεραπεία ψυχῆς setzt sicherlich Achtung vor der menschlichen Seele als solcher voraus; das Verfahren der Suggestion und andere Beeinflussungsarten, die in den ›Gesetzen‹ empfohlen werden, scheinen mir genau das Gegenteil zu besagen.
[20] In den ›Gesetzen‹ werden ἐπῳδή und verwandte Wörter fortwährend in diesem metaphorischen Sinn gebraucht (659 E. 664 B. 665 C. 666 C. 670 E. 773 D. 812 C. 903 B. 944 B). Cf. Kallikles' abschätzigen Gebrauch dieses Wortes, Gorg. 484 A. Seine Anwendung im ›Charmides‹ (157 A—C) ist bezeichnender Weise anders: Dort entfaltet sich der „Zaubergesang" zu einem sokratischen Kreuzverhör. Im ›Phaidon‹ aber, wo der Mythos eine ἐπῳδή ist (114 D, cf. 77 E—78 A), bekommt man schon eine Ahnung von der Rolle, welche die ἐπῳδαί in den ›Gesetzen‹ spielen sollten. Vgl. Boyancés interessante Erörterung, Culte des Muses, 155 ff.
[21] Tim. 86 DE; Gesetze 731 C. 860 D.
[22] Vgl. oben, Kap. VI, S. 97 f.
[23] Phaidon 67 A: καθαροὶ ἀπαλλαττόμενοι τῆς τοῦ σώματος ἀφροσύνης. Cf. 66 C: τὸ σῶμα καὶ αἱ τούτου ἐπιθυμίαι, 94 E: ἄγεσθαι ὑπὸ τῶν τοῦ σώματος παθημάτων, Krat. 414 A: καθαρὰ πάντων τῶν περὶ τὸ σῶμα κακῶν καὶ ἐπιθυμίων. Zum ›Phaidon‹ hat Festugière sich kürzlich geäußert (Rev. de Phil. 22 [1948] 101):

«le corps, c'est le mal, et c'est tout le mal.» Diese Lehre Platons ist das wichtigste Bindeglied zwischen der griechischen „schamanistischen" Tradition und der Gnostik.

[24] Für eine ausführlichere Darstellung der einheitlichen und der dreigeteilten Seele in Platons Werk vgl. G. M. A. Grube, Plato's Thought, 129—149, wo die Bedeutung des στάσις-Begriffes, „eines der erregendsten modernen Gedanken der platonischen Philosophie", mit Recht betont wird. Abgesehen von der Begründung, die oben im Text gegeben wird, ist die Ausweitung des Begriffsumfangs von ψυχή, der dann die gesamte menschliche Tätigkeit umfaßt, zweifellos mit Platons späterer Ansicht verbunden, daß ψυχή der Ursprung aller Bewegung ist, der schlechten sowohl wie der guten (cf. Tim. 89 E: τρία τριχῇ ψυχῆς ἐν ἡμῖν εἴδη κατῴκισται, τυγχάνει δὲ ἕκαστον κινήσεις ἔχον, Gesetze 896 D: τῶν τε ἀγαθῶν αἰτίαν εἶναι ψυχὴν καὶ τῶν κακῶν). In den ›Gesetzen‹ (896 E) wird eine irrationale und möglicherweise böse zweitrangige Seele dem Kosmos zugeschrieben; vgl. dazu Wilamowitz, Platon, II 315 ff., und die sehr ausführliche und saubere Diskussion dieser Stelle bei Simone Pétrement, Le Dualisme chez Platon, les Gnostiques et les Manichéens (1947), 64 ff. Meine eigene Meinung habe kurz dargestellt in JHS 65 (1945) 21.

[25] Phaidon 94 DE; Pol. 441 BC.

[26] Pol. 485 D: ὥσπερ ῥεῦμα ἐκεῖσε ἀπωχετευμένον. Grube, loc. cit., hat die Aufmerksamkeit auf die Bedeutung dieser und anderer Stellen aus der ›Politeia‹ gelenkt, die voraussetzen, daß „das Ziel nicht Verdrängung, sondern Sublimierung ist". Aber Platons Voraussetzungen sind natürlich sehr verschieden von den Freudschen, wie Cornford in einer ausgezeichneten Abhandlung über den platonischen Eros gezeigt hat (The Unwritten Philosophy, 78 f.).

[27] Pol. 439 E. Cf. 351 E—352 A. 554 D. 486 E. 603 D.

[28] Soph. 227 D—228 E. Cf. auch Phaidr. 237 D—238 B und Gesetze 863 A—864 B.

[29] ἔκ τινος διαφθορᾶς διαφοράν (so Burnet, nach der indirekten Überlieferung bei Galen).

[30] Erste Hinweise auf eine Annäherung an diesen Standpunkt wird man im ›Gorgias‹ (482 BC. 493 A) finden können. Aber ich kann nicht glauben, daß Sokrates oder Platon diese Ansicht schon endgültig ausformuliert haben von den Pythagoreern übernommen haben, wie Burnet und Taylor vermutet haben. Die einheitliche Seele des ›Phaidon‹ stammt (mit veränderter Bedeutung) aus der pythagoreischen Tradition. Die Zeugnisse für die dreigeteilte sind hier spät und kaum stichhaltig. Vgl. W. Jaeger, Nemesios von Emesa, 63 ff.; Field, Platon and his Contemporaries, 183 f.; Grube, op. cit., 133. Platons Anerkennung eines irrationalen Elements in der Seele wurde in der peripatetischen Schule als Zeichen für einen wichtigen Fortschritt über den sokratischen Intellektualismus hinaus gewertet (Magna Moralia 1, 1, 1182 a 15 ff.); und seine Ansichten von der Schulung der irrationalen Seele, welche nur einem irrationalen ἐθισμός entsprechen kann, wird später von Poseidonios wieder angeführt in seiner Polemik gegen den Intellektualisten Chrysippos (Galen, de placitis Hippocratis et Platonis, p. 466 f. Kühn, cf. 424 f.). Vgl. unten, Kap. VIII, S. 125 f.

[31] Tim. 90 A. Cf. Krat. 398 C. Platon erklärt nicht, was mit diesem Begriff alles gemeint ist. Zur Bedeutung, die das Wort für ihn vermutlich gehabt hat, vgl.

L. Robin, La Théorie platonicienne de l'amour, 145 ff., und V. Goldschmidt, La Religion de Platon, 107 ff. Weil die irrationale Seele sterblich ist, ist sie kein δαίμων; aber die ›Gesetze‹ scheinen anzudeuten, daß der „himmlische" δαίμων in der „titanischen Natur" ein böses dämonisches Gegenbild hat; sie ist die vererbte Wurzel aller Schlechtigkeit des Menschen (701 C. 854 B: vgl. Kap. V, Anm. 132. 133).

[32] Tim. 69 C. Im Politikos, 309 C, hatte Platon auf die zwei Elemente im Menschen hingewiesen, auf τὸ ἀειγενὲς ὂν τῆς ψυχῆς μέρος und auf τὸ ζῳογενές. Das bedeutet zugleich, daß das zuletzt genannte sterblich ist. Aber diese Elemente sind dort noch immer Teile der einen Seele. Im ›Timaios‹ wird von ihnen gewöhnlich als von verschiedenen „Arten" der Seele gesprochen, die verschiedene Ursprünge haben. Die niederen „Arten" sind von dem göttlichen Element abgeschlossen, damit sie es nicht beflecken, „ausgenommen das unumgänglich notwendige Minimum" (69 D). Wenn wir diese Ausdrucksweise wörtlich nehmen sollen, ist die Einheit der Person tatsächlich aufgegeben. Man vgl. jedoch Gesetze 863 B, wo die Frage offenbleibt, ob θυμός ein πάθος oder ein μέρος der Seele ist, und Tim. 91 E, wo der Begriff μέρη gebraucht wird.

[33] Xen. Kyrup. 6, 1, 41. Xenophons erfundener Perser ist zweifellos ein zoroastrischer Dualist. Das nötigt aber nicht zu der Annahme, daß die Psychologie des ›Timaios‹ (in dem die irrationale Seele als erziehbar gedacht ist und deshalb nicht unheilbar verdorben sein kann) zoroastrischen Quellen entlehnt sei. Sie hat griechische Vorläufer in der archaischen Lehre vom innewohnenden δαίμων (Kap. II, S. 29 f.) und in der Unterscheidung, die Empedokles zwischen δαίμων und ψυχή macht (Kap. V, S. 88); Platons Übernahme dieser Anschauung läßt sich mit Begriffen erläutern, die auch die Entwicklung seines eigenen Denkens bezeichnen. Allgemein zur Frage des orientalischen Einflusses in Platons spätem Denken habe ich etwas in JHS 65 (1945) gesagt. Seitdem ist das Problem ausführlich erörtert worden von Jula Kerschensteiner, Plato u. d. Orient (Diss. München, 1945); von Simone Pétrement, Le Dualisme chez Platon; und von Festugière in einem wichtigen Aufsatz: Platon et l'Orient, Rev. de Phil. 21 (1947) 5 ff. Hinsichtlich der Vermutung, daß Platons Dualismus zoroastrischen Ursprungs sei, äußern sich alle drei Autoren negativ.

[34] Gesetze 644 DE. Den Keim für diese Vorstellung kann man schon im Ion finden, wo gesagt wird, daß Gott, indem er durch inspirierte Dichter auf die Leidenschaften einwirkt, ἕλκει τὴν ψυχὴν ὅποι ἂν βούληται τῶν ἀνθρώπων (536 A), obwohl dort das Bild von einem Magneten gebraucht wird. Cf. auch Gesetze 903 D, wo Gott „der Spieler" (πεττευτής) ist und die Menschen seine Pfänder sind.

[35] Gesetze, 803 B—804 B.
[36] Ebd. 713 CD.
[37] Ebd. 716 C.
[38] Ebd. 902 B. 906 A; cf. Kritias, 109 B.
[39] Ebd. 716 A. Zur Bedeutung von ταπεινός cf. z. B. 774 C, δουλεία ταπεινὴ καὶ ἀνελεύθερος. ταπεινός gegenüber den Göttern zu sein, galt für Plutarch als Zeichen des Aberglaubens (*non posse suaviter*, 1101 E); ebenso urteilte Maximos von Tyros (14, 7 Hob.) und wahrscheinlich wohl fast alle Griechen.

⁴⁰ Ebd. 486 A; cf. Theait. 173 C—E; Aristot. E. N. 1123 b 32.
⁴¹ Menon 100 A; Phaidon 62 B.
⁴² Phaidon 81 E—82 B.
⁴³ Plotin, Enn. 6, 7, 6: μεταλαβούσης δὲ θηρεῖον σῶμα θαυμάζεται πῶς, λόγος οὖσα ἀνθρώπου. Cf. ebd. 1, 1, 11; Alex. Aphrod. de anima p. 27 Br. (Suppl. Arist. II 1); Porphyrios apud Aug., Civ. Dei, 10, 30; Iamblichos apud Nemes. nat. hom. 2 (PG 40, 584 A); Proklos, in Tim. III 294, 22 ff. Die Vorstellung von der Wiederverkörperung in Tieren wurde tatsächlich von dem okkulten Ich der Pythagoreer auf die rationale ψυχή übertragen, auf die sie aber nicht anwendbar war; vgl. Rostagni, Il Verbo di Pitagora, 118.

⁴⁴ Gesetze 942 AB: „Die Hauptsache aber ist, daß niemand, weder Mann noch Weib, jemals ohne einen Vorgesetzten ist und niemand sich angewöhne, weder im Ernst noch im Scherz, etwas aus eigener Verantwortung heraus zu unternehmen. Im Frieden wie Krieg muß er so leben, daß er stets seine Augen auf seinen Vorgesetzten gerichtet hält, seiner Führung folgt und sich auch bei den unbedeutendsten Handlungen von ihm leiten läßt.... mit einem Wort: Wir müssen die Seele dahin bringen, daß sie das Handeln als Individuum nicht einmal in Erwägung zieht oder weiß, wie es auszuführen wäre."

⁴⁵ Zur weiteren Entwicklung des Gedankens von der Bedeutungslosigkeit der ἀνθρώπινα vgl. Festugière in Eranos 44 (1946) 376 ff. Mensch als Puppe: M. Ant. 7. 3 und Plot. Enn. 3, 2, 15 (I, 244, 26 Volk.).

⁴⁶ Apol. 22 C, Dichter und inspirierte Seher λέγουσι μὲν πολλὰ καὶ καλά, ἴσασιν δ' οὐδὲν ὧν λέγουσι. Dasselbe wird von Politikern und Sehern gesagt, Menon 99 CD; von Dichtern, Ion 533 E—534 D; von Sehern, Tim. 72 A.

⁴⁷ Laches 198 E; Charm. 173 C.

⁴⁸ Die Kritik an der Dichtung in der ›Politeia‹ wird gewöhnlich eher für platonisch als für sokratisch gehalten. Aber die Ansicht, daß die Dichtung von irrationaler Art sei, findet sich schon in der Apologie (s. o., Anm. 46). Von dieser Ansicht hängt die Kritik der Politeia ab.

⁴⁹ Kap. VI, S. 97 f.

⁵⁰ Phaidros 244 CD; Tim. 72 B.

⁵¹ Vgl. R. G. Collingwood, Plato's Philosophy of Art, Mind N. S. 34 (1925) 154 ff.; E. Fascher, Προφήτης, 66 ff.; Jeanne Croissant, Aristote et les mystères, 14 ff.; A. Delatte, Les Conceptions de l'enthousiasme, 57 ff.; P. Boyancé, Le Culte des Muses, 177 ff.; W. J. Verdenius, L'Ion de Platon, Mnem. 1943, 233 ff., und Platon et la poésie, Mnem. 1944, 118 ff.; I. M. Linforth, The Corybantic Rites in Plato, Univ. Calif. Publ. Class. Philol. 13 (1946) 160 ff. Einige dieser Kritiken möchten Platons religiöser Sprache jegliches religiöse Gefühl absprechen: Sie ist „nichts anderes als ein hübsches Kleid, in das er seine Gedanken hüllt" (Croissant); „die Kunst eine göttliche Macht oder eine Inspiration zu nennen, heißt lediglich, sie ein *je ne sais quoi* zu nennen" (Collingwood). Hier scheint mir wenigstens teilweise Platons Absicht verkannt zu werden. Andererseits scheinen diejenigen, die wie Boyancé diese Ausdrucksweise wortwörtlich verstehen, den ironischen Unterton zu überhören, der an Stellen wie Menon 99 CD offenkundig ist und auch an anderen Stellen gehört werden mag.

Siebentes Kapitel: Anmerkungen 40—63

[52] Phaidr. 244 A: μανίας θεία δόσει διδομένης.

[53] Vgl. Kap. III, S. 51 f.

[54] Gesetze 719 C, der Dichter οἷον κρήνη τις τὸ ἐπιὸν ῥεῖν ἑτοίμως ἐᾷ.

[55] Symp. 202 E: διὰ τούτου (sc. τοῦ δαιμονίου) καὶ ἡ μαντικὴ πᾶσα χωρεῖ καὶ ἡ τῶν ἱερέων τέχνη τῶν τε περὶ τὰς θυσίας καὶ τελετὰς καὶ τὰς ἐπῳδὰς καὶ τὴν μαντείαν πᾶσαν καὶ γοητείαν.

[56] In der „Abstufung der Lebensformen", Phaidr. 248 D, rangieren der μάντις oder τελεστής und der Dichter an fünfter bzw. sechster Stelle, noch unter dem Geschäftsmann und dem Athleten. Zu Platons Meinung von den μάντεις cf. auch Politikos 290 CD; Gesetze 908 D. Trotzdem erhalten sowohl die μάντεις als auch die Dichter in seinem letzten Entwurf einer reformierten Gesellschaft (Gesetze 660 A. 828 B) ihre, wenn auch untergeordnete, Funktion. Uns wird auch von einem μάντις berichtet, der unter Platons Leitung in der Akademie studiert habe (Plut. Dion. 22).

[57] Kap. II, S. 28 f.; Kap. VI, S. 97 ff. Vgl. Taylor, Plato, 65: „In der griechischen Literatur der großen Zeit ist Eros ein Gott, vor dem man zurückschreckt wegen der Verheerungen, die er im menschlichen Leben anrichtet, den man nicht begehrt wegen der Segnungen, die er bringt; ein Tiger ist er, kein Kätzchen, mit dem man spielt."

[58] Phaidr. 249 E, der erotische Wahnsinn ist πασῶν τῶν ἐνθουσιάσεων ἀρίστη.

[59] Diese religiöse Sprache schließt jedoch für Platon nicht aus, daß er das Hingezogensein der Liebe in mechanischer Weise erklärt — vielleicht von Empedokles oder Demokrit beeinflußt —, indem er physische „Emanationen" aus den Augen des Geliebten annimmt, die unter Unständen auf ihren Urheber zurückgeworfen werden können (Phaidr. 251 B. 255 CD). Man vergleiche die mechanistische Erklärung der durch die korybantischen Riten hervorgerufenen Katharsis, Gesetze 791 A (die von Delatte und Croissant auf Demokrit, von Boyancé auf Pythagoras zurückgeführt wird, aber durchaus von Platon selber gefunden sein kann).

[60] Eros hat als δαίμων vor allem die Aufgabe, das Menschliche mit dem Göttlichen zu verbinden, ὥστε τὸ πᾶν αὐτὸ αὑτῷ συνδεδέσθαι (Symp. 202 E). In Übereinstimmung mit dieser Funktion sieht Platon in den sexuellen und nichtsexuellen Manifestationen des Eros Ausdrucksformen desselben Urtriebes zum τόκος ἐν καλῷ — eine Wendung, die für ihn ein tiefverwurzeltes organisches Gesetz bezeichnet. Vgl. I. Bruns, Attische Liebestheorien, NJbb 1900, 17 ff., und Grube, op. cit., 115.

[61] Symp. 207 AB.

[62] Es ist bedeutsam, daß das Thema der Unsterblichkeit (im gewöhnlichen platonischen Sinne) seit dem ›Symposion‹ vollständig fehlt; und daß im ›Phaidros‹, wo eine Art von Integration versucht wird, diese nur erreicht werden kann auf der Ebene des Mythos und nur unter Aufgabe der Fortdauer der irrationalen Seele nach dem Tode und der Beibehaltung des physischen Verlangens im entkörperten Zustand.

[63] Für die Ausführungen auf den folgenden Seiten bin ich vor allem der ausgezeichneten Monographie von O. Reverdin verpflichtet, La Religion de la cité platonicienne (Travaux de l'École Française d'Athènes, Fasc. VI 1945), die durch

den Umstand, daß der Verfasser einen von meinem eigenen sehr verschiedenen religiösen Standpunkt einnimmt, nichts an Wert einbüßt.

[64] Gesetze 717 AB. Cf. 738 D: Jedes Dorf soll seine Lokalgottheit haben, δαίμων oder Heros, wie es wahrscheinlich jedes attische Dorf auch tatsächlich gehabt hat (Ferguson, Harv. Theol. Rev. 37 [1944] 128 ff.).

[65] Ebd. 904 A, οἱ κατὰ νόμον ὄντες θεοί (cf. 885 B und, wenn der Text nicht korrupt ist, 891 E).

[66] Krat. 400 D; Phaidr. 246 C. Cf. auch Kritias 107 AB; Epin. 984 D (wo der Ton eindeutig abschätzig ist). Wer wie Reverdin (op. cit., 53) Platon einen warmherzigen, persönlichen Glauben an die traditionellen Götter zuspricht, weil er ihren Kult beschreibt und an keiner Stelle ausdrücklich ihre Existenz verneint, scheint mir die Kompromisse nicht genügend zu berücksichtigen, die bei jedem einigermaßen praktikablen Entwurf für eine religiöse Reform unabdingbar sind. Die Massen vollkommen von den überlieferten Glaubensvorstellungen abzubringen, würde — wenn es möglich gewesen wäre — nach Platons Ansicht sich unheilvoll ausgewirkt haben, und kein Reformer kann für sich selbst offen verwerfen, was er anderen vorschreiben möchte. Vgl. ferner meine Bemerkungen im JHS 65 (1945) 22 f.

[67] Tim. 28 C. Zur viel erörterten Frage nach Platons Gottesvorstellung vgl. besonders Diès, Autour de Platon, 523 ff.; Festugière, L'Idéal religieux des Grecs et l'Évangile, 172 ff.; Hackforth, Plato's Theism, CQ 30 (1936) 4 ff.; F. Solmsen, Plato's Theology (Cornell, 1942). Ich habe meine eigene Ansicht darzustellen versucht im JHS 65 (1945) 23.

[68] Die Himmelskörper sind überall die natürlichen Repräsentanten oder Symbole von dem, was Christopher Dawson „das transzendente Element der äußeren Wirklichkeit" nennt (Religion and Culture, 29). Cf. Apol. 26 D, wo berichtet wird, daß „jedermann", Sokrates eingeschlossen, an die Sonne und den Mond als Götter glaubt; und Krat. 397 CD, wo die Himmelskörper dargestellt werden als die ursprünglichen Götter Griechenlands. Im vierten Jahrhundert aber, wie wir aus Epinomis 982 D lernen können, begann dieser Glaube vor der popularisierten Form der mechanistischen Erklärung zu verblassen (cf. Gesetze 967 A; Epin. 983 C). Sein Wiederaufleben in hellenistischer Zeit ging in nicht geringem Maße auf Platon selbst zurück.

[69] Zur Frage der Beseelung (im Gegensatz zur Kontrolle von außen) vgl. Gesetze 898 E—899 A; Epin. 983 C. Beseelung war zweifellos die populäre Theorie und sollte in der kommenden Zeit vorherrschen; aber Plato trifft keine Entscheidung (die Sterne sind entweder θεοί oder θεῶν εἰκόνες ὡς ἀγάλματα, θεῶν αὐτῶν ἐργασαμένων, Epin. 983 E; zur letzten Ansicht cf. Tim. 37 C).

[70] Gesetze 821 B—D. An sich war das Gebet an die Sonne der griechischen Überlieferung nicht fremd: Sokrates betet zu ihr bei ihrem Aufgang (Symp. 220 D), und eine Person in einem verlorenen Stück des Sophokles betet: ἥλιος, οἰκτείρειέ με, / ὃν οἱ σοφοὶ λέγουσι γεννητὴν θεῶν / καὶ πατέρα πάντων (Fr. 752 P.). An einer anderen Stelle in den ›Gesetzen‹ (887 D) spricht Platon von den προκυλίσεις ἅμα καὶ προσκυνήσεις Ἑλλήνων τε καὶ βαρβάρων beim Auf- und Untergang von Sonne und Mond. Festugière hat ihn beschuldigt, er stelle die Fakten hier falsch dar: « ni l'objet de culte ni le geste d'adoration ne sont grecs: ils sont barbares.

Siebentes Kapitel: Anmerkungen 63—77 253

Il s'agit de l'astrologie chaldéenne et de la προσκύνησις en usage à Babylone et chez les Perses» (Rev. de Phil. 21 [1947] 23). Aber wenn wir auch zugeben wollen, daß die προκυλίσεις und vielleicht der Mondkult eher barbarisch als griechisch sind, scheint Platons Feststellung doch hinreichend gerechtfertigt durch Hesiods Vorschrift, Gebet und Opfer bei Sonnenauf- und -untergang darzubringen (Erga 338 f.) und durch Aristoph., Plut. 77: καὶ προσκυνῶ γε πρῶτα μὲν τὸν ἥλιον, κτλ. Trotzdem scheinen die Vorschläge der ›Gesetze‹ den Himmelskörpern eine religiöse Bedeutung zu verleihen, die ihnen im gewöhnlichen Kult der Griechen mangelt, obwohl es in Teilbereichen Vorbilder im Denken und in der Gepflogenheit der Pythagoreer gegeben haben mag (vgl. Kap. VIII, Anm. 68). In der ›Epinomis‹ — die ich nun entweder für Platons eigenes Werk oder für ein aus seinem Nachlaß zusammengestelltes halten möchte — stoßen wir auf etwas, das mit Sicherheit orientalischer Herkunft ist und auch als solches freimütig dargestellt wird, die Anregung für eine *staatliche* Verehrung der *Planeten*.

[71] Gesetze 946 BC. 947 A. Diese Zuordnung und Weihung der Priester ist kein bloß formaler Akt: Die εὔθυνοι sollen wirklich in dem τέμενος des gemeinsamen Heiligtums stehen (946 CD). Man kann noch hinzufügen, daß der Vorschlag, einen Hohen Priester (ἀρχιερεύς) einzusetzen, eine Neuerung zu sein scheint; jedenfalls ist die Bezeichnung vor hellenistischer Zeit nirgendwo belegt (Reverdin, op. cit., 61 f.). Vermutlich äußert sich hier Platons Empfinden von der Notwendigkeit, das religiöse Leben der griechischen Gemeinden straffer zu organisieren. Der Hohe Priester soll jedoch, wie die anderen Priester auch, ein Laie sein und sein Amt nur für ein Jahr bekleiden. Platon entwickelt nicht die Vorstellung von einem Berufspriestertum und würde es auch meiner Meinung nach verworfen haben, weil es die Tendenz enthalten könnte, die Einheit der „Kirche" und des Staates, des religiösen und politischen Lebens zu schwächen.

[72] Vgl. Festugière, Le Dieu cosmique (= Le Révélation d'Hermès, II, Paris, 1949); und unten, Kap. VIII, S. 126 f.

[73] Göttlicher φθόνος wird ausdrücklich abgelehnt, Phaidr. 247 A; Tim. 29 E (und Aristot. Met. 983 a 2).

[74] Vgl. Kap. II, Anm. 32.

[75] Gesetze 903 B, ἐπῳδῶν μύθων: cf. 872 E, wo die Lehre von der Vergeltung in zukünftigen Erdenleben μῦθος ἢ λόγος ἢ ὅ τι χρὴ προσαγορεύειν αὐτό genannt wird, und L. Edelstein, The Function of the Myth in Plato's Philosophy, Journal of the History of Ideas 10 (1949) 463 ff.

[76] Ebd. 904 C—905 D; cf. auch 728 BC, und die Entwicklung, die Plotin dieser Idee gibt, Enn. 4, 3, 24.

[77] 904 D: Ἅιδην τε καὶ τὰ τούτων ἐχόμενα τῶν ὀνομάτων ἐπονομάζοντες σφόδρα φοβοῦνται καὶ ὀνειροπολοῦσιν ζῶντες διαλυθέντες τε τῶν σωμάτων. Platons Ausdrucksweise an dieser Stelle (ὀνομάτων, ὀνειροπολοῦσιν) läßt vermuten, daß die volkstümlichen Vorstellungen von der Unterwelt nur noch symbolische Bedeutung haben. Aber die letzten Wörter des Satzes sind rätselhaft: Sie können schwerlich bedeuten „wenn man sich im Schlaf oder in der Trance befindet" (England), weil sie in Antithese zu ζῶντες stehen, scheinen aber zu behaupten, daß die Furcht vor dem Hades auch nach dem Tode noch andauert. Möchte Platon vielleicht

darauf hindeuten, daß das Erleben dieser Furcht — die ja aus einem schuldbewußten Gewissen resultiert — schon bedeutet, im Hades zu sein? Das würde mit der allgemeinen Lehre übereinstimmen, die er vom ›Gorgias‹ an verkündet, daß die Untat die Strafe in sich enthält.

[78] 903 CD. 905 B. Zur Bedeutung dieses Standpunktes vgl. Festugière, La Sainteté, 60 ff., und V. Goldschmidt, La Religion de Platon, 101 f. Er wurde einer der Gemeinplätze der Stoa, z. B. Chrysippos apud Plut. Sto. rep. 44, 1054 F; M. Ant. 6, 45, und findet sich bei Plotin wieder, z. B. Enn. 3, 2, 14. Die Menschen leben im Kosmos wie Mäuse in einem großen Haus und genießen Pracht und Herrlichkeit, welche nicht für sie bestimmt sind (Cic. nat. deor. 2, 17).

[79] Euthyphron, 14 E. Cf. Gesetze 716 E—717 A.

[80] Pol. 364 B—365 A; Gesetze 909 B (cf. 908 D). Die wörtlichen Anklänge an den beiden Stellen reichen, glaube ich, aus, um zu zeigen, daß Platon dieselbe Personengruppe im Blick hat (Thomas, 'Επέκεινα, 30, Reverdin, op. cit., 226).

[81] Pol. 364 E: πείθοντες οὐ μόνον ἰδιώτας ἀλλὰ καὶ πόλεις (cf. 366 AB, αἱ μέγισται πόλεις), Gesetze 909 B: ἰδιώτας τε καὶ ὅλας οἰκίας καὶ πόλεις χρημάτων χάριν ἐπιχειρῶσιν κατ' ἄκρας ἐξαιρεῖν. Platon kann dabei berühmte historische Beispiele im Sinne gehabt haben wie die Reinigung Athens durch Epimenides (erwähnt Gesetze 642 D, wo der respektvolle Ton der Rolle des kretischen Sprechers entgegenkommt) oder die Spartas durch Thaletas: Vgl. Festugière, REG 51 (1938) 197. Boyancé, REG 55 (1942) 232, hat dem entgegengehalten, daß sich Epimenides um das Jenseits nicht gekümmert habe. Das ist aber nur mit Diels' Annahme richtig, die ihm zugeschriebenen Schriften seien „orphische" Fälschungen — eine Annahme, die Platon höchstwahrscheinlich nicht gemacht hat, mag sie nun richtig sein oder nicht.

[82] Ich kann kaum daran glauben — wie es noch viele tun im Hinblick auf die Geschichte von Musaios und seinem Sohn, Pol. 363 C —, daß Platon beabsichtigt hat, die offiziellen Eleusinischen Mysterien zu verdammen: Vgl. Nilsson, Harv. Theol. Rev. 28 (1935) 208 f., und Festugière, loc. cit. Sicherlich kann es nicht in seiner Absicht gelegen haben, in den ›Gesetzen‹ anzuregen, daß man die eleusinische Priesterschaft vor Gericht stellen sollte wegen eines Vergehens, das er für schlimmer hält als Gottlosigkeit (907 B). Andererseits rechtfertigt die Stelle aus der ›Politeia‹ keine Beschränkung der platonischen Verurteilung auf „orphische" Bücher und Praktiken, obwohl diese sicherlich eingeschlossen waren. Die Parallelstelle in den ›Gesetzen‹ erwähnt Orpheus überhaupt nicht.

[83] Vgl. oben, Anm. 6.

[84] Pol. 427 BC; Gesetze 738 BC. 759 C.

[85] Es soll damit nicht angedeutet sein, daß für Platon die Apollon-Religion einfach eine fromme Lüge sei, eine Fiktion, die ihrer sozialen Nützlichkeit zuliebe aufrechtgehalten wird. Eher reflektiert oder symbolisiert sie religiöse Wahrheit auf der Ebene der εἰκασία, wo sie vom Volk begriffen werden kann. Platons Universum war ein gegliedertes. So wie er an verschiedene Stufen der Wahrheit und Wirklichkeit glaubte, so glaubte er auch an graduelle Unterschiede bei der religiösen Erkenntnis. Vgl. Reverdin, op. cit. 243 ff.

[86] Gesetze 873 E. Eine Befleckung zieht man sich zu in allen Fällen von Mord,

selbst bei unfreiwilligem (865 CD) oder Selbstmord (873 D). Sie verlangt eine κάθαρσις, die von den delphischen ἐξηγηταί vorgeschrieben werden soll. Die ansteckende Wirkung eines μίασμα wird innerhalb gewisser Grenzen anerkannt (881 DE, cf. 916 C und Kap. II, Anm. 43).

[87] Gesetze 907 D—909 D. Diejenigen, deren irreligiöse Lehre noch durch asoziales Verhalten verschärft wird, sollen mit lebenslänglicher Einzelhaft (909 BC) in unfreundlicher Umgebung (908 A) verurteilt werden. Platon hält dieses Schicksal mit Recht für schlimmer als den Tod (908 E). Schwerwiegende *rituelle* Verstöße, wie z. B. einem Gott im Zustand der Unreinheit ein Opfer darbringen, müssen mit dem Tode bestraft werden (910 CE), wie es in Athen Sitte war. Verteidigt wird diese Maßnahme mit der alten Begründung, daß solche Handlungen den Zorn der Götter auf die ganze Stadt herabrufen (910 B).

[88] Ebd. 967 BC, „bestimmte Leute", die sich früher Schwierigkeiten bereitet haben mit der Behauptung, die Himmelskörper seien nur „eine Masse von Steinen und Erde", haben nur sich selbst deswegen Vorwürfe zu machen. Aber die Meinung, daß Astronomie eine gefährliche Wissenschaft sei, ist jetzt, dank der modernen Erfindungen, überholt und veraltet (967 A); manches oberflächliche Wissen in diesem Bereich gilt tatsächlich als notwendiger Teil der religiösen Erziehung (967 D—968 A).

[89] Cornford hat überzeugend auf die Parallelität aufmerksam gemacht, die zwischen Platons Stellung und der des Großinquisitors in den ›Brüdern Karamasow‹ herrscht (The Unwritten Philosophy, 66 f.).

[90] Cf. Gesetze 885 D: οὐκ ἐπὶ τὸ μὴ δρᾶν τὰ ἄδικα τρεπόμεθα οἱ πλεῖστοι, δράσαντες δ᾽ ἐξακεῖσθαι πειρώμεθα, und 888 B: μέγιστον δὲ … τὸ περὶ τοὺς θεοὺς ὀρθῶς διανοηθέντα ζῆν καλῶς ἢ μή. Von der weiten Verbreitung des Materialismus zeugt 891 B.

Achtes Kapitel

[1] Eine vollkommen „offene" Gesellschaft, so wie ich den Ausdruck verstehe, würde eine Gesellschaft sein, deren Verhaltensweisen gänzlich bestimmt wären durch eine rational begründete Entscheidung zwischen möglichen Alternativen und deren Anpassungsprozesse allesamt bewußt und vorsätzlich vollzogen würden (im Gegensatz zu einer völlig „geschlossenen" Gesellschaft, in der die Anpassung unbewußt wäre und niemand darum wüßte, daß er eine Entscheidung fällt). Eine solche Gesellschaft hat es niemals gegeben, noch wird es sie jemals geben. Aber es ist zweckmäßig, von einer relativ geschlossenen und relativ offenen Gesellschaft zu sprechen, und man kann sich die Geschichte der Zivilisation in großen Zügen als die Geschichte einer Bewegung denken, die vom ersten Typ weg und in der allgemeinen Richtung auf den zweiten Typ hin führt. Vgl. K. R. Popper, The Open Society and Its Enemies (London, 1945), und den Aufsatz von Auden (unten, Anm. 2). Zur Einmaligkeit der Situation des dritten Jahrhunderts vgl. Bevan, Stoics and Sceptics, 23 ff.

[2] W. H. Auden, Criticism in a Mass Society, The Mint 2 (1948) 4. Vgl. auch Walter Lippmann, A Preface to Morals, 106 ff., zur „Last der Originalität".

[3] Vgl. S. 128 ff.

Anmerkungen

⁴ Aristoteles, E. N. 1177 b 24—1178 a 2. Cf. Fr. 61: Der Mensch ist gleichsam ein mortalis deus.

⁵ Stoicorum Veterorum Fragmenta, ed. Arnim (fortan zitiert als SVF), I 146: Ζήνων ὁ Κιτιεὺς ὁ Στωικὸς ἔφη ... δεῖν ... ἔχειν τὸ θεῖον ἐν μόνῳ τῷ νῷ, μᾶλλον δὲ θεὸν ἡγεῖσθαι τὸν νοῦν. Gott selber (oder das Göttliche selbst) ist „der wahre Grund, der alle Dinge durchdringt" (Diog. L., 7, 88, cf. SVF I 160—162). Für eine solche Auffassung gab es Vorbilder im frühen spekulativen Denken (cf. z. B. Diogenes von Apollonia, Fr. 5); aber sie erscheint jetzt zum ersten Mal als Fundament einer systematischen Theorie des Menschenlebens.

⁶ Epikur, Epist. 3, 135: ζήσεις δὲ ὡς θεὸς ἐν ἀνθρώποις. Cf. auch Sent. Vat. 33; Aelian, V. H. 4, 13 (= Fr. 602 Usener); und Lukr. 3, 322.

⁷ Aristoteles, Met. 1072 b 14: διαγωγὴ δ' ἐστὶν οἵα ἡ ἀρίστη μικρὸν χρόνον ἡμῖν.

⁸ Kap. III, S. 51 f.; Kap. IV, S. 70 f.

⁹ Vgl. auch Jaeger, Aristotle, 159 ff., 240 f., 396 f.; Boyancé, Culte des Muses, 185 ff.

¹⁰ Cic. Acad. post. 1, 38 = SVF I 199.

¹¹ Einheitlichkeit der ψυχή, SVF II 823 etc. Zenon definierte πάθος als „eine irrationale und unnatürliche Störung der Geistseele" (SVF I 205). Chrysippos ging noch weiter und identifizierte tatsächlich die πάθη mit irrigen Urteilen: SVF III 456. 461: Χρύσιππος μὲν .. ἀποδεικνύναι πειρᾶται, κρίσεις τινὰς εἶναι τοῦ λογιστικοῦ τὰ πάθη, Ζήνων δ' οὐ τὰς κρίσεις αὐτάς, ἀλλὰ τὰς ἐπιγιγνομένας αὐταῖς συστολὰς καὶ χύσεις, ἐπάρσεις τε καὶ πτώσεις τῆς ψυχῆς ἐνόμιζεν εἶναι τὰ πάθη.

¹² SVF III 444: Stoici affectus omnes, quorum impulsu animus commovetur, ex homine tollunt, cupiditatem, laetitiam, metum, maestitiam ... Haec quattuor morbos vocant, non tam natura insitos quam prava opinione susceptos: et idcirco eos censent exstirpari posse radicitus, si bonorum malorumque opinio falsa tollatur. Die Charakteristik des Weisen stammt von Tarn (Hellenistic Civilisation, 273).

¹³ Vgl. Bevans interessante Erörterung, op. cit. 66 ff.

¹⁴ In seiner Schrift ›περὶ παθῶν‹, auf die sich Galen in seinem Traktat ›De placitis Hippocratis et Platonis‹ bezieht. Vgl. Pohlenz, NJbb Supp. 24 (1898) 537 ff., und Die Stoa, I 89 ff.; Reinhardt, Poseidonios, 263 ff.; Edelstein, AJP 47 (1936) 305 ff. Es hat den Anschein, daß die falsche Einheitlichkeit der Zenonischen Psychologie schon von Panaitios modifiziert worden ist (Cicero, Off. 1. 101), aber Poseidonios hat die Revision viel weiter durchgeführt.

¹⁵ Ein kürzlich aufgefundener Traktat des Galen, in dem das Material weitgehend von Poseidonios übernommen zu sein scheint, entwickelt dieses Argument ziemlich ausführlich, indem er Unterschiede des Charakters anführt, die man an Kleinkindern und Tieren beobachten kann: Vgl. R. Walzer, New Light on Galen's Moral Philosophy, CQ 43 (1949) 82 ff.

¹⁶ Galen, ὅτι ταῖς τοῦ σώματος κράσεσιν κτλ., p. 78, 8 ff. Müller: οὐ τοίνυν οὐδὲ Ποσειδωνίῳ δοκεῖ τὴν κακίαν ἔξωθεν ἐπεισιέναι τοῖς ἀνθρώποις οὐδεμίαν ἔχουσαν ῥίζαν ἐν ταῖς ψυχαῖς ἡμῶν, ὅθεν ὁρμωμένη βλαστάνει τε καὶ αὐξάνεται, ἀλλ' αὐτὸ τοὐναντίον. καὶ γὰρ οὖν καὶ τῆς κακίας ἐν ἡμῖν αὐτοῖς σπέρμα, καὶ δεόμεθα πάντες οὐχ οὕτω τοῦ φεύγειν τοὺς πονηροὺς ὡς τοῦ διώκειν τοὺς καθαρίσοντάς τε καὶ κωλύσοντας ἡμῶν τὴν αὔξησιν τῆς κακίας. Cf. plac. Hipp. et Plat.,

p. 436, 7 ff. Müller: In seiner Behandlung der Leidenschaften (θεραπεία) folgt Poseidonios Platon, nicht Chrysippos. Es ist interessant, daß der innere Konflikt der euripideischen ›Medea‹, in dem der Dichter des fünften Jahrhunderts seinen Protest gegen die Plumpheit der rationalistischen Psychologie ausdrückte (Kap. VI, S. 98 f.), auch bei dieser Kontroverse seine Rolle spielte, indem ihn — verwunderlich genug — beide Seiten anführen (Galen, plac. Hipp. et Plat., p. 342 Müller; ebd. p. 382 = SVF III 473 am Ende).

[17] Cf. Epikur, Epist. 1, 81 f.; Sextus Emp., Pyrrh. Hyp. 1, 29.

[18] Seneca, Epist. 89, 8: nec philosophia sine virtute est nec sine philosophia virtus. Cf. den epikureischen Pap. Herc. 1251, col. XIII 6: φιλοσοφίας δι' ἧς μόνης ἔστιν ὀρθοπραγεῖν.

[19] Cf. Philodemos, de dis III, Fr. 84 Diels = Usener, Epicurea Fr. 386: der Weise πειρᾶται συνεγγίζειν αὐτῇ (sc. der göttlichen Wesensart) καὶ καθαπερεὶ γλίχεται θιγεῖν καὶ συνεῖναι.

[20] Festugière, Le Dieu cosmique, XII f.; Épicure et ses dieux, 95 ff. Gegen die Ansicht, der frühe Stoizismus repräsentiere ein Eindringen des „orientalischen Mystizismus" in das griechische Denken, vgl. Le Dieu cosmique, 266, Anm. 1, und Bevan, op. cit. 20 ff. Die Beziehung zwischen Philosophie und Religion dieser Zeit wird gut dargestellt von Wendland, Die hellenistisch-römische Kultur, 2. Aufl., 106 ff.

[21] Pyrrhon soll das Amt eines Oberpriesters bekleidet haben, Diog. L., 9. 64.

[22] SVF I 146, 264—267.

[23] SVF II 1076.

[24] Chrysippos, ebd. Eine gleiche Allegorisierung wird dem Platoniker Xenokrates zugeschrieben (Aetios, 1, 7, 30 = Xen. Fr. 15 Heinze).

[25] Vgl. W. Schubart, Die religiöse Haltung des frühen Hellenismus, Der Alte Orient 35 (1937) 22 ff.; M. Pohlenz, Kleanthes' Zeushymnus, Hermes 75 (1940) bes. 122 f. Festugière hat einen aufschlußreichen Kommentar zu Kleanthes' Hymnus geschrieben (Le Dieu cosmique, 310 ff.).

[26] Philodemos, de pietate, p. 126—128 Gomperz = Usener, Epicurea, Fr. 12. 13. 169. 387. Vgl. Festugière, Épicure et ses dieux, 86 ff.

[27] ἀνυ]πέρβλητον ἀ[σέβει]αν, Philod., ebd. p. 112. Zu Platon vgl. Kap. VII, S. 120 f. Epikur übernahm die erste und dritte Grundvoraussetzung des zehnten Buches der ›Gesetze‹, verwarf aber die zweite, weil ihm der Glaube an diese die Hauptquelle der menschlichen Unglückseligkeit zu sein schien.

[28] Epikur apud Seneca, Epist. 29, 10, der hinzufügt: idem hoc omnes tibi conclamabunt, Peripatetici, Academici, Stoici, Cynici.

[29] Bis zum Ende des fünften Jahrhunderts enthalten griechische Grabinschriften nur selten Äußerungen über das Schicksal nach dem Tode; und wenn, dann sprechen sie fast immer in Ausdrücken, die der homerischen Hadesvorstellung entsprechen (zu der auffälligsten Ausnahme, dem Epitaph von Poteidaia, vgl. Kap. V, Anm. 112). Hoffnungen auf eine persönliche Unsterblichkeit werden im vierten Jahrhundert laut — sie verbergen sich bisweilen hinter einer Sprache, welche an die Mysterien von Eleusis erinnert — und werden in der hellenistischen Zeit etwas häufiger. Es finden sich aber kaum Hinweise darauf, daß sie auf eine besondere

religiöse Lehre zurückgehen. Auf Reinkarnation wird niemals angespielt (Cumont, Lux perpetua, 206). Ausdrücklich skeptische Grabinschriften scheinen mit dem alexandrinischen Intellektualismus einzusetzen. Aber ein Mann wie Kallimachos konnte sich der Reihe nach die konventionelle (Epigr. 4 Mein.), die optimistische (Epigr. 10) oder die skeptische Ansicht (Epigr. 13) zunutze machen. Aufs Ganze gesehen gibt es in dem Belegmaterial keine Stelle, welche Aristoteles' Behauptung widerspricht, daß die meisten Leute Sterblichkeit bzw. Unsterblichkeit der Seele als eine offene Frage ansehen (Soph. Elench. 176 b 16). Zum ganzen vgl. Festugière, L'Idéal rel. des Grecs, II, Kap. V, und R. Lattimore, Themes in Greek and Latin Epitaphs, Illinois Studies, 28 (1942).

[30] Vgl. Schubarts vorsichtige Feststellung (Anm. 25, 11): „Wo in solchen Äußerungen wirklicher Glaube spricht und wo nur eine schöne Wendung klingt, das entzieht sich jedem sicheren Urteil."

[31] Athenaios, 253 D = Powell, Collectanea Alexandrina, S. 173. Die Datierung ist nicht ganz gesichert, wahrscheinlich 290 v. Chr.

[32] ἄλλοι μὲν ἢ μακρὰν γὰρ ἀπέχουσιν θεοί,
ἢ οὐκ ἔχουσιν ὦτα,
ἢ οὐκ εἴσιν, ἢ οὐ προσέχουσιν ἡμῖν οὐδὲ ἕν,
σὲ δὲ παρόνθ' ὁρῶμεν,
οὐ ξύλινον οὐδὲ λίθινον, ἀλλ' ἀληθινόν.

Ich kann nicht verstehen, wie Rostovtzeff in seinen ›Ingersoll Lecture‹ sagen kann (The Mentality of the Hellenistic World and the After-Life, Harvard Divinity School Bulletin, 1938—1939), daß hier „keine Blasphemie und keine ἀσέβεια" vorliegen könne, falls er diese Ausdrücke in ihrem überlieferten griechischen Sinn verwenden will. Und woher will er wissen, daß diese Hymne „ein Ausbruch echt religiösen Empfindens" ist? Das war nicht die Ansicht des zeitgenössischen Historikers Demochares (apud Athen. 253 A), und ich kann in den Worten nichts finden, das für sie spräche. Das Gedicht ist wahrscheinlich im Auftrag geschrieben worden (zu Demetrios' Haltung vgl. Tarn, Antigonos Gonatas, 90 f.) und könnte durchaus in der Gesinnung des Demosthenes verfaßt worden sein, der der Volksversammlung riet, „Alexander als den Sohn des Zeus — oder des Poseidon, wenn ihm das lieber ist — anzuerkennen". Demetrios als Sohn des Poseidon und der Aphrodite? Gewiß — warum denn nicht? —, vorausgesetzt, er beweist sich als solcher, indem er Frieden bringt und mit den Aitolern fertig wird.

[33] Athen. 253 F (von Duris oder Demochares?): ταῦτ' ᾖδον οἱ Μαραθωνομάχαι οὐ δημοσίᾳ μόνον, ἀλλὰ καὶ κατ' οἰκίαν.

[34] Wir stehen in dieser Hinsicht nicht allein. Das fünfte Jahrhundert „heroisierte" mit delphischer Zustimmung seine großen Athleten und gelegentlich auch seine großen Männer, vermutlich als Antwort auf ein Verlangen der öffentlichen Meinung. Dies geschah jedoch niemals vor ihrem Tode. Die gleiche Tendenz hat es wohl zu allen Zeiten und an allen Orten gegeben, aber ein ernsthafter Glaube an das Übernatürliche hielt sie in Grenzen. Die Ehren, die einem Brasidas erwiesen worden sind, verblassen vor denen, die fast jeder hellenistische König erhielt, und Hitler kam der Stellung eines Gottes näher als irgendein Eroberer der christlichen Zeit.

[35] Wenn sich das einmal als eine Gewohnheit herausgebildet hat, werden offenbar göttliche Ehren nicht selten spontan angetragen, sogar von Griechen, und in einigen Fällen zur echten Bestürzung der Empfänger, wie z. B. im Falle des Antigonos Gonatas; als er vernahm, daß man ihn als Gott bezeichne, entgegnete er trocken: „Der Mann, der mein Nachtgeschirr ausleert, hat noch nichts davon gemerkt" (Plut. Is. et Os., 24. 360 CD).

[36] Nicht nur Könige, auch private Wohltäter wurden verehrt, manchmal sogar zu ihren Lebzeiten (Tarn, Hellenistic Age, 48 f.). Und die epikureische Gepflogenheit, sich auf den Gründer als auf einen Gott zu berufen (Lukr. 5, 8, deus ille fuit, Cic., Tusc. 1, 48, eumque venerantur ut deum), wurzelt in derselben Einstellung: War denn Epikur nicht ein größerer εὐεργέτης als irgendein König? Sodann, wenn auch Platon nach seinem Tode nicht direkte göttliche Verehrung genoß (Kap. VII, Anm. 9), so hielt man ihn doch schon in den Tagen seines Neffen für einen Sohn des Apollon (Diog. L. 3, 2). Diese Tatsachen scheinen mir gegen die Ansicht von W. S. Ferguson (Amer. Hist. Rev. 18 [1912—1913] 29 ff.) zu sprechen, daß die hellenistische Herrscherverehrung im wesentlichen ein politischer Kunstgriff und nichts weiter gewesen sei. Das religiöse Element sei ein lediglich formales gewesen. Im Falle der Herrscher wurde die Verehrung des εὐεργέτης oder σωτήρ ohne Zweifel, bewußt oder unbewußt, durch die alte Auffassung von einem „königlichen *mana*" verstärkt (vgl. Weinreich, NJbb 1926, 648 f.), von der man sich wiederum vorstellen kann, daß sie auf eine unbewußte Identifikation des Königs mit dem Vater zurückgeht.

[37] Nilsson, Greek Piety (Eng. trans., 1948), 86. Zum tiefen Eindruck, den im späten vierten Jahrhundert das Vorkommen nicht voraussagbarer umwälzender Ereignisse in den Gemütern der Menschen hinterließ, vergleiche man die treffenden Worte des Demetrios von Phaleron apud Polyb. 29, 21 und Epikurs Bemerkung, daß οἱ πολλοί die τύχη für eine Göttin halten (Epist. 3, 134). Ein frühes Beispiel für tatsächlich kultische Verehrung ist die Weihung eines Altars für Αὐτοματία durch Timoleon (Plut. Timol. 36; qua quis rat. 11, 542 E). Dieser Typ einer unpersönlichen, moralisch indifferenten Macht — mit der die Neue Komödie so oft ihr Spiel getrieben hat, cf. Stob. Ekl. 1, 6 — ist in gewisser Weise verschieden von dem „Glück" eines Individuums oder einer Stadt; diese Vorstellung hat ältere Ursprünge (vgl. Kap. II, Anm. 79, 80). Die beste Studie über dieses ganze Thema findet man bei Wilamowitz, Glaube, II 298—309.

[38] A. Kardiner, The Psychological Frontiers of Society, 443. Vgl. Wilamowitz, Glaube, II 271: „Das Wort des Euripides, νόμῳ καὶ θεοὺς ἡγούμεθα, ist volle Wahrheit geworden."

[39] Zu den früheren Phasen dieser Entwicklung vgl. Nilsson, Gesch. I 760 ff.; zu ihrer Bedeutung für die hellenistische Zeit: Festugière, Épicure et ses dieux, 19.

[40] A. N. Whitehead, Religion in the Making, 6.

[41] Das Standardwerk über das hellenistische Vereinswesen ist F. Poland, Geschichte des griechischen Vereinswesens. Eine kurze englische Darstellung bietet M. N. Tod, Sidelights on Greek History, Vorlesung III. Die psychologischen Funktionen solcher Vereinigungen in einer Gesellschaft, in der die traditionellen Bin-

dungen zerrissen sind, sind gut von de Grazia, The Political Community, 144 ff. herausgestellt worden.

[42] In dieser kurzen Skizze habe ich die Lage im erst seit kurzer Zeit hellenisierten Osten nicht berücksichtigt. Dort fanden die griechischen Ankömmlinge wohlgegründete lokale Kulte nichtgriechischer Gottheiten vor, denen sie, bisweilen unter griechischen Namen, die schuldige Verehrung erwiesen. In den Ländern mit alter griechischer Kultur war der orientalische Einfluß immer noch relativ gering; weiter östlich bestanden griechische und orientalische Kultformen ohne Feindschaft nebeneinander, aber bisher offensichtlich ohne deutliche Annäherung an einen Synkretismus (vgl. Schubart, Anm. 25, 5 f.).

[43] Dittenberger, Syll., 3. Aufl., 894 (262/3 n. Chr.).

[44] IG VII 53 (4. Jh. n. Chr.).

[45] Vgl. Festugière und Fabre, Monde gréco-romain, II 86.

[46] Matthew Arnold an Grant Duff, 22. August 1879: „Aber ich lerne immer mehr die größtmögliche Langsamkeit der Dinge kennen; und daß, obwohl wir geneigt sind anzunehmen, alles ändere sich während unseres Lebens, das nicht so ist."

[47] Man kann nicht bestreiten, daß es eine organisierte und erbitterte Opposition gegen die Christianisierung des Imperiums gab. Aber sie wurde von einer kleinen Gruppe hellenisierender Intellektueller getragen, welche von einer Anzahl aktiver und konservativ gesinnter Senatoren unterstützt wurde. Bei den Massen fand die Opposition kaum Unterstützung. Zum Ganzen vgl. J. Geffcken, Der Ausgang des griechisch-römischen Heidentums (Heidelberg, 1920).

[48] Zur Vorherrschaft des Skeptizismus unter der römischen Bevölkerung cf. z. B. Cic. Tusc. 1, 48: quae est anus tam delira quae timeat ista?; Juv. 2, 149 ff.: esse aliquid Manes, et subterranea regna ... nec pueri credunt, nisi qui nondum aere lavantur; Sen. Epist. 24, 18: nemo tam puer est ut Cerberum timeat, etc. Solche rhetorischen Behandlungen sollte man jedoch nicht zu wörtlich nehmen (vgl. W. Kroll, die Religiosität in der Zeit Ciceros, NJbb 1928, 514 ff.). Andererseits besitzen wir das ausdrückliche Zeugnis des Lukian, de luctu.

[49] Für die folgenden Abschnitte bin ich vor allem Festugières Schrift verpflichtet: L'Astrologie et les sciences occultes (= La Révélation d'Hermès Trismégiste, I [Paris, 1944]); sie ist die bei weitem beste allgemeine Einführung in den antiken Okkultismus. Zur Astrologie vgl. auch Cumont, Astrology and Religion among the Greeks and Romans, und die ausgezeichnete kurze Darstellung in H. Gressmann, Die hellenistische Gestirnreligion.

[50] Murray, Five Stages of Greek Religion, Kap. IV.

[51] Hdt. 2, 82, 1. Es ist nicht völlig sicher, ob sich dieser Abschnitt auf die Astrologie bezieht.

[52] Cicero, div. 2, 87: Eudoxus, ... sic opinatur, id quod scriptum reliquit, Chaldaeis in praedictione et in notatione cuiusque vitae ex natali die minime esse credendum. Auch Platon verwirft sie, wenigstens indirekt, im Timaios 40 CD; diese Stelle ist in der Spätantike verstanden worden, als ob sie sich in besonderer Weise auf die Astrologie beziehe (vgl. Taylor zu 40 D 1), aber es ist durchaus möglich, daß Platon nur die traditionelle Ansicht der Griechen im Sinne hatte, nach der Finsternisse als Vorzeichen galten. Von den anderen Autoren des vierten Jahr-

hunderts hat wahrscheinlich Ktesias etwas über Astrologie gewußt; es gibt einige Hinweise, daß auch Demokrit Kenntnisse von ihr hatte (W. Capelle, Hermes 60 [1925] 373 ff.).

⁵³ Die Seelen der Ungeborenen nehmen den Charakter der Götter an, denen sie „folgen" (252 CD), und diese zwölf θεοὶ ἄρχοντες scheinen in den zwölf Tierkreiszeichen lokalisiert zu sein (247 A), mit denen Eudoxos sie verbunden hatte; allerdings sagt Platon dies nicht mit so vielen Worten. Platon ist, anders als die Astrologen, sorgfältig bedacht, den freien Willen zu sichern. Vgl. Bidez, Eos, 60 ff., und Festugière, Rev. de Phil. 21 (1947) 24 ff. Ich stimme mit dem letzteren darin überein, daß die „Astrologie" dieser Stelle nur ein Teil einer phantasievollen Dekoration ist. Bezeichnender Weise spricht noch Theophrast (apud Proklos, in Tim. III 151, 1 ff.) von der Astrologie, als ob sie eine nur ausländische Kunst sei. (Ob er all die Bewunderung für sie empfand, die Proklos ihm zuspricht, darf man vernünftigerweise bezweifeln.)

⁵⁴ Festugière, L'Astrologie, 76 ff. Einige Fragmente aus dem Werk des „Nechepso", die „Astrologen-Bibel" genannt, sind von Riess zusammengestellt worden (Philologus, Supp.-Band 6 [1892] 327 ff.).

⁵⁵ Cato zählt die „Chaldaei" zu dem Gesindel, vor dessen Ratschlägen sich der Gutsverwalter warnen lassen sollte (de agri cultura 5, 4). Ein wenig später, im Jahr 139 v. Chr., wurden sie zum ersten Mal aus Rom verwiesen, aber keineswegs zum letzten Mal (Val. Max. 1, 3, 3). Im darauffolgenden Jahrhundert waren sie wieder da, und von da an zählten Senatoren und Gutsverwalter zu ihren Klienten.

⁵⁶ Epikur, Epist. 1, 76 ff.; 2, 85 ff. (vgl. Festugière, Épicure et ses dieux, 102 ff.). Ein Satz in 1, 79 klingt wie eine ausdrückliche Warnung vor den Astrologen (Bailey z. St.).

⁵⁷ Diogenes von Seleukia, der „Babylonier" genannt; er starb um 152 v. Chr. Nach Cicero (div. 2, 90) ließ er einige, wenn auch nicht alle Ansprüche gelten, welche die Astrologie für sich gemacht hatte. Frühere Stoiker hatten es vielleicht nicht für nötig gehalten, eine Ansicht zu äußern, da Cicero ausdrücklich sagt, daß Panaitios (der unmittelbare Nachfolger des Diogenes) der einzige Stoiker war, der die Astrologie verworfen habe (ebd. 2, 88), während Diogenes der einzige ist, den er zu ihren Gunsten anführt. Doch vgl. SVF II 954, wo angedeutet zu sein scheint, daß Chrysippos an Horoskope geglaubt habe.

⁵⁸ Kleanthes meinte, man müsse Aristarch (wie vorher Anaxagoras und später Galilei) wegen ἀσέβεια vor Gericht stellen (Plut. de facie 6, 923 A = SVF I 500). Im dritten Jahrhundert war das nicht mehr möglich; aber es ist wahrscheinlich, daß theologische Vorurteile eine gewisse Rolle bei den Bemühungen gespielt haben, die Niederlage der heliozentrischen Auffassung zu sichern. Man vergleiche das Entsetzen, mit dem der Platoniker Derkylides von einer solchen Auffassung spricht, apud Theon Smyrn., p. 200, 7 Hiller.

⁵⁹ Cicero, div. 2, 87—99; Plot., Enn. 2, 3 und 2, 9, 13. Die Astrologen wiesen mit Genugtuung auf den schmerzvollen Tod des Plotin hin und deuteten ihn als verdiente Strafe für seine blasphemische Respektlosigkeit gegenüber den Sternen.

⁶⁰ Vgl. M. Wellmann, Die Φυσικά des Bolos, Abh. Berl. Akad., phil.-hist. Kl.,

1928; W. Kroll, Bolos und Demokritos, Hermes 69 (1934) 228 ff.; und Festugière, L'Astrologie, 196 ff., 222 ff.

⁶¹ Deshalb hielt es Epikur sogar für besser, der Volksreligion zu folgen als ein Sklave der εἱμαρμένη der Gestirne zu sein, weil diese ἀπαραίτητον ἔχει τὴν ἀνάγκην (Epist. 3, 134). Die Zwecklosigkeit des Betens wurde von orthodoxen Astrologen betont: cf. Vettius Valens, 5, 9; 6 Prooem.; 6, 1 Kroll.

⁶² Vgl. Anhang II, S. 159 ff., auch PGM I 214, XIII 612, und A. D. Nock, Conversion, 102. 288 f.

⁶³ SVF II 473 Anf.; Chrysippos behauptete, daß durch die Kraft des alles durchdringenden πνεῦμα, συμπαθές ἐστιν αὐτῷ τὸ πᾶν. Cf. auch II 912. Dies ist natürlich etwas anderes als die Lehre von bestimmten geheimnisvollen „Sympathien"; aber dadurch wurde es dem Gebildeten wahrscheinlich erleichtert, die Lehre anzunehmen.

⁶⁴ Festugière, op. cit. 199. Daher erklärt sich auch Nilssons Bemerkung, daß „die Antike nicht zu unterscheiden vermochte zwischen natürlichen und übersinnlichen Kräften" (Greek Piety, 105). Aber Ziele und Methoden des Aristoteles und seiner Schüler sind von denen der Okkultisten ebenso verschieden wie Wissenschaft und Aberglaube (vgl. Festugière, 189 ff.).

⁶⁵ Vor einer Generation gab es eine Manier, von Schmekel in seiner Philosophie der mittleren Stoa begonnen, fast jede „mystische" oder „überweltliche" oder „orientalisierende" Tendenz, die sich im späteren griechisch-römischen Denken zeigte, auf Poseidonios zurückzuführen. R. M. Jones hat diese Übertreibungen in einer wertvollen Artikelreihe in CP (1918. 1923. 1926. 1932) enthüllt. Eine vorsichtigere Darstellung des Systems des Poseidonios bietet L. Edelstein, AJP 57 (1936) 286 ff. Edelstein findet in den bezeugten Fragmenten keinen Beweis dafür, daß Poseidonios orientalisierende Tendenzen vertrat oder von tiefem religiösem Empfinden gewesen ist. Es bleibt aber wahr, daß sein Dualismus die religiöse Entwicklung des neuen Zeitalters begünstigt hat.

⁶⁶ Zur Bedeutung dieses Umschwungs in der Akademie vgl. O. Gigon, Zur Geschichte der sog. Neuen Akademie, Museum Helveticum, 1 (1944) 47 ff.

⁶⁷ „Seine Anhänger bildeten eher eine Kirche als eine Schule, einen religiösen Orden und keine Akademie der Wissenschaften", Cumont, After Life in Roman Paganism, 23. Eine gute allgemeine Skizze des Neupythagoreismus findet man in Festugières Artikel, REG 50 (1937) 470 ff. (vgl. auch sein L'Idéal religieux des Grecs, I, Kap. V). Cumonts ›Recherches sur le symbolisme funéraire des Romains‹ erkennt dem Neupythagoreismus einen großen Einfluß auf die eschatologischen Vorstellungen des Volkes zu; vgl. aber die Zweifel, die Nock in seiner Rezension äußert, AJA 50 (1946) 140 ff., besonders 152 ff.

⁶⁸ Cf. Diog. L. 8, 27 und die erste Frage des pythagoreischen Katechismus, τί ἐστιν αἱ μακάρων νῆσοι; ἥλιος καὶ σελήνη (Iamb., vit. Pyth. 82 = Vorsokr. 58 C 4), dazu Delattes Kommentar, Études sur la litt. pyth., 274 ff.; auch Boyancé, REG 54 (1941) 146 ff., und Gigon, Ursprung, 146, 149 f. Ich bin nicht überzeugt davon, daß diese alten pythagoreischen Glaubensvorstellungen unbedingt auf iranische Einflüsse zurückgeführt werden müssen. Solche Anschauungen scheinen unabhängig voneinander in vielen Teilen der Welt entstanden zu sein.

Achtes Kapitel: Anmerkungen 60—75

[69] Dies ist besonders von Wellmann betont worden (s. oben, Anm. 60). Er sieht (nach Suidas) in Bolos einen Neupythagoreer; das scheint falsch zu sein (vgl. Kroll, Anm. 8, 231). Aber Männer wie Nigidius Figulus waren offensichtlich von ihm beeinflußt.

[70] Nigidius Figulus, eine führende Gestalt der pythagoreischen Renaissance, schrieb nicht nur über Träume (F. 82) und zitierte Weisheiten der Magier (Fr. 67), sondern lebte im Ruf, Okkultismus zu praktizieren und mit Hilfe eines Knaben als Medium einen verborgenen Schatz entdeckt zu haben (Apul., Apol. 42). Vatinius, der „sich selbst einen Pythagoreer nannte", und Appius Claudius Pulcher, der wahrscheinlich zur selben Gruppe gehörte, sollen sich nach Cicero mit Nekromantie beschäftigt haben (in Vat. 14; Tusc. 1, 37; div. 1, 132). Und Varro scheint dem Pythagoras selbst Nekromantie oder Hydromantie zugeschrieben zu haben, zweifellos auf Grund neupythagoreischer Apokrypha (Aug. Civ. Dei 7, 35). Nock ist bestrebt, den Neupythagoreern einen wesentlichen Anteil an der Systematisierung der magischen Theorie ebenso wie der Praxis zuzuweisen (J. Eg. Arch. 15 [1929] 227 f.).

[71] Die romantische Reaktion gegen eine natürliche Theologie ist gut charakterisiert worden von Christopher Dawson, Religion and Culture, 10 ff. Ihre kennzeichnenden Züge sind a) die Hervorhebung des Transzendenten, gegenüber einer Theologie, die nach Blakes Worten „den Fürsten dieser Welt ‚Gott' nennt"; b) die Hervorhebung der Realität des Bösen und „des tragischen Lebenssinnes", gegenüber dem stumpfen Optimismus des achtzehnten Jahrhunderts; c) die Behauptung, daß die Religion im Gefühl und in der Vorstellungskraft wurzele und nicht im Verstand; sie öffnete den Weg für ein tieferes Verstehen der religiösen Erfahrungen, aber ebenso für ein Wiederaufleben des Okkultismus und eines abergläubischen Respekts von der „Weisheit des Ostens". Die neue Richtung des religiösen Denkens, welche im ersten Jahrhundert v. Chr. begann, kann man in genau derselben Weise beschreiben.

[72] In den ersten Jahrhunderten der Kaiserzeit bestanden Monismus und Dualismus, „kosmischer Optimismus" und „kosmischer Pessimismus" nebeneinander. Man findet beispielsweise beide in den ›Hermetika‹. Und der letztere gewann nur graduell über den ersten die Oberhand. Plotin kritisiert sowohl den extremen Monismus der Stoiker als auch den extremen Dualismus des Numenios und der Gnostiker scharf und bemüht sich zugleich, ein System zu entwerfen, das beiden Tendenzen gerecht werden soll. Der gestirnte Himmel ist noch für Kaiser Julian Gegenstand tiefempfundener Verehrung: cf. orat. 5. 130 CD, wo er darstellt, wie das Erlebnis eines Spaziergangs im Sternenlicht die Ursache war, daß er in seiner Kindheit einmal in den Zustand der Verzückung geraten ist.

[73] Vgl. Festugière, L'Astrologie, Kap. IX.

[74] Vgl. Nock, A Vision of Mandulis Aion, Harv. Theol. Rev. 27 (1934) 53 ff.; und Festugière, op. cit., 45 ff., wo eine Anzahl interessanter Texte übersetzt und erörtert werden.

[75] Theurgie ist in erster Linie eine Technik, durch die man sich mit Zaubermitteln das Seelenheil zu sichern sucht; vgl. Anhang II, S. 158 f. Dasselbe kann man von einigen Riten sagen, die in den Zauberpapyri überliefert sind, wie z. B. das be-

rühmte „Rezept für Unsterblichkeit" (PGM IV 475 ff.). Vgl. Nock, Greek Magical Papyri, J. Eg. Arch. 15 (1929) 230 ff.; Festugière, L'Idéal religieux, 281 ff.; Nilsson, Die Religion in den gr. Zauberpapyri, Bull. Soc. Roy. des Lettres de Lund, 1947—1948, II 59 ff.

[76] Nilsson, Greek Piety, 150. Ich möchte hinzufügen, daß man den Okkultismus von der Magie der Primitiven trennen muß, von der die Anthropologen berichten. Diese ist vorwissenschaftlich, vorphilosophisch und vielleicht auch vorreligiös, während der Okkultismus eine Pseudowissenschaft ist oder ein System von Pseudowissenschaften, das oft von einer irrationalen Philosophie gestützt wird und immer die zerfallenen Trümmer vorher existierender Religionen ausnützt. Okkultismus muß natürlich auch von der modernen Disziplin der Parapsychologie abgehoben werden. Diese versucht, den Okkultismus zu eliminieren, indem sie die vermeintlich „okkulten" Phänomene rationaler Prüfung unterwirft und sie so entweder als rein subjektiv erweist oder sie in das Ganze wissenschaftlicher Kenntnis einfügt.

[77] Epikur hat seiner Verachtung der Kultur außergewöhnlich offen Ausdruck gegeben (Fr. 163 Us., παιδείαν πᾶσαν φεῦγε, cf. Cicero, fin. 1, 71 ff. = Fr. 227), ebenso der Verachtung für die Wissenschaft, soweit sie nicht die ἀταραξία fördert (Epist. 1, 79; 2, 85; Κύριαι Δόξαι, 11). Farrington scheint mir völlig fehl zu gehen, wenn er ihn zu einem Repräsentanten wissenschaftlicher Gesinnung macht und den „reaktionären" Stoikern gegenüberstellt. Aber auch der Stoizismus verhielt sich im allgemeinen indifferent der Forschung gegenüber, es sei denn, sie bestätigte die stoischen Dogmen; er war bereit, sie zu unterdrücken, falls sie mit ihnen in Konflikt geriet. (Vgl. Anm. 58)

[78] Plotin ist die rühmliche Ausnahme. Er organisierte seinen Lehrbetrieb auf der Grundlage einer Art von Seminarsystem mit freier Diskussion (Porph. vit. Plot., 13). Er erkannte den Wert der Musik und der Mathematik als Vorbereitung für die Philosophie an (Enn. 1, 3, 1; 1, 3, 3) und soll selbst auf diesen Gebieten sehr beschlagen gewesen sein, ebenso in der Mechanik und Optik, obwohl er über sie keine Vorlesungen hielt (vit. Plot., 14); darüber hinaus, wie Geffcken es dargestellt hat (Ausgang, 42), „stand er nicht auf dem Gipfel eines Systems und dozierte: Er forschte".

[79] Epiktet, Diss. 3, 23, 30: ἰατρεῖόν ἐστιν, ἄνδρες, τὸ τοῦ φιλοσόφου σχολεῖον; Seneca, Epist. 48, 4: ad miseros advocatus es ... perditae vitae perituraeque auxilium aliquod implorant. Diese Sprache ist allen Schulen gemeinsam. Die Epikureer behaupteten, ihr Anliegen sei περὶ τὴν ἡμῶν ἰατρείαν (Sent. Vat. 64, cf. Epikur, Epist. 3, 122, πρὸς τὸ κατὰ ψυχὴν ὑγιαῖνον). Philon von Larissa ἐοικέναι φησὶ τὸν φιλόσοφον ἰατρῷ (Stob. Ekl. 2, 7, 2, p. 39 f. W.), und Platon wird in der anonymen Vita (9, 36 ff.) als Seelenarzt dargestellt. Die letzte Quelle für dieses alles ist zweifellos die sokratische θεραπεία ψυχῆς, aber das häufige Vorkommen medizinischer Metaphern ist gleichwohl bedeutsam. Zur sozialen Funktion der Philosophie in der hellenistischen Zeit und später vgl. vor allem Nock, Conversion, Kap. XI.

[80] M. Ant. 3, 4, 3: ἱερεύς τίς ἐστι καὶ ὑπουργὸς θεῶν.

[81] Justinus Martyr, Dial. 2, 6. Cf. Porphyrios, ad Marcellam 16: ψυχὴ δὲ σοφοῦ ἁρμόζεται πρὸς θεόν, ἀεὶ θεὸν ὁρᾷ, σύνεστιν ἀεὶ θεῷ.

[82] Demetrius Cynicus (1. Jh. n. Chr.) apud Seneca, de beneficiis 7, 1, 5 f.
[83] Wie Wendland dargelegt hat (Die hellenistisch-römische Kultur, 2. Aufl. 226 ff.), wird die Haltung heidnischer Männer wie Demetrius aufgewogen durch die christlicher Autoren wie Arnobius, die alles profane Wissen für überflüssig hielten. Es besteht auch kein großer Unterschied zwischen der Einstellung des Kleinen Katechismus, daß „es die ganze Pflicht des Menschen ist, Gott zu verherrlichen und stets sein Gefallen an ihm zu finden", und der Ansicht des heidnischen Autors aus den ›Hermetika‹, welcher schrieb, daß „Philosophie ausschließlich darin besteht, Gott durch beständiges Nachsinnen und heilige Frömmigkeit zu suchen" (Asclepius 12).
[84] Vorläufig vgl. man seine Greek Piety (Eng. trans., 1948), seine Ausführungen über: The New Conception of the Universe in Late Greek Paganism (Eranos 44 [1946] 20 ff.) und: The Psychological Background of Late Greek Paganism (Review of Religion, 1947, 115 ff.).
[85] Band I, L'Astrologie et les sciences occultes (Paris, 1944), der auch eine glänzend geschriebene Einführung in die Reihe enthält; Band II, Le Dieu cosmique (Paris, 1949). Zwei weitere Bände ›Les Doctrines de l'âme‹ und ›Le Dieu inconnu et la Gnose‹ sind in Aussicht gestellt. Cumonts postum erschienenes Buch ›Lux Perpetua‹, das für die griechisch-römische Welt etwa das gleiche leistet wie Rohdes ›Psyche‹ für die hellenistische, erschien zu spät, als daß ich es noch hätte heranziehen können.
[86] Bury war der Meinung, kein Mißbrauch „jenes unbestimmten und fügsamen Wortes ‚dekadent'" könnte schamloser sein als seine Anwendung auf die Griechen des dritten und zweiten Jahrhunderts (The Hellenistic Age, 2); und Tarn „wagt es, beträchtliche Zweifel zu hegen, ob die echten Griechen wirklich degenerierten" (Hellenistic Civilisation, 5). Hinsichtlich des orientalischen Einflusses auf das spätgriechische Denken geht die augenblickliche Tendenz dahin, die ihm zugesprochene Bedeutung im Vergleich zu der früherer griechischer Denker und vor allem Platons geringer einzuschätzen (vgl. Nilsson, Greek Piety, 136 ff.; Festugière, Le Dieu cosmique, XII ff.). Männer wie Zenon von Kition, Poseidonios, Plotin und selbst die Autoren der philosophischen ›Hermetika‹ werden nun nicht mehr als in irgendeinem wesentlichen Sinne „orientalisierende" Denker betrachtet. Es hat sich ebenfalls eine Reaktion auf die übertriebene Einschätzung des Einflusses östlicher Mysterienkulte bemerkbar gemacht: Vgl. Nock, CAH XII 436. 448 f.; Nilsson, op. cit., 161.
[87] Vgl. die Bemerkungen von N. H. Baynes, JRS 33 (1943) 33. Man sollte daran erinnern, daß die Begründer der griechischen Kultur selber aller Wahrscheinlichkeit nach aus einer Vermischung indoeuropäischer und nicht-indoeuropäischer Rassen hervorgegangen sind.
[88] W. R. Halliday, The Pagan Background of Early Christianity, 205. Andere haben, mit größerem Recht, auf den Umstand hingewiesen, daß die gebildete Oberschicht sehr dünn war und die höhere Bildung die Massen in keiner Weise erreichen oder beeinflussen konnte (vgl. z. B. Eitrem, Orakel und Mysterien am Ausgang der Antike, 14 f.).
[89] Vgl. Festugière, L'Astrologie, 5 ff.

⁹⁰ Vgl. Kap. II, Anm. 92.

⁹¹ Ein im Jahr 1946 veröffentlichtes Buch stellt fest, daß es gegenwärtig 25 000 tätige Astrologen in den Vereinigten Staaten gibt und daß über 100 amerikanische Tageszeitungen ihre Leser täglich mit Prophezeiungen versorgen (Bergen Evans, The Natural History of Nonsense, 257). Ich bedaure, kein vergleichbares Zahlenmaterial aus Großbritannien oder Deutschland zur Verfügung zu haben.

⁹² Nilsson, Greek Piety, 140.

⁹³ Festugière, L'Astrologie, 9.

⁹⁴ Es gibt bedeutsame Ausnahmen zu dieser Regel, vor allem im Werk des Straton über die Physik (vgl. B. Farrington, Greek Science, II 27 ff.) und auf den Gebieten der Anatomie und Physiologie. In der Optik hat Ptolemaios eine Anzahl Experimente erdacht, wie A. Lejeune in seinem Buch Euclide et Ptolemée gezeigt hat.

⁹⁵ Vgl. Farrington, op. cit., II 163 ff., und Walbank, Decline of the Roman Empire in the West, 67 ff. Ich habe die Beweisführung vereinfacht, hoffe aber, sie dadurch nicht ernsthaft entstellt zu haben.

⁹⁶ Vgl. Erich Fromm, Escape from Freedom.

⁹⁷ Nock, Conversion, 241. Vgl. Fromms Vorstellung, nach der die vertrauensvolle Abhängigkeit von einem „magischen Helfer" eine Stillegung der Spontaneität zur Folge hat, op. cit., 174 ff.

⁹⁸ Daß wir so wenig Bezeugungen aus hellenistischer Zeit haben, kann man wohl hinreichend mit dem Hinweis auf den fast völligen Untergang der Prosaliteratur dieser Zeit erklären. Aber ihre Geschichte bietet ein eindrucksvolles Beispiel für die Massenbewegung einer irrationalen Religion, die dionysische Bewegung in Italien, die im Jahr 186 v. Chr. und in den darauffolgenden Jahren unterdrückt wurde. Sie behauptete, eine ausgedehnte Anhängerschaft zu haben, „fast ein zweites Volk". Vgl. Nock, op. cit., 71 ff.; E. Fraenkel, Hermes 67 (1932) 369 ff.; und erst kürzlich J. J. Tierney, Proc. R. I. A. 51 (1947) 89 ff.

⁹⁹ Theophrast, Char. 16 (28 J.); Plut., de superstitione 7. 168 D. Vgl. The Portrait of a Greek Gentleman, Greece and Rome 2 (1933) 101 f.

¹⁰⁰ Wenn wir Lukian glauben können, dann pflegte auch Peregrinus sein Gesicht mit Schmutz zu beschmieren (Peregr. 17), wenn auch vielleicht aus anderen Motiven. Lukian erklärt jedes Ereignis auf dem sonderbaren Lebensweg des Peregrinus mit dem Hinweis auf seine Sucht nach Berühmtheit. In dieser Diagnose kann schon ein Körnchen Wahrheit stecken: Peregrinus' Exhibitionismus à la Diogenes (ebd.) — wenn er nicht einfach ein konventioneller Zug ist, den man extremen Kynikern zuschreibt — scheint Lukians Diagnose besser zu bestätigen, als er es wissen konnte. Zugleich aber ist es schwer, Lukians aufgebrachte Darstellung ohne das Empfinden zu lesen, daß dieser Mann doch beträchtlich mehr war als ein gewöhnlicher Scharlatan. Neurotisch war er sicherlich, möglicherweise in einem Grad, daß er zuzeiten dem akuten Irresein nahe war; und doch haben viele, Christen wie Heiden, in ihm einen θεῖος ἀνήρ gesehen, ja, einen zweiten Sokrates (ebd. 4 f. 11 f.), und er erhielt nach seinem Tode einen Kult (Athenagoras, Leg. pro Christ., 26). Ein Psychologe könnte versucht sein, das Leitmotiv seines Lebens in dem inneren Zwang zu sehen, der Autorität Widerstand zu leisten (vgl. K. v. Fritz, RE, s. v.). Und er könnte

weiterhin mutmaßen, daß dieser Zwang in einer familiären Situation seine Wurzeln habe, indem er einmal an das böse Gerücht erinnert, nach dem Peregrinus ein Vatermörder war, und sodann an jene überraschenden letzten Worte, die er vor dem Sprung auf den Scheiterhaufen sprach: δαίμονες μητρῷοι καὶ πατρῷοι, δέξασθέ με εὐμενεῖς (Peregr. 36).

[101] Vgl. Wilamowitz, Der Rhetor Aristides, Berl. Sitzb. 1925, 333 ff.; Campbell Bonner, Some Phases of Religious Feeling in Later Paganism, Harv. Theol. Rev. 30 (1937) 124 ff.; und oben, Kap. IV, S. 67 f.

[102] Vgl. Cumont, After Life, Lektion VII. Plutarchs δεισιδαίμων schildert, „wie sich die tiefen Tore der Hölle öffnen", die Feuerströme, die Schreie der Verdammten usw. (de superst. 4. 167 A), ganz im Stil der ›Petrus-Apokalypse‹, die zu Plutarchs Lebzeiten geschrieben sein kann.

[103] Zu Amuletten vergleiche man den wichtigen Aufsatz von Campbell Bonner, Harv. Theol. Rev. 39 (1946) 25 ff. Er führt aus, daß vom ersten Jahrhundert n. Chr. an der magische Gebrauch gravierter Edelsteine (mit denen sich sein Aufsatz in erster Linie befaßt) offensichtlich in großem Umfang zunahm. Ein Sammelwerk, bekannt unter dem Namen ›Kyranides‹, dessen ältere Partien in dieses Jahrhundert zurückreichen mögen, bietet in Fülle Herstellungsanweisungen für Amulette gegen Dämonen, Geistererscheinungen und Alpträume usw. Wie weit die Dämonenfurcht in der Spätantike verbreitet war, sogar unter den Gebildeten, kann man Porphyrios' Meinung entnehmen, daß jedes Haus und jeder tierische Körper von ihnen bewohnt sei (de philosophia ex oraculis haurienda, p. 147 f. Wolff) und der Versicherung des Tertullian *nullum paene hominem carere daemonio* (de anima 57). Zwar haben — und das erst im dritten und vierten Jahrhundert — vernünftige Männer gegen diesen Glauben protestiert (cf. Plotin, Enn. 2, 9, 14; Philostorgius, Hist. Eccl. 8, 10; und die anderen Beispiele bei Edelstein, Greek Medicine in Its Relation to Religion and Magic, Bull. Hist. Med. 5 [1937] 216 ff.). Aber sie waren eine verschwindend kleine Gruppe. Für die Christen vermehrte die Ansicht, daß die heidnischen Götter wirklich existente böse Geister seien, in hohem Maße die Last der Angst. Nock geht so weit zu sagen, daß „für die Apologeten als Gruppe und für Tertullian in seinem apologetischen Werk die erlösende Tat Christi darin bestand, die Gläubigen eher von den Dämonen als von den Sünden zu befreien" (Conversion, 222).

[104] PGM VIII 33 ff. (cf. P. Christ. 3); ἀντίθεος πλανοδαίμων, VII 635; κύων ἀκέφαλος, P. Christ. 15 B.

[105] PGM VII 311 ff.; X 26 ff.; P. Christ. 10. Die Furcht vor Angstträumen sticht auch bei Plutarchs Bild vom δεισιδαίμων hervor (de superst. 3. 165 E ff.).

[106] Ich glaube, daß es in unserer heutigen Situation Faktoren gibt, welche sie wesentlich von jeder anderen früheren Situation der Menschheit abhebt und die deswegen zyklische Theorien wie die von Spengler entkräften. Das ist gut von Lippmann hervorgehoben worden, A Preface to Morals, 232 ff.

[107] A. Malraux, Psychologie de l'art (Paris, 1949). Vgl. Audens Beobachtung, daß „das Versagen der menschlichen Rasse, sich die Verhaltensformen zu erwerben, deren eine offene Gesellschaft bedarf, um richtig zu funktionieren, eine wachsende Anzahl von Leuten zu der Konsequenz führt, daß eine offene Gesellschaft un-

möglich sei und daß deshalb der einzige Ausweg aus wirtschaftlichem und geistigem Ruin nur in einer möglichst schnellen Rückkehr zum geschlossenen Gesellschaftstyp gefunden werden kann" (oben, Anm. 2). Und doch ist es knapp dreißig Jahre her, daß Edwyn Bevan schreiben konnte, „die Vorstellung, eine Sache mache Fortschritte, ist im Herzen des modernen Menschen so verwurzelt, daß wir uns kaum eine Welt vorstellen können, in der die Hoffnung auf Verbesserung und Fortschritt fehlt" (The Hellenistic Age, 101).

[108] Der verstorbene R. G. Collingwood behauptete, daß „die irrationalen Faktoren ... die blinden Mächte und Kräfte in uns, welche ein Teil des menschlichen Lebens sind, ... am historischen Prozeß nicht teilnehmen". Das stimmt mit der praktischen Einstellung fast aller Historiker der Vergangenheit oder Gegenwart überein. Meine eigene Überzeugung, welche ich in den vorliegenden Kapiteln zu erläutern versucht habe, geht dahin, daß die Chance, einen historischen Vorgang richtig zu verstehen, weitgehend davon abhängt, ob wir diese völlig willkürliche Einschränkung unseres Begriffs vom geschichtlichen Prozeß aufgeben. Derselbe Gedanke ist wiederholt von Cornford mit Bezug auf die Geschichte des Denkens hervorgehoben worden: vgl. besonders The Unwritten Philosophy, 32 ff. Als allgemeinen Standpunkt könnte ich den Schluß von L. C. Knights Buch (Explorations, 111) akzeptieren: „Was uns nottut, ist nicht, die Vernunft abzuschaffen, sondern einfach zu erkennen, daß die Vernunft in den letzten drei Jahrhunderten in einem Bereiche tätig war, der nicht den ganzen Erfahrungsbereich ausmacht; daß sie diesen Teil fälschlich für das Ganze ansah und damit dem eigenen Wirken willkürlich Grenzen auferlegte."

Anhang I

[1] Diese herkömmliche Übersetzung von βακχεύειν hat ungünstige Assoziationen. βακχεύειν heißt nicht 'sich einen guten Tag machen', sondern an einem besonderen religiösen Brauch und (oder) an einer besonderen religiösen Erfahrung teilnehmen — die Gemeinschaft mit einem Gotte erleben, der ein Menschenwesen in einen βάκχος oder eine βάκχη verwandeln kann.

[2] Fouilles de Delphes, III I 195; IG IX 282; XII III 1089; Fraenkel, In. Perg. 248 (cf. Suidas, s. v. τριετηρίς); Hiller v. Gärtringen, In. Priene 113, Z. 79; IG XII, I 155. 730; Paus. 8, 23, 1; Ael., Var. Hist. 13, 2; Firm. Mat., Err. prof. rel. 6, 5. Cf. auch die τριετηρίδες bei den Budinen, einem halbhellenisierten Volk in Thrakien, Hdt. 4, 108.

[3] Wiegand, Milet, IV 547, εἰς ὄρος ἦγε: cf. Bakch. 116. 165. 977, wodurch die Vermutung nahegelegt wird, daß εἰς ὄρος ein ritueller Ruf gewesen sei.

[4] Waddington, Explic. des Inscr. d'Asie Mineur, S. 27, Anm. 57. Ob die Bezeichnung zum Dionysoskult gehört, ist unsicher. Aber es gibt literarische Bezeugungen für eine ὀρειβασία auf dem Tmolos, dem östlichen Teil derselben Gebirgsgegend: Nonnos 40, 273: εἰς σκοπιὰς Τμώλοιο θεόσσυτος ἤιε βάκχη, H. Orph. 49, 6: Τμῶλος ... καλὸν Λυδοῖσι θόασμα (daher ἱερὸν Τμῶλον, Eur. Bakch. 65).

[5] 10, 32, 5. Natürlich hat man diese Feststellung angezweifelt.

[6] De primo frigido 18. 953 D.

[7] Mul. virt. 13. 249 E.
[8] Ends and Means, 232. 235.
[9] Tanz als gottesdienstliche Form konnte man lange in gewissen amerikanischen Sekten antreffen. Ray Strachey, Group Movements of the Past, 93, führt die Aufforderung eines Ältesten der Shakersekte vor etwa hundert Jahren an: „Auf, ihr Alten, ihr Jungen, ihr Mädchen, verehret Gott mit all eurer Kraft im Tanze." Und es hat den Anschein, daß der sakrale Tanz noch heute von den Mitgliedern der Holiness Church in Kentucky ausgeübt wird (Picture Post, 31. Dez. 1938) wie ja auch von den jüdischen Hasidim (L. H. Feldmann, Harv. Theol. Rev. 42 (1949) 65 ff.).
[10] Beazley, ARV 724. I; Pfuhl, Malerei und Zeichnung, Abb. 560; Lawler, Memoirs of the American Academy at Rome, 6 (1927) Taf. 21, Nr. 1.
[11] Limburger Chronik (1374), zitiert von A. Martin, Gesch. der Tanzkrankheit in Deutschland, Zeitschr. d. Vereins f. Volkskunde 24 (1914). Beim Geistertanz (Ghost Dance), für den die nordamerikanischen Indianer in den neunziger Jahren des vorigen Jahrhunderts eine leidenschaftliche Vorliebe entdeckten, hörte man in ähnlicher Weise nicht eher zu tanzen auf, als „bis die Tänzer, einer nach dem anderen, erstarrt zu Boden fielen und ausgestreckt dalagen" (Benedict, Patterns of Culture, 92).
[12] Zitiert von Martin, loc. cit., nach verschiedenen zeitgenössischen Dokumenten. Seine Darstellung ergänzt und korrigiert in manchen Punkten das Standardwerk von J. F. K. Hecker, Die Tanzwuth (1832; hier zitiert nach der englischen Übersetzung von Babington, Cassell's Library, 1888).
[13] Hecker, op. cit., 152 f. Ebenso berichtet Brunel über bestimmte arabische Tänze, daß „die ansteckende Raserei jedermann befiel" (Essai sur la confrérie religieuse des Aissâoûa au Maroc, 119). Die Tanzwut in Thüringen vom Jahr 1921 wirkte sich ähnlich ansteckend aus (vgl. meine Ausgabe der ›Bakchai‹, S. XIII, Anm. 1).
[14] Hecker, 156.
[15] Martin, 120 f.
[16] Hecker, 128 ff.; Martin, 125 ff.
[17] Hecker, 143 f., 150. Martin, 129 ff., findet eine formalisierte und reglementierte Nachwirkung der rheinischen Zwangs-Heiltänze in der jährlichen Tanzprozession von Echternach, die man immer noch für eine Therapie für Epilepsie und ähnliche psychopathische Beschwerden hält.
[18] Vielleicht im lakonischen Δύσμαιναι (dem Titel einer Tragödie des Pratinas, Nauck, TGF, 2. Aufl., S. 726) ausgedrückt. Das Fehlen einer Unterscheidung von „schwarzem" Mänadismus, den die Boten beschreiben, und „weißem" Mänadismus, vom Chor geschildert, ist weitgehend für das Mißverständnis in den ›Bakchai‹ verantwortlich.
[19] Vgl. Rohde, Psyche, IX, Anm. 21; Farnell, Cults, V 120. Andere erklären Λύσιος und Λυαῖος als Befreier von der Konvention (Wilamowitz) oder als Befreier der Eingekerkerten (Weinreich, Tüb. Beitr., 5 [1930] 285 f., der Bakch. 498 heranzieht).
[20] Unter den Vasenbildern mit Mänaden findet Lawler, Anm. 10, 107 f., daß die Flöte 38mal und das Tympanon 26mal vorkommt; 38mal sind auch Krotala

(Kastagnetten) abgebildet (cf. Eur. Kykl. 204 f.). Sie fügt an, daß „ruhige Szenen niemals den Gebrauch des Tympanons zeigen".

[21] Zur Flöte cf. Aristot., Pol. 1341 a 21: οὐκ ἔστιν ὁ αὐλὸς ἠθικὸν ἀλλὰ μᾶλλον ὀργιαστικόν, Eur. Her. 871. 879. und oben, Kap. III, Anm. 95. Zum τύμπανον in orgiastischen Kulten in Athen cf. Aristoph. Lys. 1—3. 388.

[22] Vgl. Kap. III, S. 50—52.

[23] Martin, Anm. 11, 121 f. Ebenso wurden auch türkische Trommeln und Flöten der Schafhirten in Italien gebraucht (Hecker, 151).

[24] Cat. Attis 23; Ovid, Metam. 3, 726; Tac. Ann. 11, 31.

[25] Weitere Beispiele kann man bei Furtwängler finden, Die antike Gemme, Taf. 10 Nr. 49; Taf. 36 Nr. 35—37; Taf. 41 Nr. 29; Taf. 66 Nr. 7. Lawler, Anm. 10, 101, bemerkt eine „starke Biegung des Kopfes nach hinten" bei 28 Vasenbildern, auf denen Mänaden dargestellt sind.

[26] Zitiert bei Frazer, Golden Bough, V, I 19. Bei den Wodu-Tänzen sind in ähnlicher Weise „ihre Köpfe auf seltsame Art zurückgeworfen, als ob der Hals gebrochen sei" (W. B. Seabrook, The Magic Island, 47).

[27] Frazer, ebd. V, I 21.

[28] P. Richer, Études cliniques sur la grande hystérie, 441. Vgl. S. Bazdechi, Das psychopathische Substrät der Bacchae, Arch. Gesch. Med. 25 (1932) 288.

[29] Andere antike Belege hierfür findet man bei Rohde, Psyche, VIII, Anm. 43.

[30] Benedict, Patterns of Culture, 176.

[31] O. Dapper, Beschreibung von Afrika, zitiert in T. K. Oesterreich, Possession, 264 (Eng. Übers.). Lane konnte beobachten, daß die mohammedanischen Derwische dasselbe tun (Manners and Customs of the Modern Egyptians, 467 f., Everyman's Library edition). Vgl. auch Brunel, op. cit., 109, 158.

[32] J. Warneck, Religion der Batak, zitiert von Oesterreich, ebd. 270.

[33] A. Bastian, Völker des östlichen Asiens, III 282 f.: „Wenn Chao (ein dämonischer Gott) infolge von Beschwörung in den Körper des Khon Song (eine Person, die wie der dämonische Gott gekleidet ist) herabsteigen muß, dann bleibt dieser so lange unverwundbar, wie der Gott da ist, und er kann von keiner Waffe getroffen werden" (zitiert ebd. 353).

[34] Czaplicka, Aboriginal Siberia, 176.

[35] Binswanger, Die Hysterie, 756.

[36] A. van Gennep, Les Rites de passage, 161 f.

[37] JHS 26 (1906) 197; vgl. Wace, BSA 16 (1909—1910) 237.

[38] Nonnos, 45, 294 ff. Vgl. die Mänade auf einer Pyxis des Meidias-Malers im Britischen Museum (Beazley, ARV 833, 14; Curtius, Pentheus, Abb. 15), die zeitlich sehr nahe an die ›Bakchai‹ herankommt. Das Kind, das sie trägt, ist kaum ihr eigenes, da sie es roh an einem Bein über die Schulter geworfen trägt.

[39] Vgl. Beazley, ARV 247, 14; Horaz, Carm. 2, 19, 19.

[40] Demosth. de cor. 259.

[41] Plut. Alex. 2; Lukian, Alex. 7.

[42] Vgl. Rapp, Rh. Mus. 27 (1872) 13. Wenn wir Arnobius Glauben schenken wollen, dann schonte er vielleicht die Nerven seiner Verehrer, indem er ihnen erlaubte, metallene Schlangen zu verwenden (vgl. Anm. 44). Die Schlangen in der

Dionysos-Prozession des Ptolemaios Philadelphos in Alexandrien (Athen. 5, 28) waren zweifellos Imitationen (wie die Imitationen von Efeu und Trauben, die an derselben Stelle beschrieben sind), weil die Frauen ἐστεφανωμέναι ὄφεσιν waren: Ein Kranz von lebenden Schlangen, auch wenn sie zahm wären, würde sich lösen und die Wirkung vereiteln.

[43] Picture Post, 31. Dezember 1938. Ich bin Professor R. P. Winnington-Ingram dankbar, daß er mich auf diesen Artikel aufmerksam gemacht hat. Ich bin informiert worden, daß bei diesem Ritual Todesfälle durch Schlangenbiß vorkommen und daß es deshalb jetzt gesetzlich verboten ist. Hantieren mit Schlangen kommt ebenso in Cocullo in den Abruzzen vor als der wichtigste Bestandteil eines religiösen Festes; vgl. Marian C. Harrison, Folklore, 18 (1907) 187 ff., und T. Ashby, Some Italian Scenes and Festivals, 115 ff.

[44] Protrept. 2, 16: δράκων δέ ἐστιν οὗτος (sc. Σαβάζιος) διελκόμενος τοῦ κόλπου τῶν τελουμένων, Arnob. 5. 21: aureus coluber in sinum demittitur consecratis et eximitur rursus ab inferioribus partibus atque imis. Cf. auch Firmicus Maternus, Err. prof. rel. 10.

[45] Mithrasliturgie, 2. Aufl., 124. Das unbewußte Motiv kann natürlich in beiden Fällen ein sexuelles gewesen sein.

[46] Zusammengestellt bei Farnell, Cults, V 302 f., Nr. 80—84.

[47] Def. orac. 14. 417 C: ἡμέρας ἀποφράδας καὶ σκυθρωπάς, ἐν αἷς ὠμοφαγίαι καὶ διασπασμοί.

[48] Milet, VI 22.

[49] Freundlicherweise mitgeteilt von Miss N. C. Jolliffe. Der arabische Ritus wird auch von Brunel beschrieben (oben, Anm. 13), 110 ff., 177 ff. Er fügt zwei wichtige Einzelheiten an, nämlich daß das Tier von einem Dach oder einem Podest herabgeworfen wird, wo man es bis zu dem richtigen Augenblick festgehalten hat, damit die Menge es nicht zu früh in Stücke reiße; und daß die Reste dieser Tiere (Stiere, Kälber, Schafe, Ziegen oder Hühner) aufgehoben und als Amulett gebraucht werden.

[50] Vgl. Anm. 47.

[51] Vgl. Benedict, Patterns of Culture, 179: „Gerade der Widerwille, den die Kwakiutl (Indianer auf Vancouver Island) gegenüber dem Genuß von Menschenfleisch empfinden, läßt ihn zu einem passenden Ausdruck für jene dionysische Reinheit werden, die im Fürchterlichen und Verbotenen liegt".

[52] Schol. Clem. Alex. 92 P. (Vol. I., p. 318 Stählin); Photios, s. v. νεβρίζειν; Firm. Mat., Err. prof. rel., 6. 5.

[53] Frazer, Golden Bough, V, II Kap. 12.

[54] Plut. Q. Rom., 112. 291 A.

[55] Bakch. 743 ff., cf. Schol. Aristoph. Ranae 360.

[56] Bakch. 138, cf. Arnob. adv. Nat. 5, 19.

[57] Photios, s. v. νεβρίζειν. Vgl. den Typus der Mänade νεβροφόνος in der Kunst, kürzlich erörtert von H. Philippart, Iconographie des « Bacchantes », 41 ff.

[58] Galen, de antidot., 1, 6, 14 (bei einem Frühlingsfest, wahrscheinlich des Sabazios).

[59] Griech. Myth. u. Rel., 732.

[60] Vgl. meine Einführung zu den ›Bakchai‹, XVI f., XXIII ff.
[61] So von Rapp, Rh. Mus. 27, 1 ff. 562 ff., aufgefaßt und übernommen z. B. von Marbach, RE, s. v., und von Voigt in Roscher, s. v. ›Dionysos‹.

Anhang II

[1] W. Kroll, De Oraculis Chaldaicis (Breslauer Philologische Abhandlungen, VII, I 1894).
[2] Catalogue des manuscrits alchimiques grecs (abgek. CMAG), Bd. VI; Mélanges Cumont, 95 ff. Vgl. seine Note sur les mystères néoplatoniciens, in: Rev. Belge de Phil. et d'Hist. 7 (1928) 1477 ff., und seine Vie de l'Emp. Julien, 73 ff. Zu Prokopios von Gaza als unmittelbare Quelle für Psellos vgl. L. G. Westerink in: Mnemosyne 10 (1942) 275 ff.
[3] Griechisch-ägyptische Offenbarungszauber (zit.: OZ); und in Einleitung und Kommentar zu seiner Übersetzung von ›De mysteriis‹. Vgl. auch seine Artikel ›Mageia‹ und ›Theurgie‹ in der RE, und Anm. 115, unten.
[4] Vor allem: Die σύστασις und der Lichtzauber in der Magie, Symb. Osl. 8 (1929) 49 ff.; und La Théurgie chez les Néo-Platoniciens et dans les papyrus magiques, ebd. 22 (1942) 49 ff. W. Theilers Abhandlung: Die chaldaischen Orakel und die Hymnen des Synesios (Halle 1942) behandelt mit großer Gelehrtheit den Einfluß der *Orakel* auf die Lehre des späteren Neuplatonismus, einen Gesichtspunkt, den ich hier nicht zu erörtern versucht habe.
[5] Papyri Graecae Magicae, ed. Preisendanz (abgek.: PGM).
[6] Vgl. Bidez-Cumont, Les Mages hellénisés, I 163.
[7] τοῦ κληθέντος θεουργοῦ 'Ιουλιανοῦ, Suidas, s. v.
[8] Suidas, s. v., cf. Proklos, in Crat. 72, 10 Pasq., in Remp. II 123, 12, usw. Psellos rückt ihn an einer Stelle (indem er ihn mit seinem Vater verwechselt?) in die Zeit des Trajan (Scripta Minora I, p. 241. 29 Kurtz-Drexl).
[9] Vie de Julien, 369, Anm. 8.
[10] Vgl. Eitrem, Symb. Osl. 22, 49. Psellos scheint die Worte im zuletzt genannten Sinne verstanden zu haben, PG 122, 721 D: θεοὺς τοὺς ἀνθρώπους ἐργάζεται. Cf. auch das hermetische „deorum fictor est homo", zitiert unten, S. 161.
[11] Proklos' Ausdruck οἱ ἐπὶ Μάρκου θεουργοί (in Crat. 72, 10, in Remp. II 123, 12) bezieht sich vielleicht auf Vater und Sohn gemeinsam.
[12] ad Philops. 12 (IV 224 Jacobitz). Zu diesem Scholion vgl. Westerink, Anm. 2, 276.
[13] Script. Min. I 241, 25 ff.; cf. CMAG VI 163, 19 ff. Wie Westerink darlegt, scheint die Quelle für diese Behauptungen Prokopios zu sein.
[14] Marinus, vit. Procl. 26; cf. Prokl. in Crat. 122. Zu diesem Anspruch auf göttliche Herkunft, der in der okkulten Literatur des Hellenismus häufig vorkommt, vgl. Festugière, L'Astrologie, 309 ff.
[15] Bousset, Arch. f. Rel. 18 (1915) 144, setzt sich für eine frühere Datierung ein, und zwar wegen Übereinstimmungen in der Lehre mit der des Cornelius Labeo. Aber Labeos Datierung ist keineswegs gesichert, und die Übereinstimmungen weisen

vielleicht nur darauf hin, daß die Juliani in neupythagoreischen Kreisen verkehrten, deren Interesse an der Magie uns bekannt ist.

[16] Script. Min I 241, 29; cf. CMAG VI 163, 20. Zu Orakeln, die die Lehre betrafen und in einer Vision empfangen worden sind, vgl. Festugière, op. cit., 59 f.

[17] Vgl. Kap. III, Anm. 70.

[18] Kroll, op. cit., 53 ff. Die Stellen über das göttliche Feuer erinnern an das „Rezept für Unsterblichkeit" in PGM IV 475 ff., das in mancher Hinsicht die beste Parallele zu den Chaldäischen Orakeln bietet. Julian, Or. V 172 D, schreibt dem Χαλδαῖος (d. h.: Julianus) einen Kult des ἑπτάκτις θεός zu. Diese Sonnenbezeichnung ist durch Textverderbnis an zwei Stellen bei Psellos verändert worden: Script. Min. I 262, 19: Ἐρωτύχην ἢ Κασόθαν ἢ Ἔπτακις (lies Ἑπτάκτις), ἢ εἴ τις ἄλλος δαίμων ἀπατηλός, ebd. I 446, 26: τὸν Ἔπακτον (Ἑπτάκτιν, Bidez) ὁ Ἀπουλήιος ὅρκοις καταναγκάσας μὴ προσομιλῆσαι τῷ Θεουργῷ (sc. Juliano). Cf. auch Proklos, in Tim. I 34, 20: Ἡλίῳ, παρ' ᾧ . . . ὁ Ἑπτάκτις κατὰ τοὺς θεολόγους.

[19] Περὶ τῆς χρυσῆς ἁλύσεως, Ann. Assoc. Ét. Gr. 1875, 216, 24 ff.

[20] Proklos, in Tim. III 120, 22: οἱ θεουργοί ... ἀγωγὴν αὐτοῦ παρέδοσαν ἡμῖν δι' ἧς εἰς αὐτοφάνειαν κινεῖν αὐτὸν δυνατόν: cf. Simpl. in Phys. 795, 4, und Damask. Princ. II 235, 22. Sowohl σύστασις als auch ἀγωγή sind „Fachausdrücke", uns von den Zauberpapyri bekannt.

[21] Proklos, in Remp. II 123, 9 ff.

[22] Suidas, s. v. Ἰουλιανός. Diese Zuweisung liegt vielleicht auch bei Claudian, de VI cons. Honorii, 348 f., vor, der von „chaldäischer" Magie spricht. Andere Versionen dieser Geschichte sowie eine Zusammenfassung der umfangreichen modernen Diskussion findet man bei A. B. Cook, Zeus, III 324 ff. Die Zuweisung an Julianus mag durch eine Verwechslung mit dem Julianus nahegelegt worden sein, der unter Domitian gegen die Daker das Kommando führte (Dio Cass. 67, 10).

[23] Script. Min. I 446, 28.

[24] St. Anastasius Sinait., Quaestiones (PG 89, col. 525 A). Zu Julianus' angeblicher Rivalität mit Apuleius cf. auch Psellos, zitiert oben, Anm. 18.

[25] Cf. Olympiodoros, in Phaed. 123, 3 Norvin: οἱ μὲν τὴν φιλοσοφίαν προτιμῶσιν, ὡς Πορφύριος καὶ Πλωτῖνος καὶ ἄλλοι πολλοὶ φιλόσοφοι· οἱ δὲ τὴν ἱερατικήν (d. h.: die Theurgie), ὡς Ἰάμβλιχος καὶ Συριανὸς καὶ Πρόκλος καὶ οἱ ἱερατικοὶ πάντες.

[26] Das Verbot μὴ ἐξάξῃς ἵνα μὴ ἐξίῃ ἔχουσά τι (in Prosa), das er in Enn. I 9 am Anf. zitiert, wird von Psellos „chaldäisch" genannt (Expos. or. Chald. 1125 C ff.) und ebenso von einem späten Scholion z. St., kann aber aus keinem Hexameter-Gedicht stammen. Der Inhalt ist pythagoreisch.

[27] Porph. vit. Plot. 16. Vgl. Kroll, Rh. Mus. 71 (1916) 350; Puech in Mélanges Cumont, 935 ff. In einer ähnlichen Aufzählung von Schwindelpropheten (Arnob. adv. gentes I 52) werden Julianus und Zoroaster nebeneinander erwähnt.

[28] Cf. bes. Kap. 9, I 197, 8 ff. Volk.: τοῖς δ' ἄλλοις (δεῖ) νομίζειν εἶναι χώραν παρὰ τῷ θεῷ καὶ μὴ αὐτὸν μόνον μετ' ἐκείνου τάξαντα ὥσπερ ὀνείρασι πέτεσθαι . . . τὸ δὲ ὑπὲρ νοῦν ἤδη ἐστὶν ἔξω νοῦ πεσεῖν.

[29] Enn. 4, 4, 37. 40. Man beachte, daß er während der ganzen Erörterung das abschätzige Wort γοητεία gebraucht und keinen der theurgischen Fachausdrücke

einführt. Zur stoischen und neuplatonischen Vorstellung der συνπάθεια vgl. K. Reinhardt, Kosmos und Sympathie, und meine Bemerkungen in Greek Poetry and Life, 373 f. Für Theurgen mußte eine solche Deutung als völlig inadäquat erscheinen (de myst. 164, 5 ff. Parthey).

[30] Symb. Osl. 22, 50. Wie Eitrem selbst notiert, haben Lobeck und Wilamowitz anders geurteilt; er hätte Wilhelm Kroll (Rh. Mus. 71 [1916] 313) und Joseph Bidez (Vie de Julien, 67; CAH XII 635 ff.) noch hinzufügen können.

[31] Vgl. dazu CQ 22 (1928) 129, Anm. 2.

[32] J. Cochez, Rev. Néo-Scolastique, 18 (1911) 328 ff., und Mélanges Ch. Moeller, I 85 ff.; Cumont, Mon. Piot, 25, 77 ff.

[33] de abst. 4, 6, cf. de myst. 265, 16; 277, 4. Vgl. ferner E. Petersons überzeugende Antwort auf Cumont, Theol. Literaturzeitung, 50 (1925) 485 ff. Ich möchte hinzufügen, daß die Anspielung in Enn. 5, 5, 11 auf Leute, die von gewissen ἱερά wegen ihrer γαστριμαργία ausgeschlossen sind, wahrscheinlich auf Eleusis, nicht auf Ägypten zurückzuführen ist: παραγγέλλεται γὰρ καὶ 'Ελευσῖνι ἀπέχεσθαι κατοικιδίων ὀρνίθων καὶ ἰχθύων καὶ κυάμων ῥοιᾶς τε καὶ μήλων, Porph. de abst. 4, 16.

[34] Vgl. CQ 22 (1928) 141 f. und E. Peterson, Philol. 88 (1933) 30 ff. Umgekehrt hat der magische und theurgische Terminus σύστασις nichts mit der *unio mystica* zu tun, wie Eitrem mit Recht dargelegt hat (Symb. Osl. 8, 50).

[35] Vgl. Bidez' einfühlende, elegante und gelehrte Studie ›La Vie du Néoplatonicien Porphyre‹. Eine entsprechende Beeinflussung des Mystizismus durch die Magie hat auch in anderen Kulturen stattgefunden. „Statt daß die Volksreligion durch das kontemplative Ideal vergeistigt würde, besteht in den höchsten Religionen eine Tendenz, von irrationalen Kräften der unterlegenen heidnischen Welt unterwandert und entstellt zu werden, wie z. B. im Tantrismus und in einigen Formen des sektiererischen Hinduismus" (Christopher Dawson, Religion and Culture, 192 f.).

[36] νεὸς δὲ ὢν ἴσως ταῦτα ἔγραψεν, ὡς ἔοικεν, Eun. vit. soph. 457 Boissonade; Bidez, op. cit., Kap. III.

[37] Die Fragmente sind von W. Wolff ediert worden (Porphyrii de Philosophia ex Oraculis Haurienda, 1856). Zur allgemeinen Charakteristik dieser Sammlung vgl. A. D. Nock, Oracles théologiques, REA 30 (1928) 280 ff.

[38] Die Fragmente in ihrer (nicht gerade sehr wissenschaftlich) rekonstruierten Form von Gale sind in Partheys Ausgabe von ›De mysteriis‹ wieder abgedruckt. Zur Datierung vgl. Bidez, op. cit., 86.

[39] apud Eus. Praep. Ev. 5, 10. 199 A (= Fr. 4 Gale): μάταιοι αἱ θεῶν κλήσεις ἔσονται ... καὶ ἔτι μᾶλλον αἱ λεγόμεναι ἀνάγκαι θεῶν· ἀκήλητον γὰρ καὶ ἀβίαστον καὶ ἀκατανάγκαστον τὸ ἀπαθές.

[40] Es ist wahrscheinlich, daß im Brief an Anebo weder Julianus noch die ›Chaldäischen Orakel‹ zitiert worden sind, weil Iamblichos' Antwort sich über sie ausschweigt. Ob die „Theurgie" von ›De mysteriis‹ tatsächlich von der julianischen Tradition unabhängig war, bleibt noch zu untersuchen. Der Schreiber jedenfalls erhebt den Anspruch, mit den „chaldäischen" (p. 4, 11) oder „assyrischen" (p. 5, 8) Lehren sowie mit den ägyptischen bekannt zu sein, und er verspricht, beide darzustellen.

[41] Marinus, vit. Procli 26; Lydus, mens. 4, 53; Suidas, s. v. Πορφύριος.

[42] Aug. Civ. Dei 10, 32 = de regressu Fr. 1 Bidez (Vie de Porphyre, App. II).

[43] Ebd. 10, 9 = Fr. 2 Bidez. Zur Funktion der πνευματική ψυχή in der Theurgie vgl. meine Ausgabe von Proklos' Elementen der Theologie, p. 319.

[44] Cf. Olympiodoros' Meinung, oben, Anm. 25.

[45] Julian, Epist. 12 Bidez; Marinus, vit. Procli 26; Damaskios I 86, 3 ff.

[46] Die Schrift ›De mysteriis‹ wurde, obwohl sie unter dem Namen „Abammon" herausgegeben worden war, von Proklos und Damskios dem Iamblichos zugeschrieben; und seit der Veröffentlichung von Rasches Dissertation im Jahre 1911 haben die meisten Gelehrten diese Zuweisung akzeptiert. Vgl. Bidez in: Mélanges Desrousseaux, 11 ff.

[47] Epist. 12 Bidez = 71 Hertlein = 2 Wright. Der Editor der Loeb-Ausgabe hat gewiß kein Recht, wenn er gegen Bidez behauptet, daß τὸν ὁμώνυμον an dieser Stelle Iamblichos den Jüngeren meint: τὰ Ἰαμβλίχου εἰς τὸν ὁμώνυμον kann nicht bedeuten: „die Schriften des Iamblichos an seinen Namensvetter"; auch war der jüngere Iamblichos kein θεόσοφος.

[48] Cf. was Eunapios von einem Antoninus berichtet, der kurz vor 391 gestorben ist: ἐπεδείκνυτο οὐδὲν θεουργὸν καὶ παράλογον ἐς τὴν φαινομένην αἴσθησιν, τὰς βασιλικὰς ἴσως ὁρμὰς ὑφορώμενος ἑτέρωσε χερούσας (p. 471).

[49] So erlernte Proklos von der Asklepigeneia die θεουργικὴ ἀγωγή des „großen Nestorios", deren einzige Erbin sie durch ihren Vater Plutarchos war (Marinus, vit. Procli 28). Zu dieser Tradierung magischer Geheimkenntnisse im Rahmen der Familie vgl. Dieterich, Abraxas, 160 ff.; Festugière, L'Astrologie, 332 ff. Diodoros nennt es eine chaldäische Gewohnheit, 2, 29, 4.

[50] Marinus, vit. Procli 26. 28. Die Schrift ›Περὶ ἀγωγῆς‹ ist bei Suidas aufgeführt, s. v. Πρόκλος.

[51] Script. Min. I 237 f.

[52] Migne, PG 149. 538 B ff. 599 B; vgl. Bidez, CMAG VI 104 f., Westerink, Anm. 2, 280.

[53] Naucks Korrektur von φησίν, für das kein Subjekt gefunden werden kann.

[54] Von den späteren Schriftstellern beziehen sich Proklos (in Alc. p. 73, 4 Creuzer) und Ammianus Marcellinus (21, 14, 5) auf dieses Ereignis. Doch ist Proklos offensichtlich von Porphyrios abhängig; man vergleiche etwa den Satz ὁ Αἰγύπτιος τὸν Πλωτῖνον ἐθαύμασεν ὡς θεῖον ἔχοντα τὸν δαίμονα; und ebenso vermutlich Ammian, sei es nun in direkter Weise oder indirekt aus doxographischen Schriften.

[55] Vgl. Kap. II, S. 29 ff. Ammianus, loc. cit., berichtet, daß, obwohl ein jeder seinen „genius" habe, diese Wesen „admodum paucissimis visa" seien.

[56] Da der vorhandene Teil der Vorschrift eine Anrufung der Sonne enthält, halten Preisendanz und Hopfner ἰδίου für eine Verschreibung von ἡλίου. Aber der Ausfall des übrigen Teils der Vorschrift (Eitrem) ist eine ebenso wahrscheinliche Erklärung. Zu solchen Verlusten vgl. Nock, J. Eg. Arch. 15 (1929) 221. Der ἴδιος δαίμων scheint auch in der Alchimie eine Rolle gespielt zu haben; cf. Zosimos, Komm. zu ω 2 (Scott, Hermetica, IV 104).

[57] Zum Beispiel PGM IV 1927. Ähnlich verlangt IV. 28 eine Stelle, die erst kürzlich von den Wassern des Nil kahl gewaschen und noch von keinem betreten worden sei; und II 147 einen τόμος ἁγνὸς ἀπὸ παντὸς μυσαροῦ. Ebenso Thessalos, CCAG 8 (3), 136, 26 (οἶκος καθαρὸς).

⁵⁸ apud Porph. de abst. 4, 6 (236, 21 Nauck). Im folgenden berichtet er von ἁγνευτήρια τοῖς μὴ καθαρεύουσιν ἄδυτα καὶ πρὸς ἱερουργίας ἅγια (237, 13). Zu magischen Riten in ägyptischen Tempeln vgl. Cumont, L'Égypte des Astrologues, 163 ff.

⁵⁹ Zum Beispiel PGM IV 814 ff. Zur φυλακή cf. Proklos in CMAG VI 151, 6: ἀπόχρη γὰρ πρὸς ... φυλακὴν δάφνη, ῥάμνος, σκύλλα, κτλ.; und zu Geistern, die während der Séancen unangenehm werden, Pythagoras von Rhodos bei Eus. Praep. Ev. 5, 8. 193 B; Psellos, Op. Daem. 22, 869 B.

⁶⁰ Besprengung mit dem Blute einer Taube kommt in einer ἀπόλυσις vor, PGM II 178.

⁶¹ Fr. 29 = de myst. 241. 4 = Eus. Praep. Ev. 5, 10. 198 A.

⁶² CRAI 1942, 284 ff. Man kann Zweifel hegen an dem späten Datum, auf das Cumont die Einführung des Haushuhns nach Griechenland verlegt; das berührt aber die jetzige Argumentation nicht.

⁶³ „Der Hahn ist geschaffen worden, um gegen Dämonen und Zauberer zusammen mit dem Hund zu kämpfen", Darmesteter (zitiert bei Cumont, loc. cit.). Der Glaube an seine apotropäische Kraft lebt bis in die heutige Zeit in vielen Ländern fort. Zu diesem Glauben bei den Griechen vgl. Orth in der RE, s. v. ›Huhn‹, 2532 f.

⁶⁴ Is. et Os. 46, 369 F.

⁶⁵ CMAG VI 150, 1 ff. 15 ff. (beruht z. T. auf der traditionellen Antipathie von Löwe und Hahn, Plinius, N. H. 8, 52 usw.). Cf. Bolos, Φυσικά Fr. 9 Wellmann (Abh. Berl. Akad., phil.-hist. Kl., 1928, Nr. 7, S. 20).

⁶⁶ Sehr ähnliche Anschauungen kehren in dem „Rezept für Unsterblichkeit" wieder, PGM IV 475 ff., z. B. 511: ἵνα θαυμάσω τὸ ἱερὸν πῦρ und 648: ἐκ τοσούτων μυριάδων ἀπαθανατισθεὶς ἐν ταύτῃ τῇ ὥρᾳ. Auch hier ist der Höhepunkt eine Lichtvision (634 ff. 694 ff.). Aber der theurgische ἀπαθανατισμός ist vielleicht mit dem Ritual der Bestattung und Wiedergeburt in Verbindung gebracht worden, Proklos, Theol. Plat. 4, 9, p. 193: τῶν θεουργῶν θάπτειν τὸ σῶμα κελευόντων πλὴν τῆς κεφαλῆς ἐν τῇ μυστικωτάτῃ τῶν τελετῶν (vgl. Dieterich, Eine Mithrasliturgie, 163).

⁶⁷ Psellos erklärt den Ausdruck τελεστική in anderer Weise, obwohl er ihn auch mit Statuen verknüpft: τελεστικὴ δὲ ἐπιστήμη ἐστὶν ἡ οἷον τελοῦσα (so die Mss) τὴν ψυχὴν διὰ τῆς τῶν ἐνταῦθ' ὑλῶν δυνάμεως (Expos. or. Chald. 1129 D, in PG Bd. 122). Hierokles, der eine andere Tradition vertritt, macht τελεστική zu einer Technik, die der Reinigung des Pneumas dient (in aur. carm. 482 A Mullach).

⁶⁸ Psellos berichtet, daß „die Chaldäer" διαφόροις ὕλαις ἀνδρείκελα πλάττοντες ἀποτρόπαια νοσημάτων ἐργάζονται (Script. Min. I 447, 8). Zu den σύμβολα cf. den Satz, zitiert bei Proklos, in Crat. 21, 1: σύμβολα γὰρ πατρικὸς νόος ἔσπειρεν κατὰ κόσμον.

⁶⁹ Epist. 187 Sathas (Bibliotheca Graeca Medii Aevi, V 474).

⁷⁰ CMAG VI 151, 6; cf. auch in Tim. I 111, 9 ff.

⁷¹ Cf. Proklos in CMAG VI, 148 ff., mit Bidez' Einführung, und Hopfner, OZ I 382 ff.

⁷² Genau dieselbe Praktik kann man im modernen Tibet antreffen; auch dort

werden Statuen konsekriert, indem man in den inneren Hohlraum geschriebene Zaubersprüche und andere magisch potente Gegenstände legt (Hastings, Encycl. of Religion and Ethics, VII 144. 160).

[73] Vgl. R. Wünsch, Sethianische Verfluchungstafeln, 98 f.; A. Audollent, Defixionum Tabellae, p. LXXIII; Dornseiff, Das Alphabet in Mystik und Magie, 35 ff.

[74] Proklos, in Tim. II 247, 25; cf. in Crat. 31, 27. Auch Porphyrios zählt in seiner Zusammenstellung der theurgischen *materia magica* sowohl „figurationes" als auch „soni certi quidam ac voces" auf (Aug. Civ. Dei 10, 11).

[75] Marinus, vit. Procl. 28; Suidas, s. v. Χαλδαϊκοῖς ἐπιτηδεύμασι. Cf. Psellos, Epist. 187, wo wir erfahren, daß gewisse Zauberformeln wirkungslos bleiben, εἰ μή τις ταῦτα ἐρεῖ ὑποψέλλῳ τῇ γλώσσῃ ἢ ἑτέρως ὡς ἡ τέχνη διατάττεται.

[76] Psellos, in CMAG VI 62, 4, berichtet, daß Proklos geraten habe, die Artemis (= Hekate) zu beschwören als ξιφηφόρος, σπειροδρακοντόζωνος λεοντοῦχος, τρίμορφος· τούτοις γὰρ αὐτήν φησι τοῖς ὀνόμασιν ἕλκεσθαι καὶ οἷον ἐξαπατᾶσθαι καὶ γοητεύεσθαι.

[77] Proklos, in Crat. 72, 8. Vgl. den Götternamen, den „der Prophet Bitys" in Hieroglyphen in einem Tempel zu Sais eingemeißelt fand und dem „König Ammon" enthüllte, de myst. 267, 14.

[78] Psellos, expos. or. chald. 1132 C; Nikephoros Gregoras, in Synes. de insomn. 541 A. Cf. Corp. Herm. XVI 2.

[79] Vgl. die griechische Übersetzung solcher magischer Namen, die Clem. Alex. Strom. 5, 242, und Hesych, s. v. Ἐφέσια γράμματα, anführen.

[80] Vgl. Wellmann, Abh. Berl. Akad., phil.-hist. Kl., 1928, Nr. 7; Pfister, Byz. Ztschr. 37 (1937) 381 ff.; K. W. Wirbelauer, Antike Lapidarien (Diss. Berl. 1937); Bidez-Cumont, Les Mages hellénisés I 194; Festugière, L'Astrologie, 137 ff. 195 ff.

[81] PGM VIII 13; VII 781. Cf. VII 560: ἧκέ μοι τὸ πνεῦμα τὸ ἀεροπετές, καλούμενον συμβόλοις καὶ ὀνόμασιν ἀφθέγκτοις, und IV 2300 ff.; Hopfner, RE, s. v. ›Mageia‹, 311 ff.

[82] Vgl. J. Kroll, Lehren des Hermes Trismegistos, 91 ff. 409; C. Clerc, Les Théories relatives au culte des images chez les auteurs grecs du IIe siècle après J.-C.; J. Geffcken, Arch. f. Rel. 19 (1919) 286 ff.; Hopfner, RE, s. v. ›Mageia‹, 347 ff., und OZ I 808—812; E. Bevan, Holy Images.

[83] Cf. Plot. Enn. 4, 3, 11 (II 23, 21 Volk.): προσπαθὲς δὲ τὸ ὁπωσοῦν μιμηθέν, ὥσπερ κάτοπτρον ἁρπάσαι εἶδός τι δυνάμενον, wo ὁπωσοῦν zu besagen scheint, daß den magischen Riten der Konsekration jede besondere Kraft abgesprochen wird.

[84] Erman, Die ägyptische Religion, 55; A. Moret, Ann. Musée Guimet, 14 (1902) 93 f.; Gadd, Divine Rule, 23. Eusebios scheint das zu wissen: Er führt ξοάνων ἱδρύσεις unter den religiösen und magischen Gebräuchen auf, die die Griechen von den Ägyptern entlehnt haben (Praep. Ev. 10, 4, 4). Ein einfaches Ritual der Weihung (indem χύτραι dargebracht wurden) war im Griechenland der klassischen Zeit üblich (Texte bei G. Hock, Griech. Weihegebräuche, 59 ff.). Aber der Gedanke, dadurch magische Beseelung zu bewirken, lag fern.

[85] Asclep. III 24 a. 37 a—38 a (Corp. Herm. I 338. 358 Scott). Vgl. auch Preisigke,

Sammelbuch, Nr. 4127, ξοάνῳ (so Nock für αοανω) τε σῷ καὶ ναῷ ἔμπνοιαν παρέχων καὶ δύναμιν μεγάλην, von Mandulis-Helios; und Numenios apud Orig. c. Cels. 5, 38.

[86] Das ist auch die Zeit, von der an Gemmen mit magischen Figuren oder Formeln in großer Zahl erscheinen (C. Bonner, Magical Amulets, Harv. Theol. Rev. 39 [1946] 30 ff.). Dieses Zusammentreffen ist kein zufälliges: Magie wird Mode.

[87] Legenden über das wunderbare Verhalten öffentlicher Kultstatuen waren natürlich in der hellenistischen Welt ebenso verbreitet wie in der mittelalterlichen. Pausanias und Dio Cassius sind voll von ihnen. Plutarch, Camillus 6, ist eine klassische Stelle. Aber solch ein Verhalten wurde gewöhnlich als ein spontaner Akt göttlicher Gnade und nicht als Resultat einer magischen ἵδρυσις oder κατάκλησις betrachtet. Zur Einstellung der Griechen in klassischer Zeit vgl. Nilsson, Gesch. der Griech. Rel. I 71 ff.; bis in Alexanders Zeit hinein scheint der Rationalismus im allgemeinen stark genug gewesen zu sein (wenigstens in der gebildeten Schicht), die Tendenz in Schranken zu halten, öffentlichen oder privaten Bildwerken göttliche Kräfte zuzusprechen. In späterer Zeit ist der Glaube an ihre Beseeltheit bisweilen vielleicht durch die Anwendung betrügerischer Kunstgriffe gestützt worden; vgl. F. Poulsen, Talking, Weeping and Bleeding Sculptures, Acta Archaeologica, 16 (1945) 178 ff.

[88] Apul. Apol. 63. Cf. P. Valette, L'Apologie d'Apulée, 310 ff.; Abt, Die Apologie des A. und die antike Zauberei, 302. Solche Statuetten, die man zu dauerndem Besitz hatte, unterschieden sich natürlich in gewisser Weise von Bildwerken, die zur Verwendung bei einer besonderen πρᾶξις ad hoc hergestellt waren.

[89] Philops. 42: ἐκ πηλοῦ Ἐρώτιόν τι ἀναπλάσας, Ἄπιθι, ἔφη, καὶ ἄγε Χρυσίδα. Cf. ebd. 47, und PGM IV 296 ff. 1840 ff.

[90] vit. Apoll. 5, 20.

[91] Beseelte Bildwerke können eine Rolle bei der Hekate-Magie der Griechen der klassischen Zeit gespielt haben; cf. die auffälligen Notizen bei Suidas, s. v. Θεαγένης und Ἑκάτειον, und Diodor 4, 51, wo Medea eine hohle Statue der Artemis (Hekate) φάρμακα in sich aufnehmen läßt, ganz nach ägyptischem Vorbild.

[92] Eus. Praep. Ev. 5, 12 = de phil. ex orac., p. 129 f. Wolff. So bittet der Hersteller des Bildes in PGM IV 1841 das Bild, ihm Träume zu senden. Das erklärt den Bezug auf „somnia" in der Asclepius-Stelle.

[93] Vgl. die Fragmente bei Bidez, Vie de Porphyre, Anh. I.

[94] Photios, Bibl. 215. Es ist ein Bericht aus zweiter Hand, darf aber wohl als Hinweis auf die Richtung der Beweisführung des Iamblichos gewertet werden. Cf. Julian, epist. 89 B Bidez, 293 B.

[95] Eunap. vit. soph. 475. Cf. PGM XII 12. Das πῦρ αὐτόματον ist ein alter Bestandteil der iranischen Magie (Paus. 5, 27. 5 f.), von der Julianus vielleicht die Überlieferung bewahrt hat. Es war aber auch profanen Zauberern bekannt (Athen. 19 E; Hipp. Ref. Haer. 4, 33; Julius Africanus, Κεστοί, p. 62 (Vieillefond). Es taucht in der mittelalterlichen Hagiographie wieder auf, z. B. bei Caesarius von Heisterbach, Gespräch über Wunder, 7, 46.

[96] Suidas, s. v. Seine „psychische" Begabung erwies sich ferner in der Tatsache, daß die bloße physische Nähe einer unreinen Frau ihm Kopfweh verursachte.

[97] Th. de Cauzons, La Magie et la sorcellerie en France, II 338 (vgl. auch 331. 408).

[98] Vgl. Wolffs Anh. III zu seiner Ausgabe von Porphyrios' de phil. ex orac.; H. Diels, Elementum, 55 f.; Burckhardt, Kultur der Renaissance in Italien (eng. Ausg.), 282 f.; Weinreich, Antike Heilungswunder, 162 ff.; C. Blum, Eranos, 44 (1946) 315 ff. Malalas schrieb einem τελεσματοποιός sogar die Kräfte des trojanischen Palladiums zu (Dobschütz, Christusbilder, 80* f.).

[99] Olympiodoros von Theben bei Müller FHG IV 60, 15 (= Photios, Bibl. 58, 22 Bekker). Feuer und Wasser wurden zweifellos von χαρακτῆρες symbolisiert. Es mag ein Zufall sein, daß gerade diese zwei Elemente bei den theurgischen Reinigungen verwandt wurden (Proklos, in Crat. 100, 21).

[100] Jâbir et la science grecque (= Mém. de l'Inst. d'Égypte, 45, 1942). Ich verdanke Richard Walzer die Kenntnis dieses interessanten Buches.

[101] Porphyrios wird als Alchimist geführt in Berthelot, Alchim. grecs, 25, ebenso in der arabischen Tradition (Kraus, op. cit., 122, Anm. 3). Aber es ist kein echtes Werk von ihm bekannt geworden, das sich mit Alchimie befaßt hätte. Olympiodoros und andere späte Neuplatoniker haben sich in Alchimie versucht.

[102] Hinweise auf den Brief an Anebo, die sich in der arabischen Literatur finden, sind bei Kraus, op. cit., 128, Anm. 5, aufgeführt.

[103] Ich weiß nicht, warum Hopfner (OZ II 70 ff.) diese beiden Arten des Verfahrens von seiner Definition der „eigentlichen theurgischen Divination" ausgeschlossen hat. Bei dem Versuch, Ausdrücke wie „Theurgie" zu definieren, sollte man sich meiner Meinung nach von den antiken Zeugnissen und nicht von einer Theorie a priori leiten lassen.

[104] Vgl. Kap. III, S. 43 f. Zu den 'Spaltpersonen' (secondary personalities), die sich als heidnische Götter zu erkennen geben und als solche auch von christlichen Exorzisten anerkannt wurden, cf. Min. Felix, Oct. 27, 6 f.; Sulpicius Severus, Dial. 2, 6 (PL 20, 215 C) usw.

[105] In Remp. II 123, 8 ff. Nach dem Kontext zu urteilen, war das Ziel dieser τελετή wahrscheinlich — wie das des Scheinexperiments mit dem ψυχουλκὸς ῥάβδος, das Proklos 122, 22 ff. von Klearchos anführt — eine „Seelenexkursion" zu bewirken und nicht eine Besessenheit. In jedem Falle muß aber die Herbeiführung eines Trancezustandes vorausgesetzt werden.

[106] Greek Oracles, in Abbotts Hellenica, 478 ff.

[107] Zeilen 216 ff. Wolff (= Eus. Praep. Ev. 5, 9). G. Hock, Griech. Weihegebräuche, 68, versteht diese Anweisungen als Hinweise darauf, daß sich die göttliche Anwesenheit von dem Bildwerk zurückzieht. Aber solche Ausdrücke wie βροτὸς θεὸν οὐκέτι χωρεῖ, βροτὸν αἰκίζεσθε, ἀνάπαυε δὲ φῶτα, λῦσόν τε δοχῆα, ἄρατε φῶτα γήθεν ἀναστήσαντες ἑταῖροι, können sich nur an das menschliche Medium wenden. („Kontrollgeister" moderner Séancen sprechen regelmäßig in dieser Weise vom Medium, nämlich in der dritten Person.)

[108] Das wird in vielen Orakeln bei Porphyrios bestätigt, z. B. Z. 190, θειοδάμοις Ἑκάτην με θεὴν ἐκάλεσσας ἀνάγκαις, ferner durch Pythagoras von Rhodos, den Porphyrios in diesem Zusammenhang zitiert (Praep. Ev. 5, 8). Zwang wird verneint in de myst. (3, 18; 145, 4 ff.), wo ebenfalls geleugnet wird, daß die „Chaldäer"

Drohungen gegen die Götter aussprechen, während das für die Ägypter zugegeben wird (6, 5—7). Zum Ganzen vgl. B. Olsson in ΔΡΑΓΜΑ Nilsson, 374 ff.

[109] In CMAG VI 151, 10 ff. erwähnt er die Reinigung mit Schwefel und Meerwasser; beides stammt aus der klassischen Tradition der Griechen: zu Schwefel cf. Hom. Od. 22, 481; Theokr. 24, 96; Eitrem, Opferritus, 247 ff.; zu Meerwasser cf. Dittenberger, Syll., 3. Aufl., 1218, 15; Eur. I.T. 1193; Theophr. Char. 16, 12. Neu ist die Absicht, nämlich die „anima spiritalis" für Aufnahme eines höheren Wesen zu bereiten (Porph. de regressu Fr. 2). Vgl. Hopfner, RE, s. v. ›Mageia‹, 359 ff.

[110] Cf. λύσατέ μοι στεφάνους in den Orakeln des Porphyrios (Praep. Ev. 5, 9), und den Knaben Aedesius, der „sich nur einen Kranz aufsetzen und in die Sonne schauen mußte, dann verkündete er sofort zuverlässige Orakel im besten Inspirationsstil" (Eun. vit. soph. 504).

[111] Porphyrios, loc. cit.

[112] Proklos in CMAG VI 151, 6: ἀποχρὴ γὰρ πρὸς μὲν αὐτοφάνειαν τὸ κνέωρον.

[113] in Remp. II 117, 3; cf. 186, 12. Psellos bezeichnet das Verfahren mit Recht als ägyptisch (Ep. 187, p. 474 Sathas): cf. PGM V a, und den demotischen Zauberpapyrus von London und Leiden, verso col. 22, 2.

[114] de myst. 157, 14. Olympiodoros, in Alc. p. 8 Cr., sagt, daß Kinder und Landbevölkerung geeigneter für ἐνθουσιασμός sind wegen ihrer geringeren Einbildungskraft (!).

[115] Vgl. Hopfners interessanten Aufsatz Die Kindermedien in den Gr.-Äg. Zauberpapyri, Festschrift N. P. Kondakov, 65 ff. Gewöhnlich wird für die Bevorzugung von Kindern als Grund ihre sexuelle Reinheit angegeben, aber der wirkliche Grund für ihre höhere Wirksamkeit war zweifellos ihre größere Beeinflußbarkeit (E. M. Butler, Ritual Magic, 126). Die Pythia zu Plutarchs Zeiten war ein einfaches Bauernmädchen (Plut. Pyth. Orac. 22. 405 C).

[116] Vgl. Lord Balfour in Proc. Soc. for Psychical Research, 43 (1935) 60: „In der Trance scheinen Mrs. Piper und Mrs. Leonard alles Gefühl für ihre persönliche Identität zu verlieren, während das, soweit der Beobachter es beurteilen kann, bei Mrs. Willett niemals der Fall ist. Ihre Trance-Sitzungen enthalten eine Fülle von Bemerkungen, die ihre eigenen Erfahrungen beschreiben, und gelegentlich will sie ... die Botschaften, um deren Übermittlung man sie gebeten hat, kommentieren." Vgl. auch Kap. III, Anm. 54. 55.

[117] οὐ φέρουσιν. Dies erklärt die Zeile οὐ φέρει με τοῦ δοχῆος ἡ τάλαινα καρδία, angeführt von Proklos, in Remp. I, III 28.

[118] Proc. Soc. Psych. Research, 28 (1915): Wechsel der Stimmlage, krampfartige Bewegungen, Zähneknirschen, S. 206 ff.; partielle Gefühllosigkeit, S. 16 f. Unempfindlichkeit gegen Feuer wurde dem Medium D. D. Home zugeschrieben und wird mit außergewöhnlichen psychischen Zuständen in vielen Teilen der Welt assoziiert. (Oesterreich, Possession, 264. 270, eng. Übers.; R. Benedict, Patterns of Culture, 176; Brunel, Aïssâoûa, 109. 158).

[119] Cf. PGM VII 634: πέμψον τὸν ἀληθινὸν Ἀσκληπιὸν δίχα τινὸς ἀντιθέου πλανοδαίμονος, Arnob. adv. nat. 4, 12: magi suis in actionibus memorant antitheos saepius obrepere pro accitis, Heliod. 4, 7: ἀντίθεός τις ἔοικεν ἐμποδίζειν τὴν πρᾶξιν, Porph. de abst. 2, 41 f., Psellos, Op. Daem. 22. 869 B. Man hält den Ur-

sprung dieses Glaubens für iranisch (Cumont, Rel. Orient., 4. Aufl., 278 ff.; Bousset, Arch. f. Rel. 18 [1915] 135 ff.).

[120] Porphyrios, loc. cit., führt für eine entsprechende Situation die Bitte eines „Gottes" an, man möge die Sitzung beenden: λῦε βίην κάρτος τε λόγων· ψευδήγορα λέξω. Genauso wird ein moderner „Kommunikator" die Sitzung abbrechen mit den Worten: „Ich muß jetzt aufhören oder ich werde etwas Törichtes sagen" (Proc. Soc. Psych. Research, 38 [1928] 76).

[121] Nach Proklos (in Tim. I 139, 23 und in Remp. I 40, 18) gehören dazu außer dem Vorhandensein eines geeigneten σύνθημα eine günstige Stellung der Himmelskörper (cf. de myst. 173, 8), günstiger Zeitpunkt und Ort (so oft in den Papyri) und günstige klimatische Bedingungen. Vgl. Hopfner, RE, s. v. ›Mageia‹, 353 ff.

[122] Proklos in Crat. 36, 20 ff. bietet eine theoretische Erklärung des Phänomens an, das die Spiritisten „die direkte Stimme" nennen würden. Sie folgt Gedankengängen des Poseidonios (vgl. Greek Poetry and Life, 372 f.). Hippolytos weiß, wie man solche Zeichen fälscht (Ref. Haer. 4, 28).

[123] ἐπαιρόμενον ὁρᾶται ἢ διογκούμενον. Cf. die angebliche Elongation einer italienischen Nonne aus dem 16. Jh., Veronica Laparelli (Jour. Soc. Psych. Research, 19, 51 ff.), und die der modernen Medien Home und Peters (ebd. 10, 104 ff. 238 ff.).

[124] Das ist ein traditionelles Kennzeichen von Zauberern und heiligen Männern. Es wird dem Simon Magus zugeschrieben (Ps.-Clem. Hom. 2, 32); indischen Mystikern (Philost. vit. Apoll. 3, 15); verschiedenen christlichen Heiligen und jüdischen Rabbis; ebenso dem Medium Home. Ein Zauberer in einem Märchen zählt es zu seinem Repertoire (PGM XXXIV 8), und Lukian macht sich über solche Behauptungen lustig (Philops. 13; Asin. 4). Die Sklaven des Iamblichos prahlten damit, daß ihr Herr während seiner Andachtsübungen sich im Schwebezustand befunden habe (Eunap. vit. soph. 458).

[125] Vgl. die Stellen aus Psellos und Niketas von Serrhae, gesammelt von Bidez, Mélanges Cumont, 95 ff. Vgl. auch Eitrem, Symb. Osl. 8 (1929) 49 ff.

[126] de myst. 166, 15, wo τοὺς καλουμένους passiv zu sein scheint (sc. θεούς), nicht (wie Parthey und Hopfner) medial (= τοὺς κλήτορας): Es sind also die „Götter" und nicht die Leiter, die das Wesen des Mediums benutzen (166, 18; cf. 176, 3). Wenn das stimmt, dann gleichen die „Steine und Pflanzen" (σύμβολα, die von den „Göttern" mitgebracht und zurückgelassen werden) den „Apporten" der Spiritisten. Vgl. Kap. IV, Anm. 19.

[127] Proklos in Remp. I, III 1; cf. in Crat. 34, 28 und Psellos, PG 122. 1136 B.

[128] Gregor von Nazianz, orat. 4, 55 (PG 35. 577 C).

[129] Kindermedien, 73 f.

[130] Cf. de myst. 3, 14, zu verschiedenen Arten der φωτὸς ἀγωγή.

[131] Simpl. in phys. 613, 5, der Proklos zitiert, welcher von einem Licht spricht τὰ αὐτοπτικὰ θεάματα ἐν ἑαυτῷ τοῖς ἀξίοις ἐκφαῖνον· ἐν τούτῳ γὰρ τὰ ἀτύπωτα τυποῦσθαί φησι κατὰ τὸ λόγιον. Simplikios jedoch verneint, daß die Orakel beschrieben hätten, wie die Erscheinungen ἐν τῷ φωτί auftauchen (616, 18).

[132] Greek Magical Papyri in the British Museum, 14. Reitzenstein, Hell. Myst.-Rel., 31, übersetzt „damit sie *sich* forme nach".

[133] de myst. 133, 12: τοτὲ μὲν σκότος σύνεργον λαμβάνουσιν οἱ φωταγωγοῦντες,

cf. Eus. Praep. Ev. 4, 1. Zauberer behaupten zu ihrem eigenen Vorteil, daß Dunkelheit nötig sei, Hipp. Ref. Haer, 4, 28.

[134] de myst. 133, 13: τοτὲ δὲ ἡλίου φῶς ἢ σελήνης ἢ ὅλως τὴν ὑπαίθριον αὐγὴν συλλαμβανόμενα ἔχουσι πρὸς τὴν ἔλλαμψιν. Cf. Aedesius, oben, Anm. 110, Psellos, Expos. or. Chald. 1133 B, und Eitrem, Symb. Osl. 22, 56 ff.

INDEX

(Zahlen in Klammern verweisen auf die Anmerkungen)

Abaris 77. 80
Aberglaube, bei Theophrast und Plutarch 138 f.
Adonis 150
Ägypten, Beseelung von Bildwerken in 161. 277 (84)
Träume in 61 f.
keine Lehre von der Wiedergeburt in 219 f. (29)
ägyptische Religion, Plotins Kenntnis der 153 f.
Aetios, Placita 5, 2, 3: 207 f. (28)
ἄγος 25
ἀγωγή, in der Magie 273 (20)
Aiakos 79 f. 224 (57)
aidós 16
aîsa 7
Aischines 28. 183 (71)
αἰσχρόν im Benehmen 176 (109)
Aischylos, Bestrafung nach dem Tode 74
böse Geister bei 27 f.
Erbschuld bei 21 f.
Erinyen bei 7
phthónos bei 19
Agam. 1497 ff.: 27
Cho. 534: 207 (24)
Cho. 807. 935: 196 (66)
Eum. 104 f.: 217 (3)
Hik. 100—104: 237 (20)
Prom. 794 ff.: 221 (37)
Fr. 156: 182 (65)
alástor 19. 27. 98
Alchimie 162. 279 (101)
Alexander Polyhistor 63. 210 (53)
Alexander, W. H. XI
Alföldi, A. 77

Al Ghazali 107
Altes Testament
Neid Gottes im 177 (8)
Erbschuld im 179 (26)
ἀμηχανία 17
Ammonios Sakkas 153
Amphiaraos, Heiligtum des 62
Amphikleia, Orakel von 191 (30)
Amulette 138. 162. 267 (103)
Anakreon, psyché bei 77
ἀνάμνησις, vgl. Erinnerung
Anaxagoras, und Hermotimos 79 f.
Verfolgung des 101 f. 241 (64)
Angst 31. 50. 51. 138. 201 (98)
Angstträume 58
Anonymus Iamblichi 237 (27)
Antiphon ὁ τερατοσκόπος, von Antiphon dem Sophisten zu unterscheiden 214 f. (100)
ἀντίθεοι 165. 280 (119)
Apollon, ἀλεξίκακος 48
asiatische Herkunft des 43
der Hyperboreer 77. 80. 221 (36)
Nomios 49
in Platons Gesetzen 119. 121. 254 (85)
Schutzherr des prophetischen Wahnsinns 42—44
vgl. auch Delphi, Pythia
Apollonios von Tyana, als Magier 152
„Apporte", in Träumen 58. 206 (19)
in der Theurgie 166. 281 (126)
Apuleius, als Magier 152. 161. 164
„Apulunas" 43. 191 (32)
archaische Zeit, Definition 176 (1)
religiöse Haltung der 17—23
soziale Bedingungen in 31 f. 48 f.

„archetypische Bilder" 205 (4)
Archilochos 19
Ares 9. 49
areté, Protagoras und Sokrates
 über die 96 f.
 Wandel in der Bedeutung 238 (29)
Argos, Orakel in 43. 46
Arimaspen 77
Aristarch der Astronom 132
Aristeas 77. 221 (37)
Aristides, Aelius 62. 65—68. 138. 208 (32). 212 (79)
Aristides, Quintilianus 50
Aristophanes, Inkubation bei 210 (56)
 und der „Orphismus" 83
 und Sokrates 100
 Wesp. 8: 190 (21)
 Wesp. 122: 200 (91)
Aristoteles, zur Katharsis 35. 51
 zu Träumen 70 f. 216 (116)
 zur Tragödie 187 (110)
 frühe Meinung des 70 f. 72
 über die Leidenschaften 98
 über die psyché 72
 psychologische Einsichten 125 f.
 de anima 410 b 19: 229 (94)
 Div. p. somn. 463 b 14: 216 (112)
 Met. 984 b 19: 79. 223 (50)
 Rhet. 1418 a 24: 79
Arnold, Matthew 130
Artemidoros 59. 207 (24). 215 f. (107)
Asklepiades 51 f.
Asklepios 51. 62—69
 Kult des, „eine Religion der Bedrängten" 243 (83)
 heilige Hunde des 65. 211 (65)
 Epiphanie des 243 (86)
 wird ein bedeutender Gott 104
 heilige Schlangen des 65. 105. 211 (64)
áskesis 85. 89
Assyrien, Träume in 61
 Orakel in 191 (31)
Astrologie 131 f. 136. 260 (49 ff.). 266 (91)
Astronomie, in Athen ein Kriminalverbrechen 101
 Mißbilligung der 241 (64)
 Platon zur 255 (88)
áte 2—7. 15 f. 25—28
Athene 13. 23. 63. 130. 180 (38). 209 (50)
Attis 105
Auden, W. H. 124. 267 f. (107)
Aufklärung, älter als die Sophistik 92 bis 95
 Platon und die 107
 Reaktion gegen die 100—104
 Wirkungen der 102—106. 242 f. (81)

Bacchus, vgl. Dionysos
Bakis 44. 193 (45)
βάκχαι, vgl. Mänaden
βακχεύειν 268 (1)
Bauchredner 44 f.
Beauchamp, Sally 40
Befleckung, vgl. míasma
Begräbnis, Aufwand für das 218 (9)
 Heraklit über das 94
 Nachahmung eines 276 (66)
 der Pythagoreer 246 f. (6)
Bendis 105. 243 (89)
Berossos 131
Besessenheit, Ursprünge des Glaubens an die 40 f.
 korybantische 50
 dionysische 49 f. 142 f.
 Furcht vor 138 f.
 Leidenschaften als 98
 prophetische 43—47
 durch die Musen 52. 53 f.
 durch die Toten 165. 189 (14)
 zu unterscheiden vom Schamanismus 44. 76. 192 f. (43)
 somnambulistische, zu unterscheiden von bewußter 45. 194 (54)
 unhomerisch 9. 40 f.
 vgl. auch Medium, Trance
Bidez, J. 150
Bilder, Bildwerke, Chrysippos zur Verehrung der 127

Index

Bilder, Bildwerke (Forts.)
Heraklit zur Verehrung der 94
magische Beseelung der 159—163. 278 (91)
benutzt bei Schadenzauber 105 f. 244 (96)
wundertätige 278 (87)
Bildung und geistiger Niedergang 135 f. 265 (88)
Bilokation 76. 80
Bion von Borysthenes 22. 179 (33)
Bolos von Mendes 132 f. 160. 263 (69)
Bonner, Campbell 67
Bowra, Sir Maurice 2
Branchidai, Orakel von 43. 46. 197 (70)
Bücher, Verbrennung von 101
Burckhardt, Jakob 104. 111
Burnet, John 75

Calhoun, G. M. 34
Chalcidius, über Träume 59 f. 68. 207 (26)
Chaldäische Orakel, vgl. Orakel
χαρακτῆρες 160. 164
„Charons Höhle" 62
China, Neid der Götter in 177 (8)
Besessenheit in 197 (70)
Wirkungen des religiösen Zusammenbruchs in 242 f. (81)
Christentum 134 f.
Opposition gegen das 260 (47)
Chrysanthios 155
Chrysippos 124. 126 f.
Cicero, zur Astrologie 132
über Träume 71
Cook, A. B. 43
Cumont, F. 158

Dämonen, in archaischer Zeit 27—30. 32
böse 11. 19. 26—29. 173 (77)
eingefangen in Bilder 161
bei Empedokles 88. 232 (111)
Entwicklung des Begriffs 172 f. (65)
der Familie 29
Furcht vor 27. 138. 267 (103)
und der Geisteskranke 41 f. 201 (98)
bei Homer 9—13
des Individuums 29 f. 94. 156 f. 184 (84). 175 (55)
und moîra 29. 172 f. (65). 183 (79)
bei Platon 30. 112 f. 116 f.
Träume von 182 f. (70)
und τύχη 183 (80)
Daimonion, vgl. Sokrates
daimónios 11
Damaskios 151
Dawkins, R. M. 146
defixio 105. 243 f. (90 ff.). 245 (100)
δεκατεύειν 181 f. (50)
Delphi, Orakel von 31. 43—47. 121
Glaube an 47. 197 (71)
Gründe für den Verfall 48
Schluchten und Dämpfe in 46. 195 (59). 196 (66)
ursprünglich ein Erdorakel 62. 196 (66)
versifizierte Antworten 197 (70)
vgl. auch Apollon, Pythia
Demetrios von Phaleron 73
Demetrios Poliorketes 128. 258 (32)
Demodokos 52
Demokrit, über Träume 69. 71. 214 (95)
über die Dichtung 54
Diagoras, Anklage gegen 101
Dichter, Inspiration der 52—54. 204 f. (121 ff.)
und Seher 204 (118)
Diels, H. 78. 79
Dieterich, A. 147
Dikaiarchos 217 (117)
Dio Cassius 71
Diodoros 4, 3: 141. 148 f.
Diogenes der Kyniker 64
Diogenes Laertios 1, 114: 223 (51)
Dionysos 48 ff. 54. 141—149
nicht aristokratisch 198 (50)
mit dem Hades gleichgesetzt 236 f. (14)
als Gott der Heilung 198 (78)
Λύσιος 144. 269 (19)

Dionysos (Forts.)
  und der 'Oprhismus' 229 (95). 234 (129)
  als Gott der Prophetie 191 (30)
  Tiere als Verkörperungen 149
  und die Titanen 90. 148. 234 f. (128 ff.)
Diopeithes 102
  Datierung seines Dekretes 240 f. (62)
  „direkte Stimme" 281 (122)
Dodona, Orakel von 45. 209 (47)
Dualismus, platonischer und zoroastrischer 249 (33)
  lebt im 1. Jh. n. Chr. wieder auf 133
  und Monismus im spätgriechischen Denken 263 (72)
  vgl. auch Körper und Seele
Dunne, J. W. 59

ἐγγαστρίμυθοι, vgl. Bauchredner
Edelstein, L. XI. 64. 67
Ehnmark, E. 11
Eitrem, S. 150. 153. 156 f. 167
ékstasis, Bedeutung der 49. 199 (84)
  vgl. auch „Wahnsinn", Besessenheit
„Ektoplasma" 167
Eleusis 74. 230 f. (102). 257 f. (29). 274 (53)
  Platons Einstellung zu 254 (82)
Eliot, T. S. 29. 114
„Elongation" 166. 281 (123)
Eltern, Verstöße gegen 20. 32 f. 185 (101)
Empedokles 80 f.
  über den Wahnsinn 39
  und der „Orphismus" 81. 83. 227 (81)
  psyché und Dämon bei 88. 232 (111)
  körperliche Entrückung des 262 (65)
  Fr. 15, 23: 81 f.
  Fr. 111: 81
  Fr. 129: 79. 224 (65)
Engel 161. 165
ἔνθεος, Bedeutung von 192 (41)
ἐνθύμιον 181 (46)
„Enthusiasmus", vgl. Inspiration, Besessenheit
Entmannung, Motiv für 185 f. (103). 213 (79)

Ἐφέσια γράμματα 244 (95)
Epidauros, Tempelbericht von 63 f.
Epigenes 84. 229 f. (96)
Epikur 124 f. 127. 132
  als Gott 259 (36)
  angeblich wissenschaftliche Gesinnung des 264 (77)
Epikureer 126 f.
Epilepsie, mit Besessenheit verwechselt 40. 188 f. (10)
  antike medizinische Ansichten von 190 (20)
  Behandlung von E. durch Musik 203 (109)
  Grund für die Bezeichnung „Heilige Krankheit" 189 (11)
Epimenides 62. 77—82. 222 f. (42 ff.). 233 (121). 254 (81)
Epiphanien 68. 148. 174 (91). 209 (50). 213 (83 f.). 243 (86)
ἐπῳδαί 111. 233 (119). 247 (20)
Erbsünde, vgl. Urschuld
„Erinnerung" (recollectio), pythagoreische von platonischer zu unterscheiden 87. 109. 231 (107)
Erinyen 5—7. 16. 26 f. 29
  nicht mit rachesüchtigen Toten gleichzusetzen 171 (37)
Eros 28. 117. 251 (58 ff.)
Erscheinungen, Licht- 166
  vgl. auch Epiphanien, Visionen
Eudoxos 131
Euripides 98—101
  und Anaxagoras 95
  Anklage gegen (?) 101
  dionysische Riten bei 141. 149
  Erinyen bei 29
  und Heraklit 95. 237 (21)
  und der „Orphismus" 83
  über phthónos 20
  und die Sophisten 95
  und Xenophanes 95. 237 (20)
  Med. 1078—1080: 98 f. 239 (46)
  Hipp. 375 ff.: 99. 240 (49)
  Hyps. Fr. 31 Hunt 228 (82)

Euripides (Forts.)
Tro. 1171 ff.: 219 (22)
Fr. 472: 228 (82)
Eurykles 44
Eusebios von Myndos 155
Exorzismus 202 (103)

Familie, patriarchalische 32 f.
  Solidarität der 22. 33 f. 49. 61. 86
  Spannungen in der 33—35
Fasten 62. 76
Fatum, vgl. moîra
Festugière, A. J. 83 f. 127. 135. 136
Feuer, Empfindungslosigkeit gegen 145. 165. 280 (118)
  spontan auftretendes 287 (95)
Finger, Opfer eines 67. 212 f. (79)
Flavianus 162
Flöte 50. 144. 201 (95)
Forster, E. M. 38
Fortschritt, Idee des 96
Frankfort, H. und H. A. 29
freier Wille bei Homer 6. 170 (31)
Freiheit, Furcht vor der 132. 137. 139 f.
  Verlust der politischen Fr., Auswirkungen 136
  Beschränkung der Freiheit des Denkens in Athen 241 (63. 68)
  in Platons Gesetzen 121 f.
  fremde Kulte in Athen 105
Freud, S. 30. 35. 59. 66. 67. 70 f. 87. 112. 117. 184 (84)
Fry, Roger 1

Galen, glaubt an die Bedeutung von Träumen 71. 215 (104)
Gebir 163
Gerechtigkeit, göttliche 19—23. 32. 85 f. 119
  Schuldkultur und 179 f. (34)
Geist ('ghost'), dem Körper wesensgleich 73—75. 230 f. (102)
Geister ('spirits'), „stumme" 194 (57)
  vgl. auch Dämonen
„Geistertanz" 269 (11)

Geschichte, irrationale Faktoren in der 268 (108)
Geschlechtlichkeit, griechischer Puritanismus und 89. 233 (122 f.). 239 (43)
  Wechsel der 76. 220 f. (32)
„geschlossene" Gesellschaft 115. 124. 129 f. 255 (1). 267 f. (107)
Gewissen 24 f. 29. 181 (46)
Glotz, G. 22. 27 f.
Glück 29
Götter, Sternen- 119. 127. 252 f. (67 ff.)
  verursachen áte 3—5
  physisches Eingreifen der 12 f. 174 (90)
  epikureische 127
  erzwungenes Erscheinen der 279 f. (108)
  Hunger und Seuche als 29. 189 (14)
  inspirieren Gesänge 9
  Darstellung in der Kunst 188 (112)
  Liebe zu, Furcht vor 23. 180 (38)
  verleihen ménos 7—9
  mythologische, bei Platon 118 f. 252 (66)
  verhüllte 174 (93)
  versuchen die Menschen 26—28. 182 (65). 187 (112)
  senden Warnungen 9
  Xenophanes über die 93 f.
  vgl. auch Epiphanien, phthónos
Goldtäfelchen 83. 88
Grabschriften 127 f. 257 f. (29)
Greife 77
Gruppe, O. 149
Guthrie, W. K. C. XI

Hades, in der Atmosphäre 63
  morastiger Ort 230 f. (102)
  als seelischer Zustand 120. 253 f. (77)
  die diesseitige Welt als 66. 232 (114). 246 (5)
  vgl. auch Nachleben
Hahn, apotropäische Wirkung des 158. 276 (63)
Halluzinationen, vgl. Visionen

Heilung, religiöse 42. 49—51. 63—67.
76 f. 80—82. 104 f. 143. 201 (100).
202 (102)
Heinimann, F. 95
Hekataios von Milet 93. 236 (5)
Hekate, Kult auf Aigina 200 (91)
　Erscheinung der 166
　und Geistesgestörtheit 49—51
　Heiligtümer der 240 (61)
　magische Bilder der 161. 278 (91)
Helios, vgl. Sonnenkult
heliozentrische Hypothese, Verwerfung
　der 132. 261 (58)
hellenistische Zeit 123—129
Hellsehen, in Träumen 59 f. 69
Heraiskos 161
Herakleides Pontikos 79
Heraklit 7. 29. 197 (71). 198 (80)
　Einfluß des 95
　Rationalismus des 94. 236 f. (9 ff.)
　über die Seele 85. 87. 231 (109)
　über Träume 69. 214 (91)
　Fr. 14. 15: 236 f. (14)
　Fr. 92: 190 f. (27)
Hermen, Verstümmelung der 103. 242
　(78)
Hermokles 128. 258 (32)
Hermotimos 77. 79
Herodas 4, 90 f.: 211 (66)
Herodot, über Träume 69
　Fatalismus bei 29 f. 182 (55)
　phthónos bei 19
　Erbschuld bei 21
　Ursachen des Wahnsinns bei 39
　2, 81: 227 (80). 230 (96)
　4, 36: 221 (33)
　4, 95: 80. 224 f. (60)
　5, 92: 63
　6, 105: 68
　6, 135: 27
„Heroen" 49. 130
Heroisierung 258 (34)
Herophilos, über Träume 60. 207 f. (28)
Herrscherverehrung 128. 258 f. (33 ff.)
Herzog, R. 64

Hesiod 21. 26. 29. 32. 53
　Theog. 22 ff.: 53. 68. 213 (86)
　Theog. 188 ff.: 186 (103)
Hethiter 33. 42 f. 61. 185 (103). 191
　(32)
Himmel, vgl. Nachleben
Hippokrates, de morbo sacro 41. 49 f.
　de vict. 70. 215 (101 ff.)
　Int. 48: 68. 214 (90)
　Progn. 1: 190 (20)
Höhlen, heilige 62. 78. 224 f. (60)
Hölle, vgl. Nachleben, Hades
Hoher Priester, in Platons Gesetzen
　253 (71)
„Holiness Church" 147
Homer 2—16
　Dionysos bei 198 (80)
　freier Wille bei 20 f.
　göttliche Gerechtigkeit 20
　Einstellung zu den Göttern 17 f. 23
　Götterszene 8. 11. 12 f. 58
　Hades bei 73 f.
　Ich-Bewußtsein bei 14. 175 (98)
　Katharsis bei 23 f. 180 (39)
　Musenanruf bei 52
　angeblich orphische Interpolation bei
　　74
　Verschweigen bei 31. 43. 62
　späte Elemente bei 4 f. 178 (16). 185
　　(102). 203 (115)
　Träume bei 56—60
　Wahnsinn bei 40 f.
　Ilias 1, 63: 207 (22)
　1, 198: 13
　2, 484 ff.: 52. 203 f. (116)
　3, 278 f.: 218 (10)
　9, 512: 5
　10, 391: 169 f. (20)
　11, 403—410: 175 (98)
　13, 61 ff.: 8
　15, 461 ff.: 11
　19, 86 ff.: 2 f. 6
　19, 259 f.: 218 (10)
　22, 199 ff.: 206 (20)
　24, 480: 169 (17)

Homer (Forts.)
　Odyssee 1, 32 ff.: 21. 178 (21)
　　8, 487 ff.: 203 (116)
　　9, 410 ff.: 41
　　18, 327: 40
　　20, 351 ff.: 192 (38)
　　20, 377: 41
　　22, 347 f.: 9
Homunculi 162
Hopfner, T. 150. 156 f. 167
Hosioi in Delphi 46 f.
Hrozný, B. 42 f.
hýbris 19. 26. 178 (13)
Hugo, V. 55
Hunde im Asklepioskult 65. 211 (65)
Huxley, Aldous 142
Huxley, T. H. 123
Hydromantie 263 (70)

Iamblichos 154 f. 161. 163—166. 275 (46 ff.)
　de myst. 166, 15: 281 (126)
　vit. Pyth. 240: 235 f. (135)
Ich-Bewußtsein 14 f. 28 f. 52 f.
Indien, Befleckung und Reinigung in 91. 187 (109)
　Wiedergeburt in 91. 219 f. (29). 230 (97)
„Erinnerung" (recollectio) in 231 (107)
Individuum, Emanzipation des 22 f. 78 f. 85 f. 103. 124. 129
Inkubation 62—68. 243 (83)
　vgl. auch Träume
Inscriptiones Graecae II,
　2. Aufl., 4962: 211 (65)
　IV, 2. Aufl., 1 121—124: 63 f.
Inspiration, der Sänger bei Homer 9. 52. 172 (63)
　der Dichter 52
　der Pythia 43—47. 192 (41)
Intellektualismus, griechischer 15. 96 f. 126. 175 (105)
Intelligenz, Intellektuelle, und die Masse, Kluft zwischen beiden 92. 97 f. 104. 119. 131

Anklagen gegen die 101—103. 121 f.
Ion von Chios 84
Irrationale, Wissen der Griechen um das 1. 139 f.
　Wiederaufleben des 130—140
irrationale Seele, vgl. Seele
Irresein, vgl. Wahnsinn
Isokrates 4, 29: 180 (34)
Italien, Befleckung und Reinigung in 187 (109)

Jaeger, W. 82
James, W. 1
Johannes XXII., Papst 162
Julian, Kaiser 155. 167
　Epist. 12: 275 (47)
Julianus der Theurge 150—152. 155 f. 159—162. 272 f. (15 ff.)
Julianus der „chaldäische Philosoph" 151 f.
Jung, C. G. 205 (4). 208 (37)

κακοδαιμονισταί 100
καλόν 176 (109)
Kardiner, A. 24
Kassandra 43. 193 (45)
κατάδεσις, vgl. defixio
Katharsis, in archaischer Zeit 24 f. 31. 35
　aristotelische 35
　in anderen Kulturen 187 (109)
　dionysische 48—50. 199 (87)
　Heraklit über 94. 236 (13)
　homerische 23 f. 180 (39)
　korybantische 50 f. 251 (59)
　kretische 222 (41)
　des okkulten Ich 88
　orphische 89
　platonische 110. 112. 120
　Poseidonios über 126
　pythagoreische 5. 89. 133
　schamanistische 232 f. (116. 118)
　theurgische 162. 280 (109)
Kesselpauke 50. 144
Kinder, als Medien 164. 263 (70). 280 (15)

Kinder (Forts.)
  von Mänaden entführt 146. 270 (38)
Kinesias 101. 240 (61)
Klaros, Orakel von 43. 46. 194 (53). 195 (60). 197 (70)
Kleanthes 124. 127
Klearchos 79
Körper und Seele 74. 79. 84 f. 87. 219 (27)
  bei Platon 112 f.
  σῶμα — σῆμα 83. 87. 228 (87)
Koestler, A. 115
Konflikt, sittlicher 112. 248 (24). 256 f. (16)
Kopf, Haltung in der Ekstase 144 f.
  weissagender 82 f. 227 (78)
kóros 19. 177 (8)
Korybanten 49—51
  Beziehung zum Kybele-Kult 200 (90)
Kosmopolitismus, hellenistischer 124
Kosmos 119. 128. 133. 254 (78)
Kraft, Mitteilung von 7—9
Kratippos, über Träume 71
Kraus, P. 163
Krieg, soziale Auswirkung 102. 136
Kroll, W. 151 f. 153 f.
Kronos 33. 185 f. (103)
Kultvereine, hellenistische 129
Kumarbi, Epos 185 (103)
Κυανέαι, Orakel von 192 (40)
Kybele 49. 68. 105. 200 (90)

Labeo, Cornelius 272 f. (15)
Latte, K. 43. 68
Leidenschaften, griechische Einschätzung der 97 f.
  Platon über die 112
  Stoiker über die 126. 256 (11. 16)
Lévy-Bruhl, L. X. 24
libido 112. 117
Lichterscheinungen bei Séancen 166 f.
Linforth, I. M. XI. 48. 50. 83
lokrische Tribute 25
Lorbeer 46
Lourdes 64. 66. 210 f. (60)

λυχνομαντεία 166 f.
Lykurgos der Redner 26
Lysias Fr. 73: 100

Macrobius, über Träume 59. 61. 207 (24)
Mänaden 141—149
Magie, biologische Funktion 32
  Vögel in der 157 f.
  in der Literatur des 5. Jh. 245 (99)
  der Juliani 152 f.
  und Mystizismus 274 (35)
  neupythagoreische 263 (70)
  Plotin über die 153
  Reinheit bei der Magie verlangt 157. 275 (57)
  Ritual der 121
  Tradition in der Familie 275 (49)
  Wiederaufleben im 4. Jh. 105 f. 245 (100)
  vgl. auch defixio, ἐπῳδαί, Theurgie
Malinowski, B. 32. 184 (92)
Malraux, A. 139
mana, königliches 259 (36)
μαντική, vgl. Prophetie, Wahrsagerei
μάντις, Etymologie 43
  vgl. Seher
Marinus 151
Mark Aurel 71. 114. 134
Marxismus 35. 136 f.
Masken 198 f. (82)
Maximus der Theurge 155 f. 161 f.
Mazon, P. 2
Medea 98 f. 239 (44. 46). 257 (16)
Medien, spiritistische 44. 45
  können während der Trance zusammenbrechen 195 (59)
  pfeifendes Atmen der 45. 194 (52)
  nicht „wahnsinnig" 192 (41)
  vgl. auch Kinder, Besessenheit, Spiritismus, Trance
Medizin, profane und religiöse Heilungen 66 f. 212 (74. 77)
medizinisches Hellsehen 70
Melampus 49. 199 (85)
Melville, Herman 72

Index

Menekrates 40
ménos, Zuteilung von 7—9
  der Könige 172 (47)
Mesopotamien, Inkubation in 209 (48)
  vgl. auch Assyrien
Meuli, K. 77
míasma 23—25. 31. 35. 121. 181 (47). 254 f. (86 f.)
  steckt an 24. 103. 180 (43 f.). 244 f. (98)
  des vergossenen Blutes 89
Mikrokosmos, Mensch als 70
Milet VI 22: 147
Miltiades 27
Minoer, Inkubation den Minoern unbekannt? 62. 209 (48)
minoische Religion, Überreste; vgl. Religion
„Mitwirkung" 27
moîra 5—8. 22. 26. 29. 170 (30)
  und Dämon 29. 172 f. (65). 183 (79)
Moirai 6. 170 (29 f.)
Murray, G. 2. 32. 92. 103
Musen 52 f. 68. 203 (111)
Musik, als therapeutisches Mittel 50 bis 52. 143. 202 f. (108 f.)
  orgiastische 144 f.
  pythagoreische 51 f. 89. 233 (119)
  der Schamanen 82. 233 (119)
Myers, Frederic 163
Mysterien, Heraklit über 94
  vgl. auch Eleusis
Mythos und Traum 56. 210 (58)

Nachleben, Alter der Vorstellung vom 72 f.
  Furcht vor dem 138. 218 (13). 253 f. (77)
  Grabschriften und 127 f. 257 f. (29)
  Lohn und Strafe im 23. 74. 85 f. 109. 120
  Vergöttlichung nach dem Tode 80 f.
  vgl. auch Hades, Wiedergeburt
natürliche Theologie, Ablehnung der 134. 263 (71)

Nechepso, Offenbarungen des 131 f.
Neid, göttlicher, vgl. phthónos
Nekromantie 152. 263 (70)
némesis 19. 176 (109)
Nero 161
Nestorius der Theurge 162
Neuplatonismus, und Theurgie 152 bis 156
Neupythagoreismus 133 f. 262 f. (67 ff.). 272 f. (15)
Niesen 174 (87)
Nietzsche, F. 42
Nikephoros Gregoras 156. 165
Nilsson, M. P. X. 12 f. 42. 85. 102. 128. 135. 136. 150
Nock, A. D. XI. 135. 138. 141. 150
Nomos und Physis 95. 100
noûs, vom Körper ablösbar 79

Oesterreich, T. K. 46
Oidipus-Traum 33 f. 186 (105)
  Mythos vom 24
offene Gesellschaft 124. 138 f. 255 (1). 267 (107)
okkulte Kräfte 132 f.
okkultes Ich 75 f. 82. 89 f. 133. 216 f. (1)
  von Empedokles „Dämon" genannt 88. 232 (111)
  von Platon mit der rationalen psyché gleichgesetzt 109
Okkultismus 133 f.
  von Magie zu unterscheiden 264 (76)
Olympiodoros, in Phaed. 87, 1 ff.: 235 (135)
omophagía 49. 90. 147—149
ὠμοφάγιον ἐμβαλεῖν 147. 271 (49)
ὀνειροπόλος 207 (22)
óneiros, Bedeutung bei Homer 57
  vgl. auch Träume
Onomakritos 79. 90
Opfer 120
Orakel, assyrische 191 (31)
  Chaldäische 150—152. 154 f. 159
  der Muse 53

Orakel (Forts.)
  des Orpheus 82 f.
  porphyrische 154 f. 161. 163. 167
  in später römischer Zeit 198 (75)
  Traum- 62 f. 209 (49)
  von Zauberbildern 159—162
  vgl. auch Amphikleia, Argos, Branchidai, Delphi, Dodona, Klaros, Κυανέαι, Patara, Ptoon
ὀρειβασία 48. 141 f.
orientalischer Einfluß auf das griechische Denken 76. 135. 185 f. (103). 215 f. (107). 249 (33). 257 (20). 265 (86)
Orpheus 82 f.
orphischer Einfluß auf Aischylos, angeblicher 74
  Reform in Eleusis, angebliche 74
  Gedichte 79. 84. 89
  Interpolation bei Homer, angebliche 74
  Katharsis 88 f.
  Titanen-Mythos 89 ff.
  Traumtheorie 69
„Orphismus", angeblich asiatische Herkunft des 219 f. (29)
  unbewiesene Behauptungen über 83
  als historisches Phantasieprodukt 228 (88)
  und Empedokles 81. 83. 227 (81)
  und Heraklit 236 f. (14)
  und Platon 83. 254 (82)
  und Pythagoras 79. 84 f.
  und der Pythagoreismus 84. 229 f. (95 f.)
Pan, verursacht Geistesstörung 49. 199 f. (89)
Pan-Vision 68
Panaitios 132. 256 (14)
Parke, H. W. 47
Patara, Orakel von 43
πατραλοίας 186 (104)
patria potestas 32
Pausanias 8, 37, 5: 90
Pearce, Nathaniel 145
Pentheus, Mythos von 149

Peregrinus 138. 266 f. (100)
Periander 63
Persönlichkeit, „zweite" 40
Pfeiffer, R. 141
Pfister, F. 25. 31
Phaidra 99. 239 f. (44. 47)
Phemios 9. 203 (115)
Pherekydes, zwei Seelen in 88
Philippides 68
Phöniker, Prophetie bei den 42
Phokylides 29
phthónos, göttlicher 18—20. 28. 31. 119
  Parallelen aus anderen Kulturen 177 (8)
  Ursprung des Glaubens an 187 (108)
Physis, vgl. Nomos
Pindar 21. 30. 57
  zum Nachleben 72. 74
  und die Musen 53
  hatte visionäre Erlebnisse 68
  Fr. 127: 90
Piper, Mrs. 165. 194 (52). 195 (61). 280 (116)
Platon, und die Astrologie 131. 260 f. (52 f.)
  und die Aufklärung 108
  über das Böse 111 f.
  Dämon des Individuums bei 30. 113 f.
  über Delphi 120 f.
  über die Dichtung 53 f. 116. 250 f. (46 ff.)
  Einfluß auf die hellenistische Religion 127
  Epinomis, Autorschaft der 253 (70)
  über Erbschuld 22 f. 119. 179 (32)
  und das Rechtssystem der Familie 33 f.
  Hedonismus bei 110
  über korybantische Riten 51. 116
  kultische Verehrung nach seinem Tode 246 f. (9)
  über Liebe 117. 251 (58 ff.)
  über Magie 106. 244 (97)
  über Opfer 120
  und der „Orphismus" 83. 254 (82)
  über Prophetie 44. 116 f. 193 (46). 250 (46 ff.)

Platon (Forts.)
über die psyché 72. 109. 112—114
und die Pythagoreer 109. 246 (5. 9).
  248 (30)
über religiöse Reform 117—122
und der Schamanismus 109
und Sokrates 108. 112. 115 f. 238 (33).
  247 (19). 250 (48)
über Träume 60 f. 70 f.
„Wächter" bei 110. 115
über Wiedergeburt 86
zoroastrischer Einfluß auf (?) 249 (33).
  252 f. (70)
Euthyd. 277 D: 51. 202 (104)
Gesetze 701 C: 90. 234 (132)
Gesetze 791 A: 202 (102). 251 (59)
Gesetze 854 B: 90. 234 f. (133)
Gesetze 887 D: 252 f. (70)
Gesetze 896 E: 248 (24)
Gesetze 904 D: 253 f. (77)
Gesetze 909 B: 120. 254 f. (80 ff.)
Gorg. 493 A—C: 109. 246 (5)
Ion 536 C: 51. 202 (102)
Krat. 400 C: 228 (87)
Menon 81 BC: 90
Phaidon 62 B: 229 (95)
Phaidr. 244 AB: 38. 192 (41)
Phaidr. 251 B. 255 CD: 251 (59)
Pol. 364 B—365 A: 84. 120. 254
  (80 ff.)
Pol. 468 E—469 B: 246 f. (9)
Prot. 319 A—320 C: 238 (33)
Prot. 352 B: 239 f. (47)
Soph. 252 C: 193 (49)
Symp. 215 C: 202 (102)
Platonismus 133. 135
Plinius, n. h. 11, 147: 200 f. (94)
Plotin, Rationalismus des 132. 152 f..
  264 (78)
Beschwörung seines Dämon 156—158.
Enn. 1, 9: 273 (26)
Enn. 5, 5, 11: 274 (33)
Plutarch 23. 71. 138
über Delphi 45—47
def. orac. 438 BC: 45 f.

Polarisation des griechischen Geistes
  105. 243 (87)
Porphyrios 154. 161 f. 165
vit. Plot. 10: 156—158
de abst. 4, 16: 158
de phil. ex orac. 216 ff.: 279 (107)
Poseidon 49
Poseidonios 63. 126. 133. 248 (30). 256 f.
  (14 ff.). 262 (65). 281 (122)
Prince, Morton 40
Proklos, über die Chaldäischen Orakel
  151. 156
Theurgie des 156. 159. 166
Prokopios von Gaza 150
Prophetes, in Delphi 45. 47
in Klaros 197 (70)
Prophetie, dionysische 191 (30)
ekstatische, im westlichen Asien 42 f.
  191 (31)
durch Orakel 43—48
Platons Ansicht über 116 f.
spontane 43
in Versen 197 (70)
älter als Wahrsagerei 191 (31)
Protagoras 96—98
Anklage gegen 101. 241 (63. 66)
Psellos, Michael 150—152. 156. 159.
  165
Script. Min. I 262, 19. 446, 26: 273
  (18)
psyché, bei Homer 14. 73—75
bei den ionischen Dichtern 74
bei den attischen Schriftstellern des
  5. Jh. 75
bei Empedokles 88
bei Platon 112—114
als begehrendes Ich 74. 219 (26)
wohnt manchmal im Blut 219 (27)
als Hundename 219 (26)
als okkultes Ich göttlichen Ursprungs
  76. 109. 112
okkulte Fähigkeiten der 69. 71. 72.
  215 (104)
kehrt zum feurigen Äther zurück 232
  (112)

psyché (Forts.)
  einheitlich und dreigeteilt 113. 248 (24. 30). 249 (32 f.)
  vgl. auch Nachleben, Wiedergeburt, Seele
Psychiatrie, antike 51 f.
  Philosophie als 264 (79)
psychische Beeinflussung bei Homer 2 bis 15
Ptoon, Orakel von 195 (60)
Puppe, Mensch als 113
Puritanismus, griechischer 76. 85. 88—91
  und Schuldkultur 87
Pythagoras 62. 79—82. 89. 133. 225 ff. (61 ff.)
  und der „Orphismus" 79. 84 f. 229 f. (96)
  als Magier 225 f. (64). 263 (70)
Pythagoras von Rhodos 165
pythagoreische Katharsis 51. 89
  Gemeinschaft 80
  Schweigen 89. 233 (122)
  „Erinnerung" 87
  Vegetarismus 89. 229 (95)
Pythagoreismus, Alexander Polyhistors Darstellung des 210 (53)
  und die Astralreligion 133. 262 (68)
  Einheit der Seele im 248 (30)
  Empedokles und der 81
  und der „Orphismus" 84 f. 229 f. (95 f.)
  und Schamanismus 225 (63)
  Stellung der Frau im 224 (59)
  „wissenschaftlicher" und religiöser 226 (68)
  vgl. auch Neupythagoreismus
Pythia, Inspiration der 43—47. 192 (41)
  Bestechlichkeit der 196 (68)
  vgl. auch Delphi

Quellen, heilige 46. 196 (64)

Rasse, Gedächtnis der, angebliches 205 (4)
Rationalismus, griechischer 1. 139
  Leistung des 22 f. 67. 68—71. 92—98. 123—125
  Platons 107 f. 111 f. 114—117
  der hellenistischen Philosophie 125 bis 128
  Niedergang des 133—139
  vgl. auch Aufklärung
Reichtum, homerische und archaische Einstellung zum 32. 185 (95)
Reinheit, rituelle und sittliche 25. 130. 181 (47)
  als Mittel der Erlösung 88 f.
Reinigung, vgl. Katharsis
Religion, apollinische zu unterscheiden von dionysischer 42. 48. 90 f.
  in archaischer Zeit 17—37
  hellenistische 126—130
  homerische 1—16
  minoische, Überreste der 13. 78. 82. 184 f. (91). 195 (62)
  und moralische Paradoxien 187 f. (112)
  rationalistische Kritik an der 92—95
  Versittlichung der 20—23
  und Sittlichkeit 19 f.
  Verfall der, im späten 5. Jh. 104—106
  Vorschläge zur Stützung der 117—122
  vgl. auch Dämonen, Götter, „Orphismus"
Rohde, E. 6. 39. 42. 76. 85
Rose, H. J. 57. 59

Sabazios 105. 147. 270 f. (42. 44. 58)
Sänger (Dichter) 9. 52 f. 172 (63)
Sarapis 60
Schamanismus, Definition des 76 f.
  von dionysischer Religion zu unterscheiden 78
  von Besessenheit zu unterscheiden 44. 76. 192 f. (43)
  thrako-skythischer 77
  griechischer 77—83. 85. 87. 220 f. (32)
  Platons Umformung des 108 f.
  Bibliographie zum 220 (30)
schamanistische Bilokation 76 f. 79 f.
  Fasten 76—78

schamanistische (Forts.)
Reise in die Geisterwelt 76. 80. 82. 86. 109 f.
Geschlechtswechsel 76. 220 f. (32)
Heilung 77. 80—82
Macht über Vögel und Tiere 82. 226 f. (75)
Verwendung der Musik 82. 233 (119)
Verwendung von Pfeilen 221 (34)
Reinigungen 232 f. (116. 118)
Seelenexkursion 76—79. 84 f. 220 (31)
Speisetabus 233 (121)
Tätowierungen 78
Trance 77 f. 109. 220 (31). 223 (46)
Wahrsagerei 76 f. 80
Wiederverkörperung 79 f. 88. 224 (56)
Zurückgezogenheit 76. 78. 85. 110
Schamkultur 15 f. 17. 30
Schlaf (langer) 78. 109. 223 (46)
Schlafwandeln 40. 189 (14)
Schlangen im Asklepios-Kult 65. 211 (64)
im Dionysos-Kult 146—149. 270 f. (42 ff.)
Schlangen, Umgehen mit, in Kentucky 147
in den Abruzzen 271 (43)
Schmerzunempfindlichkeit 145
Schuld, ererbte 19 f. 22 f. 85 f. 119. 178 f. (25 ff.)
Schuldgefühle, in archaischer Zeit 24 f. 34. 86. 90 f.
in der griechisch-römischen Welt 138. 212 f. (79)
Abreagieren von 187 (110)
Schuldkultur 15 f. 17. 30. 175 f. (106)
Neid der Götter in der 187 (108)
Betonung der Gerechtigkeit in 179 f. (34)
und Puritanismus 87
bedarf übernatürlicher Autorität 47
Schwanen-Mädchen 221 (37)
Schweben in der Luft (Levitation) 166. 281 (124)

Seele, in Vogelgestalt 77. 221 f. (38)
widersprüchliche Ansichten über die 92 f.
irrationale, bei Platon 70 f. 112 f. 248 (30)
von den Stoikern geleugnet 126
Mehrheit der Seelen 88. 232 (11)
Schatten- 206 (10)
geraubte 82
vgl. auch Nachleben, Körper, psyché, Wiedergeburt
Seelenexkursion, Traum als 47. 72. 230 (97)
in der Trance 76—79. 85. 152
Seelenwanderung, vgl. Wiedergeburt
Seher, gegen die Intellektuellen 102
und Dichter 53. 204 (118)
bei Platon 115 f. 120. 193 (46). 251 (56)
Verspottung der 95. 102
Semonides von Amorgos 18. 74
Seneca 134
Shackleton, Sir Ernest 68
Sibylle, die 44
Sidgwick, Mrs. Henry 165
Skeptiker 126 f.
Sklaverei und geistiger Niedergang 137
Small, H. A. XI
Snell, Br. 14
Sokrates, Anklage gegen 101 f. 103 f. 108. 242 (74)
Daimonion des 68. 97. 102. 242 (74)
nimmt teil an korybantischen Riten 51
glaubt an Orakel 97. 197 (71). 238 (36)
Paradoxien des 15
als Rationalist 96 f.
Träume des 60. 97
über die Tüchtigkeit 96 f.
übt sich in geistiger Versenkung 246 (6)
vgl. auch Platon
Solidarität der Familie 22 f. 33 f. 49. 61. 86
des Stadtstaates 103. 255 (87)

Solon, Gedichte des 19. 21
  Gesetzgebung des 33. 73
Sonnenkult, in Platons Gesetzen 119 f.
  121
  in den Chaldäischen Orakeln 152. 273
    (18)
Sophistik 93. 94—97. 99—101
Sophokles, Repräsentant der archaischen
  Weltsicht 35 f.
  beherbergt den Asklepios 105
  Erinyen bei 29
  Eros bei 28
  Körper und Seele bei 75
  Stellung des Menschen bei 177 (6)
  phthónos bei 177 f. (12)
  Aias 243 f.: 190 (24)
  Ant. 176: 75
  Ant. 583 ff.: 36 f.
  Ant. 1075: 171 (37)
  El. 266 ff.: 77. 222 (39)
  O. K. 964 ff.: 178 f. (25)
  O. T. 1258: 190 (25)
Soranus 92
sparagmós 90. 147—149
Spengler, O. 267 (106)
Spiritismus, moderner 47. 136. 245 (100)
  und Theurgie 163—167
  vgl. auch Medien
„Sprache der Götter" 190 (24)
στάσις, vgl. Konflikt
Statuen, vgl. Bilder
Sternentheologie 119. 127. 132. 252 f.
  (68 ff.)
  und der Pythagoreismus 133. 262 (68)
  stoische Zustimmung zur Astrologie 132.
  261 (57)
  Ansicht von Inspiration 197 (71)
  Intellektualismus 126
  Religion 126 f.
  Lehre von der „Sympathie" 132 f.
  Ansicht von Träumen 71
στοιχεῖα 162
Sublimierung 117
Sünde, Empfinden für 24 f.
Sündenbock 31

σύμβολα 159 f. 162
σύστασις 273 (20). 274 (34)
„Sympathien", okkulte 132 f. 160
Synesios 165

Tätowieren, sakrales 78. 222 f. (43 f.)
Taghairm 209 (43)
Talisman 162
Tanz, religiöser 42. 48—51. 141 f. 144 f.
  199 (87)
  moderne Überreste des religiösen Tanzes 269 (9)
Tanzwut 48. 143 f. 269 (11 ff.)
ταπεινός 114. 249 (39)
ταράσσειν 176 f. (3)
Telepathie in Träumen 69. 70 f. 216
  (116)
τελεστική 159—162. 276 (67)
Tennyson, Lord 96
Theognis 18. 21. 27. 28 f.
Theoklymenos 43
θεόπεμπτος, Bedeutung von 214 (97)
Theophrast 51. 124. 138
Theoris 244 f. (95. 98)
Theoteknos 162
Thesiger, Ernest 147
Theurgie 150—167
  Bibliographie zur 150
  iranische Elemente in der 158. 167
  und Magie 152. 155. 159
  modus operandi 158—167
  und der Neuplatonismus 152—156
  Ursprung der 150—152
Thomas, H. W. 83
thymós 14. 74 f. 98. 249 (32)
Tibet, Beseelung von Bildern in 276 f.
  (72)
timé 15 f. 20. 232 (113)
Timo 27
Titanen-Mythos, Alter des 90. 233 ff.
  (127 ff.)
Tote, Träume über 70. 209 f. (52)
  Orakel von 63
  Besessenheit durch 165. 189 (14)
  Versorgung der 73. 217 f. (8)

Index

Tote (Forts.)
vgl. auch Nachleben, Wiedergeburt
Tradition, und das Individuum 123 f. 129 f.
Trance, Induktion der 45 f. 163—165. 194 (52)
korybantische 50. 200 f. (94)
der Pythia 45. 192 (41). 194 (53. 55)
schamanistische 76—78. 109. 220 (31). 223 (46)
Stimmen, vernommen in der 65
theurgische 163—167
Wechsel der Stimmlage 165. 195 (61)
vgl. auch Medien, Besessenheit, Seelenexkursion
Träume 55—71
Angst- 58
„Apporte" in 58
antike Klassifikation der 59
Anweisungen, gegeben in 66 ff.
Chirurgie in 66. 212 (72)
„dämonische" 71. 216 (112)
über Dämonen 182 f. (70)
Deutungen von 214 (99)
vgl. auch Traumbücher
Einfluß der Kulturform auf 56. 61. 64. 66. 209 f. (52)
Furcht vor 138 f. 267 (105)
„göttliche" oder gottgesandte 60—62. 69—71. 208 (37)
hellsichtige oder telepathische 59 f. 69. 216 (116)
bei Homer 57—59
und Mythos 56. 210 (58)
objektive 57—59
Oidipus- 33 f. 186 (105)
orientalische 61
als Seelenexkursion 57. 72. 230 (97)
symbolische 57. 58 f. 61. 69 f.
als Symptome 70. 215 (102)
Technik für die Herbeiführung von 62. 161
von den Toten kommend 63
über Tote 70. 209 f. (52)
Vaterbild in 61

Weihungen, vorgeschrieben in 60. 161
als Wunscherfüllung 58 f. 70
Träumer, bevorzugte 208 (35)
Traumbücher 61 f. 69 f. 71. 214 f. (100)
τριετηρίδες 215 f. (107)
τύχη 114 f. 268 (2)
Kult der 128. 259 (37)
Tylor, E. B. 64

„Überdetermination" 6. 14. 19. 177 (10)
Über-Ich 30
Überlieferung, vgl. Tradition
unio mystica, von Theurgie zu unterscheiden 153
Unreinheit, vgl. míasma
Unsterblichkeit, vgl. Nachleben
Upanishaden 91
Uranos 33. 185 f. (103)
Urschuld 90

Vater, Bild des, in Träumen 61
König als 259 (36)
Verstöße gegen 33 f.
Zeus als 34
Vegetarismus, Ursprung des 89. 233 (121)
Verantwortung, Furcht vor 49. 132. 137. 139 f. 201 (98)
Verbrennung, Leichen-, angenommene Bedeutung der 218 (8)
Vergöttlichung, vgl. Nachleben, Herrscherverehrung
Vision, im Schlaf 207 (24). 211 (62)
im Wachen 60. 67 f. 211 (62). 213 (82 ff.)
Vögel, in der Magie 157 f.

Wahnsinn ('frenzy'), des Dichters 53 f.
der Pythia 192 (41)
Wahnsinn ('madness'), griechische Einstellung zum 39—42. 190 (23)
dämonischer Ursprung 4. 26. 39 f.
bei Homer 40 f.
besondere Sprache bei 190 (24)
poetischer 52—54

Wahnsinn (Forts.)
  prophetischer 41—48
  ritueller 48—51. 141—149
  übernatürliche Kraft im 41
Wahrsager, vgl. Seher
Wahrsagerei, in der Ilias immer
  durch Vorzeichen veranlaßt 43
  Platon über die 115 f. 120
  von Schamanen ausgeübt 76 f. 80
  theurgische 158
  von Xenophanes verworfen 93
  vgl. auch Träume, Prophetie
Wein, verursacht áte 4. 26
  und Dichtung 204 (124)
  religiöse Verwendung von 42
Weinreich, O. 40. 64
Weiterleben, vgl. Nachleben
Whitehead, A. N. 92. 129
Wiedergeburt, des Epimenides und des
  Pythagoras 79 f.
  in Tiergestalt 89. 114. 250 (43)
  nichtägyptischer Herkunft 219 f. (29)
  nicht in Grabschriften erwähnt 258
    (29)
  Gründe, warum einige Griechen an sie
    glaubten 85—87
  Beziehung der Griechen zum indischen
    Glauben an 219 f. (29). 230 (97)
  in orphischen Liedern gelehrt 84
  als Privileg der Schamanen 79 f. 86.
    224 (58)
  Glaube der Thrakier an 224 f. (60)
Wilamowitz, U. v. 46. 83. 90. 94. 103.
  105

Wille, Begriff fehlt im frühen griechischen Denken 6. 175 (105)
Wisa, Mummentänzer der 146
Wissenschaft, griechische, Errungenschaften der 123 f.
  Fehlen des Experiments in 136. 266
    (94)
  angebliche Überspezialisierung in 135 f.
  Verachtung der hellenistischen Philosophen für 264 (77)

Xenokrates, und der Titanen-Mythos 90.
  235 (133. 134)
Xenophanes, Rationalismus des 69. 93 f.
  Einfluß des 94 f.
  Fr. 7: 79. 224 (55)
  Fr. 23: 236 (9)
Xenophon, über die psyché 73
  Anab. 7, 8, 1: 214 (99)
  Mem. 1, 6, 13: 215 (100)

Zalmoxis 80. 224 f. (60). 225 (61). 233
  (119)
Zauber, vgl. Magie
Zauberpapyri 62. 151. 157. 159 f. 167
  PGM VII 505 ff.: 275 (56)
  PGM VII 540 ff.: 167
Zenon von Kition 124—126
Zeus 3 f. 5 f. 16. 18. 30. 60. 127
  als Himmelsvater 34
  als Garant der Gerechtigkeit 20 f.
  kann Mitleid empfinden, bei Homer 23
Zufall, im frühen Denken nicht bekannt 5
Zweites Gesicht 43